Anton Mayer

Der zensierte Jesus

Soziologie des Neuen Testaments

Mit einem Geleitwort von
Norbert Greinacher

Walter-Verlag Olten und Freiburg im Breisgau

2. Auflage 1983

Alle Rechte vorbehalten
© Walter-Verlag AG, Olten 1983
Gesamtherstellung in den grafischen Betrieben
des Walter-Verlags
Printed in Switzerland

ISBN 3-530-55610-6

Inhalt

Zum Geleit 7

Vorwort 11

Einleitung 13

Der proletarische Ursprung des Neuen Testaments

Jesus kommt von unten 21
Der Sohn einer Proletarierfamilie 22
Die Sozialstruktur seiner Sprache 27
Die politische Funktion seiner Religiosität 46

Stufen der Entproletarisierung

Christus kommt von oben 61
Die soziale Herkunft des Christusglaubens 62
Die Sozialstruktur der christologischen Sprache 70
Die politische Funktion der Christologie 78

Paulus verstrickt sich 93
Religiöse Hörigkeit 94
Soziale Servilität 102
Politische Konformität 109

Lukas bereitet die Konstantinische Wende vor 121
Oberschichtige Religiosität 122
Oberschichtige Sozialität 125
Oberschichtige Literarität 133

Folgen der Entproletarisierung

Die unbewältigte Kanonisation 157
Das geschichtliche Dunkel der Kanonisation 159
Die mißbrauchte Inspiration 164
Die politische Funktion des Kanons 169

Oberschichtige Literaturpolitik 179
Aufnahme konformistischer Literatur 180
Abwehr von Erneuerungsliteratur 187
Unterdrückung rebellischer Literatur 195

Das Ergebnis

Das Vorurteil 217

Sexismus 218
Die Anfgänge bei Paulus 219
Die kirchlichen Folgen des Sexismus 227
Jesus dachte anders 233

Antisemitismus 246
Die Anfänge bei Paulus 247
Der unaufhaltsame Aufstieg des Antisemitismus 250
Juden wie Jesus beseitigen 253

Kapitalismus 261
Die Anfänge bei Paulus 262
Das Wolfsgesetz in den Evangelien 266
Der Widerspruch zu Jesus 275

Schlußwort: Jesus außer Sicht? 291

Nachwort 295

Anhang

Lageberichte 301
Register 313
Abkürzungen 320

Zum Geleit

Lieber Anton Mayer,

Ihr Buch hat mich fasziniert. Angesichts der ungezählten und von niemand mehr überschaubaren Veröffentlichungen über das Neue Testament stellt man sich auch gerade als Theologe die Frage, ob es überhaupt noch neue Aspekte in der exegetischen Forschung geben kann. Es gibt sie, wie Ihr Buch beweist!
Die Art und Weise, wie Sie sozialwissenschaftliche, sprachanalytische und literatursoziologische Methoden miteinander verbinden, ist für mich außerordentlich eindrucksvoll und hat mir neue theologische Perspektiven eröffnet, gleichzeitig aber auch meinen Glauben herausgefordert. Sie haben Fragen aufgeworfen, auf die ich heute noch keine befriedigende Antwort weiß.
Beschämt hat mich als Theologe, in welch umfassender Weise Sie sich als Nichttheologe, aber als zutiefst Betroffener mit Person und Sache Jesu, seiner Tradierungsgeschichte und der einschlägigen Fachliteratur auseinandergesetzt haben. Sie haben sich einen hohen Grad an theologischer Kompetenz erworben, vor dem ich große Achtung habe.
Eine Frage aber hat mich während der Lektüre des Manuskriptes nicht losgelassen. Auf der einen Seite greifen Sie die Theologen auf massive Weise an: «Theologie kommt von oben»; Theologen sind «lebenslang versorgte Glieder der Oberschicht», es sind «Theologen der Anpassung», sie «gehen den entscheidenden Fragen wieder einmal aus dem Wege» usw. Auf der anderen Seite kommen Sie zu mir als einem Mitglied dieser Theologenzunft mit der Bitte um ein Geleitwort zu Ihrem Buch. Soll ich es als eine besondere Auszeichnung emp-

finden, daß Sie es mir – vielleicht aufgrund unserer alten Bekanntschaft, an die ich mich sehr gerne erinnere – zutrauen, auch einer solchen Kampfschrift Gerechtigkeit widerfahren zu lassen?

Denn was Sie geschrieben haben, ist eine Streitschrift im besten Sinne des Wortes, verfaßt, wie Sie selbst redlicherweise ausführen, aus Liebe und Haß zum Neuen Testament. Wenn es doch mehr solcher Veröffentlichungen gäbe, wenn es doch vor allem mehr Theologen gäbe, die mit einer solch leidenschaftlichen Parteilichkeit für die Armen schrieben und nicht mit einer angeblich objektiven Wissenschaftlichkeit, welche die Interessengebundenheit zugunsten der Reichen und Etablierten kaum verbergen kann. Kümmern Sie sich deshalb nicht zu sehr darum, wenn diese heutigen Schriftgelehrten Sie der Laienhaftigkeit überführen wollen. Vielleicht könnten Sie aber solcher Kritik gegenüber sich doch einmal ausnahmsweise an den von Ihnen so hart kritisierten Paulus halten: «Alles prüft, was gut ist, das behaltet!» (1 Thess 5,21).

Ich brauche Sie als Soziologen nicht erst hinzuweisen auf die Notwendigkeit von Institutionen im Zusammenleben der Menschen. Sie werden mir vermutlich auch nicht widersprechen, wenn ich behaupte, daß gerade für denjenigen, der will, daß die Sache Jesu nicht in Vergessenheit gerät, sondern auch an die nächste Generation weitergegeben wird, der sich dafür einsetzt, daß die Sache Jesu auch heute politisch wirksam wird, eine Institutionalisierung dieser Sache Jesu notwendig ist. «Veralltäglichung des Charismas» nennt Max Weber diesen Vorgang. Wenn dem so ist, müssen Sie dann nicht etwas nachsichtiger sein mit uns Theologen, mit uns kirchlichen Amtsträgern? Sicher: die Kirche ist «aufgebaut auf dem Fundament der Apostel und Propheten» (Eph 2,20). Die Kirche braucht zu jeder Zeit die radikale prophetische Kritik, welche alle institutionellen Elemente in Frage stellt um des Zieles willen, um des Reiches Gottes willen. Aber die Kirche braucht eben auch die Apostel und ihre Nachfolger; sie braucht Leiter der Gemeinden und Kirchen, sie braucht Organisationen und Strukturen, sie braucht auch eine gewisse Bürokratie, und sie braucht Geld. Die Veralltäglichung der Sache Jesu ist Ausdruck unserer «condition humaine».

Das soll nun natürlich kein Alibi sein für all die entsetzlichen kirchlichen Wirklichkeiten, die Sie mit Recht so scharf kritisieren. Aber wenn ich auf meine eigenen Menschlichkeiten schaue, dann werde ich hie und da etwas zurückhaltender in meiner Kritik an den Menschlichkeiten der Kirche, ohne die die Sache Jesu nie zu haben war und nie zu haben sein wird.

Lieber Anton Mayer: Sie haben meinen Glauben, meine Kirche, meine Theologie herausgefordert: dafür danke ich Ihnen.

In herzlicher Verbundenheit,
Ihr Norbert Greinacher
Tübingen, 11. November 1982

> *Ich kann nicht umhin,*
> *die Tendenz im Menschen hochzuachten,*
> über *die Welt* hinauszugehen;
> *(aber):*
> *ein charakteristischer Mißbrauch unserer Sprache*
> *durchzieht* alle *religiösen Ausdrücke.*
>
> Ludwig Wittgenstein

Das Motto der Arbeit ist dem Vortrag «Ethik» entnommen, den Wittgenstein 1929 oder 1930 hielt. Deutsch ist er erstmals in der Wiener Zeitschrift «Protokolle», Heft 1, 1982, 179–186, veröffentlicht; hier als Motto leicht gekürzt.

Vorwort

Dieses Buch freizugeben konnte ich mich auch nach zehnjähriger Arbeit nur schweren Herzens entschließen. Die objektiven Gründe meines Zögerns brauche ich nicht zu nennen. Sie sind an der Unvollkommenheit der Arbeit deutlich genug zu erkennen.
Nennen muß ich aber die subjektiven Gründe. Kein Buch der Welt ist mir so nah auf den Leib gerückt wie das Neue Testament. Es hat mich, nicht schuldlos unkritisch angeeignet, tödlich verletzt. Nicht nur mich. Aus diesem Buch leiteten die «Herren» das Recht ab, unser Geschlecht, soweit die Erinnerung zurückreicht, auszubeuten. Ich werde das Neue Testament hassen bis zu meinem Tod; denn hier schon begann die herrschende Schicht Jesus für ihre Interessen zu vereinnahmen.
Aber ich muß gerecht bleiben. Dieses Buch enthält auch das Gesetz, das unser Geschlecht, soweit die Erinnerung zurückreicht, jede Not überstehen, in der Sprache eben dieses Buches uns nach jeder Niederlage «auferstehen» ließ. Ich kenne kein Buch, das wirksamer das Überleben lehrte als dieses. Ich werde es lieben bis zu meinem Tod.
Auch subjektiv gesehen bleibt also die Unreife; denn Haß und Liebe vermögen wohl aufzuschließen, vermindern aber gleichzeitig die Distanz, die objektive Erkenntnis fordert. So wird es mir wohl nie möglich sein, dieses Buch so weit vom Leib zu rücken, daß ich es gänzlich unvoreingenommen lesen könnte.
Warum dann doch der Versuch? Weil meine unbändige Liebe zur Freiheit mich zu ihm drängt. Diese Arbeit ist für mich zugleich ein Akt einer wohl späten, aber freudig erfahrenen Befreiung. Freiheit allerdings, wie ich sogleich hinzufügen muß,

nicht individualistisch im Sinne des Kapitalismus verstanden, sondern in Übereinstimmung mit dem Neuen Testament, das Freiheit mit Wahrheit in eins setzt und diese wiederum mit Jesus als Gotteserfahrung konkretisiert (Joh 8,32 in der gelungenen Übersetzung von J. Zink).

So will ich denn, ein Don Quichotte von Kindheit an, noch einmal Zeit und Kraft an ein Buch verschwenden, das mich in höchste Gefahr brachte. Wie ich als Knabe eines Morgens aufbrach und, dem Bach aufwärts folgend, alle Hindernisse überwindend zur Quelle vorzustoßen hoffte, sie aber am Abend im dichtesten Gestrüpp unzugänglich fand, so breche ich jetzt am Abend meines Lebens noch einmal zu jener Quelle auf, die «Ströme lebendigen Wassers» verspricht.

Dieser Aufbruch kann nicht ohne Dank an meine Eltern bleiben, die mir unter härtestem Verzicht ermöglichten, die unvergängliche Sprache dieses unvergänglichen, weil aus Leid und Protest geborenen Buches, Neues Testament genannt, zu lernen, ohne deren Kenntnis ich diese Studie nicht hätte schreiben können.

Unter den Lebenden gebührt mein Dank den Studenten der kritischen Generation, mit denen ich Herrschaftswissen abbauen lernte, dem theologischen Lektor des Verlags, Herrn Dr. J. Metzinger, der über ein Jahr lang ununterbrochen auf Präzisierungen drängte, ohne daß ich ihm in allem Genüge tun konnte, besonders aber Herrn Prof. Dr. H. Halbfas, der dreimal in drei Jahren die Arbeit mit mir kritisch durchging. Seine methodische Strenge zügelte mein impulsives Denken. Daß ich nicht in allem seinem Rat folgte, ist um seinetwillen anzumerken.

So wage ich den Gang in die Öffentlichkeit in der Hoffnung, daß der in Einsamkeit entstandenen Arbeit, der Individuation, der Sozialisierungsprozeß nicht versagt bleibt, dessen jedes Individuum bedarf, soll es nicht wie Kaspar Hauser enden.

Chieming am See, Frühjahr 1983   Anton Mayer

Einleitung

Was den Soziologen zum Neuen Testament (NT) zieht, ist seine Wahlverwandtschaft mit diesem Buch; denn beiden geht es um den Wandel des Menschen und der Gesellschaft, oder in der neutestamentlichen Sprache: um das «Umdenken» (die Metanoia). Dabei zieht es den Religionssoziologen mit doppelter Macht dahin. Kann er doch hier das Entstehen einer neuen Religion in geschichtlich bekannter Gesellschaft dokumentarisch verfolgen.
Nur muß der Soziologe, um überhaupt an dieses Buch heranzukommen, die Theologie zum NT überwinden, die sich zwischen ihm und dem Buch wie eine Barrikade auftürmt. Er hält dieses Buch für viel zu wichtig, als daß man es allein den Theologen überlassen könnte. Eine Soziologie des NT ist daher nur in steter Auseinandersetzung mit dieser Theologie zu leisten.
Diese Auseinandersetzung – ich gebrauche dieses häßliche, aber sachlich zutreffende Wort – ist trotz allem ein Akt des Dankes an die Theologen; denn ohne sie hätten wir nicht einmal einen wissenschaftlich abgesicherten Text des NT. Ihren subtilen Analysen verdanken wir es, daß das NT das besterforschte religiöse Dokument der Welt ist.
Dieser Dank darf aber den Soziologen nicht von der Kritik an der Theologie zum NT abhalten. Er kann das Prinzip seiner Disziplin, das soziale Mißtrauen, auch ihr gegenüber nicht aufgeben. Mögen die Theologen sich heute frei in ihrer Forschung dünken: ihre kirchliche und das heißt zugleich ihre soziale Gebundenheit (an die führenden Schichten) bestimmt auch heute noch ihr Denken. Solchen Einflüssen nachzugehen, gehört zum Geschäft des Soziologen.

Zugleich aber hat der Soziologe seine Kritik an der Theologie auf das NT selbst zurückzuverlegen. Die Gerechtigkeit fordert, der Kirche Mängel nicht anzulasten, die schon im NT grundgelegt sind, wie der Antisemitismus, Sexismus und Kapitalismus.

Mehr Interesse als diese einzelnen Folgen neutestamentlicher Religiosität erweckt der schon im NT unternommene Versuch, den zentralen Wandel des Reiches Gottes als rein religiösen Prozeß darzustellen. Es gliche einem Wunder, wenn hier erstmals und einmalig in der Religionsgeschichte Religiosität nicht aufs engste mit der «Societät» (K. Marx) verflochten wäre. Die Überlieferungsschichten des NT lassen sich nicht von der sozialen Schichtung des frühesten Christentums trennen.

Noch weniger überzeugt es, wenn das NT den Wandel des Jesus von Nazaret zum Jesus Christus als ein nur theologisch zugängliches Ereignis darstellt, was spätere Theologen zu immer gewundeneren Formeln der Christologie zwingt. Auch in diesem Wandel sind soziale Motive unverkennbar. Auf den «Stufen» der Christologie entfernt sich das NT von seinem proletarischen Ursprung, auch wenn Theologen diese Entfremdung als «Christus-Ereignis» überspielen.

Für dieses soziale Verständnis des NT sprechen nicht nur die allgemeinen Gesetze der Religionswissenschaft, sondern am stärksten die Sprache dieses Buches selbst; denn sprachliche Strukturen spiegeln immer auch soziale Strukturen. Es grenzt an Unehrlichkeit, wenn Theologen heute noch, da die Methoden der Sprachsoziologie zur Verfügung stehen, in die Romantik des «Sprachereignisses» ausweichen. Ehrlich ist zuzugeben, daß die Redaktoren des NT bereitwillig religiöse Trivialliteratur der Oberschicht (wie z.B. eine abenteuerliche Seefahrt) aufnahmen, solche der Unterschicht aber radikal ausmerzten. Sprachlich läßt sich im NT auch die Methode nachweisen, mit deren Hilfe es in jeder Gesellschaft gelingt, soziale Positionen zu verschleiern: «Vergeistigung» oder noch fremder «Spiritualisierung» genannt. Schon im NT, das die Armen zu «Armen im Geiste» machte, konnten sich die Reichen, denen Jesus ihr

Wehe zurief, als «Reiche im Geiste» verstehen; hier schon wurde das Interesse an Jesus «dem Fleische nach» systematisch zugunsten des Christus «dem Geiste nach» abgebaut; hier schon wurden alle Schriften als «Diktate des Heiligen Geistes» der Kritik entzogen und damit in den Dienst religiöser und das heißt immer auch sozialer Unwandelbarkeit gestellt.

Das Umdenken betrifft also zunächst das NT selbst. Für den Soziologen werden dabei das «Schon im NT» und «Im Dienst der Oberschicht» zu leitenden Motiven seiner Arbeit. Es ist nicht wichtig, daß jeder Leser jedes einzelne Wort versteht, wohl aber, daß alle merken, wie die herrschende Schicht mit ihnen, auch in einer Heiligen Schrift, umgeht. Wichtiger freilich wäre das Umdenken der Herrschenden selbst.

Diese Arbeit versteht sich trotz ihrer Allgemeinverständlichkeit als Wissenschaft im heute gültigen Sinn: Wissenschaft, man kann es nicht oft genug sagen, ist nicht absolute Wahrheit, sondern nur ein bestimmtes methodisches Verfahren (Friedrich von Weizsäcker). Ihre Ergebnisse bedürfen daher ständiger Überprüfung. Es war mir die ganze Arbeit hindurch daran gelegen, das wissenschaftliche Verfahren einzuhalten. Es hätte aber den Gedankenfluß und damit die Flüssigkeit der Lektüre allzusehr gehemmt, wollte ich alles jeweils auch begründen. Dies blieb den Belegen vorbehalten. Darin sind die Aufbereitung des Materials und die Methoden seiner Analysen durch Kursivdruck hervorgehoben.

Führend war für die ganze Arbeit die strukturell-funktionale Analyse. Sie weist die Einheit einzelner Elemente miteinander und mit dem jeweils umfassenden Ganzen (= die Struktur) und auf die gleiche Weise die Ziele und Wirkungen (= die Funktion) auf. Dieses Verfahren gipfelt in der Mathematisierung. Es war einer der lebendigsten Menschen, der sie forderte, «um damit unsere menschliche Relation zu den Dingen festzustellen»[1]. Es gebietet die Ehrlichkeit eines ganzheitlich geführten Lebens, im Zeitalter der Wissenschaft auch die Religion in

---

[1] Friedrich Nietzsche, Fröhliche Wissenschaft, Nr. 246

diese einzubeziehen. Dabei konnte hier offenbleiben, ob und wieweit Religiosität überhaupt wissenschaftlich erforschbar ist. Denn in der vorliegenden Arbeit handelt es sich um objektiv zugängliche Texte, die wie jeder Text strukturell-funktional analysiert werden können.

Ebenso erfordert es die Ehrlichkeit, keine der wissenschaftlichen Methoden von der Analyse religiöser Texte auszuschließen. Ich habe deswegen, soweit es meine Kenntnisse ermöglichten, auch das marxistische und psychoanalytische Verfahren auf das NT angewandt, weil beide sich dazu eignen, den Herrschaftsmechanismen und der irrationalen Dynamik nachzuspüren, die auch und gerade in religiösen Prozessen wirksam sind. Es liegt im Interesse religiöser Institutionen, den Marxismus als «zersetzend» abzuwehren. Doch mußte selbst Max Weber, der gegen Karl Marx antrat, zugeben, daß «Interessen (und) nicht Ideen das Handeln der Menschen beherrschen»[2], und ein so profunder Kenner der Materie wie der Jesuit Nell-Breuning bedauert, daß «die christliche Sozialehre sich allzulange dagegen gewehrt hat, sich von Marx den Star stechen zu lassen»[3].

Gewiß birgt die Rationalität der Wissenschaft nicht nur für das kirchliche, sondern für ein ganzheitliches Leben überhaupt Gefahren in sich. Doch lehrt mich die eigene Erfahrung wie die Geschichte, daß diese Gefahren weit geringer sind als die, die aus der Irrationalität erwachsen.

Leider war es auch in dieser Arbeit nicht möglich, das theologische Übergewicht durch Stimmen aus der Profanwissenschaft zu brechen. Es hat den Anschein, als interessierten sich mit Ausnahme der vielgeschmähten Studenten nur noch Funktionäre (der Theologie wie der Kirche) für die Urschrift des christlichen Glaubens. Trifft dies zu, dann rief das Zweite Vatikanum vergeblich alle dazu auf, die Botschaft des NT zu universalisieren, «gleichviel, ob es sich um Gläubige oder um Un-

---

[2] Max Weber, Ges. Aufs. zur Religions-Soziologie, I 252
[3] Oswald von Nell-Breuning, Wörterbuch zur Politik V 2, 1951, 240

gläubige handelt»[4]; dann mahnte es die Theologen vergeblich, sich von den «neuen Forschungen und Ergebnissen der Naturwissenschaften, aber auch der Geschichtswissenschaft und Philosophie (zu) neuen Untersuchungen» motivieren zu lassen; dann leitete es die Seelsorger vergeblich dazu an, «die Ergebnisse der profanen Wissenschaften, vor allem der Psychologie und Soziologie, wirklich zu beachten und anzuwenden»[5]. Dann aber trägt die heutige Kirche selbst die Schuld, da sie Gläubige wie Ungläubige, Theologen wie Nichttheologen, die dieser Einladung folgen, sogleich aus dem Hause weist.

Die Beleghinweise nach jedem Kapitel und die Lageberichte im Anhang weisen auf Möglichkeiten hin, der hier vorgetragenen Kritik wiederum selber kritisch zu begegnen.

---

[4] Konstitution über die Kirche in der Welt von heute, Art. 21
[5] Ebd. Art. 62

Der proletarische Ursprung
des Neuen Testaments

Jesus kommt von unten

Wissenschaftlich kann man Jesus nur wie jeden Menschen sehen. Wenn er Kind war, was niemand bestreitet, dann gelten auch für ihn die Gesetze der Kindheit, wie sie Psychologen entdeckten. Und da er nicht wie Kaspar Hauser aufwuchs, wirken sich auch in seinem Leben die Gesetze der Sozialisation aus, denen Soziologen auf der Spur sind.

Die Frage ist nur, ob die einzige Quelle über sein Leben, das Neue Testament, für diese Problematik etwas hergibt. Viel wird nicht zu erwarten sein. Nimmt man an, daß Jesus der Unterschicht entstammt, der die Geschichte des eigenen Lebens gleichgültig ist, seine «Biographen» aber alle der gehobenen Schicht angehören, die Lebensläufe stets für ihr Interesse zu nutzen wußte, dann muß man vermuten, daß die gesellschaftlichen Verhältnisse Jesu schon im NT verdunkelt wurden.

Gerade diese Verdunkelung aber regt dazu an, eine Soziologie Jesu zu versuchen, auch wenn Theologen diese noch entschiedener ablehnen werden als vordem dessen Psychologie. Doch erscheint diesmal ihre Abwehr noch zwielichtiger, da sie ja den gegenläufigen Prozeß, die Entsozialisierung Jesu, oder wie sie es selbst nennen, die Frage nach seinem Selbstbewußtsein, durchaus für legitim halten.

Die Quellenlage läßt es geboten erscheinen, diesen Versuch auf drei Analysen einzuschränken: auf die soziale Herkunft Jesu, auf die soziale Struktur seiner Redeweise und auf die politische Funktion seiner Religiosität.

Der Sohn einer Proletarierfamilie

Über die soziale Herkunft Jesu schweigen sich zwei seiner «Biographen» aus, die beiden anderen ideologisieren sie, am stärksten Lukas in seinem für die Oberschicht verfaßten Evangelium.

Man kann es also Theologen der Gegenwart nicht verübeln, wenn sie die soziale Herkunft Jesu überhaupt nicht oder verkehrt sehen. So ist es von oben her gesprochen, wenn einer von ihnen Jesus einen «Zug nach unten» zuschreibt und damit unbewußt dessen oberschichtige Abkunft nahelegt. Jesus zog es nicht nach unten, er kam von unten, was freilich niemand berechtigt, ihn zum «Schwärmer unter den kleinen Leuten» oder zum «stillen Proletarier aus den Bergen» zu romantisieren[1].

Der Soziologe begnügt sich mit der schlichten Angabe, daß Jesus der Unterschicht entstammt. Er stützt sich dabei auf drei Fakten, von denen allerdings die beiden ersten schon im NT verdunkelt wurden: die Elendsgeburt Jesu und der niedere soziale Status seiner Eltern. Fast rein dagegen hat sich das dritte Merkmal erhalten, dem daher ein eigener Abschnitt gewidmet ist: seine unterschichtige Redeweise.

Das erste Faktum: Jesus erblickt das Licht der Welt im Dunkel eines Stalles. Er war von der ersten Stunde seines Lebens an ausgestoßen und blieb es bis zu seinem bitteren Ende. Sein Elendstod ist die Folge seiner Elendsgeburt und bedarf keiner theologischen Rechtfertigung. Diese rührt vielmehr daher, daß die Theologen die soziale Basis nicht sehen wollten. Wer im Stall geboren wird, endet «rechtens» am Galgen.

Diese Basis erschien schon den beiden Kindheitsbiographen Jesu so ungeeignet für den Glauben der höheren Schichten, daß sie die Elendsgeburt in eine Krippenidylle umzudichten begannen. Lukas ließ Hirten und Engel an der Geburt teilnehmen, Matthäus holte ferne Astrologen heran. Was Wunder, wenn das arme Volk, das die Krippe schuf, zu Mutter und Kind auch warme Tiere gesellte, vielleicht sich an Jesaja erinnernd, daß «ein Ochs seinen Herrn kennt und ein Esel die Krippe seines Herrn»².

Indem Lukas, der sich historisch gibt, die Elendsgeburt als Folge einer offiziellen Reise entschuldigt, die sich geschichtlich nicht nachweisen läßt³, verdrängt er den Elendsstatus des jungen Paares; denn welche wohlsituierte Frau hätte nicht auch in einem überfüllten Ort noch eine menschliche Aufnahme zur Niederkunft gefunden?

Wer dies bezweifelt, bedenke die verbürgte Nachricht, daß die Eltern Jesu in die niedrigste Kirchensteuer eingestuft waren. Im Lande der Hirten hatten sie nicht einmal bei der Geburt ihres ersten Kindes das den Priestern schuldige Lamm, waren also ohne Grundbesitz (Lk 2,24). Ihre einzige Habe war ihr Haus, das Handwerkszeug und in der Folge die Kinderschar; denn die Texte lassen für die Mutter Jesu in den ersten Jahren ihrer Ehe eine fast ununterbrochene Reihe von Geburten vermuten, wie dies in Ehen von Wanderhandwerkern nicht anders zu erwarten ist. Der früheste Biograph nennt unbedenklich vier Brüder Jesu und mehrere Schwestern (Mk 6,3), was heute nicht nur wissenschaftliche Kommentare als historische Fakten zugeben, sondern auch für das «Volk» bestimmte theologische Grundkurse⁴.

Da Kinderreichtum in der Antike Proletarier kennzeichnet, kann man Jesu Herkunft genauer bestimmen: er war der Sohn einer realen Proletarierfamilie. Er ist dies, abgesehen von der geschichtlichen Ausprägung, auch existentiell. Wie jeder Proletarier bleibt er sein Leben lang hilflos der Ungerechtigkeit ausgeliefert. Die Unfähigkeit, sich zu wehren, gehört zu seinen Grundzügen⁵.

Der Versuch der Biographen, Jesus zu entproletarisieren, läßt die Vermutung seiner proletarischen Herkunft beinahe zur Gewißheit werden. Lukas hebt die ferne königliche Abkunft des Vaters hervor, übergeht aber, wie es sich für seine Zielgruppe gehört, daß dieser Handwerker war. Bei der Mutter Jesu begnügt er sich nicht mit der Andeutung ihrer priesterlichen Verwandtschaft, sondern hebt die proletarische Herkunft Jesu in der himmlischen Jungfrau-Mutterschaft, gleichsam im «blauen Blut» auf, was heute auch katholische Theologen als irreal zurückweisen: «Wir kommen nicht daran vorbei: das Neue Testament verkündet nicht, daß Jesus ohne irdischen Vater empfangen wurde», während die Kirchen nach wie vor ihre Gläubigen regelmäßig verpflichten, öffentlich das Gegenteil zu bekennen, was für die Dauer nicht nur zu sprachlicher Schizophrenie führt[6].

Es stimmt mit dem «Himmelssohn», den Lukas Jesus zuschreibt wie römische Autoren ihren Kaisern, überein, daß die Mutter Jesu, wie *Lukas* sie zeichnet, den Wiederaufstieg ihres Geschlechts zum Lebensziel wählt und hierfür den sichersten Weg geht, den eine religiös bestimmte Gesellschaft anbietet: «nach der Gewohnheit» die Synagoge zu besuchen und nach Jerusalem zu wallfahren. «Gewohnheit» ist das Schlüsselwort der lukanischen Kindheitsgeschichte Jesu[7].

Wem durch diesen Hinweis auf den sozialen Hintergrund die Frömmigkeit der Mutter Jesu ungebührlich verdächtig erscheint, vergleiche ihr «Hoheslied» mit dem des Zacharias, die beide der Freude über ein glückverheißendes Kind entspringen[8]. Während Zacharias schon im ersten Vers an sein Volk denkt, tut es Maria im letzten. Selbstbewußt beginnt sie mit «meine Seele», in der Sprache von heute mit «Ich». «Volk» sagt nur er; sie, ihres priesterlichen Ursprungs bewußt, mehrmals «Geschlecht». Er lobt das Kind; die Mutter, von der man dies erwartet, sich selbst «bis ans Ende der Zeiten». Er sehnt sich nach der Freiheit seines Volkes, in das er sich zehnmal mit «wir» einschließt; sie erhofft, immer wieder ihr elitäres Ich betonend, den Aufstieg ihres Geschlechts. Kurz: die lukanische Maria singt das Urlied aller aufstrebenden Mütter.

In die gleiche Richtung deutet das Bild, das Lukas vom Jesusknaben zeichnet. Er läßt ihn, seine Geschwister verschweigend, in der Einkindfamilie die Doppelfrucht aristokratischer Sozialisation erwerben: «Weisheit und Anmut», und als Wunderkind die gelehrtesten Männer der Zeit übertreffen. Nur wie von ferne kündet Lukas den Schatten an, der von diesem Kind auf den Glanz des Geschlechts fallen wird, wenn es die im Elternhaus begonnene Sozialisation nicht vollendet[9].

Mit keinem Wort erwähnt Lukas, der Sitte seiner Kunden gemäß, die Arbeitswelt, in der Jesus sich wohl länger als in der Familie bewegte, gleichgültig, ob er sein Handwerk, das gleiche wie das seines Vaters, in Nazaret ausübte oder, was wahrscheinlicher ist, «auf der Stehr», da ein so kleiner Ort kaum zwei «Bauhandwerker» (EÜ) ernähren konnte. Gerade in der Arbeitswelt aber erfuhr Jesus das Gegenteil des genealogischen Denkens, wie Lukas es zeichnet. Die Ursache der Familienfremdheit Jesu liegt tiefer, als Theologen zu denken wagen: in der ökonomischen Basis.

Es konnte nicht ausbleiben, daß der harte Gegensatz zwischen der bitteren Erfahrung eines Wanderhandwerkers und den gutgemeinten (aber eben nicht den lukanischen, s. u.) Plänen seiner Mutter zu Konflikten führten, die sich, wie in Unterschichten üblich, an Festen ereigneten. Kurz vor dem Hauptfest des Jahres stichelten seine Brüder gegen ihn, sich doch nicht auf dem Lande aufzuspielen: in der Hauptstadt würde man es ihm schon zeigen. Auf einer Hochzeit, auf der wohl eine seiner Schwestern heiratete, fuhr Jesus seine Mutter so hart an, daß es jüdischer Sitte ins Gesicht schlug[10].

Doch nur der erste Biograph wagt es noch, die soziale Härte des Konflikts im Hause Jesu unvermindert mitzuteilen. Wenn es zutrifft, wie die Texte andeuten, daß Jesus nach dem frühen Tod seines Vaters als der Älteste für Mutter und Geschwister zu sorgen hatte, dann konnten diese seinem Ausbruch aus der Familie nicht länger zusehen. Sie griffen zu dem üblichen Mittel existenzbedrohter Familien und erklärten ihn für geistesgestört[11].

Für dieses familienpolitische Verständnis des Konflikts spricht die Annahme der Psychopathologen, daß sich in den Evangelien keine Anzeichen einer geistigen Erkrankung Jesu finden lassen. Diese Annahme wird beinahe zur Sicherheit durch das Verhalten der geistlichen Behörden, die sich in diesem Konflikt auf die Seite der Familie stellten, indem auch sie Jesus als «besessen» erklärten (Mk 3,22). Ebenso liegt es wohl im familienpolitischen Interesse, wenn die drei späteren Evangelien dieses Ereignis unterschlagen[12].

Stärker als das NT suchte die Kirche die familiale Situation Jesu zu verschleiern. Sie dogmatisierte die Jungfrauen-Geburt, was sie zu der Unehrlichkeit zwang, die Geschwister Jesu in nahe Verwandte umzudeuten, wovon auch die EÜ heute noch nicht ganz lassen kann, und machte aus dem lukanischen Bild der wohltemperierten Einkindfamile einen «Haussegen», wie er in Mittelschichten noch tief bis ins 20. Jahrhundert hinein beliebt war und die proletarische Herkunft Jesu völlig vergessen ließ[13].

Was übrigblieb, war der aristokratische Jesus, von dessen Lippen nach dem Evangelium der Oberschicht (Lukas) «Worte der Anmut» flossen. Wir begegnen ihm wieder im «Abendmahl» des Leonardo da Vinci und in der «Aristie», die ihm Hans Blüher zuschreibt. Weiter als sie greift auch ein Soziologe nicht daneben, wenn er Jesus von unten kommen und unten bleiben sieht. Der jüdische Theologe Schalom Ben Chorin stimmt zu. Er nennt Jesu Geschlecht «verarmte und proletarische Mitglieder einer Nebenlinie der Davidischen Dynastie»[14].

Wer sich mit dieser Annahme verunsichert fühlt, halte sich an die klare Aussage des «Stellvertreters Jesu Christi»: «Es ist Tatsache, daß, wenn Christus, unser Herr, es zum Trost der Armen auch vorzog, bettelarm auf die Welt zu kommen und in einer einfachen Arbeiterfamilie aufzuwachsen, er dennoch mit seiner Geburt das adligste und berühmteste Haus Israels, die Familie Davids selbst, ehren wollte. Darum hielten die Päpste, treu dem Geist jenes, dessen Statthalter sie sind, das Patriarchat und den Adel von Rom stets in hoher Achtung.»[15]

Es ist mir darum, in Erinnerung an meine eigene Mutter, ein Bedürfnis, Jesu Mutter anders zu sehen, als Lukas sie zeichnet: als eine schlichte Frau von tiefer Religiosität, der man wohl ein eigenes Hohes Lied aus Bibelversen zutrauen kann, die aber als Glied der Unterschicht einfach unfähig war, ihre Frömmigkeit für ihr Geschlecht auszunützen.

Für diese Annahme finden sich in ihrem Lied so deutliche Spuren, daß es wie eine erste Internationale aus Frauenmund anmutet: «Die Mächtigen stürzt er vom Thron, die Niedrigen erhöht er. Die Hungernden beschenkt er, die Reichen läßt er leer ausgehen.» Ihrem Charakter entspräche es, wenn sie ihr erstgeborenes Kind dadurch zu retten versuchte, daß sie es für geistesgestört erklärte, um es heimholen zu können.

Die Sozialstruktur seiner Sprache

Mag die familiale und noch mehr die berufliche Sozialisation Jesu dunkel bleiben: klar wird in seinen eigenen Worten seine sprachliche Sozialisation und damit seine Schichtzugehörigkeit.

Zwar erheben sich auch hier Bedenken, doch verlieren diese bei näherem Zusehen an Gewicht. So ist nicht einmal über den Umfang seiner «Worte» (der Logien) Gewißheit zu gewinnen. Einzelne Logien werden immer umstritten bleiben. Auch bilden die 70 Sprüche, die Bultmann als Jesus zugehörig absicherte, eine schmale Basis für die Argumentation, doch übertreffen sie an Reinheit der Überlieferung alle anderen Texte des NT[16].

Diese Reinheit leidet auch nicht allzusehr darunter, daß sich die Worte Jesu nicht in seiner Muttersprache, dem galiläischen Aramäisch, sondern nur in griechischer Übersetzung erhalten haben. Doch bezeugen aramäische Stilformen den Willen, alle Worte Jesu so rein wie möglich zu überliefern. Dabei kam es zustatten, daß das Griechisch dieser Zeit nicht mehr die Sprache nur eines Volkes war, sondern weltweite Verkehrssprache: Koiné, wie vordem auch das Reichsaramäisch. Da zudem beide Sprachen im Arbeitsfeld Jesu gesprochen wurden, ist beinahe mit Sicherheit anzunehmen, daß er Griechisch zumindest verstand, wenn auch vielleicht nicht geläufig sprach.

Diese Doppelsprachigkeit minderte wohl die Sinndifferenz

zwischen Aramäisch und Koiné-Griechisch, erhöhte aber zugleich den Abstand im Sozialprestige: das Griechische entwickelte sich als «höhere» oder «literarische» Koiné zur Sprache der Oberschicht, in der auch das NT geschrieben ist, während das Aramäische zur Sprache der Unterschicht absank. Wie wäre es sonst möglich, daß die aramäische Überlieferung von Jesus unterging (oder vernichtet wurde) und nur die griechische Version sich erhielt?
Was Theologen also an der Sprache des NT als Semitismen oder genauer als Aramäismen erklären, kann der Soziologe mit gleichem Recht als Merkmal der Unterschichtigkeit werten. Wie sehr diese Annahme gerade für die Logien zutrifft, läßt sich aus ihrem Satzbau, ihrem Wortbestand und ihrer Stilistik erkennen, die hier nur aus methodischen Gründen getrennt werden[17].

Der Satzbau der Logien

Da der Satzbau strenger als die Wortwahl bindet, wäre zu vermuten, daß die differenzierende Syntax des Griechischen, auch noch der Koiné, die soziale Ursprünglichkeit der Logien am stärksten bedroht hätte.
Um so schwerer wiegt die Tatsache, daß sich auch in der griechischen Version der Logien die Merkmale wiederfinden, die Sprachsoziologen im Satzbau der «Arbeiterklasse» von heute aufspürten: «kurze, grammatisch einfache Sätze von dürftiger Syntax, Verwendung einfacher und immer derselben Konjunktionen (so, dann, und) und häufige Verwendung kurzer Befehle und Fragen»[18].
Auch Jesus zwingt proletarische Kurzfristigkeit zu syntaktischer Gedrängtheit. Seine Logien sind von «dürftiger Syntax». Die meisten Sätze, in die sich die Logien der Bultmannschen Sammlung zerlegen lassen, bestehen nur aus den drei Grundelementen: Subjekt, Objekt und Prädikat.
Es spiegelt unterschichtige Denkweise, daß das Subjekt nur einmal ein Name ist, während Namen sonst im NT im Schnitt

über 10 Prozent des Wortanteils ausmachen; denn Namen, besonders große Namen, spielen im namenlosen Proletariat keine Rolle; hier ist es wohl ein großer Name: Salomon, doch erscheint er an der Lilie gemessen klein[19].

Auf den untersten «Sitz im Leben» deuten auch die primitiven Prädikate, vor allem die häufigen Ist-Sätze:

Das Tor ist weit. Das Tor ist eng.
Der Weg ist breit. Der Weg ist schmal.
Der alte Wein ist besser.
Wer nicht für mich ist, ist gegen mich.

In *Übersetzungen* von heute treten sie allerdings stark zurück; im Urtext stehen schlichte Ist-Sätze:

Es gibt keinen (guten) Baum.
Ein Jünger steht nicht über seinem Meister.
Der Schriftgelehrte gleicht einem Hausherrn.
Überall wird ein Prophet geehrt, nur nicht in seiner Heimat.
Das Auge gibt dem Körper Licht.

Monoton wie der Tageslauf eines Proletariers wirkt die Menge der Akkusativobjekte:

(Man) pflückt Feigen   (man) füllt Wein ab
      erntet Trauben   legt die Hand an
      sammelt Schätze   hält die Wange hin
      verkauft Spatzen   zieht den Splitter heraus
      begräbt die Toten   stellt die Lampe hin

Undifferenzierte Verben, wie die Unterschicht sie liebt, erhöhen diese Monotonie:

das machen die Zöllner   (man) hat Besitz
der Baum macht Früchte   hat Glauben
macht euch Freunde   hat seinen Lohn
wenn du ein Fest machst   hat zwei Hände

Gelegentlich unterbricht Jesus diese Monotonie durch ein Dativobjekt, verbindet aber auch dieses mit alltäglichen Verben:

es wird dir vergolten werden   vergib dem Bruder
es wird euch zugeteilt werden   sagt dem Berg
es wurde ihm viel anvertraut   gib ihm Platz

Das vornehme Genitivobjekt meidet Jesus. Es findet sich in wenigen Fällen, nicht zufällig bei Verben des Herrschens. Im Deutschen läßt es sich nur in einem einzigen Fall gleichwertig wiedergeben: «Der Arbeiter ist seines Lohnes wert», über den ja auch die Herren bestimmen[20].

Wo Jesus ganz auf das Objekt verzichtet, schafft er eine Atmosphäre der Freiheit:

Wer bittet, empfängt
Vergebt, dann wird euch vergeben
Wer sucht, findet

So daß oberschichtige Übersetzer schnell das Objekt hinzufügen: «Erlaßt einander die Schuld, dann wird auch euch die Schuld erlassen werden» (EÜ) und oberschichtige Dogmatiker den Fund gleich festlegen, um Suchende zu schonen.

Durch solche Syntax gelingen Jesus Logien von kaum zu überbietender Kürze. Sie gehört so sehr zu ihm, daß sie sich in eine Regel fassen läßt: Zweiwortsätze steigen kontinuierlich zu Fünfwortsätzen an und fallen von dort im gleichen Maß zur Menge der Zehnwortsätze ab, so daß einfache Sätze um die Fünfwortgrenze kreisen, heute das Maß der BILD-Zeitung, und zusammengesetzte um die Zehnwortgrenze, selbst da noch ein gutes Drittel unter der Satzlänge der FAZ (14 Wörter) bleibend.

Es überrascht nicht, daß sich diese Kürze beispielhaft in Mahnworten abzeichnet, die gerade in der Unterschicht so kurz wie möglich gegeben werden.

Betet, um was ihr wollt	(3 Wörter)
Lernt von den Lilien	(3 Wörter)
Betrachtet die Vögel	(4 Wörter)
Sorgt euch nicht um euer Leben	(4 Wörter)
Werft das Heilige nicht vor die Hunde	(6 Wörter)
Laßt die Toten ihre Toten begraben	(7 Wörter)

Noch klarer erweisen sich Jesu «Imperative», sofern man diesen Begriff beibehalten will, als genuin unterschichtig. Sie drücken nicht wie die Befehle der Herren nach unten, sondern lassen den Empfänger auf der gleichen Ebene: Geht mit ihm! – Macht ihm Platz! – Vergib ihm! Selbst dort, wo Jesus «mit Macht» spricht, verläßt er die gemeinsame Ebene nicht: Mir nach! – Weg von mir! Und nicht etwa: Zu mir herauf!, oder: Hinab mit dir! Eher findet sich noch: Rück weiter hinauf!
Wie die «Befehle» zeigen auch die Fragen Jesu proletarische Kürze, die sich in den oberschichtig beherrschten Sprachen der Gegenwart nicht gleichwertig wiedergeben läßt. So sind in der griechischen Fassung Zweiwortsätze:

Was sollen wir essen?	(2 Wörter)
Was sollen wir trinken?	(2 Wörter)
Was sollen wir anziehen?	(2 Wörter)

Am häufigsten bewegen sich seine Fragen (griechisch) um die Fünfwortgrenze:

Kann ein Blinder einen Blinden führen?	(5 Wörter)
Werden nicht beide in eine Grube fallen?	(5 Wörter)
Wer wird euch das wahre Gut anvertrauen?	(5 Wörter)
Verkauft man nicht zwei Spatzen für ein paar Pfennige?	(5 Wörter)

Aber selbst Fragen nach verwickelten Zusammenhängen bleiben im Urtext unter der Zehnwortgrenze:

Um welchen Preis kann (ein Mensch) sein Leben zurückkaufen?	(7 Wörter)
Ist nicht das Leben wichtiger als die Nahrung?	(7 Wörter)
Wenn ihr nur die liebt, die euch lieben, welchen Dank erwartet ihr dafür?	(6 + 3 Wörter)

Nur selten gehen Jesu Fragen über diese Grenze hinaus, besonders in zusammengesetzten Sätzen:

Wer von euch kann mit all seiner Sorge sein Leben auch nur um eine kleine Zeitspanne verlängern?	(12 Wörter)
Was nützt es einem Menschen, wenn er die ganze Welt gewinnt, dabei aber sein Leben einbüßt?	(7 + 5 Wörter)

Können die Hochzeitsgäste fasten,
solange der Bräutigam bei ihnen ist?   (7 + 7 Wörter)
Oder ist einer unter euch,
der seinem Sohn einen Stein gibt,
wenn er um Brot bittet?   (6 + 6 + 4 Wörter)

Mit dem Satzbau der Arbeiterklasse stimmt Jesus auch im Gebrauch der Konjunktionen überein. <u>Meist reiht er Hauptsatz an Hauptsatz auf «einfache und immer dieselbe Weise», wie es der unterschichtigen Sprache entspricht,</u> am häufigsten durch das monotone «und» (kai, verneint: oude), das er gelegentlich durch ein «dann» (tote) verstärkt:

Der Flicken reißt ab, *und* es entsteht ein noch größerer Riß.
Sagt zum Berg: Rück weg!, *und* er wird wegrücken.
Lade Arme ein, *und* du wirst glücklich sein.

Setz dich auf den untersten Platz, *dann* wird der Gastgeber kommen.
Erst muß er den Mann fesseln, *und dann* erst kann er sein Haus plündern.
Zieh zuerst den Balken aus deinem Auge, *und dann* kannst du versuchen, den Splitter aus dem Auge deines Bruders zu ziehen.

Noch deutlicher tritt die monotone Reihung in dreigliedrigen Logien zutage:

Bittet, *und* es wird euch gegeben werden;
sucht, *und* ihr werdet finden;
klopft an, *und* es wird euch geöffnet.

Wenn ein Reich in sich gespalten ist,
kann es keinen Bestand haben.
Und wenn eine Familie in sich gespalten ist,
kann sie keinen Bestand haben.
Und wenn sich der Satan gegen sich selbst erhebt,
kann er keinen Bestand haben.

Wenn einer dich auf die rechte Backe schlägt,
dann halt ihm auch die andere hin.
Und wenn einer dich vor Gericht bringen will, um dir das Hemd wegzunehmen,
dann laß ihm auch den Mantel.
Und wenn einer dich zwingen will, eine Meile mit ihm zu gehen,
dann geh zwei mit ihm.

Es entspricht unterschichtiger Härte, wenn Jesus wohl das entschiedene Entweder-Oder anwendet, noch dazu in der Wahl zwischen Geld und Gott, dagegen das vermittelnde Sowohl-Als-auch (Einerseits-Andererseits) meidet, so daß das oberschichtige Evangelium es flugs in ein ursprüngliches Logion einschmuggelt[21]:

Markus	Lukas
Niemand näht ein Stück neuen Stoff auf ein altes Kleid; denn der neue Stoff reißt doch vom alten Kleid ab, *und* es entsteht ein noch größerer Riß.	Niemand schneidet ein Stück von einem neuen Kleid ab und näht es auf ein altes Kleid; denn *einerseits* wäre dann das neue Kleid zerschnitten, *andererseits* würde zu dem alten Kleid das Stück vom neuen nicht passen.

Zusammengesetzte Sätze (Perioden) gebrauchte Jesus seltener, als es nach heutigen Wiedergaben der Logien erscheint. Im prägnant formulierenden Griechisch sinken die periodischen Logien auf die Hälfte der Einheitsübersetzung herab. Hier mögen einige Beispiele genügen[22]:

EÜ	«Urtext»
Wovon das Herz voll ist, davon spricht der Mund.	Aus dem Überfluß des Herzens spricht der Mund.
Was die Menschen für großartig halten, das ist in den Augen Gottes ein Greuel.	Das unter Menschen Hohe ist in den Augen Gottes ein Greuel.
Wer sich selbst erhöht, wird erniedrigt.	Jeder sich selbst Erhöhende wird erniedrigt.
Betet für die, die euch mißhandeln.	Betet für die euch Mißhandelnden.

Man wird es nicht als Zufall deuten können, daß unter diesen Perioden die iterativen Formen überwiegen, die der Monotonie der condition proletariénne entsprechen: wer immer, was immer, wann immer, in Übersetzungen allerdings meist verschwiegen:

Wer (immer) dich bittet, dem gib,
und wer (immer) von dir borgen will, den weise nicht ab!

Nichts, was (immer) von außen in den Menschen hineinkommt,
kann ihn unrein machen,
sondern was (immer) aus dem Menschen herauskommt,
das macht ihn unrein.

Wann (immer) dein Auge gesund ist,
dann wird dein ganzer Körper hell sein.
Wann (immer) aber dein Auge krank ist,
dann wird dein ganzer Körper finster sein.

Ebenso dürften sich die beiden einzigen komplex gebauten Logien nicht zufällig nur im Evangelium der Oberschicht (Lukas) – und da unmittelbar nacheinander – finden und beidemal auch deren Sitten betreffen: ein Gastmahl geben und dazu einladen (Lk 14,12–14).
Übersetzer der Gegenwart pflegen allerdings die soziale Ursprünglichkeit der Logien zu verwischen. Es stehen kaum theologische, wohl aber soziale Interessen auf dem Spiel, wenn einer von ihnen ein bekanntes Logion, das sich deutsch mit der gleichen Wortmenge wiedergeben läßt, fast auf die doppelte Satzlänge ausdehnt:

Liebt eure Feinde	Zeigt euren Feinden, daß ihr sie liebt,
und betet für die,	und bittet Gott um Liebe für die,
die euch verfolgen! (Mt 5,44)	die euch verfolgen. (Z)

Der gleiche Übersetzer, einer der beliebtesten von heute, ergänzt eines der schlichtesten Worte Jesu, im Griechischen einen Dreiwortsatz, um eine «Vorbemerkung» und verfeinert es zur scheinwissenschaftlichen Aussage:

| Das Salz ist gut. (Mk 9,50) | Das Salz schützt vor Fäulnis. |
| | Es ist zum Leben nötig. (Z) |

Er verlängert das monotone, hier wörtlich übersetzte Ist-Logion gleich um das Dreifache und entzieht ihm durch einen vorgeschalteten Betriebsrat den Geruch der Unterschicht:

Wer im kleinen treu ist,
ist auch im großen treu,
und wer im kleinen untreu ist,
ist auch im großen untreu.
(Lk 16,10)

(Daran will ich meine Mitarbeiter messen:) an der Art, ob sie mit ihrem kleinen Besitz etwas Beständiges schaffen können, sehe ich, ob ich ihnen das Größere anvertrauen kann. Wer in den kleinen Dingen nicht beurteilen kann, was sinnvoll und richtig ist, kann es auch in den wichtigen und großen Fragen nicht. (Z)

Kann man Jesu Worte sozial noch höher hieven? Man kann es, wie die Analyse seiner Wortwahl zeigt.

Jesu Wortwahl

Schärfer als im Satzbau zeichnet sich der schichteigene Charakter eines Redenden in der Wortwahl ab, da diese ihm, wenn auch nicht so sehr dem Umfang nach, so doch in ihrer Eigenwilligkeit bewußter zu sein pflegt.
Jesu Wortumfang hält sich in den engen Grenzen eines Proletariers. Hier von «Wortschatz» sprechen zu wollen, wäre unsachlich. Sein Wortbestand ist weder reich noch erlesen. In den Logien bringt er es auf 450 Wörter. Das dürfte nicht sein ganzer, wohl aber sein entscheidender Wortbestand sein. Er erhöht sich nur gering, wenn man umstrittene Logien einbezieht. Dieser geringe Wortumfang läßt sich nur sozial erklären. Er macht nur ein Zehntel des neutestamentlichen Wortumfangs aus und unterschreitet in noch stärkerem Maß die «methodologische Armut», wie sie Aristokraten lieben. Ein halbes Tausend Wörter: das ist nicht die gesuchte Wortkargheit eines Valéry, der stolz darauf war, seinen «Wortschatz» auf 14000 herabgedrückt zu haben, sondern die sprachliche Armut als Widerspiel sozialer Armut[23].
Noch weniger als Reichtum trifft auf Jesu Wortbestand die Auserlesenheit zu. Jesus formt seine Gipfelsätze aus Wörtern des unterschichtigen Alltags. Vergeblich sucht man in den Logien die Lieblinge oberschichtiger Mentalität. «Gemein-

schaft», «Pflicht», «Verantwortung» nimmt er nicht in den Mund, andere wie «Erfolg» und «Gewinn», auch der ganzen Welt, wertet er ab, so daß ein beliebter Interessent der Oberschicht das Wort Jesu: «Wer unter euch der Erste sein will» flugs umschichtet: «Wer unter euch eine leitende Verantwortung sucht» (Z)[24].

Ebenso ermangeln die Logien der Kernbegriffe oberschichtiger Religiosität, deren soziale Interessen sich in den profanen Gegenworten spiegeln. So findet sich in den Logien weder der Begriff der «Vorsehung», profan Schicksal, noch das Wort «Gnade», profan Begabung, die zu allen Zeiten dazu dienen, Sozialstrukturen zu verfestigen. «Opfer», die besonders den Unterschichten abverlangt werden, kommt nur in einem textlich ungesicherten Logion vor und da nur als Lesart[25].

Schwerer wiegen die kirchlich-institutionellen Mängel des Wortbestandes der Logien: «Predigt», «Kirche» und «Priester» sind wohl Wörter des Neuen Testaments, nicht aber der Logien, ja nicht einmal des ältesten Evangeliums (mit Ausnahme von Priester als einem Funktionär der jüdischen Religiosität). Kirche findet sich nur in einem Evangelium und da nur an zwei Stellen, von denen die zentrale in der christlichen Literatur der ersten paar Jahrhunderte kein einziges Mal in vollem Wortlaut vorkommt. Aus der Liturgie erwähnt Jesus nur den Sabbat, nicht ohne ihn gegen seinen institutionellen Mißbrauch abzugrenzen. Ganz und gar fehlt den Logien das als entscheidendes Merkmal für das religiöse Leben gehaltene «Feste feiern». Es taucht im ganzen NT nur einmal auf und nicht zufällig bei Paulus. Proletariern vergehen Feste um so mehr, je bewußter ihnen wird, was alles in der herrschenden Schicht gefeiert wird[26].

Theologen machen es sich zu leicht, wenn sie diese Mängel der Logien mit dem Hinweis abtun, es fehle jeweils nur das Wort, nicht aber die Sache. Es gehört zu den Sprachuniversalien, daß sich für jede Sache ein Wort findet, wo dieses aber fehlt, die Sache nicht oder nicht mehr existiert, was nirgendwo mehr gilt als dort, wo Menschen «aus der Fülle ihres Herzens» sprechen.

Nicht daß es den Logien am genuin-religiösen Wortschatz überhaupt mangelte. Nur tritt dieser dem sozialen gegenüber zurück. Von «Gott» spricht Jesus in den Logien in auffallendem Gegensatz zum gesamten NT seltener als vom «Menschen», von «lieben» häufiger als von «glauben», zum «Beten» fordert er seltener auf als zum «Geben»[27].
Es mag seiner Zeit entsprechen, wenn er öfter «Vater» sagt als «Mutter», «Sohn» und «Bruder» mehrmals, «Tochter» und «Schwester» überhaupt nicht. Doch kann dieser Gebrauch ebenso seiner Erfahrung entspringen. In Proletarierfamilien ist der Vater der «Brotschaffer», wie Jesus es wohl selbst für seine Mutter und jüngeren Geschwister war, und gewinnt dadurch auch in der Sprache ein größeres Gewicht.
Der Sprache der Arbeiterklasse nähert sich Jesus auch in der «starren und begrenzten Verwendung der Adjektiva und Adverbia». Er entnimmt die 70 Adjektiva der Logien der alltäglichen Erfahrung der Unterschicht, die pauschal urteilt, wie sie pauschal behandelt wird: groß und klein, gut und böse, alt und jung, arm und reich, offen und «zu», breit und eng: Gegensätze, die die differenzierende Oberschicht gern als Schwarzweiß-Malerei herabsetzt[28]. Noch starrer und begrenzter als Adjektiva gebraucht Jesus Adverbien, 20 in den Logien. Es ist, als hätte er den Hauptsachen (den Substantiven und Verben) nichts «hinzuzufügen», da ja denen, die sich um die Hauptsache kümmern, alles andere «nachgeworfen» wird. Auch in ihrem Gebrauch bleibt Jesus proletarisch-knapp. Bei seinen Leuten soll es nicht «so» zugehen wie bei den Mächtigen. Er kennt Eunuchen, die «so» vom Mutterleib an sind; Gott kleidet nach seinem Wort das Gras nicht «so prächtig», wie meist übersetzt wird, sondern einfach «so». Auch hier stellt er Gegensätze primitiv, aber deutlich gegenüber: wo – dort; von hier nach dort; heute (und) morgen; gut (und) schlecht (handeln)[29].
Unterschichtig erweist sich Jesus auch in der Wahl seiner Verben. Wie anders als aus seiner proletarischen Existenz soll man die Tatsache werten, daß sich in den Logien ein gutes Dutzend Verben der Gewalt findet? Drohen, bedrängen, nötigen, schla-

gen, überwältigen, fesseln, einbrechen, hinauswerfen, gewaltsam abnehmen, rauben, ein Glied abschlagen, töten. Spiegelt der profane Gebrauch dieser Verben nicht das Unrecht, das «die Kleinen» Tag für Tag von den «Großen» erfahren, wie Jesus die Mächtigen in der Sprache der Unterschicht nennt, und die Einheitsübersetzung oberschichtig übergeht[30]?
Wie nahe proletarischer Erfahrung Jesus seine Wörter wählte, lehren zwei konkrete Beispiele, eines aus den Strukturwörtern und eines aus den Zeichenwörtern.
Jesus gebraucht auch die Strukturwörter, die für sich selbst keinen Sinn geben, sondern diesen erst als Einheit mit den Zeichenwörtern gewinnen, real. Während Paulus das kleine Wort «in» mystifiziert: in Gott, in Christus, im Geist, was Theologen eine höchst willkommene Gelegenheit zum «Interpretieren» bietet, bleibt Jesus real-konkret: im Haus, im Auge, im Licht, in der Kammer, so daß konservative Theologen sich bemüßigt sehen, das «Licht in dir» in «inneres Licht» zu verwandeln, um so in ihr beliebtes «inneres Reich» flüchten zu können[31].
Noch klarer zeichnet sich Jesu proletarische Wortwahl in der Aufnahme eines Zeichenwortes ab, das gegenwärtig nur zwei deutsche Übersetzungen und da nur oberschichtig wiederzugeben wagen: Abort (WÜ) bzw. Abtritt (F.J. Schierse, dieser allerdings nur in einer wissenschaftlichen Ausgabe)[32]. Das griechische Wort durchbricht die oberschichtige Sprache des NT so radikal, daß es selbst Luther in seiner Übersetzung mied, der wohl dem Volk auf den Mund schaute, aber sein Ohr gern den Fürsten neigte. Bultmann umgeht es, indem er das Logion von der Unreinheit rechtzeitig abbricht. Die EÜ umschreibt es zurückhaltend: «Seht ihr nicht ein, daß das, was von außen in den Menschen hineinkommt, ihn nicht unrein machen kann? Denn es gelangt ja nicht in sein Herz, sondern in den Magen und wird wieder ausgeschieden.»
Es muß schon in neutestamentlicher Zeit nach Proletariat gerochen haben; sonst hätte man kaum versucht, es an seinem Ursprungsort im unterschichtigen Markusevangelium durch ein feineres Wort zu ersetzen, was merkwürdigerweise Kurt

Aland in seiner Ausgabe des Griechischen Neuen Testaments wie Bruce M. Metzger in seinem Kommentar übergehen. Diese Tatsachen lassen das Wort Jesu schärfer fassen, als es selbst die Weltübersetzung wagt. Aphedron ist kein Abort, eher noch ein Abtritt, und schon ganz und gar nicht ein WC. Es ist, mit Respekt gesagt, das «Scheißhaus» der Proletarier, das auch kein Klassiker der Antike in den Mund zu nehmen wagte[33].
Jesus selbst ist das Wort durchaus zuzutrauen. Kein neutestamentlicher Autor hätte es ihm zugesprochen, wenn er es nicht selbst gebraucht hätte. Von «scheißen» sprachen ja auch seine Vorväter unbedenklich auch in ihren Heiligen Büchern. So erzählen sie von Saul, daß er auf der Suche nach David «in eine Höhle scheißen ging», was Luther als Randvermerk zugab und Martin Buber ins Bäuerliche umbog: «um seine Beine zu spreizen». Die Zürcher und die Welt-Übersetzung bleiben oberschichtig: «um seine Notdurft zu verrichten». An den Propheten groß geworden, wird Jesus nicht unbekannt geblieben sein, daß sie von «Scheißgöttern» sprachen, denen sich die Weltübersetzung wenigstens mit «mistigen Götzen» nähert. Sie drohten Gottes Gegnern «Scheiße ins Antlitz zu werfen», was die genannten Übersetzungen in «Unrat, Mist (und) Kot» der Opfertiere abmildern[34].
Vermutlich steckt dieses Wort auch in dem ungelösten Sprachspiel Jes 19,10: «Saw la saw / saw la saw // qaw la qaw / qaw la qaw // saw la saw qaw la qaw//. Der Zusammenhang (besonders mit Vers 8: «Alle Tische sind bis auf den letzten Platz voll unflätigen Gespeis») läßt die folgende Übertragung mit ausweichenden gleichberechtigt erscheinen[35]:

Kot zum Kot, Gespei zum Gespei.
Erbrechen! Kot! Willst du davon, da hast du,
und wohl bekomm's dir. Ja Erbrechen und Kot!
Erbrechen und Kot, und nochmals Erbrechen und Kot,
ein wenig hier, ein wenig da!

Doch wie immer es sich damit verhalten mag, die Oberschicht seiner Zeit verstand Jesus genau und zahlte es ihm mit gleicher Münze zurück, indem sie ihn «Fresser und Säufer» nannte.

Der Stil der Logien

Man wird dem Begriff «Stil» nicht gerecht, wenn man ihn traditionell auf die persönliche Diktion einengt oder nach der Devise «Le style, c'est l'homme même» auf das Allgemeinmenschliche ausdehnt. Beides verdeckt die sozialen Ursprünge und Ziele eines Autors. Werden diese einbezogen, wird die Stilanalyse zur Sozialanalyse.
Deutlich tritt dies im Satzbau zutage. Die Reihung (Parataxe), die Jesus mit Vorliebe wählt, spiegelt seine soziale Existenz. Als Proletarier hat er weder Zeit noch Kraft, seine Sätze wohl zu ordnen, wie es die ausgeruhte Oberschicht pflegt, sondern reiht sie müde aneinander. Wer reihend spricht, «stellt die Dinge autonom und isoliert dar». Die Parataxe entspricht Jesu freisetzendem Denken[36].
Man verwischt diese soziale Basis, wenn man mit den klassischen Grammatikern die Parataxe als «volkstümlich» und deren reinste Form, das Asyndeton, als «dem Geist der griechischen Sprache widerstrebend» und damit als semitische Syntax abtut. Sätze unverbunden zu reihen, ist nur eine besondere Form unterschichtiger Abruptheit, so wie es zur «Verbindlichkeit» der Oberschicht gehört, Sätze aufs feinste zu verbinden. Wer hypotaktisch (subordinierend) spricht, ordnet die Dinge über- und untereinander in ein System. Die Hypotaxe entspricht unterwerfendem Denken[37].
Es scheint der frühesten christlichen Oberschicht daran gelegen zu haben, die Autonomie und Isoliertheit der Logien aufzuheben; denn sie ordnete diese systematisch in Kontexte ein. Wie wäre es sonst möglich, daß die reinen Logiensammlungen untergingen (vermutlich vernichtet wurden) und erst heute im Nilsand (wie das Thomas-Evangelium) wieder auftauchen[38]? Nur von daher erklärt sich die Hartnäckigkeit *traditioneller* Theologen, mit der sie auf dem literarischen Kontext beharren, den sozialen aber ignorieren.
Schichtbewußte Übersetzer der Gegenwart ändern ohne Scheu auch den Satzbau der Logien. Wie sie christologische Texte,

die hypotaktisch überfluten, entperiodisieren, so periodisieren sie unbedenklich Logien. Als Beispiel möge es genügen, den schlichten Satzbau eines Logions (Mt 19,12) in der syntaxgerechten Einheitsübersetzung mit einer modernen Wiedergabe (Z) zu vergleichen:

Manche sind von Geburt an zur Ehe unfähig.	Es gibt Menschen, die ohne Ehe bleiben, weil sie von Geburt an dazu nicht fähig sind.
Manche sind von Menschen dazu gemacht.	Es gibt andere, die ohne Ehe bleiben müssen, weil Menschen sie zur ehelichen Verbundenheit unfähig gemacht haben.
Und manche haben sich selbst dazu gemacht – um des Himmelreichs willen.	Und es gibt zuletzt Menschen, die sich selbst ihre Fähigkeit zur Ehe genommen haben, um das himmlische Reich zu gewinnen.

Die gleiche soziale Funktion wie die Satzbautypen erfüllen die Wortklassen. Abstrakta ziehen, wie das Wort schon sagt, die Wirklichkeit von der sozialen Basis ab. Sie ordnen wie die Hypotaxe die Dinge in ein System. Konkreta nennen die Dinge beim Namen und stellen sie wie die Parataxe autonom und isoliert dar.
Konkreta machen darum den Hauptteil der Logien-Substantiva aus. Jesus spricht nicht von «Tieren», sondern von «Kamel, Fuchs, Adler (und) Schlange»; nicht von «Nahrungsmitteln», sondern von «Brot und Wein»; nicht von «Gewürzen», sondern von «Dill (und) Kümmel»; nicht von «Fremdkörpern» im Auge, sondern von «Splittern (und) Balken». Wenn er sich schon einmal abstrakt in «Pflanzen» verirrt (übrigens in einem ungesicherten Logion), dann vergißt er nicht das Konkretum: die «Lilie». Selbst Abstrakta gebraucht er konkret. Was allgemein «Verzehr» heißt, wird ihm zum «Holzwurm», was «Einkehr», zum «Nest» der Vögel. «Schisma» bedeutet ihm nicht wie Paulus konfessionelle Zerrissenheit (der Korinther), sondern schlicht der «Riß» im Kleid. Was Christologen ihm nach seinem Tod als göttliche «Fülle» zuschreiben, ist für ihn nur der «Flicklappen»[39].

Wenn Theologen dieses konkrete Denken Jesu auf seine semitische Herkunft zurückführen, übersehen sie geflissentlich, daß die herrschenden Schichten aller Völker das abstrakte Denken (und damit die höheren, geistigen Positionen) für sich reservierten, während sie das konkrete Denken (und damit die niedere, praktische Arbeit) den beherrschten Schichten zuschoben. Wie wenig diese Theologen mit ihrer Deutung recht haben, lehrt Jesu Gebrauch des Aktivs und des Passivs. Von der «semitischen» Herkunft Jesu her wäre in den Logien über Gott das «göttliche Passiv» zu erwarten, mit dem Semiten den Namen Gottes mieden. Jesus kennt es, liebt aber das Aktiv: Gott läßt die Sonne aufgehen und sendet den Regen, er kleidet das Gras und nährt die Vögel.

Jesus zieht auch sonst das Aktiv vor, wie die Arbeiterklasse, deren «Sätze meist in der Aktivform stehen». Er gebraucht es regelmäßig von Geschöpfen: Geier sammeln sich, Motten zerstören, Vögel säen (nicht), Lilien weben (nicht). Im Menschen aktiviert er selbst einzelne Organe: sein Mund spricht, seine Hand verleitet ihn, sein Darm scheidet aus. Selbst leblose Dinge belebt er: der Tag sorgt für sich selbst[40].

Auf diese Weise erreicht Jesus in seinen Logien ein Verhältnis von Substantiven zu Verben, das «realistische» Texte kennzeichnet. Zwar stehen für dieses Verständnis (dem Verfasser) keine Vergleichsanalysen der Koiné zur Verfügung, doch darf es – im Vertrauen auf die Sprachuniversalien – aus einem internationalen Vergleich mit modernen Texten geschlossen werden. Dieser Vergleich ergibt[41]:

Zeichenwörter in %	Subst.	Adj.	zus.	Verba	Adv.	zus.	
Jesus (Logien)	38,9	17,3	56,2	38,7	4,9	43,6	99,8
Goethe	41			32			
Baudelaire	56	30	86	12	2	14	100,0
Rimbaud	63	20	83	15	2	17	100,0

Während in «symbolistischen» Texten (Baudelaire, Rimbaud) der Anteil der Nomina (Substantiva und Adjektiva) auf über

85% ansteigt, sinkt er in den Logien (wie in «realistischen» Texten) auf unter die Hälfte. Jesus ist kein Romantiker, er denkt real, realer als Goethe. Seine Logien dokumentieren die Einheit von Sprache und Person. Nicht von ungefähr ist als seine Antwort auf die Frage, wer er sei, überliefert: «Ich bin es, der mit dir spricht.» Daher kann er auch «mit Macht» reden, was die EÜ flugs in institutionelle «(göttliche) Vollmacht» verwandelt[42].

Zugleich aber erhöht der verbale Charakter der Sprache Jesu ihre freisetzende Kraft. Mit dem Übergewicht der Substantiva, die Goethe mit Recht «befehlshaberisch» nennt, nimmt die herrschaftliche Funktion eines Textes zu. Dies gilt nicht nur von Gesetzestexten aller Art, sondern auch von der literarischen Produktion. Nicht von ungefähr schlugen sich die Surrealisten auf die Seite der Diktatur[43].

Aber auch theologische Texte basieren nicht nur auf Substantiven, sondern herrschen durch deren Übermaß, wie schon die neutestamentliche Christologie lehrt. Jesu Logien aber gehören nicht zur Theologie, sondern zur Weisheitsliteratur, die «oft eine getreuere Wiedergabe der jahwistischen Frömmigkeit Israels (war) als die etablierte Jerusalemer Religiosität zur Zeit Jesu»[44].

Theologie kommt von oben, der Weisheitsspruch von unten. Im Spruch als literarischer Form kristallisiert sich die Unfähigkeit der Arbeiterklasse, «die subjektive Absicht mit Worten explizit zu machen». Diese nicht nur zu verdeutlichen, sondern auch durchzusetzen, gehört zur Meisterschaft herrschender Schichten, der «Geldbeutel», die darum nicht ohne Grund die Freunde des Spruches als «Spruchbeutel» verspotten[45].

Wie sehr Jesus in der Weisheitsliteratur seines Volkes lebte, zeigt ein Vergleich seiner Logien mit rabbinischen Parallelen; hier mögen einige Beispiele genügen[46]:

Jeder Tag hat genug eigene Plage.	Es ist genug an der Not zu ihrer Stunde.
Der Sabbat ist für den Menschen da, nicht der Mensch für den Sabbat.	Der Sabbat ist euch übergeben, und nicht seid ihr dem Sabbat übergeben.

Seht euch die Vögel an: sie säen nicht, sie ernten nicht und sammeln keine Vorräte; euer himmlischer Vater ernährt sie.

Hast du je in deinem Leben einen Vogel gesehen, der ein Gewerbe gehabt hätte? Und doch wird er ernährt ohne quälende Sorge.

Jesu Sprüche lassen auch ihrem Inhalt nach ihren sozialen «Sitz im Leben» erkennen, gleichgültig, ob er sie selbst schuf, oder, was wahrscheinlicher ist, sie aus seiner proletarischen Umwelt entnahm. Wo sollte man sonst die Liebe zur Offenheit, den Hunger nach sozialer Gerechtigkeit und die Fragwürdigkeit des Besitzes, ja den Abscheu vor einer verrotteten Welt suchen?

Es gibt nichts Verborgenes, das nicht offenbar wird.
Wovon das Herz voll ist, davon spricht der Mund.

Jeder Tag hat genug eigene Plage.
Wer arbeitet, hat ein Recht auf seinen Lohn.

Wo dein Schatz ist, da ist auch dein Herz.
Überall, wo ein Aas ist, da sammeln sich die Geier.

Theologen lassen es sich daher angelegen sein, auch diese Sprüche eschatologisch zu verfremden und damit deren soziale Basis zu verwischen.
Die gleiche Absicht scheinen sie mit ihrem Verständnis des Aufbaus der Logien zu verfolgen. Sie mögen recht haben, wenn sie die Parallelität der Aussagen als semitische Eigenart erklären, wie in den Logien:

Niemand näht ein Stück neuen Stoff auf ein altes Kleid;
auch füllt niemand neuen Wein in alte Schläuche.

Ein guter Mensch bringt Gutes hervor,
und ein böser Mensch bringt Böses hervor.

Wenn dich deine Hand zum Bösen verführt, dann hau sie ab,
und wenn dich dein Fuß zum Bösen verführt, dann hau ihn ab,
und wenn dich dein Auge zum Bösen verführt, dann reiß es aus.

Nur sollten sie nicht übersehen, daß scharfes Entgegensetzen primär der Erfahrung sozialer Gegensätzlichkeit entspringt und daher auch sozial verstanden werden kann:

Viele, die jetzt die Ersten sind, werden dann die Letzten sein,
und die Letzten werden die Ersten sein.

Wer sein Leben retten will, wird es verlieren;
wer aber sein Leben verliert, wird es retten.

Die Füchse haben ihre Höhlen und die Vögel ihre Nester;
der Menschensohn aber hat keinen Ort, wo er sein Haupt hinlegen kann.

Auf extreme soziale Erfahrungen, wie sie der Proletarier Tag für Tag macht, deuten auch Jesu extreme Bilder. Keinem Glied der Oberschicht fiele es ein, von einem «Balken im Auge» zu sprechen. Kein Reicher verglich seine Religiosität mit dem vergeblichen Versuch, sich durch ein «Nadelöhr» zu zwängen, auch wenn er dieses nur als schmales Mauertor verstünde. Übertreibungen dieser Art als orientalische Liebe zur «Hyperbel» abzutun, hieße dem sozialen Ursprung wie dem religiösen Ziel dieser Bilder auszuweichen.

Unbestreitbar als Eigenart seiner Schichtzugehörigkeit bleibt Jesu Neigung, im gleichen Sprechakt ein Wort zu wiederholen. Es kommt ihm nicht darauf an, dies gleich viermal zu tun, wie in folgendem Logion:

Richtet nicht, damit ihr nicht *gerichtet* werdet;
denn wie ihr *richtet,* werdet ihr *gerichtet* werden,

so daß der vornehmste Autor des NT (Lk) sogleich nach dem Stilgesetz der Oberschicht mit dem Ausdruck wechselt: «Richtet nicht, dann werdet auch ihr nicht gerichtet werden. Verurteilt nicht, dann werdet auch ihr nicht verurteilt werden.»[47]
Will man in den Logien Jesu unbedingt ein persönliches Stilmerkmal als Ausdruck einer «alle überragenden Persönlichkeit» finden, dann bietet sich sein häufiges «nicht» an: 70mal in 70 Logien. Als Proletarier gehört er zu den Neinsagern:

Eine Stadt, die auf einem Berge liegt,
kann *nicht* verborgen bleiben.

Gebt das Heilige *nicht* den Hunden,
und werft eure Perlen *nicht* den Schweinen vor!

Wer das Reich Gottes *nicht* so annimmt, wie ein Kind,
der wird *nicht* hineinkommen.

Keiner, der die Hand an den Pflug gelegt hat und nochmals zurückblickt,
taugt für das Reich Gottes.

Wer diese Stilanalyse der Logien parteiisch findet, vergleiche sie mit der Interpretation der Grundzüge, die Theologen in den Logien zu finden glauben: «Einfachheit» und «Erhabenheit». Während sie die Erhabenheit, die schon als Wort Besitz der gehobenen Schichten ist, ausführlich begründen und damit Jesus auf ihr soziales Niveau hieven, tun sie die Einfachheit, die die Oberschicht von jeher den «einfachen Leuten» zuschob, wie ein Naturereignis ab, das nicht näher begründet zu werden braucht: in Jesu Wort und Tat «spiegle sich wie in jedem Tropfen der betauten Wiese widerstrahlend der Sonne Licht»[48].

Kann man Jesu Stil noch parteiischer sehen, Jesus selbst noch weiter romantisieren? Man kann es und muß darum weiter fragen.

Die politische Funktion seiner Religiosität

Die Evangelien bieten hinreichend Zeichen für die Annahme, daß sich Jesu proletarische Herkunft auch in seiner Religiosität auswirkt[49].

Proletarier leben, wie sie entlohnt werden: *kurzfristig.* Sie denken und handeln auch so und geraten dadurch mit der langfristig orientierten Oberschicht unvermeidlich in Konflikt, in

dem nach einem unabänderlichen Gesetz siegt, «wer am längeren Hebel sitzt».

Das stets erfahrene Unrecht treibt die Proletarier in immer härtere Enttäuschungen, aus denen sie sich durch immer heftigere Ausbrüche zu befreien suchen. Da auch diese vergeblich bleiben, versinkt die Masse der Proletarier in dumpfe Resignation. Nur wenige brechen gewaltsam durch; mit ihnen macht die herrschende Klasse «kurzen Prozeß». Sie räumt sie aus dem Weg.

Jesus gehört zu den wenigen Proletariern, die durchbrechen. Er wird geradezu zum Urbild dieser Existenz. Kurzfristigkeit ist das Grundmerkmal seines Lebens. Solange er seiner Arbeit nachgeht, lebt er «von Tag zu Tag». Die Grunderfahrung des Taglöhners, «der heutige Tag», wird zur Grundkategorie seiner Religiosität (vgl. auch das Schlußwort dieses Buches). Es erscheint ihm sinnlos, auf lange Frist zu leben, ein Haus zu bauen, Vorräte zu sammeln. Er verwirft schon die Sorge um den kommenden Tag.  Wie jeder Proletarier ist er davon überzeugt, daß «jeder Tag an seiner Plage genug» habe. Seine Bitte um «das tägliche Brot» kann ein lebenslang versorgtes Glied der Oberschicht überhaupt nicht real erfahren, so daß Theologen und Kirchen gezwungen sind, sie um der bürgerlichen Religiosität willen «umzuinterpretieren»: tägliches Brot bedeute auch Heim und Garten, Frau und Kinder, aber auch «die reichen Gaben, mit denen Gott den Führer beschenkte» (1935), ja sogar den «täglichen Sprit» (1980)[50].

Später, als Jesus mit der Aufgabe seiner Arbeit die Grundlage seiner Existenz verliert, lebt er nur noch «von der Hand in den Mund». Seine ökonomische Basis wird kürzer, seine Entbehrung härter, sein Denken schärfer. Er scheint sich oft wie ein Ausgehungerter verhalten zu haben. Heißhunger läßt ihn einen fruchtlosen Feigenbaum zur Unzeit verfluchen, was der Realität näher kommt als das antijüdische Verständnis der Verfluchung Israels. Man wird seinen Tischsitten, die ihm die feine Gesellschaft als «Fresser und Säufer» vorwarf, gerechter, wenn man sie auf seine Entbehrungen zurückführt, statt sie mit

Theologen als Anti-Askese zu verharmlosen («Er aß gern und trank gern ein Glas Wein») oder ihn gar zum «Schlemmer und Zecher» (ZÜ) zu aristokratisieren.

Mit dem real erfahrenen Hunger wird auch seine Religiosität dringlicher, nicht mit dem bloß geistigen, den ihm schon das NT zuschreibt (Mt 5,3); denn nur der reale Hunger drängt auf Wandel der Realität. Hunger radikalisiert sein Gottesbild vom fernen Vater im Himmel zum nahen Bruder auf Erden, dem Speise und Trank, Haus und Kleid, Gesundheit und Freiheit fehlen. Gott steht vor der Tür, man braucht sie nur zu öffnen, und er tritt herein. Darum wird für Jesus das Verhalten zu Hungernden und Dürstenden, Nackten und Fremden, Kranken und Gefangenen zum Kriterium der Religiosität (Mt 25,35ff.; Jak 2,15). Darum beginnt er sein öffentliches Wirken, noch in Nazaret, mit dem Aufruf zum «Erlaßjahr», das für jedes 50. Jahr angeordnet, seit langem aber «in Vergessenheit geraten» war. Mit diesem Aufruf forderte Jesus, das Land ein Jahr lang nicht zu bebauen, alle freiwachsende Frucht der Erde aber den Armen zu überlassen, alle Geldschulden aufzuheben und Gefangene und Sklaven zu befreien (Lev 25,10).

Doch niemand hörte auf ihn, nicht nur in Nazaret, wo man den Arbeitersohn gut kannte. Auch in der Hauptstadt des Landes achtete man nicht auf ihn. Macht ging weiter vor Recht. Der König köpfte einen Gefangenen (Johannes den Täufer), nach alter Überlieferung aus sexueller Lust, nach Annahme der Historiker als «unbequemen» Mann. Auch Jesus drohte aus dem gleichen Grund seinen Kopf zu verlieren, wie aus einer Warnung der Pharisäer hervorgeht (Lk 13,31).

Man kann mit den Theologen von einem Galiläischen Frühling sprechen, dem ein Jerusalemer Herbst folgt. Näher als mit klimatologischen Begriffen kommt man der Situation mit der Sozialpsychologie. Die Enttäuschungen mehrten sich, und über Jesus begann sich jene unüberwindbare Müdigkeit zu legen, die das sicherste Anzeichen der Resignation ist. Immer häufiger flieht er vor den Menschen. Oft sucht er «schon am frühen Morgen die Wüste (oder) einen hohen Berg» auf, um al-

lein sein zu können. Es gibt Tage, da er selbst seine Freunde nicht mehr riechen kann: «Wie lange muß ich euch noch ertragen?» (Mk 9,19). Wie nahe Jesus der Gefahr war, der Resignation zu erliegen, spiegelt die rätselhafte Figur des Judas. Es spricht viel dafür, daß er an Jesu Resignation zerbrach, und dies um so mehr, da er Jesu Programm nationalsozialistisch mißverstand, wenn dieser «Judas» nicht überhaupt erst aus der allgemeinen Enttäuschung an Jesus erwuchs; denn die älteste Jesusüberlieferung kennt ihn nicht[51].
Gewiß dauerte die Gefahr einer Resignation Jesu nicht lange, wohl nur wenige Monate oder Wochen, doch wird das Mißverständnis des Judas verständlich, wenn man die Radikalität bedenkt, mit der Jesus sein Ziel formulierte: «Dem Himmelreich wird Gewalt angetan, die Gewalttätigen reißen es an sich» (Mt 11,12). Dieses Wort ist so radikal, daß die Theologen bis heute an seinem Sinn herumrätseln, statt auf Jesu Verhalten zu sehen: seine wachsende Aggressivität, in die ihn andauernde Frustrationen trieben. Zwar bemühen sich die Evangelisten, den Wandel seines Verhaltens auf ein Mindestmaß herabzudrücken, doch wagt keiner von ihnen den entscheidenden Durchbruch zu übergehen: seinen Angriff auf die «Zentralbank» von Jerusalem. Mit diesem Angriff auf die kommerzialisierte Religion (sog. Tempelaustreibung) holte er sich den Tod. Er starb, wie er lebte: kurzfristig. Mit einem Proleten machen Staat und «Kirche» kurzen Prozeß. Sie dingen falsche Ankläger, verhören Jesus ohne Verteidiger, fällen ohne Schuldnachweis das Todesurteil und vollstrecken es ohne Verzug. Die «Kirche» spricht ihn dabei der Gotteslästerung schuldig, der Staat läßt ihn als politischen Aufrührer hinrichten: Feinde werden Freunde. – Man braucht diesen Prozeß nicht im einzelnen zu verfolgen. Das Urteil steht von vornherein fest. Das Hin und Her der Prozeßführung, in dem sich der einfache Mensch nicht zurechtfindet, wie das Wort «von Pontius zu Pilatus» lehrt, macht den Willen der Mächtigen deutlich, Jesus wegzuräumen. Sie haben dabei ein leichtes Spiel, da Jesus schweigt, wie die Berichte eindringlich hervorheben.

Gewiß läßt sich dieses Schweigen theologisch verstehen: Jesus wisse sich von Gott gesandt und lehne es ab, sich einer kirchlichen Autorität zu unterwerfen. Da er aber ebenso eindringlich vor der staatlichen Behörde schweigt, kommt man der Realität näher, wenn man sein Schweigen auf die Gerichtsfremdheit zurückführt, die den Proletariern aller Zeiten anhaftet. Er hat weder zur Kirche noch zum Staat Vertrauen. – In seiner Verlassenheit bleibt ihm nur die Hoffnung, daß Gott selbst in dieser Stunde eingreife. Aber er wird auch darin enttäuscht. Nichts geschieht. Gott sieht zu, wie er geschlagen, zum Galgen geführt und gehenkt wird. Noch im Tod verspottet man ihn wegen seiner Hilflosigkeit. Noch am Galgen ruft er seine Enttäuschung in die Welt hinaus, so daß auch Theologen die Möglichkeit seines Zusammenbruchs nicht ausschließen[52].

Ob man Jesus scheitern sieht, hängt auch von der eigenen sozioreligiösen Erfahrung ab. Das gilt schon für die Autoren des NT, noch mehr aber für die Theologen der Gegenwart. So sieht Schillebeeckx «die Hilflosigkeit» des Jesus der ersten drei Evangelien im vierten «drastisch korrigiert». Er deutet diese Korrektur theologisch, aber mit einer Kategorie der Oberschicht: «Jesus hat Erfolg gehabt.» Erfolg haben, der typische Erweis oberschichtiger Mentalität, hebt die proletarische Hilflosigkeit auf. Diese drastische Korrektur ist eine soziale: «Es ist vollbracht» wird wörtlich auch von Herakles, dem «Helden» der Aristokratie, überliefert[53].

Wie Jesus ging auch das ganze Geschlecht unter, dem er entstammte. Sein ältester Bruder, der treu zu ihm hielt, wurde wie er selbst öffentlich hingerichtet, von den anderen ist nichts überliefert. Sie «verdarben, gramvoll ins Heute gezeugt, in Not und Mühsal». Die letzten seines Geschlechts ließ Kaiser Domitian laufen, als sie vor Gericht erschienen. Von solchen Ausgebeuteten war kein Aufruhr zu erwarten[54].

Wie nahe der Wirklichkeit die Annahme der proletarischen Existenz Jesu kommt, lehren die ununterbrochenen, bis heute nicht nachlassenden Versuche, ihn zu entradikalisieren. Sie beginnen schon im NT (mit Lukas) und erreichen ihren Höhepunkt im 19. Jahrhundert, so daß erst Albert Schweitzer, der das soziale Programm des Reiches Gottes ernst nahm, die Radikalität Jesu wieder entdecken mußte, freilich nicht ohne sie sogleich wieder eschatologisch zu verfremden[55].

Die Entproletarisierung Jesu geschieht damals wie heute nicht unabhängig von der eigenen sozialen Position. So neigen protestantische Theologen, die in der Regel höheren sozialen Schichten entstammen als katholische, dazu, Jesus sozial anzuheben. Während sie es sonst abwehren, soziale Verhältnisse von heute auf die neutestamentliche Zeit zu übertragen, schließen sie Jesus apodiktisch («es ist festzustellen») vom Proletariat aus und reihen ihn in den «handwerklichen Mittelstand» ein, worin sie von sozialverwandten Profanwissenschaftlern unterstützt werden, wie vom Historiker Karl Buchheim, der Jesus «einen Mann von Stand» nennt[56].

Doch besteht der begründete Verdacht, daß schon Lukas nur fortsetzte, was die Christologen begannen. Trifft dies zu, dann gipfelt Jesu Entproletarisierung in seiner Christologisierung.

Ein vorläufig abschließendes Wort

Theologen werden dem Versuch, Jesus als Proletarier zu orten, mit äußerstem Mißtrauen, wenn nicht mit herablassendem Lächeln begegnen; denn inzwischen dürfte es sich doch auch unter Nichttheologen herumgesprochen haben, daß eine Biographie Jesu überhaupt unmöglich sei. – Man könnte schreien über solche Schichtbenommenheit; denn diese «Feststellung» der Theologen besteht nur zu Recht, wenn man den Begriff der Biographie am Leben der Oberschicht mißt,

– als müßte unbedingt Tag und Stunde der Geburt eines Kindes bekannt sein und verginge es nicht auch heute noch Millionen, eine Geburt zu «feiern»,

– als wäre die Fülle des Lebens allen zugänglich und schlösse die herrschende Klasse nicht auch heute noch Millionen vom Lebensnotwendigen aus,

– als hinderte nicht auch heute die tagtägliche Ausbeutung Millionen daran, an Kultur nur zu denken, geschweige denn an ihr teilzunehmen.

Proletarier haben eine Biographie wie die Elite. Auch Jesus hat eine; daß wir «von ihm so gut wie nichts mehr wissen können» (Rudolf Bultmann[57]), gilt nur, wenn wir das Wort Biographie im Sinne dieses oberschichtigen Theologen gebrauchen. Es sind biographische Fakten,

– wenn Jesus in Armut geboren wird, ein oder zwei Jahrzehnte mit seiner Hände Arbeit Mutter und Geschwister ernährt,

– wenn er eines Tages aufbricht, um allen Armen zu dienen, und die Klugheit der Oberschicht verachtend, Sätze der Weisheit schafft,

– wenn er nach ein oder zwei Jahren in seinem Engagement scheitert, zu Unrecht verurteilt wird und mit einem Schrei am Galgen endet.

Gewiß sind das bruta facta, gemessen an den Feinheiten oberschichtiger Biographien. Gewiß läßt die Niederkunft seiner Mutter keinen Vergleich zu mit der Niederkunft der Königin Silvia, nicht einmal räumlich. Gewiß mühte sich um ihn in seiner letzten Stunde nicht eine Schar von dreißig Ärzten wie am Krankenbett Francos. Gewiß kennen wir nicht die Maße der Urinausscheidung Jesu wie die des sterbenden Papstes Pius XII. Mag sein, daß nach dem Urteil dieses Theologen von Weltrang die Lebensdaten Jesu sich auf eine Postkarte zusammendrängen lassen. Aber wiegt die Postkartenbiographie dieses einen Proletariers nicht tausend tausendseitige Biographien der Elite auf?

Anm. des Verlags: Zum sprachlichen Befund der Worte Jesu siehe ergänzend die Untersuchung von *Louis Kretz:* Witz, Humor und Ironie bei Jesus, Vorwort von Mario von Galli, Olten 1981, ²1982.

Belege

[1] a) A. Holl: Jesus in schlechter Gesellschaft, ³1971, 101
b) E. Bloch: Prinzip Hoffnung III, 1482
c) Arbeiterbewegung, nach H. Rolfes: Jesus und das Proletariat, 1982, 71

[2] a) Kindheitsgeschichten Jesu: Mt 1,18–2,23; Lk 2,1–2,52
b) Jes 1,3 (Ochs und Esel)

[3] Fußnote der EÜ zu Lk 2,1–3: der Zensus des Quirinius kann nicht der Zensus gewesen sein, zu dem Josef nach Bethlehem zog (ausweichend).

[4] a) Ben Chorin: Mutter Mirjam, 1971, 94 (Kinder im Hause Jesu)
b) R. Pesch, Herderkommentar zum Markusevangelium I, ³1980, 324: «Unvoreingenommene Exegese erlaubt nur die Feststellung, daß Mk 6,3 die Namen von vier leiblichen Brüdern Jesu und die Existenz von leiblichen Schwestern historisch bezeugt sind.»
c) Theologischer Grundkurs, Mainz 1975, 11. Abend (o. S.): «Wir kennen die Namen seiner Eltern, Joseph und Maria, die Mutter und Brüder Jesu werden an 7 Stellen des NT genannt, die Brüder allein an 4 Stellen, die Schwestern nur an 2 Stellen.»
d) *Dazu jetzt:* Maria im Neuen Testament. Eine Gemeinschaftsstudie von protestantischen und römisch-katholischen Gelehrten (Mary in the New Testament). A Collaborative Assessment by Protestant and Roman-Catholic Scholars, ed. by R. E. Brown, Philadelphia 1978) Stuttgart 1981

[5] Zum *Begriff* Proletarier
Gegenwärtig wird das Wort verdrängt. Der Proletarier existiert aber nach wie vor real: als «erniedrigtes, geknechtetes, verlassenes und verächtliches Wesen» (Karl Marx, MEW I, 385). Gewiß fordert nicht einmal die sowjetrussische Verfassung mehr die «Diktatur des Proletariats»; doch läßt sich der Mensch zweiter Klasse auch im fortgeschrittenen Kapitalismus hinreichend nachweisen; deutlich z. B. in der Psychiatrie. Nur die Form des Proletariats wie des Kapitalismus hat sich gewandelt, die Substanz ist geblieben.

[6] G. Lohfink: Gehört die Jungfrauengeburt zur biblischen Heilsbotschaft?: TQ 159 (4, 1979) 304–306. Der Satz lautet vollständig: «Bekenntnisinhalt ist die Gottessohnschaft Jesu, die Geistzeugung veranschaulichender Kommentar. Wir kommen nicht daran vorbei: das Neue Testament bekennt und verkündet, daß Jesus der Sohn Gottes ist, nicht jedoch, daß Jesus ohne irdischen Vater empfangen wurde.»

[7] Lk 4,16 (nach der Sitte, nach dem Gesetz, nach dem gegebenen Wort, nach der Gewohnheit, nach der Bestimmung, siehe dazu P. Noll: Jesus und das Gesetz, 1968, 28)

[8] Lk 1,46–55 und 1,68–79

[9] a) Jesus im Tempel: Lk 2,40–52

b) der «Schatten»: Lk 2,35 (Mt: «ein Schwert»)

[10] Joh 7,3 ff.; 2,4; dazu A. Zechner: Wer hat bei der Hochzeit von Kana geheiratet?, Linz 1979

[11] Mk 3,20.21 ist ohne Parallele (Synopsis quattuor Evangeliorum, ed. K. Aland 1971). Der frühe Tod des Vaters kann aus Mk 6,3 «der Sohn der Maria» geschlossen werden. Jesus wird so genannt, weil sein Vater nicht mehr lebte. R. Pesch, Herderkommentar zum Markusevangelium I, 1980, 319.

[12] W. E. Bundy: Die Persönlichkeit Jesu in psychoanalytischer Sicht, in: G. Strubbe (Hg.): Wer war Jesus von Nazaret?, 1972, 108

[13] a) Jungfrauengeburt als Dogma: Denz 502, 503, 533; deutsch: Neuner-Roos: Der Glaube der Kirche, 1971, Nr. 194 u. 195 (Lateran unter Martin I., 649) und Nr. 209 (Toledo, 675)

b) die EÜ verweist auf das Verständnis von «Bruder» und «Schwester» als «Verwandte» auffallenderweise nicht bei Mk, sondern in einer Fußnote zu Mt 12,46; der Verweis wirkt (im Zusammenhang) anachronistisch.

c) der «Haussegen», meist ein billiger Öldruck einer Zimmermannswerkstatt

d) die EÜ nennt Jesus einen «Bauhandwerker»

[14] a) Lk 4,22 «Anmut» (ist nach W. Bauer, Wb, die Grundbedeutung); Lk 2,40 geben die EÜ und die ZÜ mit «Gnade» wieder.

b) H. Blüher: Die Aristie des Jesus von Nazaret, Prien 1921

c) Ben Chorin: Mutter Mirjam, 1971, 70

[15] Pius XII., Ansprache vom 5. Januar 1941, nach «Um nichts als die Wahrheit». Deutsche Bischofskonferenz contra Hans Küng, 1978, 17

[16] Jesu Redeweise: das *Material*

Um nicht der Eigenwilligkeit zu erliegen, wählte ich als Basis für die Sozialstruktur der Sprache Jesu «die möglichst vollständige Sammlung» der Logien aus R. Bultmanns «Geschichte der synoptischen Tradition» [7]1967, 77–84. Bultmann gibt sie nur griechisch wieder. In der Arbeit werden sie wohl griechisch «verrechnet», aber nach der EÜ zitiert.

[17] Jesu Redeweise: die *Analyse*

Das vorgegebene Material wurde strukturell-funktionell untersucht: in seine Elemente (Sätze, Wörter) zerlegt, auf die Häufigkeit (Frequenz) und – was wichtiger ist – auf die Verteilung (Distribution) der Elemente geprüft, ohne daß die Zeichenkraft (die Bedeutung) übersehen worden wäre. Dieses Verfahren wird darum auch «quantitative Semantik» genannt.

[18] Die Merkmale der «Sprache der Arbeiterklasse» sind dem Aufsatz von Basil Bernstein entnommen: «Soziokulturelle Determinanten des Lernens. Mit

bes. Berücksichtigung der Rolle der Sprache», deutsch erstmals im Sonderheft der Kölner Zeitschrift für Soziologie und Sozialpsychologie, hg. v. Peter Heintz, 1959, hier S. 66f. Bernstein unterscheidet «die Sprache der Arbeiterklasse» und «die Sprache der Mittelklasse».

[19] a) Morgenthaler, Statistik, 1973, 164 gibt den Anteil der Namen im ganzen NT mit 10,5% an. Für die Evangelien ergäbe sich ein Durchschnitt von 7,1%.
b) Mt 6,29

[20] Verben des Herrschens: katexousiazein, katakyrieuein; des Lohnes wert sein: axios einai tou misthou

[21] Mk 2,15 gebraucht einfaches «kai» = und, Lk 5,36 im gleichen Logion doppeltes «kai» = sowohl als auch

[22] Mt 12,34; Lk 16,15; Mt 23,12; Lk 6,28

[23] Die Vergleiche der Logien mit modernen Texten folgen der «ästhetischen Analyse» Francis Ponges von Elisabeth Walther, 1965. Die Statistik «realistischer» und «symbolischer» Texte findet sich S. 106.

[24] Gemeinschaft: koinonia; Pflicht: opheile, to anekon; Verantwortung: syneidesis; Erfolg: kerdos. Ähnlich steht es mit Freude: chara; sich freuen: chairein. Abgesehen von der Grußformel chaire ist der Befund: Logien: 0; Mk: 2; Lk + Apg: 28; Pls: 50; Offb: 2

[25] Vorsehung: pronoia, Gnade: charis, Opfer: thysia. Das Logion vom Opfer (vgl. Lev 2,13) ist textlich so ungesichert, daß es die ZÜ nur mit einer Fußnote (zu Mk 9,49b) übernimmt und die EÜ es überhaupt ausläßt; hier verbleibt nur 9,49 a: Jeder wird mit Feuer gesalzen werden.

[26] Predigt: kerygma; Kirche: ekklesia; Priester: hiereus; zu «Kirche» (Mt 16,18): Hans Küng, Unfehlbar? 1970 (hier Ullstein-Ausgabe 1980, 89); «Feste feiern» (heortazein): 1 Kor 5,8 (nur hier); das Fest: heorte fehlt in der Offb, aber auch in der Apg; am häufigsten findet es sich im Joh (17mal).

[27] Die Gebrauchshäufigkeit der Schlüsselwörter in den Logien sind bei Bultmann (Geschichte der synopt. Tradition, 7. Aufl. 1967, 77–84) leicht nachzuzählen.

[28] Bernstein, s.o. Anm.18, S.67. Beispiele: gut und schlecht (Mk 3,24; Mt 12,35); alt und neu (Mk 2,12; Lk 5,39) breit und eng (Mt 7,13), gesund und krank (Mk 2,17)

[29] wo – dort (hopou – ekei); von hier nach dort (enthen – ekei); heute und morgen (semeron – aurion); gut und schlecht handeln (kalos – kakos)

[30] a) Verben der Gewalt in den Logien: drohen: epereazein; bedrängen: thlipein; nötigen: aggareuein; schlagen: rhapizein; überwältigen: katakyrieuein; fesseln: deein; einbrechen: dioryssein; hinauswerfen: ekballein; gewaltsam abnehmen: hairein; rauben: diaparzein; ein Glied abschlagen: apokoptein;
b) die Großen und die Kleinen (hoi megaloi): Mt 20,25

[31] inneres Licht (Mt 6,23: Licht in dir): M. Meinertz nach Stelzenberger: Syneidesis im NT, 1961, 38

³² aphedron: Mt 15,17, Mk 19, mit Abtritt übersetzt von F.J. Schierse, Patmossynopse, 1968

³³ K. Aland: The Greek New Testament, ²1971; Bruce M. Metzger: A Textual Commentary, 1975 – ochetos (als Ersatz für aphedron) bei Pindar (W. Bauer, Wb)

³⁴ a) 1 Sam 24,4 (nach anderer Zählung 24,3); übers. v. Martin Buber: Bücher der Geschichte (1940); Luther, nach Walter Jens, «Die Zeit» vom 19. Juni 1981

b) Ez 6,3; Lev 26,30; 1 Kön 15,12; Nah 3,6; Mal 2,3

³⁵ Jes 19,10, übers. v. R. Voeltzel: Das Lachen des Herrn, 1961, 25

³⁶ Der Sprachwissenschaftler P. Schütt in: H.D. Baroth: Schriftsteller testen Politikertexte, 1967, 147

³⁷ Bl.-Debr. 1976, § 458,2

³⁸ Thomas-Evangelium, lat.-deutsch-englisch, in: Synopsis quattuor Evangeliorum, ed. Kurt Aland, 1971

³⁹ Verzehr: brosis: Holzwurm (Mt 6,19); Einkehr: kataskenosis: Nest (Mt 8,20; Lk 9,58); innere Spaltung: schisma: Riß im Kleid, und Fülle: pleroma: Flicken auf dem Kleid (Mt 9,16; Mk 2,21); sämtl. Übers. nach W. Bauer, Wb

⁴⁰ Beispiele: Mt 24,28; 6,19; 6,34; Mk 9,43: ta peteina ou speirousin (die Vögel säen nicht); ta krina ou kopiosin (die Lilien arbeiten nicht); he cheir skandalizei (die Hand verleitet); he aurion merimnesei (der morgige Tag wird für sich selbst sorgen); to stoma lalei (der Mund spricht); oute ses oute brosis aphanizei (weder Motten noch Würmer zerstören)

⁴¹ Die Zahlen für Goethe, Baudelaire, Rimbaud und E. Walther entnommen, a.a.O. (s. Anm. 23) 106.

⁴² Joh 4,26; dazu F. Ebner: Das Wort und die geistigen Realitäten, jetzt: WW, Bd. I (1963); Mt 7,29; EÜ: göttliche Vollmacht; göttlich in Klammern

⁴³ a) Goethe: Geschichte der Farbenlehre, 387: «Das Griechische, die Art durch Verba zu sprechen, macht jeden Ausdruck läßlich; die lateinische Sprache dagegen wird durch den Gebrauch der Substantive entscheidend und befehlshaberisch.»

b) So schlug sich z.B. Dali auf die Seite der Faschisten, Aragon, Breton, Eluard auf die Seite der Kommunisten.

⁴⁴ E. Schillebeeckx: Christus, 1975, 654

⁴⁵ Basil Bernstein, a.a.O. (s. Anm. 18)

⁴⁶ Strack-Billerbeck: Kommentar zum NT, 1965: I 441; II 2; I 436 vgl. mit Mt 6,34b; Mk 2,27; Mt 6,26

⁴⁷ Mt 7,1 (viermal krinein und einmal krima); Lk 6,37 wechselt: krinein und katadikazein

⁴⁸ a) H. Schürmann: getragene Feierlichkeit und ehrfurchtgebietende Erhabenheit (Die Sprache des Christus, BZ 2, 1958, 54–84)

b) H. Kähler: Der sogenannte historische Jesus, ³1961, 60f.

⁴⁹ *Begriffliche* Abklärung
Zugrunde liegt der soziologische Begriff der Religion: «Bedingungen und Wirkungen einer bestimmten Art von Gemeinschaftshandeln» (M. Weber: Wirtschaft und Gemeinschaft I, 317). Gegenwärtig unterscheiden die Soziologen fünf Kerndimensionen dieses Handelns: religiöse Erfahrung, religiöse Praxis, religiöser Glaube, religiöses Wissen, religiöse Wirkungen (J. Matthes: Kirche und Gesellschaft, rde 312/13, 1969, 150f.).

⁵⁰ Hier genüge der Nachweis für «die Gaben Gottes für den Führer» aus einer westfälischen Predigt nach dem Bericht in «Die Zeit» vom 23.5.1980.

⁵¹ Das Judasproblem wird profanwissenschaftlich klarer als theologisch; dazu: die beiden tiefenpsychologischen Studien von Th. Reik (Das Evangelium des Judas Ischkariot) und S. Tarachow (Judas der geliebte Henker), dann das Musical «Jesus Christ Superstar» (by Tim Rice and Andrew Webber) und die Verteidigung des Judas durch Walter Jens: Der Fall Judas (1975). Theologisch siehe: H.L. Goldschmidt/M. Limbecke, Heilvoller Verrat? (1976).

⁵² R. Bultmann: Geschichte d. synopt. Tradition, 7. Aufl. 1967, 296; Sch. Ben-Chorin: Bruder Jesus, 1967, 223; ders.: Jesus im Judentum, 1970, 63

⁵³ a) E. Schillebeeckx: Christus, 1977, 808
b) Vgl. Joh 19,3 (Es ist vollbracht; nur hier) mit Herakles: Peractum est (nach C. Schneider: Geistesgeschichte des antiken Christentums, 1970, 154)

⁵⁴ a) Emil Merker: Selbstbildnis. Es beginnt mit «Proletarierschädel, gramvoll ins Heute gezeugt»; unter Hitler (Ausgabe der Gedichte, Jena 1940) mußte der «Proletarierschädel» ersetzt werden durch «Zerklüftet das Antlitz».
b) Die Nachkommen Jesu vor Gericht: Eusebius: Historia eccl. 4,20

⁵⁵ Albert Schweitzer: Die konsequente Eschatologie, in: Geschichte der Leben-Jesu-Forschung, 1913, jetzt Siebenstern Tb 1966, 434

⁵⁶ M. Hengel: Eigentum und Reichtum in der frühen Kirche, 1973, 34; K. Buchheim: Der historische Christus, 1974, 78

⁵⁷ R. Bultmann: «Ich bin der Meinung, daß wir vom Leben und von der Persönlichkeit Jesu so gut wie nichts mehr wissen können», in: ders. Jesus 1926, jetzt: Siebenstern Tb 17, 1970, 10

Stufen der Entproletarisierung

Christus kommt von oben

Man unterläge einem Irrtum, sähe man im Entstehen des Christusglaubens einen rein-religiösen und in der Christologie einen rein-theologischen Vorgang. Auch bei der zweiten Geburt Jesu zum Christus (aus dem Glauben) wirken soziale Motive mit, wenn diese auch stärker als bei der ersten Geburt «aus einer Frau» (Gal 4,4) verdrängt wurden.
Mit diesem Ansatz ist der religiöse Ursprung dieses Wandels nicht bestritten, den die Religionswissenschaft als Übergang einer historischen zur mythischen Person auch anderswo kennt. Bestritten wird aber die von den Christen behauptete Reinheit dieses Vorgangs. Warum sollte hier, einmalig in der Religionsgeschichte, nicht das Gesetz gelten, daß in aller Religiosität immer auch «Societät» mitspricht?
Die Frage ist wiederum nur, ob das NT für den Aufweis dieser Gegenseitigkeit etwas hergibt. Es wird noch weniger zu erwarten sein als in der Frage nach Jesus, wie die ungewöhnliche Eile seines Wandels zu Jesus Christus und noch mehr die übereilte sprachliche Fixierung dieses Wandels vermuten läßt. Es ist, als hätte man Angst gehabt, einen allzu rasch und nicht ganz rein gewonnenen religiösen Besitz wieder zu verlieren.
Mag der Glaube an Christus religiösen Ursprungs sein, die Christologie erscheint als Produkt der Oberschicht. Wer anders als die Reichen und Mächtigen konnte ein Interesse daran haben, aus dem armen und ohnmächtigen Jesus den reichen und mächtigen Christus zu machen? So sei auch eine Soziologie des Christusglaubens gewagt; denn ohne sie kann man dem NT nicht gerecht werden. Nur zwingt die Quellenlage, auch diesen Versuch in gleicher Weise wie die Soziologie des Jesus von Nazaret einzuschränken. Wir fragen daher nach der sozia-

len Herkunft des Christusglaubens, nach der Sozialstruktur der christologischen Sprache und nach der politischen Funktion der Christologie, ohne die drei Fragen streng voneinander scheiden zu können[1].

Die soziale Herkunft des Christusglaubens

Auch Christus fiel nicht vom Himmel. Auch er wurde auf der Erde geboren. Auch seine Geburt läßt sich nicht nur theologisch reflektieren, sondern auch soziologisch orten.

Einen ersten Ansatz hierzu bieten die christologischen Titel; denn auch religiöse Titel, in der Sprache der Theologen Hoheits-, Ehren- und Würde-Titel, sind soziale Phänomene. Sie erreichen zudem in der Christologie ein solches Übermaß, daß es nicht übertrieben erscheint, auch hier von Titelsucht zu sprechen. Und sollte diese ihren «Sitz im Leben» nicht dort haben, wo sie auch sonst daheim ist?

Für diese Annahme spricht zunächst die Möglichkeit, diese Titel sozialpsychologisch zu verstehen. Mit ihnen antworten die Freunde Jesu auf den Schock, den seine Hinrichtung und ihre Passivität ausgelöst hatten. Alle erhöhten ihn aus Schuldbewußtsein, aber nicht alle auf die gleiche Höhe. Das hing auch ab von ihrer eigenen sozialen Höhe und damit von dem Maß ihrer Schuld. Erhoben nicht die Christen mit dem höchsten Status, die Hellenisten, Jesus am höchsten? Unterließ nicht die galiläische Unterschicht überhaupt jede Erhöhung[2]?

Klarer deutet auf den sozialen Charakter dieser Titel ihre theologische Komplexität, die nur einem eingehenden Studium zugänglich wird, wofür nicht jeder Zeit und Kraft hat. Durch ihre intensiv entwickelte Komplexität weisen sich die christologischen Titel in ihrem vollen Verständnis als Reservat der Oberschicht aus. – Zugleich spiegelt die theologische Komplexität den sozialen Konkurrenzkampf frühchristlicher Religiosität.

Wie wäre es sonst möglich, daß die einen Titel «untergingen», die anderen «sich durchsetzten»? Ist diese Sprache der Theologen nicht die Sprache des Klassenkampfes[2a]?

Wir gehen dieser Vermutung anhand der beiden umstrittensten christologischen Titel nach, die zugleich aufs heftigste konkurrieren: Jesus der Menschensohn und Christus der Herr. *Menschensohn* ist ein aufrührerisches Wort, schon in seinem Ursprung. Nur ein oder zwei Jahrhunderte vor Jesus entstanden, revoltiert es gegen religiöse Unterwürfigkeit. Es läßt Gott selbst die Kniefälligkeit des Menschen aufheben: «Du, Menschensohn, stell dich auf deine Füße, ich will mit dir reden!» (Ez 2,1: ZÜ) – Mit diesem Wort entzieht Gott der sozialen Unterwürfigkeit die religiöse Basis. Wer vor Gott nicht in die Knie zu gehen braucht, darf es um so weniger vor Menschen, auch wenn die Herren dies mit «Dingen, die stechen» (WÜ) zu erzwingen suchen. Gott selbst weist vorsorglich darauf hin: «Du, Menschensohn, wohnst unter Skorpionen.» (Ez 2,6: ZÜ). Jesus liebte den «Menschensohn» (aber nicht als Titel, s.u.) wie nur noch das «Reich Gottes». Es ist auch das einzige Wort, das die Evangelisten für ihn reservierten. Er liebe es nicht nur; er verschärfte es. Er sah den Menschensohn im gleichen Zeichen kommen, wie Satan (Lk 10,18) vom Himmel stürzen: «Wie der Blitz bis zum Westen hin leuchtet, wenn er im Osten aufflammt, so wird es bei der Ankunft des Menschensohnes sein» (Mt 24,27). Die alte Gesellschaft erschien ihm so verrottet, daß sie nur radikal, in der Sprache seiner Zeit: «vom Himmel her» erneuert werden konnte.

Es bedarf keiner Begründung, daß sich ein solches revolutionäres Wort nicht für eine unterwerfende Christologie eignete. Es wurde schon im NT verdrängt: «Der Menschensohn wird vergessen werden und als eine unverstandene Hieroglyphe in den Evangelien stehen bleiben, dem im Kulte gegenwärtigen Kyrios gehört die Zukunft.» Es dürften nicht nur theologische Gründe dahinterstecken, wenn die offizielle Theologie diesen Kritiker als überholt erklärt. Ernst Bloch hat ihn wieder eingeholt: «Die Menschensohngestalt blieb bei den Armen, den

Aufbegehrenden gegen alles Oben, wo der Mensch nicht vorkommt, aber der Kyriosgott kam denen zupaß, die auch die Christengemeinde in eine Art Militärdienst vor ihren Kultheros brachten.»³

Umso mehr fällt der noch immer andauernde Streit der Theologen um den titularen Gebrauch des «Menschensohnes» auf. Auf Jesus, die Basis aller Christologie, können sie sich dabei nicht berufen; denn er hielt sich nicht nur gegen Titel zurück, sondern lehnte sie rundweg ab, selbst den für ihn schlichtesten: Rabbi (Mt 23,8). Er verwarf Titel mit der gleichen Leidenschaft, wie er die kommerzialisierte Religion verwarf.

Die Theologen weichen diesen Tatsachen aus, indem sie auch den schlichtesten Titel übermäßig problematisieren. Gewiß verschoben Jesu Freunde nach seinem Tod den Sinn des «Menschensohnes», indem sie ihn selbst dazu erhöhten, während er auf ihn nur gehofft hatte. Doch berechtigt auch dieser Sinnwandel des Wortes Theologen nicht, ihre eigene Zwielichtigkeit auf Jesus zu übertragen: «Vielleicht müssen wir schon bei Jesus mit einem gewollt zweideutigen Sinn des Ausdrucks rechnen» (Cullmann). Wenn der gleiche Systematiker der Christologie den Begriff des Menschensohnes zu «einem der umstrittensten Probleme der neutestamentlichen Wissenschaft» erklärt, rührt er zwar an die Basis des christlichen Glaubens, lenkt aber zugleich von der konkreten Realität ab, die sich hinter diesem Wort versteckt. Apokalyptischen Ursprungs, riecht Menschensohn allzusehr nach der Schicht, der alle Apokalyptik entstammt. Allzulaut ruft es nach dem neuen Himmel und nach der neuen Erde oder in der Sprache von heute: nach dem Gott mit dem menschlichen Antlitz⁴.

Es führt also in die Irre, wenn Theologen das Wort Menschensohn schon im NT «untergehen» sehen. Es ging nicht unter, sondern wurde untergegangen, weil es die Sozialordnung der neutestamentlichen Kirche gefährdete. Hier schon im NT keimt der Befehl des Großinquisitors an Jesus: «Gehe hinaus und kehre nicht wieder – kehre nie wieder – nie, nie!»⁵

Der Menschensohn mußte gehen, um dem *Herrengott* Platz zu

machen. Die Theologen mögen recht haben, wenn sie gegenwärtig den Ursprung des Kyriostitels im christlichen (und nicht, wie früher, im «heidnischen») Gottesdienst gefunden zu haben glauben. Nur sollten sie wenigstens sich selbst eingestehen, daß der offizielle Gottesdienst allezeit von den Herren bestimmt wird. Unfähig, auf einen Kultheros zu verzichten, ersetzten sie die Niedrigkeit des Menschensohnes durch die Hoheit des Kyrios.

Es grenzt an Augenwischerei, wenn Theologen den Kyrios, von dem der Verdacht der Unreinheit nicht weichen will, als «rechtmäßigen» Herrscher gegen die Willkür des «Despoten» abheben; denn dieser nominelle Unterschied wird dort zur Farce, wo die Kyrioi, wie in der gesamten Antike, die Rechtmäßigkeit festsetzen. Diese ausweichende Taktik wirkt um so seltsamer, als das NT den von ihnen behaupteten Unterschied nicht kennt. Es nennt in einer verworrenen, kaum zu klärenden Textlage Gott und Jesus Christus «Kyrios» wie «Despotes», ja erklärt Gott zum Sklavenherren und Jesus Christus zum Sklaven Gottes. Nicht genug damit, fordert es von den christlichen Sklaven, auch die Willkür ihrer Herrn zu ertragen, und scheut sich nicht, sich dabei noch auf den leidenden Jesus zu berufen[6]. Es nützt den Theologen wenig, wenn sie den Sklaven als nicht «eigentlich» konstitutiv für den Begriff des Kyrios erklären und als das maßgebliche Korrelat zum Sklaven den «Freien» nennen, als wüßten sie nicht, daß dieses Wort im Evangelium so gut wie keine Rolle spielt. Diese Flucht in den Jargon der «Eigentlichkeit» ändert am Sachverhalt nicht das Geringste. Auch die absolute Herrschaft des Freien über den Unfreien, wie sie in der Antike geltendes Recht war, verletzt das Bild Gottes mit dem menschlichen Antlitz[7].

Dagegen nähert man sich der Sache, wenn man die theologiegeschichtliche Entfaltung des Kyriostitels sozialgeschichtlich ergänzt. Es wird kein Zufall sein, daß dieser Titel der Sprache mit dem höheren Sozialprestige entstammt wie «Menschensohn» (barnascha) dem verachteten Aramäisch, was sich im Vorzug von Christos, einem im Griechischen sinnlosen Wort, vor Maschiach, der aramäischen Form für Messias, wiederholt.

Auf den gleichen sozialen Ursprung deutet es, daß der Kyriostitel jenen beiden Schriften des NT am fremdesten ist, die noch am reinsten den unterschichtigen Charakter der Jesusbewegung bewahrt haben: dem Markusevangelium und der Apokalypse (Offenbarung) des Johannes. Bei Markus bedeutet Kyrios an allen drei Stellen «Gott». Jesus wird Kyrios nur im unechten Schluß genannt. Die Apokalypse nennt Christus nur dreimal Kyrios und davon nur einmal in einer traditionellen Formel. Der Autor dieser Schrift behält diesen Titel im apokalyptischen Teil allein Gott vor[8].

Wohl aber entfaltet sich der Kyriostitel in den neutestamentlichen Schriften mit dem höheren literarischen Niveau. Zum Siege verhilft ihm der Akademiker Paulus. Er meidet das Wort Menschensohn und scheidet die Menschen, die im Menschensohn ihre Einheit gefunden hatten, wiederum in zwei Klassen, die Pneumatiker (spirituales, Geisterfüllte: EÜ) und die Psychiker (animales; Irdisch-Gesinnte: EÜ), deren sozialen Ort man aus der Gnosis kennt[9].

Erst im jüngsten, von Paulus am weitesten entfernten Evangelium, dem des Johannes, erstand der «Menschensohn» neu, wovon Theologen abzulenken versuchen, indem sie den Logosgedanken als entscheidend für dieses Evangelium darstellen. Elfmal spricht Jesus selbst darin vom Menschensohn, Kyrios (im christologischen Sinn) wird er nur einmal genannt (20,28), wohl aber oft als «Herr» alltäglich begrüßt. Energisch weist «Johannes» die Übertragung des Sklavensystems auf die Religion zurück: «Nicht mehr Sklaven nenne ich euch, Freunde habe ich euch genannt» (15,15).

Wem das soziologische Verständnis von Menschensohn und Kyrios als Mißverständnis erscheint, halte sich an zwei der Titel, mit denen der christologische Prozeß im NT ausklingt: «Aufseher» und «Oberhirt», die in christologischen Standardwerken, wenn nicht übergangen, so doch nur am Rande behandelt werden[10].

Während Theologen die Religionsgeschichte sonst als für das NT belanglos ablehnen, benützen sie diese just dazu, den fragwürdigen Titel «Aufseher» für Jesus Christus zu verteidigen, weil er in der Antike gängiges Bild für Gott gewesen sei. Das mag für Klassengesellschaften zutreffen, für das Reich Gottes, wie Jesus es lehrte, greift es völlig daneben. «Bei euch soll es nicht so sein!» (Mk 10,43)[11].

Nicht viel besser steht es mit dem Titel «Oberhirt». Mag sich Hirt als religiöses Symbol eignen, ja Jesus selbst sich als Hirt verstanden haben: Oberhirt konnte für ihn wie für jeden wirklichen Hirten nur eine lächerliche Figur sein. Wer anders konnte sich für diesen Titel erwärmen als jene Kreise, die auch sonst religiöse Symbole für sich auszunützen wissen?

Es lohnt sich nicht, auch auf die übrigen Titel einzeln einzugehen, wohl aber sind die sozioreligiösen Folgen dieser Titelsucht zu bedenken. Sie führte wie auch anderswo zum «Führerkult». Christus als «Führer» (archegos) vorzustellen verführt wie jeder Personenkult zur Unsachlichkeit, die im Hebräerbrief mit Händen zu greifen ist. Es dürfte dem Autor des Briefes nicht unbekannt gewesen sein, daß Jesus mit einer einzigen Ausnahme, deretwegen er übrigens sogleich von den Schriftgelehrten der Gotteslästerung beschuldigt wurde, keine priesterlichen Funktionen ausübte; dennoch ernennt er ihn zum «Priester» und, die Realität sprachlich kompensierend, zum «Hohenpriester» und nochmals gesteigert zum «erhabenen Hohenpriester», so daß man schon Theologe sein muß, um hierin «eine unerhörte Neuigkeit» konstatieren zu können, zu der die Evangelisten noch nicht den Mut gefunden hätten[12].

Wie jeder Führerkult zeitigte auch der Christuskult Unehrlichkeit. Je christologischer sich neutestamentliche Autoren erfuhren, um so eher verschwiegen sie die Mängel Jesu, welche die ältere Überlieferung offen zugibt: sein begrenztes Wissen um Gott (Mk 13,32) und seine beschränkte Heilkraft (Mk 6,5). Um so stärker verwischten sie die klare Grenze, die er zwischen sich und Gott gezogen hatte.

Hier möge es genügen, das Selbstverständnis Jesu, wie es das älteste Evangelium überliefert, mit dem Wandel schon im nächsten Evangelium zu vergleichen:

Markus (10,18)

Warum nennst du mich gut?
Niemand ist gut außer Gott, dem Einen.

Matthäus (19,17)

Was fragst du mich nach dem Guten?
Nur einer ist «der Gute».

Dieses Ausweichen des Matthäus mit Theologen «Modifikation» zu nennen, kommt einem zweiten Ausweichen gleich.
Aber selbst wo der zweite Evangelist (Mt) die menschliche Begrenztheit Jesu getreu der markinischen Überlieferung zugibt, wird sie schon in der Weitergabe verleugnet. Die meisten Handschriften (nicht «spätere», wie die EÜ einschränkend noch 1975 zugibt, 1980 in der Endfassung völlig übergeht) nützen die Gelegenheit zur Manipulation weidlich aus, wie der Vergleich von beiden Fassungen zeigt[13]:

Markus (13,32)

Doch jenen Tag und jene Stunde
kennt niemand,
auch nicht die Engel im Himmel,
auch nicht der Sohn,
sondern nur der Vater.

Matthäus (24,36)

Doch jenen Tag und jene Stunde
kennt niemand,
auch nicht die Engel im Himmel,

sondern nur der Vater.

Diese Tendenz zum Führerkult ließ neutestamentliche Autoren steigernd auch die Mängel der Anhänger Jesu verschweigen: ihren kleinlichen Rangstreit, ihre religiöse Schwerfälligkeit und ihre zivile Feigheit. Stellten sie dazu noch die Vorzüge eines einzelnen ins helle Licht, dann näherte sich auch hier wie überall der Führer- dem Starkult. So wurde die Apostelgeschichte, die nur so heißt, als das reinste Produkt dieser Tendenz zur unreinsten Schrift des NT.
Darum werden die Versuche der Theologen, die Christologie für die Gegenwart zu erneuern, nur gelingen, wenn sie sich dieser Unreinheit enthalten; denn neue Titel für Christus, auf die auch kritische Theologen nicht verzichten, passen die Christo-

logie wiederum nur dem herrschenden Gesellschaftssystem an, so wenn Schillebeeckx ihn zum «Pionier» des Glaubens macht oder Küng ihn zum «Repräsentanten, Platzhalter, Sachwalter, Treuhänder und Generalbevollmächtigten Gottes» erhebt[14]. Es kann schon sein, wie Küng annimmt, daß solche Titel heute vielleicht deutlicher aussagen, was die alten Namen auszusagen versuchten; nur vergißt auch er zu fragen: *wem* unter den Christen. Proletarier werden mit einem solchen Christus der Kirche noch ferner rücken, als sie es schon seit Jahrhunderten sind. Willkommen aber dürfte er den Repräsentanten, Platzhaltern, Sachwaltern, Treuhändern und Bevollmächtigten der herrschenden Schicht sein.

Ebenso reserviert die Christologie für die feine Gesellschaft, wer Christus «spiritualisiert», wie es zur Zeit weithin Mode geworden ist. Erst recht, wer Christus kosmisch erweitert und ihn so vor jeder sozialen Berührung schützt, wie Teilhard de Chardin: «Was mein Evangelium angeht, so wird mir immer deutlicher klar, daß meine Möglichkeiten und Neigungen nicht darauf angelegt sind, irgendeine bestimmte soziale Bewegung in Gang zu setzen, sondern dabei mitzuwirken, eine Art von *geistiger Atmosphäre* zu schaffen.»[15] Es dürfte diesem begeisterten Kosmologen nicht bewußt gewesen sein, daß gerade geistige Atmosphären soziale Produkte sind und mit jeder Erweiterung der Christologie deren soziale Gleichgültigkeit wächst.

So scheint als einziger Neuansatz für die Christologie, den Theologen noch immer suchen, nur der Abschied vom Führerkult und die Hinwendung zur Sache, zum Reich Gottes, übrig zu bleiben; denn Jesus selbst lag an seiner Sache mehr als an sich selbst. Das schärfste Licht auf diesen Neuansatz wirft unbewußt Karl Marx. In der Christologie konkretisiert sich seine Erkenntnis, daß «in der Religion Gott in den Hintergrund gedrängt wird durch den ‹Mittler›»; denn dieser (mesites) findet sich im NT nur bei ausgesprochenen Christologen. Paulus zögert noch: «Einen Mittler gibt es nicht, wo nur einer handelt. Gott aber ist ‹der Eine›» (Gal 3,20). Sein Schüler Timotheus kennt dieses Hemmnis nicht mehr: «Einer ist Gott, einer auch

Mittler zwischen Gott und den Menschen» (1 Tim 2,5). Hält die Annahme von Marx, daß «der Mittler» ein typisches Produkt der kapitalistischen Gesellschaft ist, kulturmorphologisch stand, dann bedeutete der geforderte Neuansatz zugleich den Abschied von eben diesem System[16].

Die Sozialstruktur der christologischen Sprache

Es spricht für die Reinheit der ursprünglichen Christuserfahrung, daß in ihren Kundgaben keine sozialen Interessen erkennbar sind. Der Glaube an die Auferstehung fegte einer Revolution gleich alle gesellschaftlichen Unterschiede hinweg, aber eben nur für die erste Zeit.
Zeugnis hierfür sind kurze transsoziale Lieder, die sich in die späteren christologischen Texte eingesprengt finden, als hätte man in den Jahrzehnten, da die Kirche profilierte Autoren vorschob, Sehnsucht nach den anonymen Volksliedern der christlichen Erstzeit gehabt.
Es tut der Reinheit dieser Lieder keinen Abbruch, wenn in ihnen Mythen nachklingen, wie im kürzesten (und wohl ältesten: Eph 5,14):

Wach auf, du Schläfer,
und steh auf von den Toten,
und Christus wird dein Licht sein.

Den Mythus eigens hervorzuheben, wie es ein moderner Übersetzer tut: «Christus wird dich hell machen, hell wie die Sonne» (Z), schwächt die Poesie dieses streng (im Urtext aus 3+5+5 Wörtern) gebauten Liedes ab.
Solche Lieder, zur Urpoesie der Menschheit gehörend, bedürfen keiner Erläuterung. Wir finden den gleichen Klang mehr als tausend Jahre vorher im alttestamentlichen Brunnenlied (Num 21,17, ZÜ):

«Quill empor, Brunnen!»
singet ihm zu,
dem Brunnen, den Fürsten gruben,
den die Edlen des Volkes bohrten
mit dem Szepter, mit ihren Stäben.

Und mehr als tausend Jahre später im Frühlingslied des Angelus Silesius:[17]

Blüh auf, gefror'ner Christ,
der Mai ist vor der Tür;
Du bleibest ewig tot, blühst du nicht
jetzt und hier!

Gemessen an der dichterischen Kraft des ältesten Christusliedes gleicht ein anderer alter Christustext, der häufig Lied genannt wird, eher einem Glaubensbekenntnis (1 Tim 3,16):

Er wurde offenbart im Fleisch,
gerechtfertigt durch den Geist,
geschaut von den Engeln,
verkündet unter den Heiden,
geglaubt in der Welt,
aufgenommen in die Herrlichkeit.

Kürzer und strenger läßt sich ein so weiter Glaube wohl nicht formulieren. Im Urtext drängen sechs Verben, im Passiv verhalten auf Gott weisend, gleich viele Substantive in die Höhe, durch gleich viele Strukturwörter gebunden.
Aber auch längere christologische Texte der Frühzeit heben sich durch ihre Paradoxie als Einsprengsel ab (2 Tim 2,11):

Wenn wir mit (Christus) gestorben sind,
werden wir auch mit ihm leben;
wenn wir standhaft bleiben,
werden wir mit ihm auch herrschen;
wenn wir ihn verleugnen,
wird er auch uns verleugnen.
Wenn wir untreu sind,
bleibt er doch treu;
denn er kann sich selbst nicht verleugnen.

Auch dieser Text, der in der griechischen Fassung auf die Hälfte des deutschen Wortumfangs zusammenschrumpft, ist noch von der transsozialen Christuserfahrung getragen.
<u>Wo aber Christushymnen in Wortschwall umschlagen, wird man auf dessen sozialen Sitz verwiesen.</u> Man kann die drei christologischen «Satzungeheuer» mit einer Wortlänge von 150 bis über 200 Wörter nicht einfach der «Gemeinde» zuschreiben. Sie haben auch in dieser ihren «erhöhten» Sitz[18].
Als Beispiel sei ein christologisches Loblied im ursprünglichen Satzbau wiedergegeben (Eph 1,3–14):

Gelobt sei der Gott und Vater unseres Herrn Jesus Christus,
der uns in Christus mit allem geistlichen Segen in himmlischen Gütern segnete,
wie er uns in ihm vor der Schöpfung der Welt auserwählte,
damit wir vor ihm in der Liebe heilig und untadelig seien,
der uns in Jesus Christus zur Annahme an Sohnes Statt für sich vorherbestimmte
nach dem Wohlgefallen seines Willens
zum Lobe der Herrlichkeit seiner Gnade,
mit der er uns durch seinen Geliebten begnadete,
in dem wir durch sein Blut die Erlösung haben,
den Erlaß der Sünden, nach dem Reichtum seiner Gnade,
die er auf uns in aller Weisheit und Einsicht überströmen ließ,
indem er uns das Geheimnis seines Willens kundgab,
nach seinem Wohlgefallen, das er sich in sich vorgesetzt hatte,
zur Verwaltung der Fülle der Zeiten,
um alles im Himmel und auf Erden in Christus als dem Haupte zusammenzufassen, durch den wir auch zu Erben wurden,
indem wir nach dem Vorsatz dessen, der alles wirkt, nach dem Rat seines Willens
vorherbestimmt wurden, zum Lobe seiner Herrlichkeit zu werden,
die auf Christus vorhofften,
in dem auch ihr, nachdem ihr das Wort der Wahrheit gehört hattet, die Botschaft euerer Erlösung,
in dem auch ihr, nachdem ihr gläubig geworden wart,
mit dem Heiligen Geist der Verheißung versiegelt wurdet,
der ein Pfand unserer Erbschaft ist,
zur Einlösung seines Eigentums, zum Lobe seiner Herrlichkeit.

Komplexer kann man einen Satz wohl nicht mehr bauen: an einen kurzen Hauptsatz hängen sich 20 Nebensätze an, nach

oberschichtigem Muster in konjunktionale, partizipiale und infinitivische Konstruktionen wohl differenziert. Kein Wunder, daß sich der Autor zum Schluß im Satzbau verirrt. Wirkt eine solche Komplexität nicht wie ein Netz, in dem der Leser sich verfangen soll?
Das gleiche Ungleichgewicht wie die Satzarten zeigt die Wahl der Wortarten: Substantive überwiegen die Verben, Abstrakta die Konkreta. Substantive werden synonym und adjektivisch angereichert oder durch vornehme Genitive aufgeladen. Da ist von «Weisheit und Einsicht» die Rede, von «Erlösung und Erlaß der Sünde», von «heilig und untadelig», obwohl ein Wort genügte. Aus dem Segen Gottes wird «der geistliche Segen in himmlischen Gütern», aus der Gnade «der Reichtum (und) die Herrlichkeit der Gnade», aus dem Willen Gottes «der Rat (oder) das Geheimnis (oder) das Wohlgefallen seines Willens». Deutlicher als dieser Wortschwall verweist dessen syntaktischer Verbund auf den sozialen Sitz im Leben. Statt die Substantive verbal aufzulockern, verfestigt der Autor sie präpositional. 33mal, doppelt so oft wie Verben, gebraucht er dicht aufeinander Präpositionen, darunter 5mal das normierende «gemäß» und 15mal das absorbierende «in»: grammatisches Widerspiel der gelobten Vorherbestimmung, in die er so vernarrt ist, daß er auch «vor-hoffen» sagt, als könnten andere nur nach-hoffen[19].
Man verdeckt die soziale Funktion dieses Satzungeheuers, wenn man es (wie die Übersetzer) in Satzgruppen auflöst, die Wortsyntax abschwächt und (wie die Theologen) zum Hymnus feierlicher Bekenntnisse erhebt. Welcher Hirt, welcher Fischer, welcher Taglöhner, die Jesus überlebten und auf Christus hofften, hätte Zeit und Kraft zu einer solchen Leisure-Feier gehabt?
Die literarische Überschätzung dieses Liedes bietet eines der neutestamentlichen Beispiele für die ungeprüfte Wertung Heiliger Schriften. Selbst literarisch gebildete Theologen von Rang entschuldigen den «überladenen Stil» als Spiegel «kleinasiatischer Denk- und Gefühlswelt» und loben das Lied als

«eine Perle literarischer Konstruktion» in einem «besonders guten Griechisch», nicht anders als islamische Schriftgelehrte die Sprache des Koran ungeprüft als besonders gutes Arabisch und dessen Suren als Perlen arabischer Literatur feiern[20].
Wem das soziale Verständnis dieses Liedes einseitig erscheint, prüfe zweiseitig. Dazu eignen sich Vergleiche christologischer Lieder verschiedenen Ursprungs, aber gleicher Intention. Es mögen hier zwei Danklieder genügen. Das eine aus der am geringsten geachteten Schrift des NT (Offb 11,17f.) lautet urtextnah übertragen:

Wir danken Dir, Herr, Gott, Allherrscher,
der ist und der war;
denn Du hast Deine große Macht übernommen und bist König geworden;
und die Völker gerieten in Zorn,
und es kam Dein Zorn und die Stunde, die Toten zu richten
und Deinen Knechten den Lohn zu geben,
den Propheten und den Heiligen und denen, die Deinen Namen fürchten,
den Kleinen und den Großen,
und alle zu vernichten, die die Erde verderben.

Dieses Lied setzt mit kurzen Hauptsätzen ein, erweitert diese monoton mit dem unterschichtigen «und», bändigt die Macht der Substantive durch gleich viele Vorgangsverben und führt klar von Gedanke zu Gedanke. Wohl entfernt es sich mit seiner Machtchristologie von Jesus, nähert sich ihm aber mit seiner Liebe zum Reich Gottes als einem Reich irdischer Gerechtigkeit. In welchem anderen christologischen Text werden die Ausbeuter der Erde verurteilt und «die Kleinen» noch vor den Großen genannt?
Anders dankt einer der höchstangesehenen Autoren des NT (2 Thess 1,3–10), wiederum urtextnah übertragen:

Wir schulden es, Brüder, Gott allezeit euretwegen zu danken,
wie es billig ist, weil euer Glaube überwächst
und die Liebe eines jeden von euch allen zueinander übermehrt,
so daß wir uns in den Gemeinden Gottes eurer rühmen können,
wegen eurer Geduld und eures Glaubens,
trotz all eurer Verfolgungen und Bedrängnisse, die ihr ertragen habt,
ein Zeichen des gerechten Gerichts Gottes,

daß ihr des Reiches Gottes würdig erachtet werdet,
für das ihr leidet,
wenn anders es bei Gott gerecht ist,
euren Bedrängern mit Bedrängnissen zu vergelten,
euch aber, den Bedrängten, zur Entschädigung Ruhe zusammen mit uns zu gewähren,
durch die Offenbarung des Herrn Jesus vom Himmel her,
mit der Macht seiner Engel, im Feuer der Flamme,
der sich an denen rächt, die Gott nicht kennen,
und denen vergilt, die sich dem Evangelium unseres Herrn Jesus nicht unterwerfen,
die als Strafe das ewige Verderben erleiden,
ferne vom Antlitz des Herrn und vom Ruhme seiner Macht,
wenn er kommt, in seinen Heiligen verherrlicht zu werden
und von allen Gläubigen bewundert zu werden,
weil unser Zeugnis bei euch geglaubt wurde,
an jenem Tag.

Über die fast dreifache Dauer des vorhin zitierten apokalyptischen Liedes hämmert dieser Autor auf den Hörer ein, immer die gleichen Phrasen wiederholend, ihn mit der Wucht synonymer Substantive niederschlagend, in jeder Zeile sich mit seinem autoritären Wir in die Brust werfend. Hier schüchtert ein Autor den Hörer wieder mit Herren-Worten ein, wie mit Pflicht, Ehre, Ruhm, Würde, Herrlichkeit, zieht um ihn enger das Netz unentwirrbarer Syntax und lenkt nach bewährter Art von den Ausbeutern der Erde auf das Jenseits ab. Wie vornehm, statt des schlichten Dankens mit dessen «Schuld und Billigkeit» zu beginnen, so daß nur noch die Formel nicht unbekannten Ursprungs von der «verdammten Pflicht und Schuldigkeit» fehlt; wie autoritär, mit dem syntaxbrechenden «an jenem Tag» zu schließen[21].

Es wird nicht verkannt, daß Hymnen eine gehobene Sprache fordern, doch braucht diese deswegen nicht ihre natürliche Frische aufzugeben, wie man ihr in manchem unkanonischen Hymnus christlicher Frauen begegnet, die zeitlich nahe die gleiche Erfahrung besingen. Wie frisch wirken solche Lieder selbst im klassischen Gewand: «Singen will ich aus Herzensgrund von dem großen, berühmten Sohn des Unsterblichen...»[22]

Wem der Vergleich einzelner Texte nicht beweiskräftig erscheint, nehme das Ergebnis eines systematischen Vergleichs zur Kenntnis: der christologischen mit der jesuanischen Sprache, beide in gleichem Wortumfang und in vorgegebener Auswahl[23]:

Beide Textgruppen haben nur ein Viertel des Wortbestandes gemeinsam. Der Rest verkehrt sich geradezu ins Gegenteil. So gibt es in den Logien 20% Abstrakta, während in den christologischen Texten den gleichen Anteil Konkreta einnehmen. Fachbegriffe aus dem Rechts- und Geschäftsleben erdrücken in diesen Texten die anthropologischen Herzwörter der Logien: Eigentum und Erbschaft, Schuldschein und Bürgschaft, Kaufpreis und Anzahlung, Lösegeld und Abzahlung, Vermittlung und Verwaltung, Testament und Termin, Amt und Vorschrift[24].

Wie im gesamten Leben setzt sich die Oberschicht auch in der Christologie mit Wesensbegriffen von der Materialität ab. Mit dem «wahren Wesen» (der Hypostase oder Substanz) läßt sich leicht auf die niedere Wirklichkeit herabblicken, für die der Christushymnus Phil 2,6 in wenigen Zeilen drei Abstrakta häuft: «Gestalt» (homoioma, similitudo), «äußere Erscheinung» (schema, habitus) und «Form» (morphe, forma). Nach dem unverfänglichen Wörterbuch von W. Bauer wählt Paulus bewußt («wohl überlegt») diese «doppelsinnigen» Abstrakta, um das Menschsein Jesu «zweifelhaft bleiben» zu lassen. Nun ist nicht einzusehen, warum dann die gleiche Sprechweise im gleichen Hymnus nicht zu den gleichen Zweifeln über das Gottsein berechtigt. Die schwankenden Übersetzungen, wie die Einheitsübersetzung im Vergleich von 1975 und 1980, mit den verschiedenen Fußnoten, geben dies auch zu[25].

Am dichtesten wird diese Zwielichtigkeit im umstrittensten Abstraktum dieses Hymnus: «Raub» (harpagmos, rapina: Phil 2,6). Es klingt so fremd, daß es ein Textkritiker als völlig unmöglich durch ein ähnlich klingendes (apragmos), aber sinnverschiedenes ersetzte. Theologen werden aber auch damit fertig. Ob Jesus das Gottsein «geraubt» habe oder nicht, brauche ja nicht gleich als «Ansichreißen» verstanden zu werden; es könne auch schlicht nur ein «Festhalten einer Beute» bedeuten; ja Raub läßt sich, wohl einmalig in der Menschheitsgeschichte, auch als «Geschenk» interpretieren oder wenigstens als «Glücksfund», wobei man ja auch noch offenlassen könne, ob dieser Fund schon «ergriffen» sei oder noch der «Ausnutzung harre»[26].

Woher der Wind weht, deutet die sprachwissenschaftliche Information an, daß dieses Wort «Raub» (harpagmos) dem Alten Testament fremd ist, auf das sich Paulus in seiner Christologie beruft, sich aber bei dem zeitgenössischen Lieblingsautor der Oberschicht und fast nur bei ihm findet: bei Plutarch[27].

Doch wie immer es sich damit verhält, es bleibt ein repressiver Akt, solche zwielichtigen Aussagen (die übrigens einem Hymnus angemessen sein können) zu dogmatisieren, gleichgültig, gegen wen sich dieser Akt richtet. Es scheint jedoch schier unmöglich, daß Jesus, der Proletarier, zum Verständnis seiner Existenz gesagt hätte: «Ich zog eine gewaltsame Besitzergreifung nicht in Betracht» (WÜ). Aber seine «Gestalt» war eben für den Autor des Hymnus, wie die «Gestalt dieser Welt», schon vergangen.

Unter diesen Umständen konnte es nicht ausbleiben, daß sich schon in die neutestamentliche Christologie auch direkte Mißgriffe einschlichen. Es mag noch hingehen, wenn sie Jesus in einen «Vorhang» verwandelt, auch noch in eine «Scheidewand», die er durch seinen Tod entfernte, um den Menschen den freien Zugang zu Gott zu ermöglichen. Abstoßend aber wirkt es, wenn sie statt Jesus einen «Schuldschein» ans Kreuz schlägt. Zwar kann weder ein Vorhang noch eine Wand verbluten noch ein Papierfetzen schreien, aber Jesus ist damit auf feine Weise verraten[28].

Diese sprachliche Entwicklung läßt sich nicht mit dem Hinweis von Theologen abtun, daß religiöse Aussagen zu immer feineren Differenzierungen drängen. Zunehmende Abstrahierung kennzeichnet immer auch das Vordringen oberschichtiger Interessen. Wie konkret wirken die noch in die neutestamentliche Zeit zurückreichenden Statements des «apostolischen» Glaubensbekenntnisses: geboren aus Maria, gekreuzigt unter Pontius Pilatus, gestorben, begraben. Wie abstrakt klingt das Bekenntnis von Chalkedon (451), mit dem die frühe Christologie dogmatisch abschloß[29]:

> Wir bekennen einen und denselben Christus, der in zwei Naturen unvermischt, unverwandelt, ungetrennt und ungesondert besteht. Niemals wird der Unterschied der Naturen wegen der Einigung aufgehoben, es wird vielmehr die Eigentümlichkeit einer jeden Natur bewahrt, indem beide in eine Person und Hypostase zusammenkommen.

Das ist von oben her formuliert, nicht nur religiös, sondern auch sozial. Die abstrakte und differenzierende Begrifflichkeit löst Jesus aus seinem Leben in Not und Armut und macht ihn zum Gegenstand oberschichtiger Sprach-«Spiele». Kein Wort von seinem Engagement, vom Reich Gottes, vom Menschensohn; nur Statik, Metaphysik, Transzendenz; nur «Sein und Zeit».

Man muß schon Theologe sein, um in Jesus Christus, dem Kultheros der Oberschicht, und in Jesus, dem Proletarier aus Nazaret, *eine* Welt zu sehen: «unvermischt, unverwandelt, ungetrennt und ungesondert», wenngleich dieser postulierten Einheit die politische Funktion nicht abgesprochen werden kann; denn die Ideologie der Einheit hat sich für die herrschende Schicht noch stets gelohnt.

Die politische Funktion der Christologie

Nirgendwo anders wirkte sich die Unreinheit der Christologie stärker aus als in der Politik. Nur sollte man erst das NT prüfen, bevor man die Kirche von heute einer Politik beschuldigt, die Jesu Normen widerspricht; denn nie hätte eine unchristliche Politik eine solche Macht über die Christen gewinnen können, wäre sie nicht schon im NT vorgezeichnet.

Folgt man diesem Fingerzeig, so stößt man auf eine merkwürdige Ähnlichkeit der frühchristlichen mit der römischen Religionspolitik, die den vielgerühmten Widerstand der Christen gegen den römischen Staat auf kleine Widerstandsgruppen beschränkt erscheinen läßt. Für einen konkreten Vergleich bietet sich Cicero an, der bedeutendste Religionspolitiker der römischen Staatskirche (gest. 43 v. Chr.). Prüft man das lateinische NT (Textum Vaticanum) auf Ciceros Programm, so ergibt sich folgende Wortgleichheit[30]:

Cicero	NT Latine	Ntl. Autoren			NT Graece
1 virtus	virtus	Pls	–	Ptr	arete
2 honestas	honestas (-us)	Pls	Lk	–	euschemosyne (euschemon)
3 verecundia	verecundia	Pls	–	–	aidos
4 mos maiorum	mos maiorum	–	Lk	–	ethos patroon (nomos patroos)
5 ordo	ordo	Pls	Lk	Hebr	taxis
6 utilitas	utilitas	Pls	–	Jud	ophelima
7 consensus	consensus	Pls	Lk	–	homothymadon
8 unitas	unitas	Pls	–	–	enotes
9 humanitas	humanitas	Pls	Lk	–	philanthropia
10 auctoritas	auctor	–	Lk	Hebr	archegos
11 felicitas	in-felicitas	Pls	–	–	talaiporia (-os)

Mit Ausnahme des Hebräer- und des Judasbriefes, eines Plagiats, finden sich die Schlüsselworte des römischen Aristokraten nur bei den politisch bewußten Akademikern Paulus und Lukas, die mit über 50% Anteil das NT beherrschen. Sie deuten auf das gleiche politische Denken.

Gegen die übliche Ausrede von Theologen, profane Wortgleichheit bedeute nicht sakrale Sinngleichheit, spricht die Einheit dieser Parolen, deutsch nach dem unverfänglichen Wörterbuch Walter Bauers zum NT: Wohlverhaltenheit (1), Wohlanständigkeit (2), Ehrfurcht (3), Vätersitte (4), Ordnung (5), Nutzen, Vorteil (6), Einmütigkeit, Einheit (7 + 8) stehen nicht für sich allein, sondern gehören zum konservativen Syndrom, das wohl für die eigene Klasse in der Menschenfreundlichkeit (9) gipfelt, aber an der Führerschaft (10) der Oberschicht, konkret-antik: am Sklavensystem, nicht rütteln läßt, das Paulus zudem noch sakralisiert.

Wie sehr die einzelnen Parolen miteinander zusammenhängen, ließe sich durch die parallelen Beispiele belegen. Hier möge der Hinweis genügen, daß «Paulus» das «Gute und Nützliche» (Tit 3,8) schon grammatikalisch als Einheit lehrt, wie Cicero «Nützlichkeit und Wohlanständigkeit» und damit in gleicher Weise die Vorteilhaftigkeit ethisch rechtfertigt, in wessen Interesse, sagen die Wortpaare selbst.

Deutlicher als mit Cicero, weil der neutestamentlichen Literatur zeitlich näher, tritt die angedeutete Parallele mit Vergil ins Licht. Die Theologen hören in dessen Loblied auf Augustus als den verheißenen Bringer der Endzeit eine Vorwegnahme christologischer Hymnen, übersehen aber beide Male die politische Funktion dieser Poesie. Wie Vergil die aus dem Osten andrängende («chaldäische») Hoffnung auf den Gesellschaftswandel (die commutatio rerum) mythologisch auffängt, so kommt in den christologischen Hymnen die Unruhe der Jesusbewegung zur Ruhe[31].

Wem daher am Unterscheidend-Christlichen gelegen ist, das traditionelle Theologen über Gebühr betonen, kann es nur im Widerstand gegen diese Identifikation von Religions- und Staatspolitik suchen, die sich im christlichen Kulturkreis nicht erst im 20. Jahrhundert verderblich auswirkte.

Im NT findet man diesen Widerstand am reinsten in jener Schrift, die weder eines der Leitworte Ciceros noch eines aus deren Verwandtschaft kennt, in der Apokalypse (Offenbarung) des Johannes. Nicht von ungefähr war sie daher den christlichen Konservativen schon in neutestamentlicher Zeit ein Dorn im Auge, wie den konservativen Römern die Apokalypse des «Persers» Hystaspes, auf deren Lektüre sie die Todesstrafe setzten[32].

Je stärker sich die frühen Christen mit dem politischen System ihrer Zeit in eins setzten, um so weiter fielen sie in Gottesbilder zurück, die Jesus überwunden hatte. Während sich im ganzen NT kein einziger Hinweis findet, daß er sich selbst als Sühneopfer verstanden hätte, rückten sie in die Mitte ihres Glaubens einen sadistischen Gott, der sich in seinem Zorn nur durch den

Masochismus seines Sohnes versöhnen ließ. Der Opfergedanke beherrscht fortan die ausgebildete Christologie. Innerkirchlich führte sie zum Opfer des Intellekts; denn die christologischen Aussagen sind schon im NT so unklar, daß sie kein klares Bekenntnis ermöglichen[33].

Wie unsicher die früheste Christenheit war, läßt sich an ihren Versuchen ablesen, christologische Texte des NT zu manipulieren. Aus der Menge seien einige Beispiele herausgegriffen.

Kanonisierter Text	Lesarten
Haltet *Christus* heilig! (1 Petr 3,15)	Haltet *Gott* heilig!
Da sagte der Kämmerer: Hier ist Wasser. Was steht meiner Taufe noch im Weg?	Da sagte der Kämmerer: Hier ist Wasser. Was steht meiner Taufe noch im Weg?
	Einschub: Da sagte Philippus zu ihm: Wenn du aus ganzem Herzen glaubst, ist es möglich. Er antwortete: Ich glaube, daß Jesus Christus der Sohn Gottes ist.
Philippus ließ den Wagen halten und taufte ihn. (Apg 8,37)	Philippus ließ den Wagen halten und taufte ihn.

Manchmal entscheidet selbst ein Satzzeichen. So kann nach der Einheitsübersetzung (Fußnote) Röm 9,5 wie folgt wiedergegeben werden:

Dem Fleisch nach entstammt (den Israeliten) der *Christus. Gott,* der über allem steht, er ist gepriesen in Ewigkeit.	Dem Fleisch nach entstammt (den Israeliten) der *Christus,* der über allem als *Gott* steht, er ist gepriesen in Ewigkeit.

Man kann solche Unklarheiten Schreibern in die Schuhe schieben, nicht mehr die innerhalb des gesicherten Textes. In welche Verlegenheit des Bekenntnis zu Christus als Gott redliche Theologen stürzen kann, läßt sich an einem Beispiel hier nur referieren, dessen Komplexität sich nachzuprüfen lohnt. Schillebeeckx findet dieses Bekenntnis an der zentralen Stelle

(2 Petr 1,1) nicht entscheidbar: es «scheint» so, aber schon grammatikalisch «bleibt die Fráge»; denn «die Frage ist doch, ob es so stark dasteht»[34].

Kritischen Theologen bleibt so nur eine Möglichkeit, redlich zu bleiben: der Übermacht der Christologie zu widerstehen; Jesus von Nazaret als «Norm und Kriterium» des christlichen Glaubens anzuerkennen, der «sich *theologisch* als der bleibende Gegenpol der Christus bekennenden Kirchen erweist» und «die Erinnerungen an (ihn) als das leitende Prinzip» wachzuhalten, weil seine «Christologisierung seine Botschaft und Praxis ‹kaltstellen› kann»[35].

Diese Theologen können sich dabei auf das Neue Testament selbst berufen; denn schon hier finden sich – trotz aller Redaktion – Spuren des Widerstands gegen die völlige Christologisierung Jesu. Nur wenigen Christusbekennern dürfte bekannt sein, daß schon das NT gegen das Heil in Christus «die Wahrheit in Jesus» ausspielt, ja davor warnt, Jesus in Christus «aufzulösen», wie der Textum Vaticanum unversehrt überliefert («solvere» ohne Lesart), was aber griechische Handschriften abmildern oder gar ins Gegenteil verkehren (Jesus Christus bekennen). Allein die Existenz mehrerer Lesarten berechtigt, an Manipulation zu denken[36].

Deutlich zeichnet sich diese Auflösung auch im Gebrauch der Namen Jesus und Christus aus. Die Evangelisten gebrauchen «Jesus» zehnmal häufiger als Christus, im ältesten Evangelium (Mk) erhöht sich dieser Unterschied auf 98%. Bei Paulus kehren sich die Verhältnisse um. Er sagt Christus häufiger als Jesus und erreicht dabei mehr als 70% des gesamtneutestamentlichen Gebrauchs[37].

	Mt	Mk	Lk	Joh	Evg. zus.	Apg	Pls	übrige	total
Jesus	150	81	89	237	557	68	213	57	905
Christus	17	7	12	19	55	25	379	70	529

Es liegt Theologen nahe, diese Auflösung des Jesus in Christus gerade im Epheserbrief kosmologisch zu deuten. Doch sprechen Texte der neutestamentlichen Opposition, die diesen Prozeß mieden, für das soziale Verständnis: den Proletarier Jesus nicht in den Herrengott der Oberschicht aufzulösen[38].

Doch wie die neutestamentliche Kritik an der «vollendeten» Christologie wurde auch alle spätere wieder aus dem Bewußtsein verdrängt. Welcher Christologe von heute erinnert, um ein naheliegendes Beispiel zu nennen, an die Kritik Adolf von Harnacks? «Um einer Nuance willen kündigte man sich die brüderliche Gemeinschaft und sind Tausende geschmäht, verworfen, in Ketten gelegt und hingemordet worden. Es ist eine schaurige Geschichte. Auf dem Boden der ‹Christologie› haben die Menschen ihre religiösen Lehren zu phantastischen Waffen geschmiedet und Furcht und Schrecken verbreitet. Diese Haltung dauert noch immer fort, die Christologie wird behandelt, als böte das Evangelium keine andere Frage, und der Fanatismus, der sie begleitet, ist auch heute noch lebendig.» Wo aber ein Theologe auch nur den leisesten Zweifel an christologischen Texten anmeldet, wird er sogleich als «liberaler Christologe» diffamiert[39].

Ob Gott in Jesus «erschien», bleibt Glaubenssache, die sich wissenschaftlich nicht entscheiden läßt. Jesus selbst ist dieses oberschichtige Wort fremd. Er sah wohl Gott in sich «wirken», war aber darin sehr zurückhaltend. Er sprach nicht einmal wie üblich von der «Hand» Gottes, sondern nur von dessen «Finger» (Lk 11,20). Auch sah er Gott anderswo wirken als die Theologen seiner Zeit: dort, wo es Not und Elend zu lindern galt.

Wissenschaftlich nachweisen aber läßt sich die Parteilichkeit vieler Theologen im Dienste der Macht. Es war für sie zu keiner Zeit eine Frage, daß Gott in der Geschichte ihrer Nationen «erschien», ihn aber auch in der Sozialgeschichte der Völker zu suchen, finden sie bis heute «höchst problematisch».

Nur Machtchristologie läßt heute noch «christliche Milizen» aufstellen und rechtsextreme Schlägergruppen «Christkönigskrieger» nennen; denn Jesuskrieger zu sagen, sträubt sich selbst die Sprache. Nur Jesusvergessenheit ließ eine Kriegstheologie ausbauen und die Friedenstheologie vergessen[40].

In der «Weltkriegstheologie» waren die Deutschen führend. Man mag es der mangelnden theologischen Bildung der Feldprediger zuschreiben, daß sie im Ersten Weltkrieg Gott im «Donner der Kanonen» hörten, den «Krieg von ihm befohlen» erklärten und die Soldaten als «Werkzeuge der Vorsehung» priesen. Daß aber auch Theologen vom Rang eines Adolf Harnack sich feierlich zur Kriegspolitik der herrschenden Clique bekannten, so daß er nicht umsonst geadelt wurde, bleibt ihre Schuld an Jesus. Ebenso mag man es dem geringen theologischen Interesse von Bischöfen zuschreiben, daß der eine im Zweiten Weltkrieg 1941 den «Krieg als geistige Leistung» verklärte (Hans Lilje) und es verdiente, zum Präsidenten des Lutherischen Weltbundes erhoben zu werden, und der andere im gleichen Jahr die Russen als «fast zu Tieren entartet» diskriminierte (Lorenz Jaeger) und Kardinal wurde. Daß aber auch ein Theologe vom Rang eines Hans Lietzmann im gleichen Jahr alle Hoffnung auf die «Unwiderstehlichkeit der deutschen Kriegsmaschine» setzte, kann nur in seiner Jesusvergessenheit begründet sein[41].

Doch ist zur Entlastung dieser Theologen und Bischöfe wieder einmal (nicht von ungefähr mit einem Marxisten) daran zu erinnern, daß nur die Jesusvergessenheit schon im NT überhaupt zur Machtchristologie führen konnte. Oder wies Jesus diese nicht als widergöttlich zurück, als sie ihm «der Versucher in der Wüste» anbot[42]? Ebenso aber erfordert es die Gerechtigkeit, auf jene Gruppe amerikanischer Theologen hinzuweisen, die im Bund mit Soziologen in der Bostoner Erklärung von 1976 dafür eintreten, Gott mit dem gleichen Recht wie im nationalen auch im sozialen Leben zu suchen: «Der lebendige Gott wirkt in gegenwärtigen Kämpfen, um eine Herrschaft des Rechts, der Gerechtigkeit, der Liebe und des Friedens herbeizuführen. Seine umgestaltende Wirklichkeit ist heute zu finden: im Ringen der Armen, einen Anteil an den Gütern der Welt zu erlangen, schöpferisch am gemeinsamen wirtschaftlichen Leben teilzuhaben und unsere Welt voranzubringen auf dem Wege zur wirtschaftlichen Demokratie.»[43]

Indes: so unsicher dies alles bleibt: eines ist sicher. Wenn Gott in Jesus erschien, dann auch er als «ein erniedrigtes, ein geknechtetes, ein verlassenes und verächtliches Wesen» (Karl Marx), dann trägt auch sein Leib die Striemen der Geißelung, sein Haupt die Dornenkrone und sein Antlitz die Spucke der Mitläufer, dann starb auch Gott – es stockt der Atem – als Proletarier. – Warum der Atem stockt, hat soziale, keine religiösen Gründe; denn er stockt nicht, wenn Paulus von Gott als Sklavenhalter (Phil 2,7) oder Guardini vom Adel Jesu spricht. Da kann er nicht stocken, weil dieses Gottesbild mit den Interessen der Herrschenden übereinstimmt. Gott aber in den Erfahrungen des Proletariats denken, reißt die Kluft auf, die den Gott Jesu vom Herren-Gott trennt[43a].

Ein vorläufig abschließendes Wort

Wenn es zutrifft, daß «die grundlegenden, seitdem christologisch genannten Bekenntnisformeln innerhalb von drei Jahren (nach dem Tod Jesu) festlagen»[44], dann festigt dies zugleich die Annahme vom oberschichtigen Ursprung der Christologie; denn rasch zu formulieren gehört zu den Künsten der Oberschicht. Proletarisch-grob gesagt heißt dies, daß die Christologen wie Aasgeier über Jesus am Kreuz herfielen, noch ehe er erkaltete, um seinen Proletariertod zu entpolitisieren.

Das NT bietet für diese Annahme keine Anzeichen. Es läßt den sozialen Ort (theologisch-abstrakt: den «Sitz im Leben»), an dem sich der Gott Jesu zum Herrengott der Christen wandelte, im dunkeln. Er tritt erst in nachneutestamentlicher Zeit heller ins Licht, am hellsten im ersten christologischen Konzil (von Nikaia), sofern es nicht im Dunkel der kirchlichen Kirchengeschichte gelassen wird. Dieses Dunkel zu erhellen bietet sich der Weg an, den Karl Marx lehrte: die materielle Basis und damit die in ihr verborgenen Herrschaftsstrukturen freizulegen, was nirgendwo notwendiger ist als in der offiziellen Religiosität[45].

Da reisen 325 die vom Kaiser ernannten Bischöfe auf Staatskosten an. Vom Hofe ausgehalten, versammeln sie sich im Festsaal des Palastes. An den Längsseiten sitzend, erwarten sie schweigend ihren Herrn. Er erscheint im edelsteinbesetzten Purpurmantel und nimmt auf goldenem Sessel an der Stirnseite Platz. Nicht getauft, führt er den Vorsitz. Während die «heidnischen» Priester dem brutalen Folterer und mehrfachen Mörder die Entsühnung verweigern, anerkennen ihn die christlichen Bischöfe als «Stellvertreter Christi». Als solcher hat er das Recht, die christologischen Formeln vorzuschlagen. Die Bischöfe stimmen zu.

Gibt diese Darstellung die Realität wieder (und es bestehen wenig Zweifel daran, da sie nicht spiritualisiert), dann gestattet es das Gesetz der Kontinuität, auf dem die Theologen nirgendwo stärker beharren als in der Christologie, auf die neutestamentliche Zeit zurückzuschließen. Wie fragwürdig dieser Rückschluß auch bleiben mag: das Credo von Nikaia übertrifft ihn an Fragwürdigkeit; denn hier hatte der Heilige Geist, auf den sich die Kirche im nachhinein berief, von vornherein ausgespielt.

Man muß die Fakten nennen, da sie verschwiegen werden; denn welcher Christusgläubige würde ohne Nachweis die Politisierung des zentralen Glaubensbekenntnisses zugeben. Und doch ist sie da. Man vergleiche das Bekenntnis von Nikaia in den entscheidenden Punkten mit dem von Rom[46]:

Rom (um 150)	Nikaia (325)
Ich glaube an Gott	Wir glauben an *einen* Gott
den allmächtigen Vater	den allmächtigen Vater
und an Jesus Christus	und an *einen* Herrn, Jesus Christus
	wesenseins mit dem Vater
der geboren wurde	
	der herabgestiegen ist
aus der Jungfrau Maria	Mensch wurde
gekreuzigt unter Pontius Pilatus	gelitten hat
an den Heiligen Geist	an den Heiligen Geist
an die heilige Kirche	

Man müßte blind sein, sähe man hier nicht die Handschrift des Kaisers. Warum hebt dieses Credo den Glauben an «einen» Gott und an «einen» Herrn ausdrücklich hervor, verschweigt aber, sich mit dem namenlosen «Leiden» begnügend, die Kreuzigung unter Pontius Pilatus? Erinnerte dieser brutale Folterer und mehrfache Mörder zu sehr an die gleichen Schandtaten des Kaisers? Erklärte dieser vielleicht Jesus nur deswegen «wesenseins» mit Gott, weil ein Proletarier die Einherrschaft (die Monarchie) im Himmel wie auf Erden störte, die er als Nachfolger des Augustus erneuern wollte?
Wem dieses politische Verständnis des Bekenntnisses von Nikaia zu weit geht, weil sich die Formel «*ein* Gott» und «*ein* Herr» auch im NT findet, freilich wohl mit gegenteiliger Tendenz, der frage sich, warum in diesem Bekenntnis, wiederum einmalig, auch die Kirche mit keinem Wort erwähnt wird. Hätte vielleicht schon der bloße Gedanke an sie die kaiserliche Einherrschaft gefährdet? Wer erschrickt, diese Gedanken zu Ende zu denken, kann sich von diesem Schrecken geschichtlich befreien. Das nächste Glaubensbekenntnis, das «Apostolische», zwischen dem 6. und 8. Jahrhundert entstanden, hob die kaiserlichen Eingriffe in den Glauben wieder auf[47].
Nie wäre der Kirche dies widerfahren, hätte sie sich Jesu, des Mannes aus Nazaret, erinnert, dem sie ihre Existenz verdankt, und ihn als Norm des christlichen Glaubens anerkannt, statt dem Kaiser zu hofieren.
Wer der marxistischen Darstellung dieses Konzils mißtraut, halte sich an die «bürgerliche» Geschichtsschreibung. Jacob Burckhardt nennt Konstantin ganz wesentlich unreligiös: «In einem genialen Menschen, dem der Ehrgeiz und die Herrschsucht keine ruhige Stunde gönnen, kann von Christentum und Heidentum, bewußter Religiosität und Irreligiosität gar nicht die Rede sein.» Der Areligiosität des Kaisers entsprach die Amoralität der Bischöfe: «Sie nahmen auf kaiserliche Wünsche Rücksicht, weil sie selber durch kaiserliche Gunst noch höher zu steigen hoffen konnten; viele Bischöfe hatten einander durch geheime Anklageschriften bei ihm verzeigt; nur zwei

Bischöfe verweigerten ihre Unterschrift, ihr Lohn war Absetzung und Verbannung.» Nicht religiöse Streitfragen «entschieden den Ausgang» des Konzils, sondern «ein kaiserliches Machtgebot». Es kann darum nur als jesusferne Machtideologie verstanden werden, wenn der vielgerühmte Kirchenhistoriker jener Zeit Konstantin einen «Engel» nennt und die orthodoxe Kirche ihn heute noch «feiert»[48].

Ernst nahm Jesus allein das schlichte gläubige Volk, wie eine alte, aber glaubwürdige Legende überliefert. Sie erzählt, daß Jesus um diese Zeit wiederum auf Erden wandelte, noch immer auf der Suche nach dem Reich Gottes. Seine Liebe zu Gott, von dem er sich zeit seines Lebens klar unterschied, führte ihn auch nach Nikaia, wo dem Vernehmen nach Bischöfe unter dem Vorsitz eines Kaisers tagten, der sich als Gott ausgab. Als Bischof verkleidet gelang es Jesus, unerkannt an der letzten Konzilssitzung teilzunehmen. Er traute seinen Sinnen nicht; denn was hier vorging, übertraf alles, was er gehört hatte. Schweigsam folgte er dem Geschehen. Die Bischöfe beugten sich tatsächlich einem Mörder als Stellvertreter Jesu Christi. Als der Kaiser sich aber als «Allgegenwärtiger Gott» (Deus praesentissimus) verabschieden wollte, zerriß er wie einst Kaiphas sein Kleid von oben bis unten. Nackt stand er da, wie er am Kreuz gehangen: der Prolet aus Nazaret. Schergen führten ihn hinaus in die dunkle Nacht[49].

Belege

[1] Zur *Methode*
 Für die wissenschaftliche Analyse der Christologie reicht die früher angewandte, seit Jahrzehnten übrigens stark zurückgedrängte Allgemeine Religionsgeschichte (im engeren Sinn die religionsgeschichtliche Schule) nicht mehr hin. Ihre Neuaufnahme erforderte den gleichen Wandel, den in der Gegenwart die Allgemeine Geschichte durchläuft: den Wandel zur Sozialgeschichte; diese allerdings nicht in dem vagen Sinn der Romantik als bloße Kulturgeschichte verstanden, sondern *historisch-materialistisch* als Antwort auf die immer heftigeren Versuche, die Religiosität zu spiritualisieren, nirgendwo intensiver erfahrbar als in der Christologie.

2 «Hier kommt deutlich ‹ausgeschwärmtes› palästinensisches Christentum zu Wort, ohne eine ausgearbeitete Christologie, die aber Jesu Tun und Lassen als ein ‹gefährliches Gedächtnis› bewahrt hat»: E. Schillebeeckx, Christus, 1977, 154

2a Siehe K.-H. Ohlig: Die theologische Begründung des ntl. Kanons in der alten Kirche, 1972, 53: «Manche Schriften *setzten sich* gegen schwierigste geschichtliche Bedingungen *durch,* andere *wurden begünstigt.* Dabei *blieben* viele *auf der Strecke.*»

3 a) W. Bousset, 1913, ⁵1965, 103
   b) E. Bloch: Atheismus im Christentum, 1968, 211
   c) dazu jetzt: C. Colpe: Neue Untersuchungen zum Menschensohn-Problem, TheolRev 77 (5, 1981) 353–372

4 a) O. Cullmann: Die Christologie des NT, 3. Aufl. 1963, 157, 154
   b) Dazu John F. O'Grady: Das menschliche Antlitz Gottes. Geleitwort von Heinz Zahrnt, Olten 1983

5 F. M. Dostojewski: Der Großinquisitor, übertr. v. R. Kassner, Inselverlag o. J., 43

6 1 Petr 2,18; Phil 2,7; 1 Petr 2,26. Dazu W. Bauer, Wb. unter «kyrios»: «an vielen Stellen bleibt es zweifelhaft, ob mit Kyrios Gott oder Christus gemeint ist»

7 Der Freie (eleutheros): Mt 17,26 und Joh 8,33; 8,36

8 Mk 5,19; 13,20; 13,25; 16,19; Offb 11,8; 14,13; 22,20.21; 11,4 bleibt unklar; E. Schillebeeckx: Christus, 1977, 428

9 1 Kor 2,14; H. Kippenberg: Versuch einer soziologischen Verortung des antiken Gnostizismus, NUMEN 17 (1970), 211–231; K. Rudolph: Das Problem einer Soziologie und «sozialen Verortung» der Gnosis, KAIROS 19 (1977) 35–44

10 1 Petr 2,15; 5,4: episkopos und archipoimen. Ich finde mich nachträglich bestätigt durch D. S. Deer: Translating the Word «episkopos» Overseer in the NT: BibTrans 30 (1979) 438–441

11 Der antike Gott als «Aufseher» bei Äschylos, Sophokles, Plutarch: siehe W. Bauer, Wb. unter episkopos, hier auch Lit.-Angaben

12 archegos: Apg 5,31; W. Bauer, Wb., gibt als erste Bedeutung «der Führer» an. Die Evangelisten (und nur die Synoptiker) schreiben Jesus ein einziges Mal eine priesterliche Funktion zu: Mk 2,5; Mt 9,2; Lk 5,20 (die Sündenvergebung). Der Hebr. nennt Jesus «Priester» (5,6), «Hoherpriester» (2,17 u. ö.), «erhabener Hoherpriester (4,14). A. Stadelmann nennt das «eine unerhörte Neuigkeit»: Zur Christologie des Hebräerbriefes, in. Theol. Berichte II (1973) 186 und 188.

13 Dazu Bruce M. Metzger: The words «neither the son» are lacking in the majority of the witnesses of Matthew, the omission is more probable than their addition: A Textual Commentary, ²1975, z. St. (Mt 24,36. Dazu Fußnote EÜ)

[14] E. Schillebeeckx: Christus, 1977, 262; H. Küng: Christsein ²1974, 380, 381
[15] Teilhard de Chardin: Briefe an eine Nichtchristin, 1971, Brief vom 26. Febr. 1939
[16] K. Marx: Das Kapital, MEW 23, I, 772, Anm. 229
[17] Angelus Silesius: Der Cherubinische Wandersmann
[18] 2 Thess 1,3–10: 159 Wörter; Eph 1,3–14: 202 Wörter; Kol 1,9–20: 217 Wörter
[19] Eph 1,12: vorhoffen: proelpizein; gemäß: kata; in: en
[20] E. Schillebeeckx: Christus, 1977, 185
[21] Pflicht: opheile; Ehre: doxa; sich rühmen: egkauchasthai; würdigen: kataxioun; verherrlichen: endoxazesthai; wenn anders: eiper, dazu Bl-Debr § 454, 2
[22] Christliche Sibyllinen: Hennecke-Schneemelcher, Ntl. Apokryphen II (1964) 498; 509
[23] Die christologische Redeweise: das *Material*
Um der Willkür beim Vergleich der Logien mit christologischen Aussagen (des NT) vorzubeugen, wurde die gleiche Textmenge (1800 Wörter) fortlaufend dem Register «Jesus Christus» der Lutherbibel entnommen. – Von den ntl. Christushymnen wurden wortstatistisch untersucht: Kol 1,13–20; Eph 1,3–14; Phil 2,6–11; 1 Tim 3,16; Offb 11,17.18; 15,3; 19,2.5.7.8; und zum Vergleich der «Jesus-Hymnus» Mt 11,25.
Die *Analyse* des Materials
Das aufbereitete Material wurde nach den gleichen Prinzipien analysiert wie die Logien. Der «Vergleich» als methodischer Grundansatz wurde von diesem Kapitel ab für die gesamte Arbeit führend. Wie in den Kulturwissenschaften der «interkulturelle» Vergleich immer dringender wird, so in der Religionswissenschaft der «interreligiöse» Vergleich, am dringendsten in der Theologie. Leider zwangen persönliche wie sachliche Gründe den Verfasser, seine Arbeit auf innerneutestamentliche Vergleiche einzuschränken.
[24] peripoiesis und kleronomia; cheirographon und horkomosia, dazu eggyos; time und opsonion; lytron und arrabon; mesites und oikonomia; diatheke und prothesmia; exousia und dogma
[25] hypostasis: Hebr 1,3; 3,14; 11,1; morphe: Phil 2,6.7; schema: Phil 2,7; 1 Kor 7,31; W. Bauer, Wb. unter homoioma zu Phil 2,7 und Röm 8,3; EÜ Phil 2,6; EÜ 1975: «Er war wie Gott, hielt aber nicht daran fest, Gott gleich zu sein»; EÜ 1980: «Er war Gott gleich, hielt aber nicht daran fest, wie Gott zu sein»; Fußnote: 1975: «Er war wie Gott» ist Übersetzung einer griechischen Wendung, die im Deutschen nicht genau wiedergegeben werden kann... Fußnote 1980: geht in großem Bogen über diese Schwierigkeit hinweg.
Dazu jetzt: die Kritik von O. Knoch: Er war wie Gott. Anmerkungen zur Übers. v. morphe in der EÜ, TQ 161 (4, 1981) 285–287; Oeing-Hanhoff, L.: Der in Gottesgestalt war. Erneute Kritik der EÜ, TQ 161 (4, 1981) 288–304

26 a) cj Reinach: ouk apragmon, Nestle zu Phil 2,6
   b) W. Bauer, Wb. unter harpagmos
27 W. Bauer, ebd.
28 Vorhang: katapetasma (Hebr 10,20); Scheidewand: mesotoichon (Eph 2,14); Schuldschein: cheirographon (Kol 2,14)
29 Denz. 302; Neuner-Roos, 1971, 178
30 Zu Cicero: Der kleine Pauly, 1964, 1174–1186, dort auch die Schlüsselworte
31 Vergil 4. Ekloge; Horaz: Carmen Saeculare; ich folge: R. Günther: Der politisch-ideologische Kampf in der römischen Religion in den letzten zwei Jahrhunderten v. u. Z. (Hab.-Schr. Leipzig), Klio 41 (1963) 209–297; sie erweist die Fruchtbarkeit des marxistischen Ansatzes zur Erhellung religiöser Machtverhältnisse.
32 Die Apokalypse des Hystaspes; R. Günther, a. a. O. (s. Anm. 31) 257
33 H. Kessler: Erlösung als Befreiung, 1972; ders.: Die theologische Bedeutung des Todes Jesu, 1970; K. M. Kodalle: Unbehagen an Jesus, 1978 (bes. die Aufsätze von E. Jones und Th. Reik); E. Fromm: Das Christusdogma (erstmals 1930), jetzt 1965; E. Jones: Der Opfertod Christi, in: ders.: Zur Psychoanalyse der christl. Religion, Neuauflage 1970, bes. der Gottmenschkomplex S. 15 ff.; F. X. Léon-Dufour, Als der Tod seinen Schrecken verlor, 1981; *anders:* C. G. Jung: Christus ein Symbol des Selbst: in: Aion, 1976, 46 (GW 9/II); ders.: Über die psychologische Bedeutung des Opfers, GW 11
34 E. Schillebeeckx: Christus, 1977, 291: zu 2 Petr 1,1
35 E. Schillebeeckx: Jesus, 1975, 66, 52, 595 («theologisch» von Sch. gesperrt)
36 a) Eph 4,19.20.21: «Wahrheit in Jesus»
   b) 1 Joh 4,3: Textum Vaticanum: qui solvit Jesum = LA: ho lyei ton Jesoun; eine andere LA: ho me homologei ton Jesoun. homologein ist der Ggs. zu lyein (W. Bauer, Wb.; hier sind auch die Theologen genannt, die sich für die eine oder die andere LA entscheiden)
37 Die Statistik des Wortgebrauchs «Jesus» und «Christus» ist unzulänglich; nicht einbezogen ist der Gebrauch des Doppelnamens.
38 Beispiel für Oppositionstexte: der Jakobusbrief
39 a) A. v. Harnack: Das Wesen des Christentums (1900); jetzt: Siebenstern Tb. GTB 227 (1977), 82
   b) So charakterisiert W. Kasper die Christologie Schillebeeckx' als «liberale Christologie» (Titel des Berichts in den Ev. Komm. 6, 1976, 357 f.)
40 K. Hammer, Deutsche Kriegstheologie 1870–1918, München 1971, 129 ff. Christen sind kriegsbereiter als Nichtchristen: OR 45 (1981) 265. Jüngstes Beispiel: die maronitischen Christen im Libanon, ihr starker Mann: Beschir Dschemeijil; seine Milizen legen Wert darauf, christlich genannt zu werden; starke nationale Züge sind unverkennbar: Tageszeitungen (z. B. FAZ vom 16. Sept. 1982)
41 H. Missala: Gott mit uns. Die deutsche kath. Kriegspredigt 1914–18, 1968, 130. Harnack entwarf am 4. Aug. 1914 das «Manifest der Intellektuellen»,

das nach K. Barth «ein Bekenntnis zur Kriegspolitik Kaiser Wilhelms II.» ist: H. Zahrnt: Die Sache mit Gott, 1966, 14. H. Lilje: Der Krieg als geistige Leistung, Furche-Schriften Nr. 26, 1941, jetzt als Raubdruck: Bd. 1 der Reihe zur Furche-Kirche der Reinhold Pauli Press, Polkwitz (Berlin). L. Jaeger: die Russen «fast zu Tieren entartet», F. Heer: Gottes erste Liebe, 1967, 418; jetzt auch FAZ vom 13. Nov. 1972 (Augstein attackiert Kardinal Jaeger): H. Lietzmann, FAZ vom 10. Mai 1980

[42] M. Machovec: Jesus für Atheisten, [4]1977, 165 zu Mt 4,9

[43] Die Bostoner Erklärung von 1976 findet sich übersetzt und kommentiert in den Ev. Komm. 1976, H. 6 und 8

[43a] R. Guardini: Glaubenserkenntnis, 1949 (Herderbücherei 1963, 55)

[44] E. Schillebeeckx: Jesus, 1975, 15

[45] M. Robbe: Der Ursprung des Christentums, Leipzig 1967, 187ff.

[46] Synopse wichtiger Credoformulierungen. Theol. Grundkurs, Mainz 1975

[47] heis theos: 1 Tim 2,5; heis kyrios: Eph 4,5; Synopse wie Anm. 46

[48] a) Jacob Burckhardt: Die Zeit Constantins des Großen. Phaidon Ausg., Leipzig o. J. 250 (wesentlich unreligiös), 267 (Bischöfe nahmen Rücksicht), 270 (Bischöfe weigerten sich), 269 (kaiserliches Machtgebot, der Engel); Eusebius, Kirchengeschichte, nach Jacob Burckhardt, a. a. O.

b) K. Aland: Neutestamentliche Entwürfe, 1979, 123 (die Ostkirche feiert Konstantin)

[49] C. Schneider: Geistesgeschichte des antiken Christentums, 1954, 325: «Konstantin läßt sich als gegenwärtigster Gott (praesentissimus Deus) titulieren.»

Paulus verstrickt sich

Theologen werden nicht müde, Paulus als Missionar zu rühmen; sie lassen ihn «mit einem wahren Adlerblick aus freier Höhe auf die Missionskarte (schauen) und längst zum voraus seine Pläne einzeichnen»[1]. Er selbst sah es als seine Lebensaufgabe an, die christliche Religion weltweit, das heißt für ihn im Römischen Reich, zu verbreiten.
Kaum jedoch kommt diesen Theologen der politische Charakter solcher Mission in Sicht. Paulus verfolgt sein Ziel mit der Einseitigkeit eines Politikers, der jedes andere Verständnis als das seine «entschieden zurückweist». Man kann es noch als Ausbruch seiner leidenschaftlichen Religiosität verstehen, wenn er seine Missionsgegner «Hunde», oder falls man mit Theologen seinen Kampf mit «wilden Tieren» bildlich nimmt, als «Bestien» verflucht. Wenn er sie aber als «falsche Brüder» beschimpft, die sich in seine Mission «einschleichen», um diese «auszuspionieren», dann beschuldigt er sie eines politischen Vergehens; denn was sollte es in der «Offenbarungsreligion», auf die er so viel Wert legt, zu spionieren geben[2]?
Klarer tritt der politische Charakter seiner Mission in deren Programm zutage, das ein Theologe, dem sprachliche Trefflichkeit nachgerühmt wird, wie folgt übersetzt: «Worauf kommt es denn an? Doch wohl nur darauf, daß so oder so Christus verkündigt wird, aus reinen oder unreinen Motiven» (Phil 1,18: Z). Hält man mit Jesus «Reinheit des Herzens» als unabdingbar für die Religiosität, dann erschrickt man über die Selbstverständlichkeit, mit der sich hier ein Missionar das unreine Herz zubilligt wie Politiker anderswo «die schmutzigen Hände»[3]. Aber dieses politische Konzept der Mission ermöglicht es Paulus, theoretisch den Widerstand zu lehren: «Macht

euch nicht mit der Welt konform», in der Praxis aber sich wie jeder Politiker den Umständen anzupassen, um sein Ziel zu erreichen, mit seinem Lieblingswort: die «Unterwerfung» der ganzen Welt unter sein Konzept der nachjesuanischen Religion[4].
Wir gehen der Verwirklichung dieses Konzepts in drei Schritten nach: der Erziehung zur religiösen Hörigkeit, zur sozialen Servilität und zur politischen Konformität.

Religiöse Hörigkeit

Wenn die Anthropologen damit recht haben, daß sich der Sinn aller Wörter von leiblichen Erfahrungen ableitet, dann stellt sich der entscheidende Wandel der neutestamentlichen Religion von Jesus zu Paulus als eine Wende der Sinneserfahrung dar, konkret in der Abkehr vom Auge zum Ohr und damit von der Freiheit zum Gehorsam[5].
Dieses Verständnis der neutestamentlichen Religion erfordert einen Blick auf die profane Sinneserfahrung. Überblickt man die letzten zwei Jahrtausende unseres Kulturkreises, dann scheint eine durchgängige, nur periodisch unterbrochene Abwertung der Sinne bis in die Gegenwart wirksam geblieben zu sein, klassisch greifbar in Schillers Leitwort «Zwischen Sinnenglück und Seelenfrieden bleibt dem Menschen nur die bange Wahl»[6]. Diese idealistische Welterfahrung zu überwinden, sträubt sich gegenwärtig noch die Sprache. Wir sprechen noch immer von Sinnes-«Werkzeugen» und weisen ihnen damit die «Materie» als ihr Feld zu. Wir verdächtigen die Sinnlichkeit noch immer der sexuellen Triebhaftigkeit und suchen die Sittlichkeit noch immer in der «Vergeistigung», wiewohl spätestens seit Sigmund Freud kein Zweifel mehr besteht, daß die Menschwerdung des Menschen mit sinnlicher, mit erotischer Erfahrung beginnt und ein Leben lang daran gebunden bleibt.

Die politische Funktion der Sinnesentwertung ist nicht zu übersehen. Indem die Oberschicht, die sich stets das «geistige» Leben vorbehalten hat, ihre Normen geistig begründet, bewahrt sie diese vor dem Wandel durch neue Sinneserfahrung und festigt damit, da sie *ihre* Normen gesamtgesellschaftlich durchzusetzen weiß, die herrschende Gesellschaftsstruktur.

Der gleiche Prozeß läßt sich in noch stärkerem Maß in den Religionen beobachten. Auch hier führt sinnliche Askese zur Dogmatisierung. Nur wenige Religionen scheinen davon ausgenommen zu sein, wie die des Alten Testaments, das die sinnlichste Erfahrung mit Erkenntnis gleichsetzt: «Adam erkannte Eva», und im Hohenlied Sittlichkeit als erotische Sinnlichkeit begründet: als Suchen und Finden, Sichtrennen und Sichbinden.

Das NT macht von der allgemein-religiösen Sinnesentwertung nur in den jesusnahen Evangelien eine Ausnahme. Hier finden wir noch die unbefangene Sinnlichkeit des galiläischen Anfangs. Jesu Lebensweise, Tag und Nacht in freier Natur, forderte seine Sinne heraus, wie die aller, die mit ihm das Leben teilten.

Vergeblich sucht man in den Evangelien die «religiöse» Entsinnlichung. Es fehlt darin die Desodorisation. Die Menschen nehmen gute wie üble Gerüche «wahr», und zwar um so intensiver, je geistiger sie leben. So lesen wir die feine Beobachtung, daß der Duft des Nardenöls das ganze Haus erfüllt, nur bei Johannes (12,3), der gemeinhin als Mystiker gilt. Derselbe Johannes legt aber auch einer jungen Frau das Wort vom Stinken einer Leiche in den Mund (11,39).

Auch der Tastsinn kommt in den Evangelien zu seinem Recht. Jesus scheut vor keiner Berührung zurück. Er wäscht seinen Freunden die Füße, legt Kranken seine Hände auf, faßt gegen weltliches wie kirchliches Gebot Aussätzige an, läßt Johannes an seiner Brust ruhen, sich von einer Prostituierten mit Tränen netzen und von seinem Verräter küssen.

In gleicher Weise bejahen die Evangelien den Geschmacksinn. Da ist vom gemästeten Kalb die Rede, vom gebratenen Fisch, vom Sauerteig und von der Honigwabe, vom Trunk frischen Wassers. Jesus selbst erfreut sich an Essen und Trinken. Als Proletarier kann er sich das Reich Gottes nur als Festmahl vorstellen, ja die Härte seines Lebens läßt ihn auch den Tod «kosten»[7].

Noch stärker betonen die Evangelien die leibliche Erfahrung in kritischen Stunden. Wohl loben sie die Menschen, die nicht sehen und doch glauben, lassen aber Zweifelnde den Auferstandenen auch ertasten, so daß dessen Scheu, sich von der Prostituierten (Maria von Magdala: Joh 20,17) berühren zu lassen, ihm aus begreiflichen Gründen wohl nur zugeschrieben wird.

Das alles wandelt sich grundlegend mit *Paulus*. Wir wählen als Ausgang einen konkreten, nachrechenbaren Befund: seinen Anteil an zwei polaren Wortfeldern (Geheimnis und Nüchternheit), verglichen mit Johannes, dem «Mystiker». Es ergibt sich folgende Gebrauchshäufigkeit:

		Joh	Pls			Joh	Pls
mysterion	Geheimnis	● 0	20	trogein	kauen	○ 5	0
methyein	berauscht sein	0	1	nephalios	nüchtern	0	3
methyskesthai	sich berauschen	0	2	nephein	nüchtern sein	0	3
methysos	Rausch	0	2	nesteia	Nüchternheit	0	2
methe	berauscht	0	2	nesteuein	nüchtern sein	0	2
paroinos	berauscht	0	2	nestis	nüchtern	0	1

Paulus predigt «Geheimnisse» (20mal) und hat es daher nötig, immer wieder vor dem «Rausch» zu warnen und zur «Nüchternheit» zu ermahnen (20mal). Johannes kennt nicht ein einziges dieser Wörter. Er spricht, «um jedem Versuch zu Verflüchtigung zu wehren», im Blick auf das Herrenmahl vielmehr vom «Zerkauen». Er bedarf der paulinischen Abwehr nicht[8].

Deutlich treten mit Paulus (und noch deutlicher mit seinen Schülern) die Stufen der Entsinnlichung zutage, als erste die Sublimierung des Geruchs. Während Johannes den Duft der Narde einatmet, glaubt Paulus den «Duft der Erkenntnis» zu atmen. Jesu Freunde, Menschen von Fleisch und Blut, löst er in «wohlriechenden Opferduft» auf, der nur dem Empfangenden «angenehm» in die Nase steigen kann[9].

Der jesusfremde Opfergedanke zieht die Entwertung des Geschmacks nach sich. Die Freude an Essen und Trinken wird als «Dienst am Bauch» diskriminiert, als wäre dieser nicht lebensnotwendig. Wie anderswo führt auch hier die Geringachtung elementarer Bedürfnisse zu Absonderlichkeiten. Wir lesen in den Paulinischen Schriften von den ersten christlichen Vegetariern und wohl auch von den ersten Weinverächtern[10].

Die Entwertung des Geschmacksinnes setzt sich in die des Tastsinnes fort. Der Verzicht auf Berührungen «verbittert» das Leben der Geschlechter und weckt grausame Tagträume. Hier schon «brandmarkt» man Ketzer. Hier schon werden mit der Bücherverbrennung Autodafés vorbereitet; denn «Dort, wo man Bücher verbrennt, verbrennt man am Ende auch Menschen»[11].

Doch sind dies nur die Anfänge des Wandels. Entscheidend vollzieht sich dieser in den Sinnesbereichen, die am stärksten das soziale wie das religiöse Leben bestimmen: in der Umkehr des Ranges von Sehen und Hören.

Im profanen Leben wird das Auge höher bewertet als das Ohr, was auf dem natürlichen Vorzug beruht. Das Auge reicht weiter, bis zu den Sternen, nimmt Zeichen tausendmal schneller auf und kann als einziges Sinnesorgan auch senden. Seine Signale umfassen die Grundformen menschlicher Kommunikation. Das Auge kann locken, einladen, lieben, aber auch drohen, abwehren, hassen. Doch ist niemand seinen Signalen wehrlos ausgeliefert. Jeder kann fremden Blicken standhalten oder sie auch erwidern. Augen zeigen den Tod des Menschen an: er hat seine Augen für immer geschlossen, sagt ein altes Wort. Ihre Macht überdauert selbst den Tod. Jäger decken seit Urzeiten dem erlegten Wild die Augen zu, als scheuten sie dessen Blick, so wie heute Ärzte aus dem gleichen Grund zögern, Unfalltoten mit offenen Augen Organe zu entnehmen. Die kommunikative Kraft des Auges bestätigen viele Redewendungen. Man läßt die Augen auf dem anderen ruhen, streift ihn mit einem Blick, wirft giftige, ja tödliche Blicke auf ihn, kann in ihn hineinsehen, ihn durchschauen, aber auch einfach übersehen. Dichter verbinden das Auge mit dem Glück (Goethe: «ihr glücklichen Augen»), in der Bibel gilt das Auge als Gleichnis Gottes. Die Liebe zum Sehen (skeptesthai) erzeugt aber auch «Skepsis»: das kritische Bewußtsein[12].

Im NT anerkennen den Rang des Auges die Evangelisten. Sie nennen es von allen Sinnesorganen am häufigsten und werten es am höchsten. Sie kennen nur *ein* Wort für Hören, aber einem Sprachuniversal folgend, ein halbes Dutzend (und mit den Komposita ein volles Dutzend) für Sehen[13].

Jesus selbst wird der natürlichen Überlegenheit des Auges gerecht. Vom Auge, dem Organ der freien Sicht, spricht er (in den Logien) zehnmal, vom Ohr, dem Instrument der Hörigkeit, nur einmal. Zu keinen Sinnesschwachen fühlt er sich stärker hingezogen als zu den Blinden. Im Umgang mit ihm «gehen (dem Menschen) die Augen auf». Niemanden greift er härter an als «blinde Führer». Für keine sinnliche Erfahrung fordert er energischer Freiheit als für das Sehen. Sein oft zitiertes und noch öfter mißverstandenes Wort vom begehrlichen Blick auf die Frau geht weit über die Sexualität hinaus. Er verwirft, wie er anderswo sagt, die Besitzgier[14].

Doch bleibt er real in des Wortes wörtlichem Sinn. Farben zum Beispiel gebraucht er nicht übersinnlich, sondern bindet sie wie Kinder an die Dinge. Rot versinnbildet bei ihm nicht den Heiligen Geist, sondern ist auf den morgendlichen Himmel bezogen; schwarz ist nicht der Teufel, sondern das Haar des Menschen. Als weiß sieht er nicht wie der Priester die Reinen, sondern das reifende Getreide. Auch Licht und Dunkel, die zu seinen Lieblingsgedanken gehören, entspringen seiner persönlichen Erfahrung. Man braucht sie darum nicht aus der persischen Religion herzuleiten, an der er kaum interessiert war. Viele stießen sich an seinen harten Worten, vor seinen in den Sand geschriebenen Zeichen wichen *alle* zurück. Seine Liebe zur realen Sicht der Welt mag der Grund sein, warum sich besonders Augenmenschen wie Goethe («zum Sehen geboren, zum Schauen bestellt») zu ihm hingezogen fühlen, wie umgekehrt Menschen, die ihren Glauben vom Hören beziehen, kein Interesse am realen Jesus haben, wie das NT ausdrücklich bezeugt[15].

Nicht daß Jesu Augen anders gewesen wären als die anderer Menschen. Sie «waren nicht von solchem Licht, das Pilatus an griechischen Götterbildern bewunderte. Auch lag nicht die Verachtung in ihnen, welche die Götter gegen Menschen hegen, wenn sie auf Erden wandeln, ganze Geschlechter zu vernichten, doch auch nicht jene Auflehnung, die er in den Augen der Verbrecher glimmen sah, wenn sie vor ihn gebracht wurden». Was Pilatus irritierte, war, daß Jesus den Augenkontakt abbrach[16].

Wird diese Überlegenheit des Auges gebrochen, tritt das Ohr seine Vorherrschaft an, im NT in den Paulinischen Schriften.

Natürlich gebrauchen auch die Evangelisten das Wort «hören», aber eher im profanen als im sakralen Sinn. Man hört den Wind wehen, das Schilf rauschen, den Hahn krähen. Vom Hören als Gehorchen ist nur ausnahmsweise die Rede, so wenn Jesus ihm als dem Licht der Welt zu folgen ruft, doch läßt er ohne bösen Blick einen jungen Mann des Weges gehen, der ihm nicht folgt.

Wie die Evangelisten das Hören, kennen die Pauliner natürlich auch das Sehen, aber eher im sakralen als im profanen Sinn. Es sinkt auf den niedrigsten Rang aller Sinne und nimmt nur ein schmales Wortfeld ein[17].

Das freie Sehen wird zum gespannt Hinsehen, die freie Sicht zur Aufsicht, der Seher zum Aufseher, dessen spezifische Aufgabe sie durch den überreichen Gebrauch des sexuell getönten Wortfeldes «begehren» andeuten, das dreimal so breit ist wie in den Evangelien. Während Jesus lehrte, Gott im Nächstbesten auf der Straße zu sehen, entrücken sie ihn in unsichtbare Fernen. Die Sünde leiten sie nicht, wie Jesus und eine Urüberlieferung, nach der sich der Schuldiggewordene die Augen aussticht, vom Auge ab, sondern vom Ohr, das sie zu beschneiden empfehlen[18].

Paulus selbst beginnt seine religiöse Wende mit der Unterdrückung des Gesichtssinnes. Nimmt man die Lehre der Psychoanalytiker ernst, nach der die Augäpfel den Hoden entsprechen, dann opferte er mit dem Gesichtssinn zugleich seinen Geschlechtssinn. Seine gewaltsame Erblindung kommt der Kastrierung gleich und bereitet seinen Eunuchengehorsam vor[19].

Er empfindet diesen Verlust als Privileg. Während seine Begleiter in der Stunde vor Damaskus «nur» das Licht sehen, hört *er allein* die Stimme. Hören entscheidet fortan seinen Glauben. Kaum anders denn als Spitze gegen das Wort Jesu: «Wenn dein Auge gesund ist, wird auch dein ganzer Leib hell sein», kann man seine Frage verstehen: «Wenn der ganze Leib nur Auge wäre, wo bliebe dann das Ohr?» Unmöglich, bei ihm auf den Rat zu stoßen, den Lukas selbst dem auferstandenen Jesus zuschreibt: seinen Glauben durch Sehen und Tasten zu überprüfen[20].

Wem einzelne «aus dem Zusammenhang gerissene» Sätze als zu schwaches Argument erscheinen, halte sich an die systematische Überprüfung der Sinneswortfelder. Aus ihrer Analyse möge hier der Hinweis genügen, daß Paulus «sehen» unter- und «hören» überdurchschnittlich gebraucht. Dabei fällt auf, daß er das Wort «Ohr» kaum verwendet: es hat als Sinnesorgan für ihn keine Bedeutung. Nicht das Hören, sondern der Gehorsam interessiert ihn, ein Wort, das die Evangelien nicht kennen, er aber übermäßig liebt. Ebensooft wie «Gehorsam» gebrauchte er «gehorchen», das die Evangelisten nur spärlich verwenden und da nur im Blick auf Dämonen und Naturgewalten[21].

Gebrauchshäufigkeit:		Evang.	Paulus	NT (total)
hypakouein	gehorchen	5	11	21
hypakoe	Gehorsam	0	11	15
hypotasesthai	gehorchen	3	23	38
hypotage	Gehorsam	0	4	4
		8	49	78

Dieses Verständnis des ohrzentrierten Verhaltens wird durch die Sprache bestätigt. Im Deutschen kommt gehorchen von hören, bedeutet Hörigkeit spezifisch sexuelle Unterwürfigkeit, sind Hörige von alters her Unterworfene, die wie das Vieh das Eigentumszeichen am Ohr tragen oder denen man «die Ohren langzieht»; im neutestamentlichen Griechisch gibt es zu dem allgemeinen Begriff des Unterwerfens den besonderen des «Unterhörens». Zudem verstehen beide Sprachen, vermutlich eine universale Tendenz widerspiegelnd, «gehorchen» absolut. Die Deutschen verbinden «gehorchen» gerne mit dem bedingungslosen «aufs Wort gehorchen», die Pauliner setzen zu den beiden Verben des Unterwerfens eigens hinzu: «in allem, in jeder Hinsicht». Ungehorsam verspotten sie als «Jucken im Ohr», was auch sexuell verstanden werden konnte. Es dürfte andererseits kein Zufall sein, daß keines der von den Paulinern geliebten Verben für «unterwerfen» in den revolutionären Schriften des NT vorkommt: weder in den Evangelien, noch in der Offenbarung des Johannes[22].

Es ist darum profanem Verständnis nicht mehr zugänglich, wenn Theologen von Rang den Systematiker der Unterwürfigkeit (des Kindes unter die Eltern, der Frau unter den Mann, des Mannes unter Christus, des Christus unter Gott) als *den* Lehrer der christlichen Freiheit feiern. Während die Theologen sonst auf Trennschärfe der Begriffe beharren, verwandeln sie «sehen», wo es stark betont wird wie in den Evangelien, in «hören»: ein in der Sinneserfahrung einmaliges Kunststück: «Das Sehen ist selbst auch eine Art Hören; auf eine neue Weise setzt sich das Sehen in Hören um»[23]. Während sie sonst darauf bestehen, daß Paulus nur in je besonderer Lage gelehrt habe, machen sie aus seiner zeitbedingten Formel, der Glaube komme aus dem Hören, ein zeitloses Programm, um noch immer verkünden zu können, was längst kund ist[24].

Es wäre nicht schwierig, die Sinneserfahrung des Paulus kulturspezifisch zu verteidigen; denn wie die Standardbegriffe ist auch ihre Basis, die kommunikative Sinneserfahrung, unter den Völkern keineswegs einheitlich. Das gilt besonders vom

Augenkontakt; es gibt Kulturen, die ihn intensiv nutzen, wie andere, die sich in visuellen Botschaften sehr zurückhalten. Im Sehen und Hören erweist sich Paulus als typischer Sohn seines Volkes. Kein Volk des Orients hat einen so ausgeprägten Sinn für Hören als Gehorchen entwickelt wie die Juden. «Höre, Israel!» ist durch ihre ganze Heilige Schrift zu hören und als Antwort: «Sprich, Herr, dein Knecht hört!» «Produktives (also künstlerisches) Sehen» hielten sie geradezu für gottlos. Sie kennen keine bildhafte, aus dem Auge kommende Kunst[25].

Doch träfe diese «Rechtfertigung» (selbst wenn sie pauschal standhielte) auf Paulus nicht voll zu; denn auch Jesus war Jude und lebte kulturspezifisch unter den gleichen Bedingungen wie Paulus. Aber er durchbrach wie auch anderswo die Ideologie seines Volkes. Für seine Existenz ist das Auge entscheidend. Daher muß von der Sinneserfahrung her die von den Theologen verteidigte Kontinuität von Jesus zu Paulus bezweifelt werden. Paulus erscheint als Jude mit übergroßen Ohren, als «Wächter», Jesus als Mensch mit offenen Augen, als «Seher».

Bevor darum die Apologeten des Paulus diesen Versuch, den Wandel des neutestamentlichen Glaubens als einen Wandel der Sinneserfahrung zu verstehen, wie üblich in das Reich der Phantasie verweisen, sollten sie prüfen, ob sich nicht gerade hier der gesuchte Ansatz findet, die Theologie erfahrungswissenschaftlich zu begründen.

Soziale Servilität

Als einem Politiker von Rang ist Paulus jedes Mittel recht, für seinen Glauben zu werben, was aber dem Missionar Kritik nicht ersparen kann.

Im sozialen Alltag dient ihm hierzu der evangelienfremde Begriff des «Gewissens». Es lohnt sich, dies an einem Beispiel, dem Genuß von Opferfleisch, nachzuweisen. Er rät der «Gemeinde» von Korinth: «Eßt alles, was auf dem Fleischmarkt verkauft wird, ohne aus Gewissenhaftigkeit nachzuforschen!» Paulus überspielt damit die Tatsache, daß zu allen Zeiten und an allen Orten nur die Reichen Fleisch kaufen konnten, während sich die Armen vom billigen Getreide (später von Kartoffeln) ernähren mußten. So war der Genuß von Opferfleisch nur eine Gewissensfrage für die «wenigen Mächtigen», die Paulus vor den scheelen Blicken der Armen bewahren wollte: «Wer kein Fleisch ißt, richte den nicht, der es ißt.» Er macht aus Finanzschwachen Gewissensschwache[26].

Es bereitet der offiziellen Theologie keine Schwierigkeit, die Jesusfremdheit des Begriffes «Gewissen» zu rechtfertigen. Ihre spezifische Sprachtheorie macht es ihr leicht: «Wenn Jesus auch niemals das Wort Gewissen verwertet, so kennt er doch die Sache», als wäre nicht auch seiner Muttersprache das Wort und damit die Sache fremd. Gleichwohl muß man es den Theologen danken, daß sie zugleich die soziale Basis dieser Rechtfertigung mitliefern. Mit sichtlicher Freude verweisen sie auf die Vieldeutigkeit des Begriffes, seine «unheimliche Weite», und geben damit unbewußt die Möglichkeit der Ausflüchte für jene Schicht zu, die den Begriff in das NT einschleuste[27].

Die Katze aus dem Sack läßt der «Meisterübersetzer»: «Eßt ohne Sorge alles, was auf dem Markt verkauft wird; es ist nicht gut, das Gewissen mit künstlichen Problemen zu beschäftigen.» Er macht aus der Gewissensfrage eine Frage der gesunden Lebensführung, allezeit ein Kernproblem der Luxusschicht: «Der eine glaubt, es schade ihm nicht, wenn er Fleisch ißt, und genießt, was ihm schmeckt. Der andere hat die Erfahrung gemacht, daß bei einem bescheidenen, einfachen Essen sein Herz freier ist, mit Gott zu leben» (Z). Hoffentlich findet sich kein Theologe, der auch diese Weisheit noch als «Wort Gottes» verkündet.

In gehobenen Stunden nützt Paulus seine Literaturkenntnisse. So erinnert er in Athen an den Hymnus des Attizisten Aratus auf Zeus: «Wir sind seines Geschlechts», was in den Gebilde-

103

ten, zu denen er sprach, den ganzen Vers wachrief: «Voll von Zeus sind die Straßen und Märkte, das Meer und die Häfen;/ Zeus bedürfen wir alle; denn wir sind seines Geschlechts.» Der vornehmen Gesellschaft in Cäsarea schmeichelt er mit einem Zitat aus Euripides. Auf dem Höhepunkt seiner Damaskusgeschichte läßt er Christus zu sich die Worte des neuen Gottes Dionysos sagen: «Es wird dir schwerfallen, gegen den Stachel auszuschlagen», was er in der gleichen Erzählung politisch klug vor dem Hohen Rat in Jerusalem ausläßt. Am weitesten nähert er sich der Oberschicht mit dem bürgerlichen Begriff der «Anständigkeit», indem er die Korinther mit einem Wort des Theaterdichters Menander beschwört: (Laßt euch nicht täuschen!) «Schlechter Umgang», den die Unterschicht sowieso nicht meiden kann, «verdirbt gute Sitten»[28].

Es läßt an der Ehrlichkeit von Theologen zweifeln, wenn sie die Anklänge an die antike Literatur einmal als Zeichen hoher Bildung der neutestamentlichen Autoren verteidigen (wie in der frühchristlichen Zeit), dann aber wieder (wie heute) als gängige Sprichwörter herunterspielen, für das Euripideszitat allein auf mehr als 20 Druckseiten[29].

Man kann Paulus zugestehen, daß er mit Aratus wie mit Euripides eine religiöse Urerfahrung wiedergibt, zumal diese auch Jesus in einer apokryphen Schrift zugesprochen wird: «Spaltet ein Stück Holz, ich bin dort; hebt einen Stein auf, und ihr werdet mich dort finden.» Mit der Anstandsregel von Menander aber nimmt Paulus endgültig Abschied vom Proletarier Jesus, unabhängig davon, ob er diesen «Dichter der Aristokratie» aus eigener Lektüre kannte oder dessen Vers nur als geflügeltes Wort zitierte[30].

Er ist mit diesem Komödienschreiber näher verwandt, als Theologen zuzugeben bereit sind. Der eine verspottet die Sklaven in seinen Stücken als «Spruchbeutel»[31], der andere hebt ihre Widerstandskraft auf, indem er sie als von Gott zu Sklaven berufen erklärt. Beide sagen ihnen nur dann ein erträgliches Los zu, wenn sie sich vor Widerspenstigkeit hüten. Beide dienen damit dem Unrechtssystem. Ja, Paulus übertrifft Me-

nander, wie Hohn Spott übertrifft; denn nur als Hohn auf ihre äußere wie innere Erfahrung konnten Sklaven es empfinden, wenn Paulus ihren Zustand mit der Ideologie vom «Inneren Reich» rechtfertigt, wie sie allen Unrechtssystemen eigen ist: die Sklaverei betreffe «nur» den «äußeren» Menschen, der «innere» werde davon nicht berührt (2 Kor 4,16).
Alle Versuche von Theologen, diese Rechtfertigung zu rechtfertigen, scheitern. Wenn Paulus nach ihrer Meinung im Sklavensystem nur den absoluten Gehorsam abbilden wollte, den der Mensch Gott schulde, warum mied er dann das jesusnahe Vater-Sohn-Bild, das sich in seiner jüdischen Ausformung wie kein anderes dazu eignete? Wie wenig die Theologen selbst vom Recht der Übertragung des Sklavensystems auf den Himmel überzeugt sind, lehrt ihre Scheu, das neutestamentliche Wort «Sklave» wörtlich wiederzugeben. Selbst Luther gebraucht dafür in der ganzen Bibel das bäuerlich-romantische «Knecht». Wenn aber anpassungsfreudige Theologen der Gegenwart den Römerbrief mit «Botschafter für Jesus Christus» statt wie Paulus selbst mit «Sklave Jesu Christi» eröffnen und die «Sklaven» in Korinth in «kleine Angestellte» verwandeln, dann verfälschen sie schlichtweg den politischen Charakter dieses Wortes. Es hat wenig Sinn, auf den Hinweis von Theologen einzugehen, es sei mit den Sklaven zur Zeit des Paulus «nicht mehr so schlimm» gewesen. Ohne Zweifel hatten wirtschaftliche Fakten die Sklavenbesitzer gezwungen, ihre «lebendigen Werkzeuge» (wie sie der große Philosoph der Griechen, Aristoteles, nannte) zu schonen. Doch ändert dies nicht das Geringste an der völligen Rechtlosigkeit der Sklaven wie an der absoluten Rechtsherrlichkeit ihrer Besitzer, auf die Paulus seine Sklavenreligiosität begründet[32].
Man muß den Theologen, die es sich mit der Rechtfertigung des Paulus allzuleicht machen, die Fakten nennen. Rechtlich gesehen war der Sklave «Sache» (res), praktisch «Ware». Er wurde auf Märkten wie Vieh verkauft; dabei war eigens anzugeben, ob er zur Flucht neige. Um die Flucht zu erschweren, wurde er von den Ärzten «gebrandmarkt», was mit zu deren

Hauptgeschäft gehörte. Die Suche nach entlaufenen Sklaven lag in privater Hand und war wie der Sklavenhandel selbst ein einträgliches Geschäft[33]. Der Sklave war ohne Einschränkung seinem Herrn auf Leben und Tod unterworfen und als totales Eigentum Mißhandlungen rechtlos ausgesetzt. Bei Widersetzlichkeit mußte er damit rechnen, für den Tierkampf verkauft zu werden. Sklavinnen drohte der Verkauf ins Bordell. Dem Herrn stand das Recht auf den Leib der Sklavin zu. Die gezeugten Kinder folgten der Mutter und erhöhten als gut verkäufliche Ware die Einnahmen. Freigelassene Sklavinnen galten als Prostituierte.

Angesichts dieser Fakten liest man mit Erstaunen im NT, daß es auch in christlichen Familien Sklaven gab, auch «Haussklaven» genannt. Sie waren gewiß, wie Theologen entschuldigen, in die «Hausfrömmigkeit» einbezogen, nicht anders als die Sklaven reicher Römer in den «Laren-Dienst». Doch scheinen sich die christlichen Patres familias kaum anders als die römischen verhalten zu haben; sie hießen wie diese nicht nur «Despoten», sondern sind es wohl auch gewesen. Wie hätten sie sonst eigens ermahnt werden müssen, den Sklaven nicht zu drohen, und die Sklaven wiederum, auch ungerechtfertigte Schläge zu ertragen? Erzeugt Rechtlosigkeit der einen nicht immer Rechtswillkür der anderen[34]?

Es führt darum in die Irre, wenn Theologen auch heute noch versuchen, die Sklaverei in den Urgemeinden ökonomisch zu rechtfertigen: die Sklaven seien für die Antike so nötig gewesen wie heute die Maschinen und wären freigelassen einfach umgekommen. Eine solche Argumentation, so sehr sie sachlich zutreffen mag, verdeckt die entscheidende Frage, wie christliche Herren ihre Sklaven unchristlich behandeln konnten. Ist es nicht Heuchelei, wenn die Pauliner die sinnlichen Regungen junger Frauen als widerchristlich verneinen, die Petriner aber die sklavische Behandlung eines Menschen christlich bejahen[35]?

Wie sehr die Pauliner die Sklavenbesitzer begünstigen, läßt sich nachrechnen. Man vergleiche:

Mahnworte an die	Kol 3,22 –4,1	Eph 6,5 –6,9	1 Tim 6,1 u. 6,2	Tit 2,9 u. 2,10	1 Petr 2,18 –2,21	total	%
Herren	18	28	0	0	0	46	16
Sklaven	56	59	43	28	66	252	84

Auf die Sklaven entfallen 84% der Mahnworte, auf die Herren nur 16%. Dabei wagen die späteren Autoren überhaupt nichts mehr gegen die Herren zu sagen. Deutlich unterscheiden sich die Ermahnungen an beide Seiten auch im Ton. Die Pauliner können sich nicht genug tun, den Sklaven ihre Pflichten einzuschärfen: «die Herren aller Ehre wert zu halten», sie «in der Einfalt des Herzens» zu fürchten, ihnen «in allen Dingen zu Gefallen zu sein», «nichts zu veruntreuen», «nicht zu widersprechen» – und dies alles «in Furcht und Zittern», «um Gottes willen», «um Christi willen», «um des Gewissens willen». Wie lahm wirkt dagegen die Generalklausel für die Herren, den Sklaven zu geben, «was recht und billig ist», wenn Recht und Billigkeit zu bestimmen im Ermessen eben dieser Herren lag und jede Widerrede verboten war (Stellenbelege: siehe Tabelle)!

Man mag es als formal werten, daß die sexuellen Repressionen auch im NT vor den sozialen genannt werden. Doch deutet ihre sich steigernde Rechtfertigung eher auf Funktionalität: aus dem Kyrios über die Frau wird der Despot über die Sklaven. Hat die Frau dem Mann in Furcht zu dienen, so der Sklave in «Furcht und Zittern». Wird der Frau zur Verklärung ihres unterdrückten Zustands «Innerlichkeit» empfohlen, so dem Sklaven «Einfalt des Herzens», um ihn daran zu hindern, seinen Zustand rational zu erkennen[36].

Gerne würde man für Paulus selbst seinen Versuch in die Waagschale werfen, einen entlaufenen Sklaven (Onesimos) von seinem Herrn (Philemon) freizubetteln, sähe er nicht auch dabei nur die Rechte der Herren und die Pflichten der Sklaven, so daß man es Theologen nicht übelnehmen kann, wenn sie ohne hinreichende Textbasis den Sklaven des Diebstahls verdächtigen, während sie sonst «Hineinlesen» eilfertig in das

«Reich der Phantasie» verweisen. Eine mögliche Schuld des Herren taucht bei ihnen auch nicht in fernster Ferne auf[37].
Noch viel weniger überzeugt der neueste Versuch, das mangelnde soziale Bewußtsein des Paulus durch eine neue Übersetzung zu rechtfertigen, die die Sache ins Gegenteil verkehrt. Man vergleiche 1 Kor 7,21, von den Theologen regelmäßig als Verständnishilfe für den sehr kurzen Philemonbrief herangezogen, in der traditionellen und in der «modernen» Übersetzung:

Zürcher Übersetzung	Stuhlmacher: EKK 1975
Wenn du auch frei werden kannst, so bleibe umso lieber. (in deinem Stand)	Falls du freikommen kannst, mache um so mehr daraus. (nämlich im Dienste des Christus)
oder stilisiert: EÜ	oder auch
Auch wenn du frei werden kannst, lebe lieber als Sklave weiter.	nimm diese Gelegenheit erst recht (im Dienste Christi) wahr

Man könnte diese neue Übersetzung böswillig einen Trick von Theologen nennen, der ihnen auch sonst nicht fremd ist. Nicht zufällig entdeckten sie erst nach dem Zweiten Weltkrieg, daß man das fünfte Gebot falsch übersetzt habe. Es dürfe nicht heißen: Du sollst nicht «töten», sondern müsse heißen: «Du sollst nicht morden»; denn töten dürfe man, wenn auch nicht im Mutterleib, so doch auf dem «Feld der Ehre». Doch muß man den Theologen die Zwielichtigkeit auch schon des Urtextes von 1 Kor 7,21 zugute halten, die sich traditionell nur durch Klammerzusätze beheben läßt. Merkwürdig bleibt nur, daß sie hier, wo es um soziale Gerechtigkeit geht, die Zwielichtigkeit des Paulus übersehen, die sie in der Dogmatik zugeben (z.B. mit dem Briff «homoioma»: s.S.76). Dies ist um so merkwürdiger, da es sich beidesmal um die gleiche Sache handelt: um die Christologie.
Indem die Paulinische Christologie Herren und Sklaven zu «Freien in Christus» (1 Kor 12,13) und selbst sklavenmißbrauchende Herren zu «Brüdern in Christus» (1 Tim 6,1) umfunk-

tioniert, verdeckt sie die realen Unterschiede. Mit der «Berufung» zu Herren und Sklaven unterbindet sie vollends jeden sozialen Wandel. So bleibt Paulinern nichts anderes übrig, als diese Unterschiede auch heute noch als «von innen her zerbrochen und überholt» oder als «unwesentlich» (Z) zu rechtfertigen, konkretisiert als «Wort Gottes»: «Wenn du als kleiner Angestellter oder Arbeiter leben mußt, sollst du deinen Weg bejahen» (Z). Doch mögen Pauliner soziale Unterschiede, auch inhumane, noch so oft als «unwesentlich» erklären, real sind sie deutlich zu spüren, um so deutlicher, je tiefer «das Heil» erfahren wird; denn «christliches Heil fällt nicht mit bloßem Seelenheil zusammen; (es) wird zumindest irdisches Heil sein müssen, das heißt: Heil für den Menschen»[38].

Politische Konformität

Es würde noch schwerer wiegen, wenn Paulus mit der antiken Sklavenhaltergesellschaft zugleich auch die römische Staatsideologie bejaht hätte. Für diese Vermutung spricht die Tatsache, daß die Theologen seine politischen Gedanken stärker verteidigten als seine sozialen.

Wir gehen dieser Vermutung, uns aufs Äußerste beschränkend, an zwei Sätzen seines großen Lehrbriefes (Römer) nach und wählen zum Ausgang die Übersetzung Luthers, die im letzten halben Jahrtausend das politische Bewußtsein der Christen (nicht nur der deutschen) am stärksten bestimmt hat[39]:

1. Es ist keine Obrigkeit ohne von Gott;
   wo aber Obrigkeit ist, die ist von Gott verordnet.

2. Wer sich nun der Obrigkeit widersetzt,
   der widerstrebt Gottes Ordnung.

Aus einem negativen Basissatz, positiv wiederholt (1), wird eine Folgerung gezogen, die man mit den Theologen als Mahnsatz (Paränese) gelten lassen kann. Die beiden Basissätze aber in Mahnsätze umzudeuten, widerspricht die Form: es sind reine Aussage-Sätze, wie sie «Lehre» kennzeichnen (2).

Halten wir auch hier, um diese Sätze nicht mit Theologen von heute zu verharmlosen, ihren «Sitz im Leben» fest, den sie sonst als wichtigste Hilfe für das Verständnis verteidigen. Es ist Rom, wohin Paulus seine Sätze schreibt, das Zentrum der damaligen Weltpolitik. Er ist sich also des politischen Gewichts seiner Lehre bewußt. Dieser Sitz im Leben macht es auch unwahrscheinlich, daß Paulus seine Lehre, die allgemein als traditionell gilt, aus der jüdischen Theologie übernahm. Theoretisch wäre dies wohl möglich, da die Juden wie fast alle antiken Völker Staat und Religion nicht trennten. Doch deutet er selbst mit dem Zielort seines Briefes auf seine Anpassung an die römische Staatsideologie. Auch die Römer leiteten ihren Staat von den Göttern her. Sie fühlten sich berufen, ihnen die ganze Welt zu unterwerfen, wie Paulus seinem Gott.

Es erhöht das politische Gewicht dieser Sätze, daß er sie in einer Krise des römischen Staates schrieb; denn zu dieser Zeit (um 55) drängten die Zweifel an der Politik der Römer, die sich im sibyllinischen Untergrund entzündet hatten, immer klarer ans Licht. Schon in der Generation vor Paulus erinnerte Horaz (40 v. Chr.) offen an den ungöttlichen Ursprung des Römerreiches (im Brudermord). Er setzte der Prophetie des Vergil von der ewigen Dauer des Reiches («imperium sine fine dedi») die des baldigen Endes entgegen: «Seinen Untergang werden wir selbst herbeiführen, ein gottloses Geschlecht verfluchten Blutes.»[40] Zur Zeit des Paulus verdichteten sich diese Zweifel zur weltweiten Opposition gegen Rom. Es ist mit gutem Grund anzunehmen, daß auch die Christen, die damals noch als jüdische Sekte galten, an diesem Widerstand teilhatten, wenn dieser auch erst später durch die neutestamentliche Apokalypse belegt ist. Denn nie wäre in dieser Schrift der Haß gegen Rom so vehement durchgebrochen, hätte er sich nicht seit Jahrzehnten aufgestaut.

Verwundert fragt man sich nach Spuren der antirömischen

Opposition im umfangreichen Werk des Paulus. Zwar glauben die Theologen, *eine* Spur entdeckt zu haben, nur ist es eine umstrittene Stelle in einem umstrittenen Brief: «Die geheime Macht der Gesetzwidrigkeit ist schon am Werk; nur muß erst der beseitigt werden, der sie bis jetzt noch zurückhält» (2 Thess 2,7). Doch dürfte diese Prophezeiung eher auf den Untergang der Welt als auf den Roms deuten. Aber selbst wenn Brief und Stelle echt wären, würde diese versteckte Teilnahme an der antirömischen Opposition wenige Jahre später durch den Römerbrief wieder aufgehoben, der mit unüberbietbarer Opportunität die Christen lehrt: «Willst du ohne Furcht vor der staatlichen Gewalt leben, dann tue das Gute, so daß du ihre Anerkennung findest» (13,3 b: EÜ).

Während römische Intellektuelle das römische Unrechtssystem scharf angreifen, drücken Paulus und seine Schüler die Augen vor dem Unrecht zu. Man vergleiche[41]:

Nichts im Himmel und auf Erden kann (die Römer) hindern, Schwache auszuplündern (Sallust).	Jeder leiste den Trägern der staatlichen Gewalt den schuldigen Gehorsam.
Was dem einzelnen verboten ist, wird vom Staat befohlen (Seneca).	Jede staatliche Gewalt ist von Gott eingesetzt.
Nach Senatsbeschlüssen werden Scheußlichkeiten verübt (Seneca).	Vor allem fordere ich zu Fürbitte auf für alle, die Macht ausüben.
Rauben, Morden, Stehlen heißt bei ihnen Herrschaft (Tacitus).	Die staatliche Gewalt steht im Dienst Gottes.

Konkret: es ist der Staat Neros, in den Paulus seinen Lehrbrief schickt, der Staat eines Politclowns, Bruder- und Muttermörders. Man kann es Paulus als Politiker zur Ehre anrechnen, daß er seine eigenen bitteren Erfahrungen mit dieser «Obrigkeit» übergeht.

Es ehrt auch die Theologen der Gegenwart, daß sie wenigstens den «jahrtausendlangen Mißbrauch» der Paulinischen Staatslehre eingestehen[42]. Im NT beginnend, führt er über Martin

Luther, den seine Kritiklosigkeit an einer unkritischen Lehre in den gleichen Zwiespalt stürzte wie deren Urheber selbst, zu Rudolf Bultmann und zu Martin und Otto Dibelius. Man muß diese Theologen von Rang und Würde selbst hören, um den verderblichen Einfluß des rechtfertigenden Denkens auf die christliche Religion ermessen zu können.

Rudolf Bultmann verteidigt noch 1941 die mißbrauchte Staatsmacht als rechtens. Im Johannes-Kommentar, mehr als das NT rechtfertigend, lehrt er: «Der Staat vollzieht, sofern er wirklich als Staat handelt, seine Handlungen ohne persönliches Interesse; handelt er sachlich, so kann von einer hamartia (= Sünde) überhaupt nicht die Rede sein. Handelt er unsachlich, indem er sich von der Welt für ihre Wünsche mißbrauchen läßt, so behält sein Handeln doch immer noch etwas von seiner Autorität; noch ist wenigstens die Form des Rechts anerkannt, so daß sich der ungerecht Verurteilte zu fügen hat.» Bultmann mußte das Umdenken schwergefallen sein; denn erst 1957 gibt er seinen «Irrtum» zu: «Der Satz bedeutet nicht, wie hier in der ersten Auflage gesagt war, daß die Exousia, auf die Paulus sich beruft, die staatliche Autorität, von Gott gegeben ist.» Unter Hitler war sie es noch[43].

Martin Dibelius lobt noch im Stalingradjahr (1942) die christliche Loyalität gegenüber dem Unrechtsstaat als politische Tugend: «Es hat sich gezeigt, daß die Christen auch durch bittere Erfahrungen der Verfolgungszeiten nicht zu grundsätzlichen Staatsfeinden geworden sind.» Von Paulus wird gesagt, daß er die Formel vom Röm 13 nur «übernommen» habe, dafür also nicht «voll verantwortlich» sei. Dann läßt sich trefflich streiten, ob er seine Lehre mehr der jüdischen oder der antiken Überlieferung verdanke. Ungeklärt aber bleibt die entscheidende Frage, ob «das Problem einer ungerechten Regierung, (das) es für Paulus nicht zu geben scheint», auch für den Heiligen Geist gilt, auf den die Lehre des Paulus als «Wort Gottes» zurückgeführt wird[44].

Otto Dibelius entschuldigt Paulus 1960 und nochmals 1963 transzendent: «Die Obrigkeit ist eine Instanz, die grundsätzlich die Geltung eines metaphysisch begründeten Rechts anerkennt und dieses Recht den Menschen zugute handhabt.» Ein ungerechter Staat scheint auch für ihn nicht zu existieren – es sei denn die DDR[45].

Auch Ernst Käsemann bleibt in seinem Lebenswerk «An die Römer», 1974, dem Paulinischen Denken unkritisch verhaftet. Er gibt zu, daß jeder dieser Römerbrief-Sätze «sich auch in einem Polizeistaat aufrechterhalten lasse», doch spreche Paulus «überhaupt nicht vom Staat als solchem», sondern nur von seinen «Behörden». Wohl stelle er den Christen «das hellenistische Staatsideal» vor Augen, aber nur, um «die Schwärmer» und «den kleinen Mann in die Grenzen irdischer Ordnung zurückzurufen». Wohl schreibe Paulus in einer «Diktatur mit weitgehend bestechlichen Delegaten und despotischen Amtsträgern», doch gehe es ihm nur darum, daß «sich politische Gewalt als solche» durchsetze, «wie immer dies geschehe». Es fällt schwer, diese Interpretation des Paulus-Klassikers unserer Tage als «nüchtern» anzuerkennen, wie er dies wünscht. Leicht ist es aber, Paulus zu rechtfertigen, wenn man «den Staat als solchen» von seinen Behörden scheidet und «die politische Gewalt als solche» von den Politikern. Wie nahe kommt man Paulus, wenn man sich durchsetzt, «wie immer dies geschehe»; wie nahe der römischen Staatsideologie, wenn man einsieht, daß es in Röm 13 «allein um Gottes souveränes Tun» geht; wie nahe der herrschenden Klasse, wenn dieses Tun «die kleinen Leute» in Zucht und Ordnung halten soll[46].

Wenn Theologen Paulus mit dem Hinweis zu rechtfertigen versuchen, daß zu seiner Zeit der Staat erst begonnen hätte, die Christen zu verfolgen, dann erweisen sie sich als «religiöse Menschen», denen jeweils nur ihre Religionsgruppe am Herzen liegt. Reichte denn das Unrecht, das die Römer den Nichtrömern antaten, nicht zum Widerstand hin? Für «die Christen der Frühzeit» nicht, wenn wir Kirchengeschichtlern von Rang Glauben schenken dürfen: «Der römische Staat ist für sie *ihr* Staat; was diesem Staat schadet, schadet auch ihnen, was diesem Staat nützt, kommt auch ihnen zugute.»[47] Anerkennt man dies, dann darf man es den Christen der Spätzeit nicht verübeln, wenn sie die gleiche Maxime in einem Staat vertraten, dessen «Führer» sich wohl christlich ausgab, im Unrechttun aber in nichts den römischen Kaisern nachstand.

Es ist Mode geworden, mit Paulus in die «Spiritualität» zu flüchten, um die soziale Materialität nicht sehen zu müssen, deutlich erkennbar im Lieblingsschriftsteller der Spiritualisierten (M. Légaut). Wiederum ist dies nur möglich in Jesus- ja selbst in Evangelienvergessenheit. Denn das Wort «spirituell» (pneumatikos, spiritualis) taucht im ganzen NT mit einer einzigen Ausnahme (1 Petr) nur bei Paulus auf, bei ihm aber überaus häufig[48].

In den Evangelien dagegen ist von Essen und Trinken so häufig die Rede, daß sich als Gegenwort zur Paulinischen Spiritualität geradezu das Wort «Oralität» anbietet. Man wird nicht fehlgehen, wenn man in der Oralität der Evangelien, die sich an der Sättigung der Menge erfreuen, einen Protest gegen die Spiritualität der Elite sieht.

Die Materialität, die unter der Spiritualität liegt, wollte schon Paulus nicht sehen; sonst hätte er kaum die Fabel des Menenius Agrippa übernommen (Röm 12,4; 1 Kor 12,12), die der römischen Oberschicht dazu diente, ihre Privilegien zu verteidigen, aber weder religiös noch sozial der Kritik standhält. Mit Recht holen Soziologen den unterlassenen Protest der römischen Unterschicht nach: «Gut, Agrippa, wenn es durchaus einen Magen geben muß, so wollen wir Plebejer von nun an Magen sein – und ihr übernehmt die Rolle der Glieder!»[49]

Paulus selbst bekam seine Loyalität mit dem römischen Unrechtsstaat nicht gut. Mit Recht mißtraute ihm der Staat, dem er kritiklos vertraute. Rom schlug zu. Der Schlag kam so unerwartet, daß er den Quislingen die Stimme verschlug. Lukas erzählt manches Belanglose aus dem Leben des Paulus, die Haupt-Sache (dies wörtlich verstanden) verschweigt er: Rom köpfte ihn.

Ein vorläufig abschließendes Wort

Da Paulus noch dreimal zur Sprache kommt, mit je einem eigenen Abschnitt in den Kapiteln über Sexismus, Antisemitismus und Kapitalismus, möge es hier genügen, einen profanen Blick auf seine theologische Überschätzung zu werfen. Überschätzt wird er ohne Zweifel in der protestantischen Theologie, die seine Rechtfertigungslehre als eine einmalige schöpferische Leistung rühmt, wiewohl sie doch nur eine allgemeine religiöse, zumindest aber biblische Erfahrung wiedergibt: «Herr, wenn du der Sünden gedächtest, Herr, wer könnte dann bestehen?» (Ps 130,3) Paulus überschätzen heißt aber zugleich die übrigen Autoren des NT unterschätzen. So schmälert, um ein Beispiel aus der letzten Zeit zu bringen, die vier Evangelisten, wer das Paulinische «Evangelium» von der Rechtfertigung zum «Kanon im Kanon» erklärt. Und wer es in die «Mitte der Schrift» rückt, drängt den überwiegenden Teil des Neuen Testaments an den Rand[50].
Halten läßt sich diese Überhöhung des Paulus nur dadurch, daß jede Kritik an seiner Rechtfertigungslehre verdrängt wird, die sich aus der religiösen Situation der Gegenwart ergibt[51]:

> Der Mensch von heute fragt nicht mehr: Wie kriege ich einen gnädigen Gott? Er fragt radikaler, elementarer, er fragt nach Gott schlechthin. Wo bist du, Gott? Er leidet nicht mehr unter dem Zorn Gottes, sondern unter dem Eindruck von Gottes Abwesenheit. Er leidet nicht mehr unter einer Sünde, sondern unter der Sinnlosigkeit seines Daseins. Er fragt nicht mehr nach dem gnädigen Gott, sondern ob Gott wirklich ist.

Doch wo fand diese Kritik von 1963 ihr Echo? Kaum gehört worden zu sein scheint auch die Kritik, die Theologen ein Jahrzehnt später (1975) mit dem Blick auf die Zukunft formulierten[52]:

> Die Rechtfertigungsgewißheit scheint überhaupt von einem neuen Weltbewußtsein abgelöst worden zu sein... Das Heil wird nicht in der rechtfertigenden Gnade Gottes gesucht, sondern in der schöpferischen Bewältigung menschlicher Zukunft. In dieser Lage kann die klassische Rechtfertigungslehre nur noch als eine sinnentleerte Formel der Vergangenheit erscheinen.

Wird jetzt die Kirche selbst gehört werden, die in ihrer Schrift
«Gott – Herausforderung der Kirche» (1982) deutlich von
Paulus abrückt und sich an Jesus orientiert?[53]:

> Wer Jesus ansieht, wie er in seiner Geschichte und in seinen Geschichten erscheint, der erkennt, daß Gott unter der Erfahrung und Schuld des Bösen mit dem Menschen und mit der Kreatur leidet. Der Widerspruch von Güte und Leid, von Gut und Böse wird nicht gelöst wie ein Rätsel. Aber Gott selbst nimmt den Widerspruch auf sich und bringt die Frage zur Ruhe. Er hebt sie in seiner Güte auf, die so weit geht, daß sie sich kreuzigen läßt.

Indes: Paulus hätte diese Übermacht nie gewinnen können, wäre sie ihm nicht schon im NT gegeben worden. Man scheute sich nicht einmal, seinen neutestamentlichen Raum durch Fälschungen auf Kosten Jesu zu erweitern; denn der spielt außerhalb der Evangelien im Neuen Testament so gut wie keine Rolle, Paulus aber die Hauptrolle, weswegen seine ständige Beteuerung, sich nicht rühmen zu dürfen, realer zu nehmen ist, als er es sich selbst eingesteht. Doch berechtigt auch diese Übermacht nicht, der immer wiederkehrenden Forderung nachzugeben, «ihn aus dem Neuen Testament hinauszuwerfen». Er hat darin sein «verbrieftes» Recht. Doch wenn katholische Theologen zugeben, daß auch «Jesus nicht alle Probleme übergeschichtlich lösen konnte», so dürfen protestantische Theologen mindestens danach fragen, ob die Probleme des Paulus noch die von Menschen der Gegenwart sind[54].

Für die Vergangenheit liegt der Fall klar. Es ist nur die halbe Wahrheit, wenn Herder es Rom zuschreibt, daß Deutschland zum «Land des Gehorsams» wurde. Die andere Hälfte ist in Wittenberg zu suchen, wo Luther den Ungehorsam gegen die Obrigkeit als größere Sünde lehrte als den Totschlag der Bauern, und in Genf, wo Kalvin bedingungslosen Gehorsam auch gegen eine tyrannische Regierung forderte. Die ganze Wahrheit liegt also bei Paulus, auf den sich Luther wie Kalvin beriefen. Nur Jesus-Vergessenheit ließ Deutschland zum Archetyp des Gehorsams werden[55].

Anm. des Verlags: Zu Paulus siehe ergänzend: *R. Kaufmann,* Die Krise des Tüchtigen. Paulus und wir im Verständnis der Tiefenpsychologie, Olten 1983.

Belege

1 P. Wernle, nach W. Radl: Paulus und Jesus 1974, 110
2 Phil 3,2; 1 Kor 15,32; 2 Kor 11,26; Gal 2,4; spionieren: kataskopein
3 Zum *Begriff* Politiker
Politiker sind, so verschiedene Programme sie vertreten, durch die Art gekennzeichnet, wie sie ihr Programm «an den Mann bringen». Paulus verhält sich als Missionar seinem Publikum gegenüber nicht anders als ein Politiker. Man vergleiche Phil 1,15–18a (leicht gekürzt nach der EÜ) mit der Charakteristik Hitlers nach J.P. Stern (Hitler. Der Führer und das Volk, 1978, 108), der sein Programm als religiöse Mission versteht:

Paulus	Hitler
Einige verkündigen Christus zwar aus Neid und Streitsucht, andere aber in guter Absicht. Die einen predigen Christus aus Liebe, die anderen aus Ehrgeiz, nicht in redlicher Gesinnung; *aber was liegt daran?*	Es geht (darum), aus sehr praktischen Gründen einen Glauben zu proklamieren und so eine Situation zu schaffen, in der kein Unterschied besteht zwischen «echtem» und vorgetäuschtem Glauben; *denn der Effekt ist alles.*

4 Röm 12,2: nolite conformari; unterwerfen (hypotassein) kennt von den Evangelisten nur Lk und der nur dreimal, Paulus gebraucht es 23mal; Unterwerfung (hypotage) kennt im NT nur Paulus (viermal).
5 Zur *Theorie* der Sinneserfahrung in der Religion
Es liegt die Annahme der Psychoanalytiker zugrunde, daß mit der Religiosität die Entsinnlichung des Menschen fortschreitet, am stärksten erfahrbar in den «niederen Sinnen», E. Jones: Stadien der Sublimierung, erstmals 1914, jetzt in: ders.: Zur Psychoanalyse der christlichen Religion, 1970, 92ff.
6 Fr. Schiller: Das Ideal und das Leben
7 Den Tod kosten: geuesthai; Mt 16,28; Mk 9,1; Lk 9,27; Joh 8,52; von Übersetzern meist gemildert (EÜ: den Tod erleiden; an allen vier Stellen)
8 a) Morgenthaler, Statistik
b) W. Bauer, Wb. zu trogein (zerkauen)
9 2 Kor 2,14; Eph 5,2; Phil 4,18 AT; 2 Kor 2,15
10 Phil 3,19; Röm 14,2; 1 Tim 5,23
11 Kol 3,19; 1 Tim 5,11; 1 Tim 4,2; Apg 19,18; brandmarken: kausteriazein (mit glühenden Eisen Zeichen einbrennen); das Zitat: «Dort, wo man Bücher verbrennt» stammt von Heinrich Heine (nach Fr. Heer: Gottes erste Liebe, 1967, 188)
12 Goethe: Türmerlied
13 Ntl. Verben für sehen: oran (eidon), blepein, skopein, theorien, theasthai, optanesthai

[14] Lk 24,31; 6,39; Mt 5,28; Mk 4,19
[15] Mt 16,2b–3; Mt 5,36; Joh 4,35 – Goethe: Türmerlied – 2 Kor 5,16
[16] a) Dürrenmatt: Pilatus, 1952, 172, 175, nach Kuschel: Jesus in der Literatur, 1978, 96f.

b) Louis Kretz hat neuerdings Jesus als Augenmenschen ernst genommen (Witz, Humor und Ironie bei Jesus, 1981)
[17] So hinkend der Vergleich der Briefe des Paulus mit den Evangelien (Wortbestand 32000 zu 64000) ist, so wird man es doch nicht als Zufall bezeichnen können, daß Paulus selbst (hochgerechnet) dreimal soviel Wörter aus dem Hörbereich wie die Evangelien gebraucht, aber nur die Hälfte des ihm «zustehenden» Anteils aus dem Sehbereich.
[18] atenizein: gespannt hinsehen, nur bei Paulus und Lukas; episkopos siehe Kap. Christus, Anm. 10; WÜ: «Aufseher». Kritisch hierzu Schillebeeckx: Das kirchliche Amt, 1981: Warum vergißt man, wenn das Episkopat zur apostolischen Norm erhoben wird, daß die Episkopen verheiratet sind? Unsichtbar: aoratos (Röm 1,18; Kol 1,15; 1 Tim 1,17; Hebr 11,27); das Ohr beschneiden: Apg 7,51
[19] Tarachow: St. Paul and Early Christianity in: Psychoanalysis and the Social Sciences, Bd. IV, New York 1956: der Verlust des Augenlichts: die symbolische Entmannung während der Halluzination
[20] Apg 9,7; Lk 11,34; 1 Kor 12,17; Lk 24,39
[21] Auf Paulus, der knapp 24% Anteil am NT hat, entfallen 63% des gesamtneutestamentlichen Bestandes dieses Wortfeldes. Die Evangelisten gebrauchen «gehorchen» nur von Dämonen und Naturgewalten (Mt 8,27; Mk 4,41; Lk 8,25; 17,6; Mk 1,27), das Substantiv (Gehorsam) überhaupt nicht.
[22] a) sich gehorsam unterwerfen («unterhören»): hypakouein

b) Kol 3,20.22; Eph 5,24; 1 Petr 2,18; 2 Tim 4,3 jucken: knethein
[23] W. Michaelis, ThWb V, 348f.
[24] Paulus ordnet Glauben und Hören dreimal zu: Röm 1,5: hypakoe pisteos; Röm 10,17: pistis ex akoes; Gal 3,2.5: pistis ex akoes; zur Übersetzung jetzt: G. Friedrich: Muß «hypakoe pisteos» (Röm 1,5) mit «Glaubensgehorsam» übersetzt werden? ZNW 72 (1981) 118ff.; vgl. Röm 10,17 Übers. Zink
[25] a) Psychologie heute, 1980, H. 1

b) AT: als Beispiel sei 5 Mos 6,4 genannt.
[26] 1 Kor 10,25; Röm 14,3. Dazu Gerd Theißen: Die Starken und die Schwachen in Korinth. Soziologische Analyse eines theologischen Streits, EvTh 35 (2, 1975) 155–172
[27] J. Stelzenberger: Syneidesis im NT, 1961, zitiert S. 38 M. Meinertz: «Wenn Jesus auch niemals das Wort Gewissen verwertet, so kennt er doch die Sache, vor allem da, wo er vom inneren Licht spricht.» In § 4 weist er «die Vieldeutigkeit des Begriffs Gewissen» auf. Im NT findet sich das Wort Gewissen nur außerhalb der Evangelien, zusammen 30mal; Paulus hat daran zwei Drittel Anteil (20).

28 Apg 17,28: Aratus, Phaenomena 5 (Cleanthes?) – Apg 26,14 (ausgelassen 22,5–16): Euripides: Bacch 795 – 1 Kor 15,32: Menander, Thais 218, dazu: K. Treu: Aspekte Menanders (Die Polis – die Götter – das Spiel) in: Kairos 19 (1977) 22; F. W. Danker: Menander and the New Testament: NTS 1964 (10) 365–368

29 A. Vögeli: Lukas und Euripides: ThZs Basel 9 (1953) 415–438

30 a) Pap Oxy 654
b) Mc Kendrick: The Athenian Aristocracy, ²1971, 34, nennt Menander «Dichter der Aristokratie», Kairos 19 (1977) 28

31 Menander: «Erzähl mir keine Gnomai!», nach K. Treu: Aspekte Menanders, Kairos 19 (1977) 30

32 a) Röm 1,1; 1 Kor 7,21 (Z)
b) Aristoteles, pol 1, 1253b: «Wenn jedes Werkzeug auf Weisung oder die Weisung im voraus erratend seine Verrichtung wahrnehmen könnte, dann brauchten allerdings die Meister keine Gesellen und die Herren keine Sklaven.» (Der Kleine Pauly, 1864, 232)

33 Kehnscherper: Die Stellung der Bibel und der alten Kirche zur Sklaverei, Halle/Saale 1951 (auf marxistischer Grundlage), ist Gülzow: Christentum und Sklaverei in den ersten drei Jahrhunderten, Bonn 1969, um der Realität willen vorzuziehen.

34 Hausklaven: Tit 2,9; 1 Petr 2,18; Tit 2,9; Eph 6,9; 1 Petr 2,19. Die Sklaven werden im NT douloi oder oiketai (= Hausklaven) genannt, die Herren kyrioi oder despotes.

35 1 Tim 5,11; 1 Petr 2,18

36 Eph 5,22 und 1 Tim 6,1; Eph 5,33 und Eph 6,5; 1 Petr 3,3 und Eph 6,5

37 P. Stuhlmacher: Der Brief an Philemon, 1975, 22 (Verdächtigung des Diebstahls)

38 P. Stuhlmacher: Der Brief an Philemon, 1975, 64 (von innen her überholt); E. Schillebeeckx: Christus, 1977, 738

39 Röm 13,1bc; 2a (Luther-Übers.)

40 Die folgenden Zitate aus der antiken Oppositionsliteratur sind entnommen: Harold Fuchs: Der geistige Widerstand gegen Rom, 1938, Horaz (9); Tacitus und Sallust (17), Seneca (57). Vergil: Aen 1,278

41 Röm 13,1; 1 Tim 2,1; Röm 13,4; römische Autoren siehe Anm. 40

42 E. Käsemann: An die Römer, 1973, 339

43 R. Bultmann: Das Evangelium des Johannes, 1956, 512, Anm. 9; Ergänzungsheft 1957, zu S. 512, Anm. 9

44 Martin Dibelius: Rom und die Christen im ersten Jahrhundert, 1942, 104. R. Klein: Das frühe Christentum im römischen Staat, 1971, 42 und 55

45 Otto Dibelius: Obrigkeit, 1963, 118, dazu jetzt: Klaus Scholder: Otto Dibelius, ZThK 78 (1981) 90–104. Nach Otto Dibelius hat ein Straßenschild in der DDR «keinerlei verpflichtende Kraft» als eine «Anordnung im Bereich eines totalitären Staates».

[46] E. Käsemann: An die Römer, 1974, 335, 336, 338, 340, 342, 343; ebd. 343, 341
[47] K. Aland: Neutestamentliche Entwürfe, 1979, 122
[48] M. Légaut: Meine Erfahrung mit dem Glauben, 1978, Mode-Autor der Spirituellen. Im NT ist «spiritualis» ein seltenes Wort, mit einer Ausnahme auf Paulus beschränkt, der es allerdings 24mal gebracht.
Auf die Wortliste zur Oralität in den Evangelien wird aus Raumgründen verzichtet. Sie ist umfangreicher, als man vermutet; so gibt es in den Evangelien allein 12 Ausdrücke für Speisen, bei Paulus nur 8.
[49] W. Nestle: Die Fabel des Menenius Agrippa: Klio 21 (1927) 350–360. Pls übernimmt die Fabel Röm 12,4 und 1 Kor 12,12 (Eph 4,25). «Gut, Agrippa» zitiert K. R. Popper: The Open Society, 1945, vol. I, 274. Er übernimmt das Zitat von J. Popper-Lynkeus: Die allgemeine Nährpflicht, 1923, 71.
[50] S. Schulz: Die Mitte der Schrift, 1976, 429
[51] Grußwort zum Kongreß des Lutherischen Weltbundes, Helsinki 1963. Zum Kongreß: Luth. Rundschau. Zs. des luth. Weltbundes 14. Jg. 1964, 1 ff.
[52] Theologische Kommission der VELKD, in: EvKomm, Sept. 1975, 525
[53] Gott – Herausforderung an die Kirche. EvKomm, Juli 1982, 353
[54] Paulus aus dem NT zu entfernen forderte zuletzt A. Rosenberg: Das Experiment Christentum, 1969, 175 ff.; er erinnert an die gleiche Forderung Hans Blühers: Die Aristie des Jesus von Nazareth, Prien 1921. An die Grenzen Jesu erinnert E. Schillebeeckx: Christus, 1977, 494
[55] a) Herder WW (Suphan) XVIII, 314, nach H. Blumenberg: Schiffbruch, 1979, 45
b) Luther zwischen den Fronten. FAZ Nr. 283 vom 7.12.1970
c) M. Weber: Protestantische Ethik II, 1968, 136 (zu Kalvin)

Lukas bereitet
die Konstantinische Wende vor

Die Kirchengeschichtler setzen die entscheidende Wende des frühen Christentums mit Konstantin dem Großen (im Übergang vom 3. zum 4. Jahrhundert) an. Es gibt aber im NT hinreichend Anzeichen, diese Wende schon mit Lukas beginnen zu lassen, der diesen Begriff liebt: im Übergang vom 1. zum 2. Jahrhundert. Zwar kennt er noch kein «Einströmen» der Oberschicht in die frühe Kirche, wie sie der Zeit Konstantins zugeschrieben wird, doch scheint er dieser Schicht das «Einnisten» im NT ermöglicht zu haben.
Oberschicht meint hier jene Minderheit in allen Gesellschaftssystemen, die primär an der Erhaltung ihrer Privilegien interessiert ist, dieses Interesse aber verschleiert, was ihr ermöglicht, unangefochten (oder wie sie es selbst empfindet: «mit gutem Gewissen») auch die Religion in ihren Dienst zu stellen.
Als Arzt-Schriftsteller gehört Lukas selbst zur gehobenen Schicht und pflegt auch, wie er in seiner Kirchengeschichte (= Apostelgeschichte) hervorhebt, seine Beziehungen zu den höheren Kreisen. Es ist daher anzunehmen, daß sich in seinen Schriften die oberschichtige Tendenz verdoppelt und er selbst in ein gefährliches Zwielicht rückt, in dem der Proletarier Jesus kaum noch zu sehen ist. Nur schreibt Lukas eben, wie es seiner Schichtzugehörigkeit entspricht, so zurückhaltend, daß Theologen den Eindruck gewannen, er «vermittle» nur religiös zwischen der ursprünglichen Jesusbewegung und der sich entfaltenden Kirche. In Wirklichkeit vollzieht er, wie zu erhellen ist, den «historischen Kompromiß» oder zugespitzt gesagt den Rechtsruck der christlichen Religion, dessen Zwielichtigkeit von nun an die gesamte Kirchengeschichte kennzeichnet.
Es handelt sich nicht darum, Lukas am Zeug zu flicken. Seine

persönliche Integrität braucht nicht angezweifelt zu werden, doch ist diese eben nicht die volle Realität, in der immer auch die Sozialstruktur mitspielt. Nur verbirgt sich diese in Heiligen Schriften stärker als in weltlichen.

Wir hoffen auf diese verborgene Motivation zu stoßen, indem wir die religiöse, die soziopolitische und die sprachliche Verhaltensweise des Lukas einzeln prüfen, wiewohl diese ineinander fließen[1].

Oberschichtige Religiosität

Das religiöse Verhalten des Lukas, für das direkte Aufweise fehlen, läßt sich aus seiner Theologie erschließen. Man darf mit gutem Grund annehmen, daß er diese auch praktizierte, wenngleich ihm nach seiner sozialen Herkunft die Reflexion näherlag als die Aktion.

Nur ist seine Theologie so zwielichtig, daß es den Theologen trotz intensiver Forschung bis heute nicht gelang, «zu abschließenden Ergebnissen zu kommen». Die einen schreiben ihm ein selbständiges theologisches Konzept zu, andere reihen ihn als «Anwalt des Paulus» in die Wegbereiter des Frühprotestantismus ein, wieder andere rücken ihn in die Nähe des Petrus, ja sogar der Pastoralbriefe, und glauben in ihm den Vater des Frühkatholizismus entdeckt zu haben, aber keine dieser Gruppen bedenkt die soziale Basis dieser Konzepte mit[2]. Dennoch muß man es ihnen hoch anrechnen, daß sie sein Werk trotz der Kanonisation grundsätzlich in Frage stellen. Er schreibe «eigentlich» kein Evangelium, das einem unter die Haut gehe, sondern, selbst das Wort «Evangelium» meidend, «das erste Leben Jesu», von dem er sich durch seine zweite Schrift, die erste Kirchengeschichte, noch weiter entfernt[3].

Als Historiker aber tritt er, unabhängig von seinen persönlichen Interessen, in den Dienst der Oberschicht, die Geschichte stets als ihre Domäne betrachtete. Sie hat Zeit und Kraft, sich von der Aktualität zu lösen, so wie der Unterschicht nichts anderes übrigbleibt, als sich in ihre gegenwärtige Not zu fügen. Ihr Interesse gehört, sofern sie über die Gegenwart überhaupt hinausblickt, der Zukunft, wie das der Oberschicht der Vergangenheit. Dabei fällt nicht ins Gewicht, daß Lukas nicht die Distanz eines Historikers von heute erreicht. Immerhin aber entfernt er sich vom «Evangelium» als einer gegenwarts- und zukunftsnahen Glaubensform stärker, als Theologen zuzugeben bereit sind, die ihm als Historiker den gleichen Rang zusprechen wie den besten Geschichtsschreibern der Antike, ja ihn diese in seinem Epochenbewußtsein übertreffen sehen. Aber mag seine historische Distanz noch so gering sein: sie reicht hin, Jesu Hoffnung auf einen nahen Wandel aller Verhältnisse als Illusion zu überwinden und die Religiosität wieder zu stabilisieren. Man muß Loisys zutreffendes Wort «Jesus verkündete das Reich Gottes, aber was kam, war die Kirche» sozial präzisieren; denn diese Kirche trug das Antlitz der Oberschicht.

Lukanische Frömmigkeit ruht in wohlgeordneter Hausfrömmigkeit. Die Tisch- und Gästeordnung der vornehmen Gesellschaft bestimmt in seinem Werk das religiöse Leben. Kleider machen Leute. Frömmigkeit wird durch Besitz, Haus, Acker, Vieh reich belohnt. Für die Besitzlosen gilt als religiöse Norm, fremdes Gut treu zu verwalten. Als Bürger aber begnügt sich Lukas nicht mit der Hausfrömmigkeit, sondern erweitert diese wie Goethe, gleichfalls eine lukanische Seele, zur «Weltfrömmigkeit». Wenn Lukas die von seinem Lehrer begründete «neue Religion» gegen die «Winkelfrömmigkeit» frühchristlicher Gruppen abhebt (Apg 26,26), glaubt man den Abbé an Wilhelm (in den «Wanderjahren») zu hören: «Wir wollen der Hausfrömmigkeit das gebührende Lob nicht entziehen; aber sie reicht nicht mehr hin, wir müssen den Begriff der Weltfrömmigkeit fassen.»[4]

Nicht mehr das Scheitern Jesu, sondern der Erfolg der «Führer» kennzeichnet die neue Religiosität. Phantasien eines Soziologen? Nein. Das Werk des Lukas bietet unbestreitbare Belege. Man kann den reichen Gebrauch, den Lukas von den einschlägigen Wortfeldern macht, als unmaßgeblich ablehnen, da die Felder selbst klein sind. Immerhin dürfte es kein Zufall sein, daß Lukas Wörter des Strebens und des Erfolgs deutlich häufiger gebraucht als Markus, der noch unterschichtsnah schreibt[5].

Aus der Wortliste «Erfolg–Mißlingen»		Mk	Lk	Apg	Lukas
zetein	zu erlangen suchen	10	25	10	35
heuriskein	erlangen	11	45	35	80
apollynai	verlustig gehen	10	27	2	29

Auch braucht der Schrei Jesu am Kreuz, wie ihn Markus und Matthäus überliefern: «Mein Gott, mein Gott, warum hast du mich verlassen», nicht unbedingt ein Schrei der Verzweiflung zu sein, sondern kann auch im Einklang mit Psalm 22,2 nur als Augenblick der Verzweiflung verstanden werden, der sogleich in Gottvertrauen umschlug. Doch Lukas ersetzt diesen Schrei, wie immer er auch verstanden wird, durch ein klares Gebet der Gottergebenheit[6].

Nicht leugnen, ja nicht einmal theologisch «rechtfertigen» läßt sich die oberschichtige Sozialisierung des Lebens Jesu. Man vergleiche als Beispiel die Art, wie er den ältesten Bericht über die Vertreibung der Händler aus dem Tempelvorhof ändert:

Markus (11,15f.)	Lukas (19,45)
Jesus ging in den Tempel und begann, die Händler aus dem Tempel hinauszutreiben. Er stieß die Tische der Geldwechsler... um und ließ nicht zu, daß jemand irgend etwas durch den Tempelbezirk trug. Er belehrte sie...	Dann ging er in den Tempel und begann die Händler hinauszutreiben. Er sagte zu ihnen...

Lukas kürzt den übernommenen Text fast auf ein Drittel (von 65 auf 25 Wörter), und zwar gerade um den Passus der leidenschaftlichen Erregung Jesu. Noch deutlicher spräche der Vergleich mit dem Johannesevangelium, das diese Tat Jesu nicht nur an den Beginn seines öffentlichen Wirkens legt, sondern sie auch zuschärft (2,13). Es läßt Jesus eine Peitsche flechten und die Gelder der Wechsler auf den Boden werfen. Es zieht also nicht, wenn Theologen Lukas und damit sich selbst mit dem Hinweis zu rechtfertigen suchen, er habe seinem hohen Gönner Theophilus nichts von der Radikalität der Lehre Jesu erspart. Dies schon. Wie aber kann man dann sein Evangelium «das lieblichste Buch» der Weltliteratur nennen[7]?

Noch klarer träte die lukanische Wende der frühchristlichen Religion in seiner Kirchengeschichte (mit wenig Recht «Apostelgeschichte» genannt) zutage, in der Lukas freier von der Überlieferung erzählt. Es kann, da ohne praktische Folgen, offenbleiben, ob Lukas den Schiffbruch des Paulus und seine wunderbare Rettung als «österliche Geschichte» konzipierte. Sollte er aber, wie Theologen behaupten, das «Schicksal» eines ganzen Volkes, der Juden, von der Annahme eines einzigen Mannes, des Paulus, abhängig gemacht haben, müßte man ihn ohne Zweifel zu den Wegbereitern des Führerkults rechnen, dessen Herkunft aus der Oberschicht kaum zu leugnen ist[8].

Oberschichtige Sozialität

Deutlicher als in seiner Theologie tritt «der historische Kompromiß» des Lukas in seiner Soziologie zu Tage; denn im sozialen Leben läßt sich der sozioreligiöse Grundwiderspruch weniger verbergen als im religiösen[9].

Wie seine Theologie durch historische Distanz ist seine Soziologie durch oberschichtige Differenz gekennzeichnet. Unterschichten denken pauschal wie Jesus, der nur von Armen, Hungernden und Barmherzigen spricht, ohne sie abzustufen. Im Gegensatz hierzu erreicht die Oberschicht ein solches Maß an Unterschiedlichkeit, daß sich harte Tatsachen – mustergültig im Gericht – beinahe in ein Nichts auflösen. Differenzierendes Denken schützt, pauschales legt bloß.

Lukas entwickelt ein feines Gespür für den Rang sozialer Herkunft. Nach der Sitte alter Herrschergeschlechter führt er Jesu Ahnenreihe bis auf Gott zurück. Getreu der Gewohnheit wohlhabender Kreise erzählt er breit von dem legendären Konflikt des «Zwölfjährigen» mit seinen Eltern, nicht ohne ihn zugleich als Wunderkind hinzustellen; den realen Konflikt aber des «Dreißigjährigen» mit der Familie erwähnt er mit keinem einzigen Wort.

Er läßt keine Gelegenheit aus, soziale Rangunterschiede zu betonen. In seinem Evangelium lehrt Jesus die Elite auf einem Berg, das Volk in der Ebene, so daß sich die Bergpredigt zur «Feldrede» wandelt. Er übergeht alles, was dem Ansehen der Elite schaden könnte, wie den Fluch Jesu gegen Petrus, hebt aber deutlich Titel hervor. Während Jesus sogar seinen Landesherrn «Fuchs» nannte, spricht Lukas seinen Förderer mit «Hochwohlgeboren» an. Kein anderer Evangelist nennt Jesus so häufig «Herr» wie er[10].

Deutlich zeigt er Abscheu vor Ungebührlichkeiten. Es läßt sich kaum theologisch begründen, daß er die an Jesus interessierte Umwelt nur so weit überliefert, als sie nicht gegen die guten Sitten verstößt; denn Leute in schlechten, das heißt «schlichten» Kleidern oder gar mit unfeinen Eßsitten kann er der vornehmen christlichen Gesellschaft nicht als Vorbild empfehlen. Kein Wort davon, daß Johannes ein Gewand aus Kamelhaaren trug und von Heuschrecken lebte; und schon gar kein Wort davon, daß Jesu Jünger auch mit ungewaschenen Händen aßen[11].

Dieses Verschweigen harter Fakten ermöglicht es ihm, harte Worte zu überliefern, die dann eben nur noch Worte sind. So bringt er wohl, wenn auch in abstrakter Form, das revolutionäre Jesuswort: «Meint ihr, ich sei gekommen, um Frieden auf die Erde zu bringen? Nein, sage ich euch, nicht Frieden, sondern Spaltung» (Mt: konkret: das Schwert), hebt es aber anderswo durch Gegenworte auf. Sein Werk trägt einen ausgesprochen «irenischen» Zug, wie schon bei einem schlichten Vergleich mit dem Markusevangelium in die Augen springt:

	Lk-Ev.	Apg = Lukas		Markus
Friede	13	7	20	1

Das älteste Evangelium (Mk) spricht nur einmal vom Frieden und da nur als Gruß: «Geh in Frieden!» (5,34). Lukas gebraucht das Wort öfter als die drei anderen Evangelisten zusammen. Er und nur er läßt bei der Geburt Jesu Frieden verkünden und Jesus vor seinem Tod das friedlose Jerusalem anklagen[12].

Er verdeckt den sozialen Grundwiderspruch, wenn er immer wieder im Gegensatz zu anderen neutestamentlichen Schriften (wie dem Galaterbrief) die «Einmütigkeit» der frühesten Kirche lobt, ein Wort, das mit einer einzigen Ausnahme (bei Paulus) von allen neutestamentlichen Autoren nur er und nicht gerade selten gebraucht (10mal in der Apg). Mit einer konfliktfreien Kirchenlehre wird er der Wirklichkeit ebensowenig gerecht wie mit seiner konfliktfreien Gesellschaftslehre. Wohl aber dient er damit der herrschenden Klasse, die stets daran interessiert war, den Eindruck zu erwecken, als säßen alle im gleichen Boot[13].

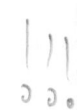

Es lohnt sich, seine Vorliebe für das «gemeinschafts-stiftende» Vokabular wenigstens an einem Beispiel aufzuweisen. Wir wählten hierfür das Wörtchen «gemeinsam». Wer wollte es Zufall nennen, daß er es mindestens doppelt so häufig gebraucht, als nach dem Umfang seiner Schriften zu erwarten wäre? Wiegt dies nicht noch schwerer, da der übrige neutestamentliche Gebrauch des Wortes fast ganz auf Paulus entfällt, während die unterschichtige Apokalypse es praktisch nicht kennt[14]?

	NT	Mk	Lk	Apg	Lukas	Pls	Offb
syn (Präp.)	127	6	23	52	75	37	0
syn-Verben	172	28	47	58	105	75	3
Summe	299	34	70	110	180	112	3
Prozent	100				60	37	

Die soziale Parteilichkeit treibt ihn auch dazu, die Gleichnisse Jesu sozial anzuheben. Man vergleiche wiederum mit dem ältesten Evangelium:

Markus (13,34)	Lukas (19,12)
Es ist wie mit einem Mann, der sein Haus verließ, um auf Reisen zu gehen.	Ein Mann von vornehmer Herkunft wollte in ein fernes Land reisen, um die Königswürde zu erlangen.

Es ist gewiß möglich, dies theologisch zu deuten: Lukas beziehe in feinsinniger Weise sein Wort auf Jesus aus dem fernen Himmel und auf seine Rückkehr als Christuskönig. Warum aber erhebt er einen Ratsuchenden gleich zum Beamten?

Markus (10,17)	Lukas (18,18)
Da lief ein Mann auf ihn zu und fragte ihn.	Einer von den führenden Männern fragte ihn.

Mit Recht heben Theologen-Linguisten das hohe «Spielpotential» und die weite «Aufschubsqualität» der lukanischen Gleichnisse hervor und nennen als Beispiel das Gleichnis vom verlorenen Sohn eine der schönsten Geschichten der Weltliteratur. Warum aber fragen sie nicht nach der sozialen Basis? Wer anders als oberschichtige Literaten hat Zeit, so breit zu erzählen wie Lukas, zu spielen und aufzuschieben, weil nichts drängt? Ermöglicht vielleicht nur der gehobene Status die väterliche Milde? Oder «nötigt» nicht die Not unterschichtige Väter, rasch und hart zu reagieren? Kann ein Mastkalb schlachten, wer keines hat, wie der Vater Jesu? Ist dieses Gleichnis in seiner lukanischen Form (und ein anderes gibt es nicht) nicht eben ein oberschichtiges Produkt[15]?

Noch zwielichtiger als in seiner Soziologie erscheint Lukas in seiner Politologie. Es ist mit gutem Grund anzunehmen, daß er auch diese praktizierte; denn seine Praxis trägt deutlich die Zeichen von Opportunität und Loyalität. Zurückhaltend noch in seinem Evangelium, das ihn stark an die Überlieferung bindet, stellt er sich in seiner Kirchengeschichte, in der er sich frei geben kann, eindeutig auf die Seite der römischen Macht, was nicht ohne Folgen für sein Verhältnis zu den Ohn-mächtigen bleiben konnte.

Es beginnt damit, daß er die Hinrichtung des Täufers übergeht. Der Versuch der Theologen, dieses Verschweigen historisch zu rechtfertigen, überzeugt nicht. Es mag sein, daß es dem Historiker Lukas nicht mehr möglich war, über den Grund dieses Mordes klar zu werden. Es wird wohl zutreffen, daß nicht sexuelle, sondern politische Motive entscheidend waren; denn niemand gefährdet den Staat stärker als Feuerpropheten wie Johannes. Zugegeben, daß es Lukas widerstrebte, seinem feinen Leserpublikum eine unsichere Sexualaffaire aufzutischen; warum aber berichtet er dann diese Hinrichtung nicht wenigstens wie der Quisling Josephus als einen Akt politischer Notwendigkeit? Konnte ihm als religiösem Menschen verborgen bleiben, daß am Unrecht teilnimmt, wer es verschweigt?

Als Historiker steht es Lukas schlecht an, daß er selbst im Fall Jesu sich auf die Seite der Macht schlägt. Kein anderer Evangelist bemüht sich so sehr wie er, die Römer von der Schuld an Jesu Hinrichtung weißzuwaschen und dafür die Juden anzuschwärzen. Kein anderer Evangelist nimmt den Gerichtsherrn der Römer so stark in Schutz wie er, obwohl ihm als geschichtlich denkendem Autor doch kaum unbekannt sein konnte, mit welch abgefeimtem Schurken Jesus im Gericht zu tun hatte.

Auffallend steht bei Lukas dem gerichtsfremden Verhalten des Proletariers Jesus die Gerichtsvertrautheit des Akademikers Paulus gegenüber. Die Reden, die er diesen vor Gericht halten läßt, stehen in nichts den Reden römischer Rechtsanwälte nach, weder in der Schmeichelei noch im Pochen auf das Recht. Was kann Lukas mit solcher Literatur anderes im Sinne gehabt haben als den Appell an seine Schicht, sich auch als Christ zu behaupten, statt wie Jesus «enthauptet» zu werden?

Es ist daher verständlich, wenn Theologen sich nicht genug tun können, Einzelheiten für das faire Verhalten der römischen

Behörden im Prozeß gegen Paulus aufzuzählen, um Lukas und sich selbst zu rechtfertigen: die Römer respektieren sein Bürgerrecht, rehabilitieren ihn vor den Juden, entreißen ihn der Wut der Rabbiner, lehnen es ab, ihn im Schnellgericht zu verurteilen, schaffen ihn auf Staatskosten nach Rom zum kaiserlichen Gericht, gewähren ihm dort Hafterleichterung und Redefreiheit in einer Privatwohnung. Diese Einzelheiten können nicht die Tatsache verbergen, daß es sich hier nur um das Recht eines Privilegierten handelt, das mit einer hohen Geldsumme erkauft war. Das gelobte Rechtsbewußtsein der Römer galt nur für ihresgleichen. Kein anderes Volk ging mit den Sklaven grausamer um als die Römer. Der lukanische Paulus beruft sich auf sein Bürgerrecht, die Rechtlosigkeit der Sklaven interessiert ihn nicht.

Wie anders als politisch motiviert soll man es verstehen, daß Lukas in sein Werk einen Begriff einführt, dessen «Sitz im Leben» dort zu suchen ist, wo man ihn für das Verhältnis von Gott und Mensch am wenigsten erwarten konnte, am Hof des römischen Kaisers: charis, gratia, eher mit Gnädigkeit als mit Gnade zu übersetzen. Lukas erneuert damit eine von Paulus ausgegangene Bewegung, die Markus und Matthäus energisch gestoppt hatten. Während Paulus das Wort charis übermäßig (139mal) gebraucht, nehmen sie es überhaupt nicht in den Mund. Der kaiserhassende Johannes verwendet es nur im vorgegebenen Prolog. Lukas aber gebraucht es 8mal im Evangelium und doppelt so häufig in der Apostelgeschichte (17mal), als Wortfamilie zusammen 35mal.

Wer Zahlenverhältnisse geringachtet, halte sich an sein Schlüsselwort: «Evangelium der charis». Die Gunst der Stunde nutzend, führt er das Wort just zu der Zeit ein, da es sich profan «zu einem stehenden Ausdruck für die Begünstigung durch den Kaiser oder durch einen höher gestellten Beamten» verfestigt und im biblischen Leben die religiöse Urerfahrung, die «Barmherzigkeit» (eleos), zusehends verdrängt. Lukas selbst spielt kräftig mit. Von den drei eleos-Stellen des Matthäus übernimmt er nur die letzte, aber keineswegs das Wort Barm-

herzigkeit; aus den acht matthäischen eleein-Stellen wählt er nur die beiden mit der stehenden Bitte aus: «Hab Erbarmen.» In der eigenen Produktion, von der Kindheitsgeschichte Jesu also abgesehen, gebraucht er eleos ein einziges Mal[16].
Hinter diesem komplexen sprachlichen Befund zeichnet sich ein einfacher sozioreligiöser Wandel ab. Anstelle der Solidarität mit dem Bedrückten (in alter Sprache: Barmherzigkeit) tritt die persönliche Begünstigung, die ein Leben lang mit Dankbarkeit (charis) abzutragen ist, in der Sprache von heute: die Protektion.
Indem Lukas in seinem Evangelium die Gnädigkeit des Kaisers auf Gott projiziert, individualisiert er das Heil. Mit ihm schon beginnt die bürgerliche Mission: «Rette deine Seele!», was immer auch in der Welt geschehe. Zugleich aber überdeckt er in seiner Kirchengeschichte, in der es auf die Realität ankäme, diese individualistische Religiosität durch ein Scheinkollektiv, den urchristlichen «Kommunismus», der sich in dieser allgemeinen Aussage geschichtlich nicht halten läßt. Wer das Heil in der Individualität sucht, ist damals wie heute zum Lob der «Gemeinschaft» gezwungen. Tatsächlich taucht dieses gerade im Deutschen ideologiebelastete Wort an dieser Stelle in der Einheitsübersetzung auf[17].
Nach Lukas entwickelt sich der Gnadenprozeß immer reicher. Das unverfängliche Wörterbuch von W. Bauer verzeichnet für die spätere Briefliteratur «Gnadentat, -werk, -stand, -gut, -güter, -fülle, -besitz», den die katholische Kirche rechtzeitig zinstragend («vermehrend») kapitalisierte. Am stärksten begann Gnade in der deutschen Theologie zu schillern, für das eine deutsche Wort «Gnade» lassen sich 18 hebräische und 42 griechische Gleichwörter ausmachen[18].
Selbst die grausame Verfolgung der Christen durch Nero und die noch grausamere durch Diokletian konnte Lukas nicht von seiner Opportunität abbringen. Wie er sein Evangelium mit dem Verschweigen eines Justizmordes begann, endet er seine Kirchengeschichte mit dem Verschweigen der Hinrichtung des Paulus. Gewiß im Interesse der Kirche, wie Theologen hervor-

zuheben nicht vergessen; aber erweist sich nicht jeder als Demagoge, der Fakten kennt, sie aber zugunsten der Macht verschweigt?

So ist es nicht zu verwundern, daß sein Sozialbild in der Theologie noch immer schwankt. Da erheben ihn die einen «nicht mit Unrecht» zum «sozialistischen Evangelisten», während viele mit ihm die christliche «Bürgerlichkeit» beginnen lassen. Da kann ihm der eine zwar keine «Ebitionierung des Evangeliums» nachsagen, lobt ihn aber als «liebewarmen Apostel», der andere spricht ihm jede «subversive» Tendenz ab, verehrt ihn aber als Anwalt der «Ausgebeuteten und Verachteten». Da verteidigt ihn der eine als «Evangelisten der Armen», während der andere glaubt, ihn «mit größerem Recht (als) Seelsorger der Reichen» darstellen zu müssen[19].

Schwankend bleibt auch der Versuch von Theologen, das Programm des Lukas als Sozialutopie zu verteidigen. Wer wie Lukas in den frühchristlichen Gemeinden soziale Spannungen, um es nicht deutlicher zu sagen, durch «Almosen» abzufangen sucht, begründet eher die christliche Caritas als eine Utopie. Eine christliche Utopie könnte nur schaffen, wer sich an Jesus, dem Mann aus Nazaret, orientierte. Davon aber hat sich Lukas distanziert.

Wer Lukas damit ungebührlich verdächtig glaubt, überprüfe die Fakten. «Almosen» (eleemosyne) kennt im Neuen Testament mit einer merkwürdigen Ausnahme nur er; im überlieferungstreuen Evangelium verwendet er es zweimal, in der «freien» Apostelgeschichte achtmal. Im Evangelium legt er das Wort Jesus selbst in den Mund, wiewohl dessen Muttersprache es nicht kennt. Wo das Griechische «Almosen» sagt, sagt das Hebräische «Gerechtigkeit» (zedaka), im Glauben, daß «die Wohltätigkeit, die ich dem Bedürftigen erweise, dem Empfänger zusteht»[20]. Die einzige Ausnahme (an einer einzigen Stelle) könnte man als unbedeutend übergehen, spräche sie nicht für das hebräische Verständnis. Auch Matthäus (6,1) fordert dazu auf, «Almosen zu geben», aber eben im Lichte der «Gerechtigkeit». Es dürften Lukaner gewesen sein, die dieses Motiv in ih-

ren Handschriften in «Almosengeben» umfunktionierten. Es bleibt unklar, was Luther bewog, ihnen in seiner Übersetzung zu folgen.
Matthäus und Lukas hätten dieses Wort Jesus nicht zuschreiben können, hätten ihre Leser die Funktion des Almosens nicht ins Unterbewußtsein verdrängt. Es konnte ihnen kaum entgangen sein, daß die römischen Kaiser es institutionell einführten, um die verarmten Massen vor der sozialen Revolte zu bewahren. Auch in der Religion dient Almosen dazu, ungerechte soziale Verhältnisse abzudecken und sich damit ein ruhiges Gewissen zu verschaffen. Es gibt sich religiös, rechtfertigt aber den Reichtum auf billige Weise und erniedrigt Armut zum Bettlertum. Nicht ganz zu Unrecht verbindet ein Buch der Gegenwart schon im (deutschen) Titel «Almosen und Folter»[21].
Auf dieses Verständnis deutet auch der Versuch gegenwärtiger Übersetzer, das Wort «Almosen» zu meiden. Die Weltübersetzung gebraucht es nicht mehr. Die Einheitsübersetzung läßt es bei Matthäus und in der Apostelgeschichte stehen, übergeht es aber gerade im Lukasevangelium auf feine Weise. Wer vermutete es in den Sätzen: «Gebt lieber, was in den Schüsseln ist, den Armen» (11,41) und «Verkauft eure Habe, und gebt den Erlös den Armen» (12,33)?
Wie die Übersetzer werden auch die Theologen in ihren lukanischen Widersprüchen bleiben, so lange sie nicht die «reine Theologie» und damit die oberschichtigen Interessen aufgeben.

Oberschichtige Literarität

Wenn Lukas, wie die Theologen mit Recht behaupten, die Oberschicht für das Evangelium «gewinnen» wollte, dann mußte er sich auch ihrer Sprache bedienen, durch die sie sich auch in der Religion nach unten absetzt. Die lukanische Spra-

che bietet daher den besten Weg, den ideologischen Verdacht nachzuprüfen, den auch Theologen gegen Lukas erheben.
Nur ist der gewählte Weg zur Zeit noch ein schmaler Pfad. Zwar spricht der nachdrückliche Hinweis der Sprachwissenschaftler, Lukas sei immer auf den «besseren» Ausdruck bedacht, auch für den Soziologen ein gewichtiges Wort; denn die bessere Sprache haben seit eh und je mit einer unglaublichen Vergewaltigung des Wortes die «besseren» Leute für sich in Anspruch genommen. Ihre Hochsprache gleicht den hochgelegenen Sitzen, wie die «niedere» Sprache den Slums. Und wie die einen sich den in die Höhe verlagerten Göttern nähern, so die anderen den in die Tiefe verbannten Dämonen.
Doch bleiben diese Begriffe zu allgemein, um einen Autor sozial orten zu können, ebenso wie die Charakterisierung der neutestamentlichen Sprache als «Koiné»; denn dieses Wort, wörtlich die «allgemeine» Sprache, verdeckt deren sozialen Unterschiede. Aber erst im Vergleich mit dem sozialen Niveau der verschiedenen Formen der profanen Koiné könnte auch die Höhe der neutestamentlichen Sprache exakt bestimmt werden[22].
Aus diesen hier nur angedeuteten Gründen beschränkt sich die folgende Analyse der lukanischen Sprache auf einen innerneutestamentlichen Vergleich, aus dem die zweite Schrift des Lukas, seine Kirchengeschichte, als singulär im NT nur notfalls herangezogen wird.
Als Vergleichsschrift zu seinem Evangelium wählen wir das des Markus, in dem sich die unterschichtige Jesusüberlieferung noch am reinsten erhalten hat, und vergleichen beide in der Wortwahl, im Satzbau und im Stil, ohne diese rein scheiden zu können[23].

Oberschichtige Wortwahl

Lukas ist der umfangreichste Autor des NT. Er nimmt mit seinen beiden Schriften 27,5% des NT ein. Paulus nähert sich ihm mit 23%, der nächstumfangreiche (Matthäus) erreicht nur noch die Hälfte des lukanischen Werks. Lukas schreibt das wortreichste Evangelium, teilt aber nur die Hälfte dieses Reichtums mit den übrigen neutestamentlichen Autoren. Sein Wortschatz (2000 je Schrift = insgesamt 4000), der sich wegen Überschneidung auf 3000 erniedrigt, liegt immerhin noch ein halbes Tausend höher als der des Paulus, aber doppelt höher als der des Matthäus.

Auf seine Wortwahl trifft also das besitzstolze «Wortschatz» in doppeltem Sinne zu: als Reichtum und als Auserlesenheit.

Er liebt es, Wörter nach ihrem Sozialprestige zu wählen. Sofern ein Wort auch nur von ferne nach Unterschicht riecht, meidet er es. Man wirft bei ihm nicht «Geld» in den Opferkasten wie bei Markus, sondern, wie es sich für feine Leute gehört, «Spenden». Der See von Tiberias, den die markinischen Fischer in unterschichtiger Freude an Übertreibung «Meer» nennen, heißt bei Lukas oberschichtig-korrekt «See». Seiner Schicht zuliebe korrigiert er selbst Jesus in der Wortwahl. Er läßt einen Kranken nicht wie Jesus von der «Pritsche» aufstehen, sondern vom «Bett»[24].

Ganz aus der markinischen Überlieferung streicht er heftige Gemütsbewegungen wie «stöhnen» und «erschrecken» oder den «Pfui-Ruf» und den (Hosen-)«Flicken» als Zeichen sozialer Not. Besonders müht er sich, Jesus nicht in die Nähe der Unterschichten zu rücken. Er läßt ihn nicht «Rabbi» nennen und nicht den Blinden in die Augen «spucken». Wie alle feinen Herren hat er ein feines Gespür für den Fäkal- und Sexualbereich. Überlieferungsgetreu spricht er vom «Bauch» der Frauen; wo er aber selbst formuliert, läßt er sie, ihrer Herkunft bewußt, vom «Schoß» reden. Um das markinische «Scheißhaus» (7,19) nicht in den Mund nehmen zu müssen, verschweigt er lieber den ganzen Spruch Jesu[25].

Von den «kleinen Leuten» setzt er sich ab, wenn er die bei diesen so beliebten Verkleinerungswörter aus der markinischen Vorlage hinauswirft; denn diese «passen (nach der klassischen Grammatik) nicht für auch nur etwas angehobene Sprache». Bei Lukas liegt nicht das «Töchterlein» des Jairus wie bei Markus krank darnieder, sondern, doppelt sozial erhöht, dessen «einzige Tochter»[26].

Mit der Oberschicht teilt Lukas auch das Bewußtsein nationaler Reinheit. Während der zur Unterschicht neigende Markus sich nicht scheut, auch einmal ein Wort aus einer fremden Sprache in seinen griechischen Text zu streuen, legt Lukas Wert auf reines Griechisch. Er sagt lieber «Teufel» statt wie Markus regelmäßig «Satan». Wiewohl er als Glied der aufsteigenden Mittelschicht am «guten Alten» hängt, merzt er die letzten aramäischen Brocken aus, die Markus noch bewahrt hat. Kann er aber einmal ein Fremdwort nicht übergehen, dann entschuldigt er sich. Er sagt nicht wie Markus «Passahfest», sondern das «sogenannte Passahfest» (WÜ), so wie gute Deutsche nur von der «sogenannten» DDR sprechen[27].

Reich wählt Lukas für sein Evangelium aus dem oberschichtig besetzten Wortfeld des Besitzens aus. Er gebraucht es mindestens doppelt, meist aber dreifach so häufig wie Markus. Als Beispiele seien genannt: «Haus» als Urbild des Besitzes, «Feld», «Schatz» und «Vermögen». Besonders liegen ihm Wörter aus der «Verwaltung» des Besitzes, wie «Ökonomie» und «Verwalter». Das unterschichtig drängende «sofort» des Markus (als Adverbium 42mal) ersetzt er (mit einer einzigen Ausnahme) durch ein Markus unbekanntes Wort aus der Verwaltungssprache oder läßt es ganz aus[28].

Wie es sich für die Oberschicht gehört, verbindet er Besitz mit «Bildung». Er gebraucht Wörter aus diesem Bereich mindestens fünfmal so häufig wie Markus. Genannt seien: «Bildung», «Erkenntnis», «Verständnis». Nimmt man für dieses Feld die Apostelgeschichte hinzu, dann steigert sich das lukanische Übergewicht gut auf das Zwanzigfache. Dazu muß man auch seine ausgesprochene Vorliebe für das Leben in der «Stadt» rechnen, dem Sitz der Bildung[29].

Noch stärker als das Besitzen verweist seine Wortwahl aus dem stamm- und sinnverwandten Feld des «Sichdurchsetzens» auf ein Grundmerkmal aufsteigender Schichten. In keinem Evangelium finden sich so viel «zielstrebige» Wörter wie in seinem. «Zum Ziele hin», «zum Ziele eilen» kennt von den Evangelisten nur er; «suchen, um zu finden» gebraucht er dreimal häufiger als Markus, das «Ziel» selbst, die charis: Gnade bei Gott und den Menschen, gebraucht von den Evangelisten nur er und Johannes. Weit häufiger als Markus spricht er vom «Gelingen»[30].

Den reichsten Anteil an seinem Wort-«Schatz» hat die oberschichtige Schutzzone von Law and Order. Mit mehr als einem halben hundert Wörtern aus diesem Feld dürfte in seinem Werk keines dieser Mentalität fehlen. Und diese Menge ist kein Konglomerat, sondern eine strukturell-funktionale Einheit: zur Basis von «Zucht und Ordnung» gesellen sich «Gebote und Verbote» und als Sanktionen «ermahnen, tadeln (und) strafen». Nicht genug damit, verstärkt er die zentralen Ordnungsbegriffe mit der stärksten Ordnungspräposition: kata = gemäß dem Gesetz, der Ordnung, der Sitte, in zehn Fällen, die mit einer Ausnahme ihr Gewicht von ihrem Fundort erhalten: der Geschichte der Kindheit Jesu[31].

Anders ist das bei Markus. Auch er kennt dieses Feld; denn ohne Law and Order kommt keine Gesellschaft aus. Aber sein Mund geht nicht davon über. Nur wenige der von Lukas gebrauchten Wörter finden sich in seinem Evangelium, und da nur die Grundprozesse: ordnen und bewahren, fast keines aus der Gruppe der Sanktionen (ermahnen, tadeln, strafen). Eine kleine Menge, sparsam verwendet: höchstens 30% des lukanischen Gebrauchs. Ganz fremd ist ihm das zentrale Wort «Gesetz», das sich bei Lukas 26mal findet. Man muß dem Rechtswissenschaftler Peter Noll recht geben: «Die Ordnungstheologie mag sich auf eine alte und ehrwürdige jüdische, heidnische und christliche Tradition stützen, auf Jesus kann sie sich nicht berufen.»[32]

Ich kann die Hermeneutiker nicht abhalten, wenn sie wie üblich über ein derartiges Nachrechnen nachsichtig lächeln; mir erscheint es nicht minder argumentativ als ein einziges Jota, auf das sie sich als beweiskräftig berufen. Überprüft man diesen Wortgebrauch im Kontext, so mindert sich zwar in ein-

zelnen Fällen die Aussagekraft, erhalten aber bleibt ihre Gültigkeit, so daß gerade die lukanische Denkweise in ihren Grundzügen klar ans Licht tritt.
Gewiß verwendet er alle diese Wörter religiös: «Ordnung» liturgisch, «Gesetz» theologisch (Gesetz des Herrn), «Ruhe» religiös (Andacht, Hingabe); doch haben alle religiösen Begriffe auch und gerade in seinem Werk ihre Parallelen im Alltag. «Dogma» ist nicht nur der Beschluß der Apostel, sondern auch das kaiserliche Dekret; «paideia» bedeutet nicht nur die christliche Lehre, sondern auch die staatliche Züchtigung; «paraggelia» ist nicht nur der Befehl des Hohenpriesters, sondern auch die Anordnung des weltlichen Richters[33].
Selbst wenn man den verschiedenen Umfang der beiden Evangelien, des Markus und des Lukas, mitbedenkt, stärkt die Analyse des Wortschatzes den Verdacht, daß sich die Tendenzwende der Jesusbewegung schon mit Lukas abzeichnet. Wir gehen diesem Verdacht auch in seinem Satzbau nach[34].

Oberschichtiger Satzbau

Es ist nicht zu erwarten, daß sich Lukas im Satzbau so stark von Markus unterscheidet wie in der Wortwahl; denn auch im Griechischen mit seinem Reichtum an Satzbaumustern ist die Möglichkeit, auszuwählen, weit geringer als im «Wortschatz». Dies gilt eingeschränkt auch noch von der Koiné.
Um so mehr ist man überrascht, wenn man beide Evangelien zu lesen beginnt. Während Markus sich mit der schlichten Überschrift begnügt: «Anfang des Evangeliums von Jesus Christus», sehen wir uns bei Lukas einem der besten Satzgefüge des Neuen Testaments gegenüber. Es lautet, so weit wie möglich dem Grundtext angenähert:

Da (schon) viele versuchten, die Erzählung der Ereignisse, die unter uns geschahen, niederzuschreiben, so wie sie uns die überlieferten, die von Anfang an Augenzeugen und Diener des Wortes waren, erschien es auch mir, hochwohlgeborener Theophilus, (rechtens), (es) genau und der Reihe nach aufzuschreiben, damit du die Zuverlässigkeit der Lehre erkennst, in der du unterrichtet wurdest.

Der klassische Grammatiker lobt «die mäßige Länge der Glieder» und «das schöne Verhältnis zwischen Vordersatz und Nachsatz», übersieht aber, daß Lukas sich in dieser Widmung als Meister oberschichtigen Satzbaus erweist. Er verschränkt den kurzen (im griechischen Text) nur aus zwei Wörtern bestehenden Hauptsatz siebenfach mit der 20fachen Wortmenge: durch drei Nebensätze (des Grundes, der Art und Weise, der Absicht), drei Mittelwörter und eine Nennform[35].
Anpassungsfähige Übersetzer der Gegenwart lösen die straffe Komplexität in vier Blöcke mit fast doppeltem Wortumfang auf (EÜ):

Schon viele haben es unternommen, einen Bericht über all das abzufassen, was sich unter uns ereignet und erfüllt hat.
Dabei hielten sie sich an die Überlieferung derer, die von Anfang an Augenzeugen und Diener des Wortes waren.
Nun habe auch ich mich entschlossen, allem von Grund auf sorgfältig nachzugehen, um es für dich, hochverehrter Theophilus, der Reihe nach aufzuschreiben.
So kannst du dich von der Zuverlässigkeit der Lehre überzeugen, in der du unterwiesen wurdest.

Solche Übersetzungen täuschen durch den vereinfachten Satzbau, wie er der Unterschicht eignet, eine soziale Position des Autors vor, die dessen Text widerlegt.
Es widerspricht unserer Annahme nicht, wenn Lukas die Geschichte des Jesusknaben in so schlichten Sätzen erzählt, wie es vermutlich Markus nicht anders getan hätte, der nichts davon weiß oder nichts davon wissen will. Denn die Erzählweise dieser Geschichte bildet eine Lukas wohl bewußte Ausnahme. Hier bindet er sich streng an die ihm vorliegende unterschichtige Überlieferung. Sogleich nach dem letzten Wort seiner pathetisch vorgetragenen Widmung beginnt er in der wundernahen Weise der Armen zu erzählen:

Zur Zeit des Herodes, des Königs von Judäa, lebte ein Priester namens Zacharias. Seine Frau hieß Elisabet. Beide lebten so, wie es in den Augen Gottes recht ist. Sie hatten keine Kinder, denn Elisabet war unfruchtbar, und beide waren schon in vorgerücktem Alter. Eines Tages wurde das Los geworfen, und Zacharias fiel die Aufgabe zu, das Rauchopfer darzubringen. Da erschien ihm ein Engel. Als Zacharias ihn sah, erschrak er. Der Engel aber sagte: Fürchte dich nicht. Dein Gebet ist erhört worden. Deine Frau Elisabet wird dir einen Sohn gebären...

Der Übergang in der Darstellungsweise ist so abrupt, daß moderne Übersetzer ihn verfugen zu müssen glauben: «Die Anfänge dieser Geschichte reichen zurück bis in die Zeit, als Herodes König in Judäa war» (Z).
Mit dem letzten Wort der Kindheitsgeschichte setzt sich Lukas vom Satzbau des Markus oberschichtig ab. Während Markus gleichartig nebeneinander reiht: «Geht in die Stadt; dort wird euch ein Mann begegnen», hebt Lukas das Hauptereignis (noch dazu durch eine Form der höheren Koiné) heraus: «Wenn ihr in die Stadt kommt, wird euch ein Mann begegnen.» Wo Markus schwerfällig reiht: «Viel Volk hörte Jesus zu, und er sagte (zu ihm)», baut Lukas gleich doppelt nach oben um: «Während alles Volk ihm zuhörte, sprach er zu seinen Jüngern»[36].
Übersetzer verfälschen daher den Sozialcharakter der beiden Evangelien, wenn sie Markus im Satzbau Lukas angleichen. Luther übersetzt den markinischen Satzbau noch schichtgetreu: «Geht in die Stadt, und es wird euch ein Mann begegnen, der trägt einen Wasserkrug», die Meisterübersetzer der Gegenwart hieven diese Satzreihe auf das Niveau des oberschichtigen Schuldeutsch: «Wenn ihr in die Stadt kommt, wird euch ein Mann begegnen, der einen Wasserkrug trägt» (Z; auch EÜ).
Es stimmt mit seiner Vorliebe für Erfolgsverben überein, daß Lukas «häufiger und mannigfaltiger» als die anderen Evangelisten den Infinitiv des Ziels verwendet, den die Grammatiker der höheren Koiné zuschreiben. Wir spüren den sozialen Unterschied des von Markus nur 7mal, von Lukas an die 50mal verwendeten Infinitivs auch heute noch, wenn wir satzbauge-

treu übersetzen. Markus gibt beispielsweise die Brote den Jüngern, «damit sie diese verteilen», Lukas überläßt sie ihnen in der Sprache der Verwaltung «zum Verteilen»[37].

Mit feinem Gespür folgt Lukas den feinen Kanälen der griechischen Bedingungssätze, deren soziale Funktion die Grammatiker geflissentlich übergehen. Versteht man konditionales Denken als Ausdruck der jeweiligen Condition humaine, so spiegelt es die Machtverhältnisse der frühen griechischen Aristokratie wider, in der es grammatisiert wurde. Für diese Annahme spricht die Tatsache, daß im demokratisch geprägten Hellenismus die klassischen Formen der Konditionalsätze ebensowenig streng voneinander geschieden wurden wie die Gesellschaftsschichten und jene Grundform an Macht gewann, die am einfachsten zu gebrauchen war[38].

Mit «ean» eingeleitet, immer mit dem gleichen Modus verbunden (dem Konjunktiv), immer auf die gleiche Weise verneint (mit me), drücken diese Bedingungssätze eine Erfahrung vornehmlich der Unterschichten aus: die Hoffnung nicht aufzugeben, so sehr sie immer wieder in ihren Annahmen enttäuscht werden: der utopische Konditional.

Die übrigen (vier) Grundformen, aufs feinste differenziert, eingeleitet mit dem mehrdeutigen «ei», variabel verneinbar (mit ou oder me), gerne mit untergegangenen Modi verbunden (wie mit dem abwehrenden Optativ), in der vornehmsten Form sich dem «s'il vous plaît» nähernd, ziehen sich im Hellenismus auf konservative Machtzentren zurück. Wer sie vorzieht, ist stets auf Erfüllbarkeit der Annahmen bedacht, wenn er dies auch nur zurückhaltend äußert: der reale Konditionalis.

Dieses Verständnis der griechischen konditionalen Syntax wird durch das NT bestätigt. Auf dem Weg von den unteren zu den oberen Schichten gebraucht es «ei» zu «ean» im Verhältnis 5:3. Diese Tendenz läßt sich konkret nachweisen: in jesuanischen Texten überwiegt der utopische (ean), in christologischen Texten der reale Konditionalis (ei). In den Logien wird «ean» doppelt so häufig gebraucht wie «ei» (und viermal so häufig, wenn man die verwandten Synonyme dazunimmt); bei

Paulus, dem Dogmatiker der Christologie, kehrt sich das Verhältnis um. Lukas schließt sich der oberschichtigen Tendenz an. Er meidet das vulgäre «ean». Wo Markus unterschichtiglässig formuliert: «Wenn (ean) ein Reich in sich gespalten ist, kann es keinen Bestand haben», strafft Lukas oberschichtigabgeklärt: «Jedes in sich gespaltene Reich geht zugrunde.» Auf ähnliche Weise unterscheiden sich[39]:

Markus	Lukas
Wenn jemand sagt: Hier ist der Messias, so glaubt es nicht.	Man wird zu euch sagen: Siehe dort, oder: siehe hier! Geht nicht hin!
Wenn der Geist ihn überfällt, zerrt er ihn hin und her.	Der Geist ergreift ihn und zerrt ihn hin und her.
Wenn ein Reich in sich gespalten ist, kann es keinen Bestand haben.	Jedes Reich, das in sich gespalten ist, wird veröden.

In Konzessivsätzen, einer besonderen Form der Konditionalsätze, die Markus formal nicht kennt (sie kann höchstens aus Partizipien herausgelesen werden), bleibt sich Lukas des Sozialprestiges bewußt. Er legt sie nur Männern der Macht in den Mund, einem ungerechten Richter und einem unbarmherzigen Kapitalisten, die sich beide gegen die «Unverschämtheit» unterschichtiger Bittsteller wehren. Dagegen erscheint ihm die gleiche Konditionalform für einen Mann aus dem Volk unpassend, besonders wenn dieser unterschichtig-abrupt seinen Satz nicht vollendet: «Wenn alle an dir Anstoß nehmen – ich nicht!» Lukas läßt statt dessen Petrus gelassen erklären: «Ich bin bereit, mit dir in den Tod zu gehen.»[40]

Doch muß man zugeben, daß Lukas konditionale Kernworte Jesu wortgetreu wie Markus überliefert: «Wenn einer zu mir gehören will, der verleugne sich selbst!» – «Niemand ist gut, wenn nicht der eine Gott (Gott allein)», oder: «Wer kann Sünden vergeben, wenn nicht der eine Gott (Gott allein)?»[41]

Wie bewußt sich Lukas vom unterschichtigen Satzbau des Markus absetzt, kann man an seinem unterschiedlichen Gebrauch des allgemeinsten Bindewortes «und» (kai) erkennen. Er streicht es aus der unterschichtigen Erzählweise des Markus und ersetzt es durch (eine) feinere, im Deutschen unübertragbare Partikel[42]:

Markus	Lukas
Und dann stand er auf, drohte dem Wind und…	Er stand auf, drohte dem Wind und…
Und dann faßte er das Kind an der Hand und sagte…	Er faßte das Kind an der Hand und sagte
Und dann machten sich die Jünger auf den Weg und…	Die Jünger machten sich auf den Weg und…

Dieser geringe Unterschied ließe sich als bloße grammatische Feinheit erklären, fügte Lukas nicht anderswo das gemiedene «und» in die markinische Vorlage wieder ein:

Markus	Lukas
Steh auf, nimm deine Pritsche und geh nach Hause!	Steh auf *und* nimm deine Tragbahre und geh nach Hause!
Laßt die Kinder zu mir kommen, hindert sie nicht daran!	Laßt die Kinder zu mir kommen *und* hindert sie nicht daran!
Ihr werdet einen jungen Esel angebunden finden, bindet ihn los und bringt ihn her!	Ihr werdet einen jungen Esel angebunden finden, *und* wenn ihr ihn losgebunden habt, bringt ihn her!

Mag sein, daß die «unverbundene» (asyndetische) Satzbauweise dem griechischen «Geist» nicht entspricht, nur scheint auch dieser Geist sozial differenziert zu sein: Lukas merzt das vulgäre «und» (kai) aus und setzt das elitäre «de» ein. Mit dem verbindenden «und» kommt er der Verbindlichkeit der Oberschicht entgegen. Es verwischt darum den sozialen Charakter der beiden Evangelien, wenn die Einheitsübersetzung die angeführten Beispiele einheitlich wiedergibt. Dazu kommt noch, daß die häufigste Art, auf die Lukas das unterschichtige «und» des Markus oberschichtig transformiert, die Partizipialkonstruktion, die auch im Deutschen elitär empfunden wird, sich nicht sozial gleichwertig übersetzen läßt. Ebensowenig kann in modernen Sprachen der von ihm überdurchschnittlich verwandte Genetivus absolutus in gleicher sozialer Funktion wiedergegeben werden. Zwar taucht er im Evangelium des Lukas nur geringfügig häufiger auf als in dem des Markus, doch macht er dies in seiner Kirchengeschichte wieder wett, in der er ihn an die 100mal gebraucht⁴³.

Oberschichtiger Stil

Es reicht nicht hin, den Stil des Lukas auf seine persönliche Lage als Arzt zurückzuführen, wie es vor noch nicht allzulanger Zeit geschah⁴⁴.
Mag sein, daß er Kranke schärfer beobachtet und Krankheiten genauer beschreibt als Markus. Es kann auch dem ärztlichen Empfinden seiner Zeit entsprechen, daß er mehr wunderbare Heilungen erzählt als die anderen Evangelisten. Er wirft wohl auch sein ärztliches Ansehen in die Waagschale, wenn er die Kritik des Markus am ärztlichen Handeln unterdrückt. Markus erzählt ausführlich von einer blutkranken Frau, die keine Hilfe bei den Ärzten fand: sie sei von vielen Ärzten behandelt worden, hätte an sie ihr ganzes Vermögen ausgegeben; aber es hätte ihr nichts genutzt; im Gegenteil: ihr Zustand sei immer schlimmer geworden. Auch Lukas erzählt von ihr, übernimmt aber kein kritisches Wort von Markus, so daß mehrere Handschriften in sein Evangelium wenigstens den Vermerk einschoben, sie hätte ihr ganzes Vermögen für Ärzte aufgewendet⁴⁵.

Doch hieße es, ihm das ärztliche Bewußtsein von heute anzudichten, wollte man seine auffallende emotionale Zurückhaltung ebenfalls von seinem Beruf herleiten. Er teilt diese vielmehr mit der aufsteigenden Mittelschicht. Wer aufsteigen will, muß sich um eine gelassene Diktion bemühen. So meiden die

Gestalten seines Evangeliums heftige Bewegungen; sie laufen, springen, stürzen nicht wie bei Markus, sondern gehen gemessenen Schrittes. Man muß für die verschiedene Sprechweise in der gleichen Situation Beispiele nennen, um nicht einer ungerechten Behauptung verdächtigt zu werden[46]:

Markus	Lukas
Simon und die anderen *eilten* ihm nach.	Die Jünger *waren* bei ihm.
Sie *drängten* sich an ihn heran, um ihn zu berühren.	Sie *versuchten*, ihn zu berühren.
Sie *liefen* zu Fuß aus allen Städten dorthin.	Sie *folgten* ihm.
Sie *liefen* in großer *Erregung* auf ihn zu.	Eine große Menschenmenge *kam* ihm *entgegen*.
Er *sprang* auf und lief auf Jesus zu.	Als der Mann vor ihm *stand*, fragte ihn Jesus.
Einer *lief* hin.	Sie *traten* vor ihn hin.

Lukas ordnet diese Gemessenheit selbst der Natur zu. Er spricht nur von «Sturm» und «Stille», wo Markus nach einem «Wirbelwind» «tiefe Stille» erfährt. Indem Lukas die emotionale Zurückhaltung auch Jesus zuschreibt, hievt er ihn auf das Niveau der aufstrebenden Mittelschicht. In seinem Evangelium fährt Jesus Petrus nicht an, stößt die Tische der Bankiers nicht um, nimmt aber auch die Kinder nicht in die Arme und scheut sich, Aussätzige zu berühren, im Gegensatz zu Markus. Hier strahlen die Kleider Jesu nur «weiß» auf, dort «so weiß, wie sie auf Erden kein Bleicher machen kann». Hier schaut er die Pharisäer nur «der Reihe nach» an, dort «voll Zorn und Trauer». Dort ist seine «Seele zu Tode betrübt», hier findet man davon kein Wort[47].

Doch gleicht Lukas diese Gelassenheit, dem oberschichtigen Stilgesetz treu, durch Straffung wieder aus. Wo immer er kann, bricht er die Monotonie des Markus. Was dieser zwei-, drei- und viermal in einem Satz wiederholt, sagt er nur einmal; nur einmal «Wüste», wo Markus erzählt: «Der Geist trieb Jesus in die Wüste, und er blieb vierzig Tage lang in der Wüste.» Nur einmal «Jünger», wo Markus primitiv wiederholt: «Warum fasten deine Jünger nicht, während die Jünger des Johannes und die Jünger der Pharisäer fasten?» Nur einmal «Kind», wo Markus bis zum Überdruß wiederholt: «Das Kind ist nicht gestorben, es schläft nur. Er nahm den Vater und die Mutter des Kindes mit in den Raum, wo das Kind lag. Er faßte das Kind an der Hand.»[48]

Aufstiegsbewußte Übersetzer sehen sich daher gezwungen, den Stil des Markus anzuheben. Begnügte sich Lukas noch damit, im gleichen Satz «die Wüste» einmal zu streichen, so verwandeln diese sie das zweitemal in «Einsamkeit». Flugs werden ihnen «die Jünger» nach oberschichtigem Amtsdeutsch im gleichen Satz zu «Schülern, Freunden, Anhängern (und) Mitgliedern der pharisäischen Bruderschaft» (Z).

Lukas selbst wird es unerträglich, wenn Markus die Brutalität der Gesellschaft gegen Ausgestoßene real darstellt: «Man konnte (den Besessenen) nicht einmal mit Fesseln bändigen. Schon oft hatte man ihn an Händen und Füßen gefesselt; aber er hatte die Ketten gesprengt und die Fesseln zerrissen; niemand konnte ihn bezwingen.» Da bleibt Lukas, dem «geliebten Arzt», nichts anderes übrig, als die ganze Stelle auszulassen, um seine Leserschaft zu schonen[49].

Über die Maßen feinfühlig verhält er sich in unwichtigen Dingen, um Markus oberschichtig zu korrigieren. Er sagt nicht immer «sagen», wie es die unterschichtige Jesus-Bewegung bei Markus überliefert; der Situation entsprechend nuanciert er: in seinem Evangelium wird «bejaht» und «verneint», «behauptet» und «bestritten», «erwogen» und «besprochen». Man muß wiederum einige Beispiele bringen[50]:

Markus	Lukas
Sie *sprechen* mit ihm über sie.	Sie *baten* ihn, ihr zu helfen.
Jesus *sagt* zu dem Aussätzigen.	Er *schärfte* dem Aussätzigen ein.
Die Pharisäer *sagten* zu seinen Jüngern.	Sie *murrten* wider seine Jünger.
Pilatus *sagte* zu ihnen.	Er *redete* auf sie ein.
Die Leute *sagten* zu Petrus.	Ein anderer *bekräftigte* dies.
Jesus *sagte* zu dem Blinden.	Er *fragte* den Blinden.
Jesus *sagte*, sie möchten ihr zu essen geben.	Er *ordnete an*, ihr zu essen zu geben.

Lukas weiß sich vom unterschichtigen Stil des Markus auch durch antiquierte Formen abzusetzen, die zu seiner Zeit die höhere Schicht noch gebrauchte. So liebt er es mit zwei anderen Autoren dieser Schicht, seine Aussagen durch den Optativ zu verfeinern, was sich in modernen Sprachen, die diese Form erfüllbarer Wünsche nicht mehr kennen, nur andeuten läßt[51]. Auch geht es Lukas zu nahe, wie Markus nach Art der Unterschicht in der Gegenwart zu erzählen. Vollends unangemessen dünkt es ihn, wie dieser mit den Zeiten «zu springen». Er bewahrt durch ruhige Vergangenheitsformen seine Leser davor, unmittelbar in das Geschehen einbezogen zu werden. Selbst Luther wagte nicht gegen das Stilgesetz der Oberschicht mit Markus die Zeit zu wechseln: «Von dort *brach* Jesus auf und *kommt* in seine Heimatstadt.» – «Sie *kommen* nach Kafarnaum, und sofort *ging* er in die Synagoge.» – «Jesus *führt* den Petrus, den Jakobus und Johannes auf einen hohen Berg. Und er *wurde* vor ihren Augen verwandelt.» Als rühmliche Auslese sei F.J. Schierse genannt[52].

Lukas schont seine Leser aus der Oberschicht besonders durch die Wahl der literarischen Formen. Während er die Zahl der «Sprüche»: der harten, kurzen und spitzen Aussagen des markinischen Evangeliums mindert, mehrt er die Zahl der Gleich-

nisse, der milden, breiten und genehmen Aussage, die er nur «novellistisch pointilliert». Nach bewährter Manier der Oberschicht vertröstet er im Gleichnis vom reichen Prasser, das nur er kennt, die Armen auf das Jenseits. Die Hartnäckigkeit, mit der Theologen diese soziale Tendenz wegzuinterpretieren versuchen, verstärkt dieses Verständnis.

Enttäuscht ist man insgesamt über die Analysen der Sprache des Lukas, die Theologen immer wieder vorlegen. Die sorgfältige Stilanalyse von H.J. Cadbury (1920) zeigt sich nur am Bildungsniveau des Lukas interessiert, wiewohl sie zu einer Zeit verfaßt wurde, in der man einen schärferen Blick auf die soziale Funktion jeder Literatur erwarten konnte. Die Analysen der Gegenwart richten sich vornehmlich auf rein philologische oder rein literarische Fragen. Die soziale Basis wird nicht berührt[53].

Ein vorläufig abschließendes Wort

So sehr sich die Theologen über Lukas als einen der Ihren widersprechen, so eins finden sie sich wieder in seinem Lob als eines homme de lettres. Hier mögen einige Proben solchen Rühmens von Lukasspezialisten im Blick auf sein Gesamtwerk genügen:

- Er hat seine Aufgabe scharfsinnig erkannt und glänzend gelöst.
- Was bei Markus noch eine kleine schlichte Erzählung war, hat er in eine große dramatische Szene verwandelt.
- Es gelingt ihm das unerhörte Kunststück, Paulus zum Mittelpunkt einer neuen Szenenreihe zu machen.
- Er verwandelt eine langweilige Angelegenheit in eine Erzählung voll atemloser Spannung.
- Die Dankesrede ist ein Meisterstück von ausgesuchter rhetorischer Kleinkunst.
- Die Schlußszene (ist erfüllt) von Siegesstimmung, der Schlußsatz meisterhaft formuliert.

Ob diese Lobsprüche sachlich zutreffen, mögen Literaturwissenschaftler prüfen. Für Soziologen ist entscheidend, was Theologen hier geflissentlich übergehen. Gibt es für sie nur

Autoren, so wie es für Lukas nur Führergestalten gibt? Sind die Leser für sie ein Nichts? Welches sind die sozialen Bedingungen solchen literarischen Schaffens? Ist Lukas vielleicht nur deswegen ein glänzender Autor, weil er auf der Sonnenseite des Lebens wohnt?
Antworten auf diese Fragen deuten die Theologen wohl an, wenn sie sein Griechisch als «ausgesucht, gewandt, schmiegsam, ja elegant» bezeichnen oder sein Evangelium als «polyphone Musik» empfehlen, die freilich nur «Eingeweihte» voll aufnehmen. Warum aber gehen sie ihren Eindrücken nicht auf den «Grund»? Kennzeichnet Gewandtheit und Schmiegsamkeit, soziologisch Anpassungsfähigkeit, nicht ebenso die leisure class wie die Eleganz? Muß man erst einem Lukas- (gleich einem George-)Kreis angehören, um eingeweiht zu werden? Gehört sein Evangelium als polyphone Musik nicht in jene Häuser, in denen man diese pflegt, um die Schreie des Unrechts nicht zu hören?

Lukas selbst hätte vermutlich nichts dagegen, wenn man ihn den ersten christlichen Gentleman hieße, den Löwith erst in Klemens von Alexandria fand; denn was diesen auszeichnet, trifft schon auf Lukas zu. Es lohnt sich, das ausführlicher zu hören:

> Der griechische Gentleman ist gelassen in seinen Bewegungen, und sein Gebaren kennt keine Hast; er wird nie eilen und sagen: ich habe keine Zeit. Er verliert nie den Maßstab. Er hat die Gabe, die richtigen Dinge zu tun und zu sagen, und die richtige Art, sie zu tun und zu sagen, und die richtige Gesellschaft, in der er sie tut und sagt. Seine Nächsten sind nicht die Nachbarn, sondern seinesgleichen. Er ist ein Mann von Geschmack, in sich selber ruhend und sich selbst genug. Das Leben des Gentleman wird sich nie um eine andere Person drehen, es sei denn um seinesgleichen oder um einen Freund. Er hat sich stets unter Kontrolle und unterdrückt seine Erregungen. Er vermeidet sorgfältig alles, was Leute seines Schlags verletzen könnte. Er vermeidet aufreizende Themen, Meinungsverschiedenheiten, Gefühlskollisionen und alles, was als unpassend gilt. Er verletzt nie die Gefühle eines andern, weil er selbst nicht verletzt werden will…

Lukas stimmt mit seinem Werk deutlich dieser Charakteristik zu. Es bleibt also die Frage, ob er, wiewohl ein Hauptautor des

NT, sich nicht nur geschichtlich, sondern existentiell von Jesus distanziert; denn Jesus «hat sich bloßgestellt, Mißbilligung hervorgerufen und die Gefühle anderer verletzt; denn er war leidenschaftlich direkt, seine Botschaft war radikal und für einen dezenten Römer schockierend»[54].

Trifft dieser Widerspruch auch auf Lukas zu, dann verdichtet sich der Verdacht, daß die Konstantinische Wende schon mit ihm beginnt. Nie hätte sich diese mit solcher Macht durchsetzen können, wäre sie nicht schon im NT vorgekeimt. Wem diese Annahme eines Soziologen übertrieben erscheint, halte sich an das Urteil eines Kirchengeschichtlers von Rang: Kurt Alands. Er sieht diese Wende den Christen «seit der Mitte des zweiten Jahrhunderts vorschweben: Das seitdem aufgestaute Loyalitätsbedürfnis der Christen kann sich ungehindert ergießen, endlich können sie sich mit ihrem Staat voll identifizieren. Der Repräsentant dieser Wende wird von den Christen mit überströmendem Jubel und nicht endenwollender Dankbarkeit begrüßt»[55].

Statt Lukas «prophetischen Weitblick» zuzuschreiben, weil er schon die Integration der Kirche in den Staat anstrebe, wäre er aus der Nähe der Pastoralbriefe zu prüfen. Es sind nicht mißliebige Soziologen, sondern forschende Theologen, die ihm auch die Verfasserschaft dieser Briefe zuschreiben. Trifft dies zu (was hier nicht zu entscheiden ist), dann hat Lukas sich auch in der Ideologie der «gesunden Lehre» versucht, die man nicht wie üblich mit «vernünftiger Lehre» gleichsetzen kann, weil dem das NT selbst widerspricht. Kaum noch zu erkennen ist dieser konservative Topos im Verständnis von Zink als «Weisung Gottes»[56].

Belege

[1] Zur *Methode*
Auf das lukanische Doppelwerk wird die «Content Analysis» angewandt: «Wer sagt was zu wem mit welcher Wirkung» (Lasswell, 1948). Begrifflich faßte sie Berelson: «Sie ist eine Untersuchungstechnik, die der objektiven systematischen und quantitativen Beschreibung des offenbaren Inhalts von

Mitteilungen aller Art dient» (1952). René König hat sie auf die verborgenen Inhalte ausgeweitet (1958). Praktisch ist sie nichts anderes als die Anwendung der strukturell-funktionalen Analyse auf Texte.

2 F. Zeilinger: Lukas, Anwalt des Paulus, BiLi 54 (3,1981) 167–172; G. Braumann: Das Lukas-Evangelium. Wege der Forschung 280, 1974 (Einführung)

3 E. Käsemann: Das Problem des historischen Jesus, Exegetische Versuche I, 1960, 198

4 W. Magaß: Zur Semiotik der signifikanten Orte, LiBi Nr. 15/16, 1972. Goethe, Wilhelm Meisters Wanderjahre, 2. Buch, 7. Kapitel

5 Dazu die Gleichnisse des Verlierens und Findens. Nur bei Lukas: der verlorene Sohn, die verlorene Drachme, das verlorene Schaf (15).

6 Mk 15,34; Mt 27,46; Ps 22,2; Lk 23,46

7 H. Schell: Christus, 1906, 84: Das Ev. d. Lukas: das lieblichste aller Bücher

8 W. Radl, Paulus und Jesus im lukanischen Doppelwerk, 1975, 239, 366

9 Zur *Theorie*

Konflikte sind in lebendigen Gesellschaften, also auch in Kirchen, unvermeidlich. Die Frage ist nur, ob sie als Lebensgesetz anerkannt oder manipulativ überspielt werden. Entscheidend bleibt jeweils, in wessen Interesse sie gelöst werden.

10 «Fuchs»: Lk 13,32; «Hochwohlgeboren»: Lk 1,3 (W. Bauer, Wb), EÜ: hochverehrt

11 Mk 1,6; 7,2; das Wort «schlicht» (bes. schlicht gekleidet) wurde zu «schlecht»; vgl. niederträchtig (von niederer Tracht abgeleitet), einst von Maria gebraucht

12 Lk 12,51; Mt 10,34; Lk 2,14; 19,42

13 Einmütigkeit: homothymadon

14 R. Morgenthaler: Statistik, 1973, § 2b

15 W. Magaß: Zur Semiotik der signifikanten Orte (Aufschubsqualität und Spielpotential) LiBi Nr. 15/16, 1972

16 Evangelium der Gnade: Apg 20,24; E. Schillebeeckx: Christus, 1977, 4 (Begriff der Gnade); M. Buber: Zur Verdeutschung der Schrift. Beilage zur Bibelübersetzung, 1962, entscheidet sich für «Huld» als Gleichwort für chessed (charis) und verweist auf die soziale Basis des Wortes «Huld» (im Lehenswesen): «huldigen», eleos: Mt 9,13; 12,7; 23,23; vgl. Mt 9,27; 20,30.31 mit Lk 18,38.39; – Lk 10,37

17 Der Bericht des Lukas über die ersten Bekehrungen (Massentaufe von 3000, Apg 2,41) und über den «real existierenden» Kommunismus der Urgemeinde (Apg 2,44 und 4,32) gelten allgemein als «unhistorisch, unrealistisch, idealisiert» (dazu die neuesten Kommentare zur Apg von A. Weiser, 1981, J. Roloff, 1981, G. Schneider, 1981/82). Soziologisch gesehen «verzerrt» Lukas die Realität oder «verschleiert» sie, beides Merkmale der Ideologie. Immerhin ist Lukas zurückhaltender als neuere Übersetzungen, besonders die Endfassung der EÜ. Er gebraucht ein einziges Mal (und überhaupt nur hier:

Apg 2,44) das Wort «Gemeinschaft» (koinonia); koinonia ist den Evangelien fremd und ziemlich schillernd. A. Schmoller führt für das NT fünf lateinische Äquivalente an (communicatio, communio, collatio, participatio, societas). Es ist ein typisches Pauluswort (13mal).

[18] W. Jens: «Die Zeit» vom 19.6.81

[19] G. Braumann: Das Lukas-Evangelium, 1974, X und XXX (es sind die Theologen H. J. Holtzmann, A. Jülicher, M. Tolbert), dazu kommen neuerdings: H. J. Degenhardt: Besitz und Besitzverzicht in den lukanischen Schriften, 1964; Luise Schottroff: Das Lukasevangelium = Kap. 3 aus: Jesus von Nazaret, 1978

[20] Almosen: Lk 11,14; 12,33; dazu: Ben Chorin: Bruder Jesus, ³1970, 81

[21] Der Althistoriker M. Rostovtzeff: Almosen als kaiserliche Politik, nach Wayne A. Meeks: Zur Soziologie des Urchristentums, 1979, 72. Ivan Illich: Almosen und Folter, 1970 (Celebration of Awareness)

[22] Das *Material*
für die sprachsoziologische Untersuchung des Lukaswerkes bietet am sorgfältigsten H. J. Cadbury: The Style and Literary Method of Luke, 1920, Nachdruck 1969; Cadbury selbst bleibt rein-literarisch.

[23] Zur *Methode*
Leider ist dem Verfasser keine sprachsoziologische Untersuchung der Koiné (überhaupt) bekanntgeworden; die Gräzisten geben selbst zu, daß sie die Erforschung der Koiné hinter dem klassischen Griechisch weit zurücksetzten.

[24] Geld: chalkos; Spenden: dora; Meer: thalassa; See: limne; Pritsche: krabatos; Bett: kline, klinidion

[25] Stöhnen: stenazein; erschrecken: ekthambesthai; pfui: oua; Hosenflicken: pleroma; spucken: ptyein; Bauch: gaster; Schoß: koilia; Scheißhaus: aphedron; Töchterchen: korasion

[26] a) Bl-Debr. § 111,3
b) einzige Tochter: thygater monogenes

[27] Teufel: diabolos; Satan: satanas; das sogenannte Passahfest: he heorte... he legomene pascha, Lk 22,1: WÜ

[28] Häufigkeit des Wortgebrauchs: Vergleich Lukas:Markus
oikos (Haus) 33:12; chora (Feld) 9:5; thesauros (Schatz) 4:1; bios (Vermögen) 4:1; oikonomia (Ökonomie) 3:0; oikonoms (Verwalter) 4:0; euthys (sofort) 3:43; von Lukas durch parachrema ersetzt

[29] Bildung (sophia) 7:1; Erkenntnis (gnosis) 13:1; Verständnis (epistasthai) 8:1; Stadt (polis, ohne Verwandte) 39:8; dazu in der Apg 42mal

[30] zum Ziele hin (pros mit Acc) 164:62; zum Ziele eilen (speudein) 3:0; heilen (= gelingen: therapeuein, iasthai) 14:4 und 11:1

[31] a) Law and Order läßt sich bei Lukas systematisieren: Ordnung begründen, Ordnung durchsetzen, Unordnung abwehren. Auf die Wiedergabe der Wortlisten (in jeder Gruppe 21 Wörter) wird aus Raumgründen verzichtet. Hier mögen zum Vergleich mit Markus einige wichtige Wörter aus der drit-

ten Gruppe genügen: drohen (apeilein); absondern (aphorizein); warnen (kindyneuein); disziplinieren (paideuein); tadeln (elenchein); strafen (ekdikein, kolazein, timorein)

b) kata to ethos, to rhema, to eithismenon, to horismenon, ton nomon, ten akribeian; nach der Ordnung (der Reihe nach) kathexes

[32] P. Noll: Jesus und das Gesetz. Rechtliche Analyse der Normenkritik in der Lehre Jesu, 1968, 28

[33] Gesetz des Herrn: Lk 2,23.24,39; Priesterordnung: Lk 1,9; Ruhe (hesychia): Apg 22,2 (W. Bauer, Wb: hier klingt vielleicht «Andacht», «Hingabe» mit); dogma: Lk 2,1; Apg 16,4; 17,7; paideuein: Lk 23,16 (auspeitschen); paraggelia: Apg 5,28; 16,24

[34] Morgenthaler, Statistik, 1973, § 3, mißt den Umfang der Evangelien am «Wortbestand»: Mk 11229, Lk 19404 Wörter

[35] Lk 1,1: edoxe kamoi (2 Wörter); zum Satzgefüge: Bl-Debr § 464,4

[36] Lk 2,52; Mk 14,13; 12,37b; Lk 22,10; 20,45

[37] Mk 6,41 (hina paratithosin), Lk 9,16 (paratheinai)

[38] Im Verständnis der Konditionalsätze macht sich die Ausklammerung der sozialen Dimension in den ntl. Grammatiken besonders bemerkbar.

[39] Morgenthaler, Statistik § 2a. Das Verhältnis der ean- zu den ei-Sätzen beträgt bei Paulus 90:120, d.i. 3:4. Es ist verglichen: Mk 13,21 mit Lk 17,23; Mk 9,18 mit Lk 9,39; Mk 3,24 mit Lk 11,17.

[40] Lk 18,4; 11,8; Unverschämtheit: anaideia. Es ist verglichen Mk 14,29 mit Lk 22,23.

[41] Es ist verglichen:
Lk 9,23 mit Mk 8,34; Lk 18,19 mit Mk 10,18; Lk 5,21 mit Mk 2,7

[42] Es ist verglichen: a) Mk 4,39 mit Lk 8,24; Mk 5,41 mit Lk 8,54; Mk 6,12 mit Lk 9,6; Lk ersetzt kai durch die Partikel de.
b) Mk 2,11 mit Lk 5,24; Mk 10,14 mit Lk 18,16; Mk 11,2 mit Lk 19,30

[43] Gen. abs. bei Lukas: W. Radl: Paulus und Jesus, 1975, 432

[44] P. Bruin: Lukas der Arzt, in: ders.: Beruf und Sprache der biblischen Schriftsteller, 1942

[45] Es ist verglichen: Mk 5,25 mit Lk 8,43, dazu Metzger: Commentary zu Lk 8,43

[46] Es ist verglichen:
Mk 1,36 (katedioxen) mit Lk 9,18 (synesan)
Mk 3,10 (epipiptein) mit Lk 6,19 (ezetoun)
Mk 6,33 (synedramon) mit Lk 9,11 (ekolouthesan)
Mk 9,15 (exethambethesan kai prostrechontes) mit Lk 9,37 (synentesen)
Mk 10,50 (anapedesas elthen) mit Lk 18,40 (eggisantos autou)
Mk 15,36 (dramon) mit Lk 23,36 (proserchomenoi)

[47] Wirbelwind: lailaps megale (Mk 4,37); tiefe Stille: galene megale (Mk 4,39); Lk beidemal ohne Adjektiva (8,23.24); vgl. Mk 9,3 mit Lk 9,29; Mk 3,5 mit Lk 6,10; zu Tode betrübt: perilypos nur bei Mk (14,34)

48 Vgl. Mk 1,12 mit Lk 4,1; Mk 2,18 mit Lk 5,33; Mk 5,39 mit Lk 8,51
49 Der geliebte Arzt (Kol 4,14); der Besessene (Mk 5,4)
50 Lk gebraucht 4,38: erotesan; 5,14: pareggeilen; 5,30: egoggyzon; 23,20: prosephnonesen; 22,59: diischyrizeto; 18,40: eperotesen; 8,55: dietaxen. Mk gebraucht in den Parallelen 5mal legein, zweimal eipen; es handelt sich praktisch um das gleiche Wort, da «legein» keinen Aorist hat (BlDebr § 329)
51 Bl-Debr § 65,2, Fußnote 4; es ist verglichen: Mk 1,1 (apokteinein: Jesus umzubringen) mit Lk 22,2 (anelosin, etwa: wie sie ihn unauffällig beseitigen könnten)
52 Mk 6,1; 1,21; 9,2; F.J. Schierse: Patmos-Synopse 1968
53 H.J. Cadbury: The Style and Literary Method of Luke, 1920, Nachdruck 1969. A.W. Argyle: The Greek of Luke and Acts, NTS 20 (1974) 441–445, geht der Frage nach, ob das Lukasevangelium und die Apostelgeschichte vom gleichen Verfasser stammen. J. Jeremias: Die Sprache des Lukasevangeliums, 1980, sucht lukanischen und nichtlukanischen Sprachgebrauch zu unterscheiden.
54 K. Löwith: Can there be a Christian Gentleman? in: ders.: Zur Kritik der christlichen Überlieferung, 1966, 28, die Übers. entnehme ich der Stuttgarter Zeitung vom 25. Febr. 1967
55 K. Aland: Neutestamentliche Entwürfe, 1979, 123
56 S.G. Wilson: Luke and the Pastoral Epistles, London 1979. W. Bauer, Wb unter hygiaino «vernünftige Lehre». «Gesunde Lehre»: 8mal in den Pastoralbriefen, von Zink dreimal dem «Wort Gottes» gleichgesetzt (1 Tim 1,10; Tit 2,1.8)

Folgen
der Entproletarisierung

Die unbewältigte Kanonisation

Es ist merkwürdig, wie desinteressiert sich die Christen am geschichtlichen Ursprung ihres Glaubens verhalten, den sie doch sonst als religionsgeschichtliche Einmaligkeit verteidigen. Sie entwickelten eine überreiche Kirchengeschichte; die Geschichte des NT aber lassen sie im Dunkel, als hätten sie Angst, die Erhellung dieses Dunkels könnte die Sicherheit ihres Glaubens erschüttern. Zwar gehört das NT zu den besterforschten Büchern der Antike, aber nur als fertiges Produkt; der langwierige Prozeß, der zu diesem Produkt führte, bleibt weithin ungeklärt.

Die Geschichte dieses Desinteresses ist interessant genug. Es beginnt schon mit der Niederschrift der urchristlichen Überlieferung, die von Theologen ohne schlüssige Beweise sehr früh (ab 50) angesetzt wird. Erst in jüngerer Zeit brachte die Erforschung der Redaktion Licht in dieses Dunkel, aber eben nur relativ gesehen: man lernte ältere und jüngere «Schichten» der Überlieferung unterscheiden, doch gibt dies für die absolute Datierung nichts her.

Die Versuche, diese dennoch zu erreichen, sind Musterbeispiele «interessegeleiteter Wissenschaft». Wie die Theologen ein Interesse daran haben, das Neue Testament möglichst früh anzusetzen (I), so neigen ihre profanen Kritiker zum Gegenteil (III). Hier möge ein schlichter Vergleich der extremen Positionen mit der mittleren genügen, die heute unter den Theologen allgemeine Zustimmung findet (II)[1]:

	I	II	III
Briefe des Paulus	vor 70	50–60	100–150
Synoptische Evangelien	vor 70	60–100	130–140

Stringente Beweise hat keine der drei Gruppen. Wie schwach die Extrempositionen fundiert sind, dafür möge je ein Beispiel genügen.

Es trifft zu, daß keine neutestamentliche Schrift den Fall Jerusalems im Jahre 70 als vergangen erwähnt. Reicht diese Tatsache aber hin, das gesamte NT auf die Zeit vor 70 zurückzuverlegen, wie es J. A. T. Robinson fordert? Genügt es wissenschaftlichen Ansprüchen, wenn die Marxisten, von ihrem Interesse an Utopien geleitet, die Apokalypse des Johannes mit 68/69 als früheste Schrift des Neuen Testaments ansetzen, weil sie die Zahl 666 mit den Theologen für ein Geheimzeichen Neros halten[2]?

Aber auch der mittlere Konsens der Theologen ist schwach fundiert. Wie die Marxisten, denen sie geschichtliche Konstruktionen innerhalb eines «Systems» vorwerfen, unterliegen sie selbst der Epochen-Ideologie. So pflegen sie in Zeiten der «Volkspoesie» die neutestamentlichen Schriften als Schöpfungen der «Gemeinden» mit diesen selbst früher anzusetzen als in Zeiten des Individualismus, in denen auch die neutestamentlichen Schriften (wie alle Literatur) als langsam reifende Schöpfungen einzelner Autoren gelten. Doch verliert dieser Streit an Gewicht, wenn man mit dem Philologen Karl Lachmann annimmt, daß das NT heute nur in dem Zustand zugänglich ist, in dem es um 380 in der östlichen Christenheit verbreitet war[3].

Über die Autorisation der neutestamentlichen Schriften sind wir etwas besser informiert, aber nur durch Kirchenhistoriker, denen man vor der Aufklärung kaum Unvoreingenommenheit wird zusprechen können. Nur dann und wann drängten mutige Theologen in dieser Frage auf weltoffene Klarheit. Die Sozialgeschichte aber, die das schärfste Licht auf die gesamte Problematik geworfen hätte, kam auch bei ihnen nicht in Sicht. Um so schärfer ist zu fragen, ob die Kanonisation das NT nicht vollends entproletarisierte.

Das zweitausendjährige Umfeld dieser Problematik zwingt zur äußersten Beschränkung auf drei Grundthemen. Wir beschreiben kurz das geschichtliche Dunkel der Kanonisation, heben die Zweifel an der Inspiration ins Bewußtsein und suchen die politische Funktion des Kanons aufzuweisen[4].

Das geschichtliche Dunkel der Kanonisation

Undurchdringliches Dunkel verhüllt die Entstehung des NT als Heilige Schrift. Es ist ehrlicher, dieses Dunkel, welches das NT mit allen Heiligen Schriften teilt, als sachlich begründet zuzugeben, statt es theologisch zu überspielen. Jedenfalls kommt Overbeck mit seiner Kritik, daß «alle Kanonisation ihre Ojecte unkenntlich macht», der Realität näher als Käsemann mit seiner unbegreiflichen Behauptung, wir seien «über die Entstehung des ntl. Kanons vortrefflich informiert». Wer Tatsachen liebt, den enttäuscht diese Vortrefflichkeit[5].
Vielleicht wäre das Interesse der Christen an dieser Geschichte nie wachgeworden, hätten es nicht Outsider stets neu erweckt. Der erste von ihnen, der reiche und gebildete Marcion, setzte um 150 die Kanonisation überhaupt erst ins Werk, indem er nur ein Evangelium, bezeichnenderweise das Lukasevangelium, aber zehn Briefe (des Paulus) autorisierte: eine Auswahl, in der sich die oberschichtige Vorliebe für «Traktate» widerspiegelt[6].
Die Kirche lehnte seinen Kanon ab, nahm aber nun selbst die Kanonisation in die Hand. Es muß harte Parteikämpfe gegeben haben; denn erst 367, nach mehr als zweihundert Jahren, konnte Athanasius, der damalige Bischof von Rom, das NT auf seinen bis heute gültigen Umfang festlegen. Da er aber seine Entscheidung nicht begründete, blieb sie bis gegen 500 (in einzelnen Fällen noch weit später) umstritten. Von dieser Zeit an erfreute sich die Kirche des gesicherten Besitzes und wich, wie alle Erben, der Geschichte ihres Besitzes aus. Es erschien ihr nach alter Bauernfrömmigkeit günstiger, die Wurzeln des

Glaubens im Dunkel zu lassen, als sie aufzudecken. Volle tausend Jahre dauerte dieses kirchlich gesteuerte Desinteresse an der Kanonisation an.

Doch diese Ruhe war trügerisch. Unter der Decke der Sicherheit stauten sich die kritischen Fragen, bis sie mit der Krise des mittelalterlichen Glaubens durchbrachen. Luther bestritt die gleiche Gültigkeit für alle neutestamentlichen Schriften. Wie Marcion griff auch er, nicht nur aus theologischen Gründen, daneben. Hinter dem Unrecht, das er dem Jakobusbrief antat, schimmern soziale Fakten durch.

Die Kirche machte diesem Aufbruch zum kritischen Glauben gewaltsam ein Ende. Sie dogmatisierte 1546 auf dem Konzil von Trient die Entscheidung des Athanasius von 367 in Bausch und Bogen. In ähnlicher Weise reagierte, wenn auch zögernder, dafür aber um so entschiedener, die protestantische Kirche. Auch sie unterdrückte die freie Forschung.

Erst die Theologen der Aufklärung wagten im NT «ein Buch durch Menschen für Menschen geschrieben» zu sehen (Johann Gottfried Herder), dessen «Verfasser keinen Anspruch auf kanonische Autorität gemacht» hätten (Hermann Samuel Reimarus), und forderten eine «vorurteilsfreie Erforschung» der Kanonisation (Johan Salomo Semler). Vergeblich wichen die konservativen Theologen in die zwielichtige Formel von «errore (confusione) hominum et providentia Dei» aus: die göttliche Vorsehung hebe den Irrtum der Menschen auf. Zuletzt versuchte ein Schüler Schleiermachers mit der Formel vom «Kanon im Kanon» eine unhaltbare Position zu halten[7].

In der Gegenwart hat sich durch die neue Konzeption der Geschichte die Kanonsproblematik radikalisiert. Wenn sich alle Standardbegriffe geschichtlich bedingt erweisen, dann können davon am allerwenigsten die zentralen Begriffe einer Religion ausgenommen werden, die sich als einmalig geschichtlich versteht. Auch für sie gilt die profane Erkenntnis, daß «der Mensch die Welt immer mit den Augen eines Wesens sieht, das von einem ganz bestimmten Bestand von Sitten und von bestimmten Denkweisen geprägt wurde»[8].

Wie unbewältigt die Problematik des Kanons ist, lehrt ein kurzer Überblick über den gegenwärtigen Stand der theologischen Diskussion:

1. Gemessen am ursprünglichen Kriterium der Kanonisation (an der Apostolizität) hält keine der neutestamentlichen Schriften der Prüfung stand. Für keine läßt sich apostolische Verfasserschaft nachweisen, auch wenn diese nur vage verstanden wird.
2. Allgemein bejaht wird die Kanonwürdigkeit der vier Evangelien, wenn auch nicht im gleichen Grad. Als ältestes («ursprüngliches») gilt das Markusevangelium, doch gewinnt auch das jüngste, das Johannesevangelium, an geschichtlichem Wert.
3. Von den 14 Briefen des Paulus gilt nur die Hälfte als «echt»: Röm, 1 und 2 Kor, Gal, Phil, 1 Thess, Phlm); an den übrigen wird ihm die Verfasserschaft mit Vorbehalten und nicht im gleichen Grad abgesprochen. Der Hebräerbrief gilt (in der protestantischen Theologie) als irrtümlich in das NT geraten.
4. Unter den 7 «katholischen» Briefen (was nicht konfessionell zu verstehen ist), sämtliche unter falschem Verfassernamen, richtet sich die Kritik besonders gegen den 2. Petrusbrief (als ein Plagiat des Judasbriefes). Dagegen weicht die Kritik am Jakobusbrief zunehmend einem sachlichen Urteil.
5. Das Werk des Lukas (Evangelium und Apostelgeschichte) wird heftig der Ideologie verdächtigt. Am hartnäckigsten ist von Anfang an die Apokalypse (Offenbarung) des Johannes umstritten.

Diese geschichtliche Auflösung des Kanons als Verfall des Glaubes anzuklagen, lenkte vom Sachverhalt ab. Sie zeichnet sich immer schärfer als Krise des Versuchs ab, Geschichte zu dogmatisieren.
Praktisch gesehen, standen die Kanonisatoren vor einer unlösbaren Aufgabe. Wie neuere Funde (z. B. die «Evangelien aus dem Nilsand») nahelegen, dürfte ihnen kaum die gesamte Literatur des Urchristentums bekannt gewesen sein. Als Beispiel diene das erst 1945 in Ägypten entdeckte Thomas-Evangelium, eine selbständige aramäische Überlieferung aus der Zeit um 150 oder früher, die als mit der synoptischen gleichrangig gilt. Drei Viertel der neutestamentlichen Logien finden sich fast wörtlich darin wieder, manches dazu noch reiner (formgerechter) überliefert, wie zum Beispiel[9]:

Markus	Thomas-Evangelium
Nirgends hat ein Prophet so wenig Ansehen wie in seiner Heimat, bei seinen Verwandten und in seiner Familie.	Nicht ist ein Prophet genehm in seinem Dorf, nicht heilt ein Arzt die, welche ihn kennen.

Mehr noch: indem es die Logien nicht in Erzählungen einbettet, sondern selbständig wiedergibt, widerspricht es nicht nur der von Theologen hartnäckig vertretenen These, Sätze nicht aus dem Zusammenhang zu reißen, sondern stellt das «Evangelium» als erzählende Form grundsätzlich in Frage. Während es die Logien einfach mit «Jesus sprach» einleitet, benützen die Synoptiker diese auch dazu, sich selbst ins Licht zu setzen. Man vergleiche[10]:

Lukas	Thomas-Evangelium
Tausende von Menschen strömten zusammen. ...Jesus wandte sich zuerst an seine Jünger und sagte: Was ihr einander ins Ohr flüstert, das wird man auf den Dächern verkünden.	Jesus sprach: Was du hören wirst mit deinem Ohr, predigt auf euren Dächern.

Matthäus	Thomas-Evangelium
Als die Jünger mit Jesus allein waren, fragten sie ihn: Warum konnten wir den Dämon nicht austreiben? Er antwortete:... Wenn ihr zu einem Berg sagtet: Rück von hier nach dort, dann würde er wegrücken.	Jesus sprach: Wenn zwei miteinander Frieden machen, werden sie zum Berg sagen: Fall um! Und er wird umfallen.

Aber selbst wenn die Kanonisatoren alle urchristliche Literatur gekannt hätten, wäre es auch ihnen schon nicht mehr möglich gewesen, den ursprünglichen Text herzustellen, wie beispielhaft am Markus-Schluß abgelesen werden kann, dessen Unreinheit wohl schon von Hieronymus bemerkt worden war, aber erst in der Gegenwart durch die Freer-Handschrift nachgewiesen werden konnte. Man muß es den Kirchen danken, daß sie die Hauptlinie dieser unreinen Überlieferung auch dem gläubigen «Volk» nicht mehr vorenthalten (EÜ). Wo sie aber dogmatisch auf der neutestamentlichen Überlieferung beharren, stürzen sie sich selbst in Unehrlichkeit, wie die Geschichte des «Comma Johanneum» (1 Joh 5,7) beweist. Während Erasmus von Rotterdam diese Stelle als Einschub ablehnte, hielt die Römische Kirche noch fast ein halbes Jahrtausend (um des Dogmas von der Dreifaltigkeit willen) an der «Echtheit» fest. Es lohnt sich, die krummen Wege nachzulesen, die sie dabei gehen mußte[11].

Indes: man muß gerecht sein. Solche Mängel heben das Recht auf Kanonisation nicht auf. Es gehört zu den Urbedürfnissen des Menschen, Ursprüngliches zu bewahren, und wo meldete sich dieses mächtiger zu Wort als in der Erinnerung neuer Gottesaufbrüche. Darum ist ja auch «Erinnerung» ein Schlüsselwort des NT. Nur muß man (mit den kritischen Theologen) die Geschichtlichkeit auch Heiliger Schriften zugeben: «Keine einzige Epoche, auch nicht die eines Ursprungs, darf man unhistorisch verabsolutieren und ihr eine einseitige Normativität andichten», oder schärfer gesagt: «Die Schriften, die jetzt im ‹Kanon› des Neuen Testaments vereinigt sind, erweisen sich als miteinander im Widerstreit stehende Zeugnisse eines Prozesses, in dessen Verlauf sie sich oft gegenseitig widersprochen haben, oder als theologische Kompromisse von nur vorübergehender historischer Bedeutung waren.»[12]

Angesichts dieser Tatsachen bleibt den traditionellen Kirchenführern nur die Abwehr übrig. Es mögen zwei Beispiele aus der jüngsten Zeit genügen, eines für die evangelische und eines für die katholische Kirche. «Kirche kann nur Kirche sein», sagt der eine, «wenn sie am Wort klebt», und der andere: «Die Kirche muß weg vom theologischen Rationalismus.» Beide treffen sich ökumenisch in der Abwehr kritischen Denkens[13].

Die mißbrauchte Inspiration

Es zeugt für den religiösen Ernst der Kanonisatoren, daß sie sich in der Lösung einer unlösbaren Aufgabe auf Gott beriefen. Sie folgten darin den späten Autoren des NT, die sich als «inspirati» begriffen (2 Tim 3,16).
Auf Inspiration berufen sich auch profane Autoren, jedoch nicht zu allen Zeiten gleich stark. In hohem Maße fühlten sich die Romantiker und im höchsten Maß die Surrealisten inspiriert. Allerdings rückte diese ihr Glaube an «das automatische Diktat» in die Nähe der Diktaturen[14]. Gegen diese Gefahr, der Inspiration unkritisch zu verfallen, sind auch religiöse Autoren nicht gefeit; im Gegenteil: in der Nähe Heiliger Schriften wächst sie so sehr an, daß nur Propheten sie überwinden, Institutionen ihr aber erliegen.
Auch die christliche Religion blieb vor dieser Gefahr nicht bewahrt. Sie unterdrückte schon im NT die Erfahrung auf Kosten der Inspiration. Man glaubt die Kritiker selbst zu hören, wenn man in einer späten Schrift des NT liest: «Wo bleibt denn seine (= des Erlösers) verheißene Ankunft? Seit die Väter entschlafen sind, ist alles geblieben, wie es seit Anfang der Schöpfung war» (2 Petr 3,4). Statt diesen Zweifel konkret auszuräumen, weicht der Autor dieser Schrift in den allgemeinen Hinweis aus, vor Gott seien «tausend Jahre wie ein Tag», was niemand bezweifelt hatte, und kompensiert zudem seine argumentative Schwäche mit charakterlichen Vorwürfen. Er schlägt das erwachte kritische Bewußtsein autoritär nieder, indem er die Inspiration, die bisher nur für den Text galt, auf dessen Verständnis ausdehnt. Mit dem Verbot eigenmächtiger Auslegung entmündigt er die Christen schon im NT[15].
Die frühe Kirche verschweigt den Autor. Petrus, den sie als Verfasser angibt, kann es nicht sein; denn der lebte um 120 (die Zeit der frühesten Niederschrift des Briefes) nicht mehr. Es handelt sich wohl um einen willfährigen, aber fähigen Mann aus der Unterschicht, der, von der Kirche ausgebildet,

sich zum Dank dem christlichen Establishment voll anpaßt, wie sein ausgezeichnetes Griechisch vermuten läßt. Dabei braucht seine gute Absicht nicht bestritten zu werden. Er dürfte der Seelsorger, als den er sich darstellt, auch gewesen sein. Aber gerade die Sorge um den Himmel läßt ihn auf Erden unheilige Wege gehen. Man mag es ihm nachsehen, daß er eine frühchristliche Schrift, den Judasbrief, plagiiert. Wenn er sich aber auch als Augenzeuge Jesu ausgibt (2 Petr 1,16), betrügt er seine Leser. In wessen Dienst, deutet seine Wortwahl an. Sein auserlesenes, evangelienfremdes Vokabular, das «alle Spielarten offen läßt», führt dazu, daß seine Schlüsselworte in den Übersetzungen nur so schillern. So mußte schon der Textus Vaticanus manches von ihnen mit zwei, drei, ja auch vier verschiedenen Wörtern wiedergeben. Nicht übersehen darf man die soziale Tendenz dieser Wortwahl. Gegen das in Unterschichten beliebte Erzählen, das er Mythos nennt, spielt er «die hohe Geistigkeit» aus. Religiosität aristokratisiert er mit «Zucht, Tüchtigkeit (und) Wohlanständigkeit», die sich vor dem «Schmutz» wohl zu schützen weiß. Dafür hat er allein drei Wörter, alle drei sexuell getönt[16]. Theologen weichen der Realität aus, wenn sie diesen Brief als jüngste Schrift des NT nur an dessen «Rand» ansiedeln und den Autor mit dem Verbot eigenen Denkens aus dem NT «herausfallen» sehen. In Wirklichkeit setzt er nur die schon mit Paulus begonnene Entwicklung fort. Auch der hatte seine Leser schon auf den «Wortlaut» (EÜ) verpflichtet[17]. Wer ein einzelnes Wort für nicht beweiskräftig hält, prüfe das gesamte Wortfeld dieser Mentalität im Neuen Testament. Es ergibt sich folgender Bestand:

Standardübersetzung W. Bauer, Wb.	der Autor des 2 Petr	übrige kath. Br.	Paulus	sonst	NT insgesamt
Wohlverhalten	2	7	3	1	13
Tugend	3	1	1	0	5
Selbstbeherrschung	2	0	1	1	4
(tiefere) Erkenntnis	4	0	15	1	20
(bloße) Geschichten	1	0	4	0	5
	12	8	24	3	47

Wie man sieht, steht der Autor in ungebrochener Tradition mit Paulus und seinen Schülern. Mit diesen zusammen hat er fast den gleichen Anteil am Wortfeld wie Paulus selbst.

Blindes Vertrauen auf den Wortlaut, auf die Inspiration im strengen Sinn, verführte Theologen dazu, vertraute Notizen, die antike Brieffälscher bewußt einsetzten, im NT als Zeichen der Echtheit zu werten. Das klassische Beispiel hiefür bietet der unter einem gefälschten Verfasser- wie Empfängername kursierende Zweite Timotheusbrief. Leicht ließen sich Theologen bis in die Gegenwart von den Klagen seines Autors (4,9–21) über seine Einsamkeit fangen:

Beeil dich, komm bald zu mir!

Demas hat mich verlassen und ist nach Thessalonich gegangen;
Kreszenz ging nach Galatien, Titus nach Dalmatien.
Nur Lukas ist noch bei mir.
Bring Markus mit; denn er wird mir ein guter Helfer sein.
Tychikus habe ich nach Ephesus geschickt.
(Einschub, s. u.)
Alexander, der Schmied, hat mir viel Böses angetan...
Erastus blieb in Korinth,
Trophimus mußte ich krank in Milet zurücklassen.

Beeil dich, komm noch vor dem Winter!

Schon die vielen Namen – in wenigen Zeilen mehr als anderswo in einem ganzen Brief – hätten Mißtrauen erwecken können. Statt dessen hielten unkritische Theologen den Topos antiker Brieffälschungen, an vergessene Sachen zu erinnern, den unser Autor wie beiläufig in seine Klagen einfließen läßt (= Einschub von oben), just als Hauptmerkmal der Echtheit (4,13)[18]:

Wenn du kommst, bring den Mantel mit,
den ich in Troas bei Karpus gelassen habe;
auch die Bücher, vor allem die Pergamente!

Es ist gewiß nicht jedermanns Sache, in Heiligen Schriften raffinierten Fälschungen nachzugehen, die (wie der Kolosserbrief) in der profanen Literatur der Antike ihresgleichen suchen, doch bräuchte sich kein Theologe dafür herzugeben, solche Fälschungen mit zwielichtigen Argumenten zu verteidigen. Es mag zutreffen, daß «Irrlehrer» (d.h. Abweichler von der entstehenden Großkirche, wie Marcion) mit Fälschungen vorangingen. Darauf deutet schon Paulus hin, wenn er seine Briefe durch die eigenhändige Unterschrift zu sichern sucht (1 Kor 16,21). Doch seit wann gilt es als religiös, Fälschungen mit Fälschungen zu erwidern? Als Gettofiktion erwies sich der Versuch unkritischer Theologen, der damaligen Zeit den Begriff geistigen Eigentums abzusprechen, um neutestamentliche Fälschungen rechtfertigen zu können. Unter den Beispielen, die gegen diese Annahme zeugen, sei der Arztschriftsteller Galen (2.Jahrhundert) erwähnt, der sehr betroffen war, als er in römischen Buchläden fremde Schriften unter seinem Namen veröffentlicht fand[19].

Am stärksten scheitert die Theologie der Inspiration an der Ungesichertheit der Texte. Zwar ist das NT das am reichsten überlieferte Buch der Antike – der einzigen Handschrift des Tacitus zum Beispiel stehen mehr als 5000 griechische und mehr als 8000 lateinische Handschriften des NT gegenüber –, doch haften diesem Reichtum unüberwindbare Mängel an. Man kann darüber hinwegsehen, daß die Schreiber Heiliger Schriften die gleichen Fehler begehen wie die profaner Schriftsteller. Auch sie verwechseln Buchstaben, lassen Wörter aus, überspringen Zeilen oder schreiben sie doppelt. Auch sie verändern Texte in guter Absicht, wie die Glosse im Codex Vaticanus zu Hebr 1,3 zeigt: «Du ungebildeter Schurke, laß doch die alte Lesart stehen!»[20] Nicht übersehen aber kann, wer sich nicht selbst betrügen will, die Ergebnisse der neutestamentlichen Textforschung, deren wichtigste hier kurz genannt seien[21]:

1. Keine Handschrift des NT ist im Original vorhanden. Alle liegen nur in späteren Abschriften vor, die, von Bruchstücken abgesehen, nicht über das vierte Jahrhundert zurückreichen.
2. Nur wenige Handschriften enthalten das ganze NT, keine den ursprünglichen vollständigen Text. Selbst die ältesten sind nicht frei von Überlieferungsfehlern.

3. In allen Handschriften finden sich Spuren absichtlicher Veränderungen von Stellen, «die man für unannehmbar oder unbequem hielt», und von Stellen, «die einen ‹Beweis› eines beliebten Lehrsatzes eintragen».
4. Die Anzahl der Lesarten wird (bei einem Wortbestand von 140000) auf 100000 geschätzt, im Schnitt auf jeden der 8000 Sätze mehr als ein Dutzend. Dazu kommen an die 200 Text-Anomalien, die sich nur durch Konjekturen beheben lassen.
5. Die Kirche unterdrückte von Anfang an die Information über die Ungesichertheit des neutestamentlichen Textes bis zu Beginn der Neuzeit mit schweren Strafen.

Es ist nicht Aufgabe des Soziologen, über die kirchliche Lehre zu befinden. Wohl aber berührt es ihn seltsam, daß eine Institution, die mit dem Anspruch auftritt, «die reine Lehre zu hüten», selbst bereit ist, diese Reinheit textmanipulativ zu verletzen. Es mag noch hingehen, wenn sie «beliebte» Lehrsätze wie den von der Jungfrauengeburt textlich abzusichern suchte. Wenn sie aber «unbequeme» Stellen auszumerzen bereit war, machte auch sie nicht Halt vor unbequemen Kritikern, wie sie es gerade mit Textforschern praktizierte, so daß diese Einschüchterung erst nach anderthalb Jahrtausenden gebrochen werden konnte[22]. Auch wer die Kirche liebt, oder gerade weil er sie liebt, findet es widerlich, daß sie die Stirn hat, sich auch in ihrer Zwielichtigkeit auf den Heiligen Geist zu berufen. Nicht «ungeklärte Gründe», wie unkritische Theologen meinen, bewogen die Römische Kirche, ihre eigenen handschriftlichen Bestände des NT erst zu Beginn unseres Jahrhunderts der Forschung zugänglich zu machen. Wie anderswo erzeugte Unsicherheit auch hier Angst. Erst der zunehmende Wille zur absoluten Ehrlichkeit auch und gerade vor Gott zwang sie, Textvarianten auch in Volksausgaben, wie in der Einheitsübersetzung, aufzunehmen.
Wiederum verdunkelte es nur die Fakten, den Verfall der Inspirationslehre dem Unglauben anzulasten. Ihre Absolutheit aufzugeben, forderte seit Galilei die Geschichte. Doch erst auf dem Zweiten Vatikanum gelang es mutigen Theologen, eine Bresche in die Festung zu schlagen, indem sie das Konzil bewogen, die Inspiration auf «die Wahrheit (einzuschränken),

die Gott um unseres Heiles willen aufgezeichnet haben wollte». Doch darf nicht übersehen werden, daß das Zweite Vatikanum auch die alte Inspirationslehre wiederholte, zwar nicht in der Strenge des Tridentinums, doch ohne Substanzverlust. Dort wurde die Bibel als vom Heiligen Geist «diktiert» erklärt, hier galt sie als «unter seinem Anhauch» entstanden. Die Päpste sicherten sich auf diese Weise die Möglichkeit, die Öffnung jederzeit wieder zu schließen. Sie haben dies inzwischen auch getan, wie ihr Beharren auf der eigenen Irrtumslosigkeit zeigt, und damit «die Chance eines Neubeginns» vertan[23].
Wer also die alte Inspirationslehre zu den «Täuschungen (zählt), die im Lauf der Zeit durch den allgemeinen Fortschritt der wissenschaftlichen Erkenntnis ersetzt werden», erliegt, auch wenn er es noch so ehrlich meint, selbst einer Täuschung. Vom «Sieg der neuen Richtung», vom «vollständigen Wandel des Denkens» und von der «tiefgreifenden Korrektur der theologischen Sprache» ist heute, wenn sie überhaupt je da waren, kaum noch etwas zu spüren[24].

Die politische Funktion des Kanons

So sehr man daran zweifeln muß, daß sich das Dunkel der allgemeinen Geschichte der Kanonisation jemals erhellt (da neue Quellen kaum noch zu erschließen sind), so sehr darf man hoffen, daß die Sozialgeschichte diesem Mangel abhilft.
Solange man die Kanonisation nur als religiösen Akt sah, kam die Frage nach ihrer sozialen Bedingtheit überhaupt nicht in Sicht. Sie wird auch in keiner Kanonisationsgeschichte gestellt, so daß eine Antwort hier nur angeregt werden kann. Doch gliche es einem Wunder, hätte sich die soziale Position der Kanonisatoren nicht auch in ihren religiösen Entscheidungen niedergeschlagen. Sie konnte sich gerade deswegen so ungehindert entfalten, weil man sie nicht wahrnehmen wollte. Aber

auch sie drängte – wie alles Verdrängte – ans Licht. Dazu genügt nicht, wenn Theologen heute die «Menschlichkeit» der Kanonisation zugeben, weil sie mit diesem Abstraktum die soziale Realität eher verdecken als bloßlegen. Sie weichen dieser auch aus, wenn sie zwar politische Motive der Kanonisatoren nicht in Abrede stellen, diese aber sogleich wieder als Diplomatie herunterspielen. Man muß, um klar zu sehen, die Dinge beim Namen nennen[25].

Einen ersten Zugang bietet die soziale Herkunft der Kanonisatoren, die sich aus ihrer hohen Bildung ergibt. Sie stammen samt und sonders aus der Oberschicht. Wer anders als deren Glieder wäre fähig gewesen, stilkritisch über die Verfasserschaft von Schriften zu entscheiden, wie es von Origines, Klemens von Alexandrien und Hieronymus überliefert ist.

Wie parteiisch die Kanonisatoren ihre Bildung einsetzten, lehrt das zweierlei Maß, mit dem sie Schriften annahmen oder ablehnten. Theologen von heute finden es «sehr dienlich», daß die Kanonisatoren die abgelehnten Schriften strenger maßen; nur vergessen sie wieder einmal anzugeben, wem diese Dienlichkeit diente. Zweierlei Maß bedeutet nicht nur «zwei Klassen» von Schriften, wie sie zugeben, sondern auch, was sie verschweigen, von Menschen[26]. Sie verdecken diese Tatsache, wenn sie die Kanonisation mit «Gemeindebedürfnissen» rechtfertigen; denn auch die frühchristlichen Gemeinden waren nie homogen. Auch in ihnen wiederholte sich, wie wir aus Korinth wissen, nicht nur die soziale Schichtung, sondern auch schon, wie die Jakobusgemeinde bezeugt, die Scheidung in zwei Klassen. Gemeindebedürfnisse ist die Ideologie, das Klasseninteresse die Realität.

Dieses Interesse spiegelt sich im Mengenanteil schichtspezifischer Literaturformen. In der favorisierten Gruppe (im NT) finden sich, der oberschichtigen Vorliebe für die Reflexion entsprechend, unter 21 Schriften 17 «Briefe», von denen die meisten eher Traktaten gleichen. In der Masse der abgelehnten Literatur, deren Umfang nur geschätzt werden kann, dürfte sich dieses Verhältnis zugunsten der in der Unterschicht beliebten

Erzählungen umkehren. «Briefe» gibt es darin so gut wie keine. Konkret: die frühchristliche Literatur widmete in demokratischer Weise jedem Apostel eine «Geschichte», kanonisiert wurde nur die der Apostel-«Fürsten». Ebenso «schlüpfte» nur eine der vielen Apokalypsen, die von einer gerechten Zukunft erzählten, ins NT «durch». Aus der Menge der Evangelien, der besonderen frühchristlichen Erzählform, wurden nur vier aufgenommen, mit dem verschleiernden Hinweis, es könne nicht mehr geben, weil es auch nur vier Himmelsstriche gäbe[27].
Deutlicher als in der Menge unterscheiden sich die beiden Schriftengruppen durch die schichtspezifische Art des Erzählens. Die ausgeschiedene Literatur erzählt unbekümmert um Anstöße, breit und lässig, oft übertreibend; die kanonisierte Literatur hält sich auch dort, wo sie erzählt, strikt an die lukanisch-heideggerschen Normen der Oberschicht: «Strenge der Besinnung, Sorgfalt des Sagens und Sparsamkeit des Wortes». So übergeht Lukas in feiner Weise die Zweifel an der Jungfrauschaft der Mutter Jesu; der wäre nur für einen Sohn Josefs «gehalten» worden, während apokryphe Schriften die Unversehrtheit Mariens handfest durch eine Hebamme nachprüfen lassen[28].
Zumindest einseitig erweisen sich die Kanonisatoren, wenn sie die urchristliche «Frauenliteratur» abwehren. Das NT ist von Männern geschrieben, von Männern ausgewählt und von Männern redigiert. Mitarbeit von Frauen, wie sie Outsider für das Lukasevangelium vermuten, ist sehr unwahrscheinlich. Wohl aber dürften die Evangelien, die unter Frauennamen überliefert sind, auch von Frauen geschrieben worden sein, wie das Evangelium nach Maria, der Mutter Jesu, und das Evangelium der Eva, der Mutter des Menschengeschlechts. Hohes Ansehen genossen, wie die zahlreich erhaltenen Handschriften beweisen, Apokryphen, in denen Maria von Magdala, die Prostituierte, mit Johannes, dem Jungfräulichen, als Vertraute Jesu auftritt[29].
Vollendet wurde die Oberschichtigkeit der kanonisierten Literatur durch die einheitliche Redaktion des NT. Bedenkt man,

daß dieses von mindestens 15 Autoren mit verschiedenem Bildungsniveau geschrieben ist und verschiedene Textsorten enthält, wie Evangelien, Briefe, Kirchengeschichte und Apokalypse, so läßt sich die statistisch nachweisbare Einheitlichkeit des Sprachgebrauchs nur durch eine energische Redaktion erklären, deren soziale Tendenz unverkennbar ist. Was heute die Bischöfe der beiden großen (deutschen) Kirchen für die Übersetzung des NT fordern: «das gehobene Gegenwartsdeutsch», das nur die Sprache der gehobenen Schichten sein kann, entspricht dem gehobenen Griechisch schon der ersten Niederschrift, das durch die erste Redaktion noch höher gehoben wurde. Es ist nicht, wie immer wieder behauptet wird, das alltägliche Griechisch der damaligen Zeit, sondern – mit der bezeichnenden Ausnahme der unterdrückten Apokalypse – das Literaturgriechisch der zeitgenössischen Oberschicht[30].

Die Theologen geben unbewußt die schichtspezifische Redaktion des NT mehrfach zu. Sie heben die kanonisierte Literatur als Produkt der Elite und als gepflegte Tradition ab, wenn sie die apokryphen Schriften «Produkt des Volksglaubens» und «wilder Überlieferung» nennen. Sie gebrauchen soziale Kriterien, wenn sie diese Wildheit näher als «abstrus, grotesk, ja obszön» bestimmen, die Kanonisatoren aber als «literarische Feinschmecker» und «echte Schöngeister» loben. Das gleiche trifft auf die Kriterien zu, mit denen Textforscher die neutestamentlichen Handschriften charakterisieren. Es hat nichts mit Theologie, aber alles mit oberschichtigen Normen zu tun, wenn sie an den einzelnen Typen feststellen: «die erstaunliche Fähigkeit, Texte auf Kosten der Reinheit durch Zusätze reicher zu gestalten» (am westlichen Typ), «das hochentwickelte sprachliche Feingefühl, (das zu) geschickten Änderungen» motiviert (am alexandrinischen Typ), die Neigung, «dem normalen Leser alle Steine des Anstoßes aus dem Weg zu räumen» (am syrischen Typ) und «ein gewisses Streben nach Eleganz» (am cäsarensischen Typ)[31].

Es ist zumindest ein die Unterschicht diskriminierendes Pauschalurteil, wenn Theologen die apokryphen Schriften nur als

«Unterhaltungsliteratur» gelten lassen, die kanonisierten Schriften aber als «Aufbauliteratur» rühmen. Auch diese unterhalten mit seltsamen Geschichten, auch jene bauen auf, nur eben eine andere Gesellschaft, in der man sich nicht nur von der Zwielichtigkeit des Paulus erzählt, sondern auch die Unruhe der Jesusbewegung wachhält, wie die christlichen Sibyllen, Esra 4 und Henoch bezeugen. Hier möge es genügen, auf Reste dieser Schriften hinzuweisen, die sich im NT erhalten haben[32]:

Das Wort der Propheten ist ein Licht, das an einem finsteren Ort scheint, bis der Tag anbricht und der Morgenstern aufgeht in eurem Herzen.

Trägt ein Boden aber Dornen und Disteln, so ist er vom Fluch bedroht; sein Ende ist Vernichtung durch das Feuer.

Henoch hat geweissagt: Seht, der Herr kommt mit seinen heiligen Zehntausend, um über alle Gericht zu halten.

Kein Geschöpf bleibt verborgen vor ihm, sondern alles liegt nackt und bloß vor den Augen dessen, dem wir Rechenschaft schulden.

Es trifft also nicht zu, daß die Kanonisatoren nur «von oben her» legalisierten, was «von unten her» gewachsen wäre. Wie wenig Theologen von dieser Rechtfertigung überzeugt sind, lehrt ihre Sprache: kirchliche «Kreise» hätten mit der Kanonisierung nur «die Verantwortung für die breite Masse getragen»; in wessen Interesse, verrät schon Origines, wenn er die Kanonisatoren mit «guten Bankhaltern» vergleicht[33].
Man tut dem NT kein Unrecht, wenn man seine schichtspezifische Kanonisation und Redaktion zugibt; denn es verdankt seine Fruchtbarkeit seinem literarischen Niveau. Kaum hätte die kritische Theologie den hohen Stand von heute erreicht, wäre sie auf die apokryphe Literatur angewiesen gewesen.

Ein vorläufig abschließendes Wort

Zu den «mächtigen Hemmungen, die die Religion den natürlichen Unsicherheiten jedes Neuerers hinzufügt» (Max Weber), darf man als die mächtigste die Kanonisation und Redaktion der Schriften rechnen, aus denen sie erwuchs. Es liegt also im Interesse der Sache, wenn kritische Theologen diese Hemmungen aufzeigen[34].

Für das NT können sie sich dabei auf Jesus selbst, den Erneuerer des Gottesglaubens, berufen. Sie müssen es sogar; denn wenn der «Kanon im Kanon» einen Sinn haben soll, dann kann es allein die Orientierung an Jesus, dem Mann aus Nazaret, sein. Auch er liebte die «Heilige Schrift» seines Volkes, von den Christen später nicht gerade freundlich «Altes Testament» genannt; nur eben nicht alle Bücher dieser Schrift mit der gleichen Intensität. Leidenschaftlich wandte er sich den Propheten zu, an den Heldensagen seines Volkes zeigte er überhaupt kein Interesse. Als Kind seiner Zeit berief er sich gerne auf die Heilige Schrift, ohne sich um deren kanonische Grenzen zu kümmern, die übrigens erst nach seinem Tod gezogen wurden. Stets aber schied er zwischen «Gotteswort» und dessen Manipulation (Mk 10,5).

Es bedarf daher keines Nachweises, daß ihm die Wortinspiration fremd war. Noch viel weniger läßt sich aus seiner Lehre das Verbot eigenen Denkens auch der Heiligen Schrift gegenüber ableiten. Anzunehmen, daß er um der «rechten Lehre» willen an Fälschungen auch nur gedacht hätte, deren sich neutestamentliche Autoren schuldig machten, grenzte an Blasphemie.

Versteht man Jesus als Kriterium des christlichen Glaubens, so hat man das NT zu lesen, wie er das «Alte Testament» las: *kritisch,* und das heißt undogmatisch, wie es ja auch kritische Theologen zugeben; denn «wer mit dem Neuen Testament dogmatisch verfahren möchte, wird an zahllosen Einzelheiten scheitern». Dann aber tritt seine Person zurück, an der ihm nichts lag; sonst hätte er sich nicht mit dreißig Jahren ohne ein Wort der Verteidigung hinrichten lassen. In den Vordergrund rückt dann seine Sache: das Reich Gottes[35].

Dieses aber reicht weit über das NT hinaus; denn so sehr Jesus Norm und Kriterium des christlichen Glaubens bleibt, so sehr bleibt er soziokulturell in seine Gegenwart eingebunden. Gerade damit aber gibt er die Gestalt des Reiches Gottes für die Zukunft frei.

Belege

[1] J. Habermas: Erkenntnis und Interesse. Mit einem neuen Vorwort, 1973
zu I: J. A. T. Robinson: Redating the New Testament, 1976
zu III: B. Stasiewski: Ursprung und Entfaltung des Christentums in sowjetischer Sicht, Saeculum 11 (1960) 157–179

[2] Die Zahl 666: Offb 13,18, dazu: B. Stasiewski, a. a. O. 159

[3] Bruce M. Metzger: Der Text des NT, 1966, 125 (Karl Lachmann)

[4] Zur *Methode*
Von der Sache her ist die historisch-materialistische Methode gefordert, die «für die ganze Kirchengeschichte noch aussteht» (H. Gollwitzer, Die kapitalistische Revolution, 1974, 75) und daher auch für die Geschichte der Kanonisation von einem einzelnen nicht geleistet, wohl aber angeregt werden kann.

[5] Es lohnt sich, E. Käsemanns Behauptung «Über die Entstehung und Geschichte des ntl. Kanons sind wir *vortrefflich* informiert» (von mir hervorgehoben): 1970, S. 9, der grundsätzlichen Problematik gegenüberzustellen, mit der Fr. Overbeck seine «Geschichte des Kanons», 1880, S. 1, einleitet:
«Es liegt im Wesen aller Kanonisation, ihre Objecte unkenntlich zu machen, und so kann man denn auch von allen Schriften des NT sagen, daß sie im Augenblick ihrer Kanonisation aufgehört haben, verstanden zu werden. Sie sind in die hohe Sphäre einer ewigen Norm für die Kirche versetzt worden, nicht ohne daß sich über ihre Entstehung, ihre ursprünglichen Beziehungen und ihren ursprünglichen Sinn ein dichter Schleier gebreitet hätte.»

[6] Im folgenden halte ich mich an: J. Leipoldt: Geschichte des ntl. Kanons, I 1907; II 1908, 60f. (Luther); E. Käsemann: Das NT als Kanon, 1970 (hier S. 35: J. S. Semler, H. S. Reimarus, J. G. Herder)

[7] H. S. Reimarus ist 1973 erstmals vollständig aufgelegt worden; J. S. Semler forderte die «freie Untersuchung des Canons», 1771/76; errore hominum et providentia Dei: K. Aland: Das Problem des ntl. Kanons, in: E. Käsemann: Das NT als Kanon, 1970, 134–158: «Der Kanon ist eben nicht nur das Produkt der confusio hominum, sondern zumindest in seinen entscheidenden Bestandteilen Resultat des Wirkens der providentia Dei», S. 158; I. Löning: Kanon im Kanon, Oslo 1971, München 1972

[8] Ruth Benedict: Urformen der Kultur. rde 7, 1955, 39

[9] W. C. Unnik: Evangelien aus dem Nilsand, dt. 1960; Köster-Robinson: Entwicklungslinien durch die Welt des frühen Christentums, 1971, 121. Vergli-

chen ist Mk 6,4 mit Logion 31 des Thomas-Evangeliums (übers. E. Haenchen).
10 Es ist verglichen Lk 12,3 mit dem Thomas-Logion 33; Mt 17,20 mit Logion 48
11 EÜ, Fußnote zu Mk 16,1–8 und 16,9–20; Comma Johanneum, 1 Joh 5,7f.: Bruce M. Metzger: Der Text des NT, dt. 1966, 101 (geschichtlich); Textual Commentary, 1955, zur Stelle (textkritisch)
12 «Erinnerung» als Schlüsselwort des NT: insgesamt 105mal: im engeren Sinn 65mal: mnemoneuein, mimneskesthai, mnema, mnenmosynon, mnemeion, mnesteuesthai. E. Schillebeeckx: Christus, 1977, 66; ähnlich ebd. 697: «Man darf keine Bewegung, auch nicht die Religion, auf ihre ursprünglichen Dokumente festnageln.» Köster-Robinson: Entwicklungslinien, 1971, 17
13 Präses Brandt, Leiter der EKD im Rheinland, FAZ vom 23.2.81; Kardinal Wyszinski, FAZ vom 16.6.79
14 Das automatische Diktat bei den Surrealisten: «automatisme psychique pur: dictée de la pensée, en l'absence de tout contrôle exercé par la raison» (A. Breton: Manifestes du Surréalisme. Paris 1962, 40)
15 2 Petr 1,20: idia epilysis: eine eigene Deutung (geben) (W. Bauer, Wb); propria interpretatio (Textum Vaticanum); EÜ: eigenmächtig auslegen; ähnlich die übrigen Standardübersetzungen; WÜ: private Auslegung
16 W. Bauer, Wb. unter anastrophe: «in mancherlei Bedeutung»; Plural: «um alle Spielarten einzuschließen» zu 2 Petr 3,11.
Im Textum Vaticanum wird spilos (Schmutz) zweifach wiedergegeben (mit macula und coinquinatio), egkrateia (Selbstbeherrschung) dreifach (castitas, continentia und abstinentia); epignosis (höhere Erkenntnis) vierfach: cognitio, notitia, scientia, agnitio (A. Schmoller: Handkonkordanz zum Griechischen Neuen Testament, 1938, 15. Aufl. 1973).
Hohe Geistigkeit: epignosis; Zucht: egkrateia; Tüchtigkeit: arete; Wohlanständigkeit: anastrophe; Schmutz: spilos, miasma, miasmos; «Geschichte»: mythos
17 1 Kor 15,2: am Wortlaut festhalten (EÜ) (tini logo), ähnlich die ZÜ und WÜ; G. Klein: Ärgernisse, 1970, 11 (der 2 Petr fällt aus dem NT heraus)
18 Ich halte mich im folgenden an N. Brox: Zu den persönlichen Notizen in den Pastoralbriefen, BiZs 13 (1969), jetzt in: N. Brox (Hg): Pseudepigraphie in der heidnischen und jüdisch-christlichen Antike. Wege der Forschung Bd. 484, 1977, 272ff.
19 a) E. Schweizer: Der Brief an die Kolosser, 1976, 24: «Ich gestehe, daß mir eine derart raffinierte Fälschung ausgerechnet bei einem Brief, der noch in nächster Nähe zu Paulus, also doch wohl als erster unechter Brief anzusetzen wäre, unbegreiflich bleibt. Es scheint in der Antike keine wirkliche Parallele zu geben.» Zu den Pastoralbriefen als «methodisch angelegten Täuschungen» siehe: N. Brox: Zum Problemstand in der Erforschung der altchristlichen Pseudepigraphie, Kairos 15 (1973) 18

b) Ein Musterbeispiel für die Tatsache, daß blindes Vertrauen in die Inspiration die reale Sicht verhindert, bleibt die Einleitung zum 2 Petr in der weitverbreiteten Übersetzung des NT von P. Konstantin Rösch. Hier kehrt der Glaube einfach die Tatsachen um.

c) Galen nach N. Brox: Pseudepigraphie in der heidnischen und jüdischchristlichen Antike, 1977, 76

[20] Bruce M. Metzger: Der Text des NT, 1966, 36, 77, 198

[21] Punkt 3: Bruce M. Metzger, a. a. O. 204

[22] Bruce M. Metzger, a. a. O. 151 (Textkritiker exkommuniziert)

[23] Zweites Vatikanum: Die göttliche Inspiration, dt. nach O. Loretz: Das Ende der Inspirations-Theologie, II 1974, 319. Tridentinum: libri dictati; II Vatikanum: Spiritu Sancto afflante; «Chancen eines Neubeginns» gehört zum Titel der Schrift von O. Loretz (1974).

[24] O. Loretz, a. a. O. Bd. I 1974, 174

[25] Im folgenden orientiere ich mich wiederum an J. Leipoldt: Geschichte des ntl. Kanons, I 1907, II 1908.

[26] K. H. Ohlig: Die theologische Begründung des ntl. Kanons in der alten Kirche, 1972, 82: «Bei der Bekämpfung apokrypher Schriften ist es sehr dienlich gewesen, wenn man sie als pseudepigraph abtun konnte»; dabei tritt der Klassencharakter deutlich hervor: «Erwartungsgemäß spielt also das Argumentieren mit der (vermuteten oder umstrittenen) apostolischen Herkunft [bei den apokryphen] eine größere Rolle als bei der Anerkennung der kanonischen Schriften.»

[27] Zur Frage der Apokryphen folge ich: Hennecke/Schneemelcher: Ntl. Apokryphen in deutscher Übers., I 1959, II 1964. Irenäus verteidigt die Vierzahl der Evangelien mit der Vierzahl der Weltgegenden: Hennecke/Schneemelcher I 12

[28] Lk 3,23: filius Joseph, ut putatur; er galt als Sohn Josefs (Z); man hielt ihn für einen Sohn Josefs (EÜ); die Triasformel ist Heidegger: Platons Lehre von der Wahrheit, 1947, 119, entnommen.

[29] Thorleif Boman: Die Jesus-Überlieferung im Lichte der neueren Volkskunde, deutsch 1967, nimmt die Mitarbeit einer Frau im Sondergut des Lukas an: 129.

Apokryphe Evangelien «aus Frauenhand»: Hennecke/Schneemelcher, a. a. O. I 215, 166, 179. Zu Maria Magdalena: Fr. Heiler: Die Frau in den Religionen, 1977, 98.

[30] Zur Einheitlichkeit des Sprachgebrauchs im gesamten NT: Morgenthaler: Statistik, 1973, §4 (gleichmäßiger Anteil der Grundwortarten). EÜ 1980: An die Leser («das gehobene Gegenwartsdeutsch»). L. Rydbek: Fachprosa, vermeintliche Volkssprache und Neues Testament, 1967; N. Turner: The Literary Character of New Testament Greek, NTS 20 (1974) 107–114

[31] Solche Charakteristika der apokryphen Literatur werden in allen sekundären Schriften genannt, z. B. Hennecke/Schneemelcher II 1964, 114 ff.; J. Lei-

poldt: I, 1907, 19, 57; «literarische Feinschmecker», «echte Schöngeister» als Merkmale der Kanonisatoren: J. Leipoldt I, 19, 57.
Merkmale der Handschriftentypen nach Westcott/Hort; siehe Bruce M. Metzger: Der Text des NT, 1966, 132, 218

[32] 4 Esr in 2 Petr 1,19; Henoch in Hebr 4,13; 6,8 und in Jud 14

[33] K. Aland, in: Käsemann: Das Neue Testament als Kanon, 1970, 147: der Kanon ist von unten her gewachsen und dann erst von oben her amtlich legitimiert worden. J. Leipoldt: Geschichte des ntl. Kanons: gute Bankhalter, Bd. I, 160 und 268

[34] M. Weber: Wirtschaft und Gesellschaft, Ausgabe 1964, 272

[35] J. Blank: Der Christus des Glaubens und der historische Jesus: undogmatischer Umgang mit dem NT, in: Der Mann aus Galiläa, v. E. Lessing u. K. Kerényi, 1972, 210

Oberschichtige Literaturpolitik

Man muß den kritischen Theologen recht geben, daß «die Unterscheidung zwischen kanonischer und nichtkanonischer Literatur überholt ist». Nicht überholt, ja kaum noch eingeholt sind die Interessen, die zu dieser Unterscheidung führten; denn «Interessen, nicht Ideen beherrschen das Handeln der Menschen», wie selbst Max Weber zugibt. Es sei darum versucht, diese Interessen konkret aufzuzeigen[1].
Wir schränken unseren Versuch auf drei neutestamentliche Schriften ein, die für den Aufweis der theologisch wie soziologisch fragwürdigen Tendenzen der Kanonisatoren als beispielhaft gelten können: konformistische Schriften, wie die Apostelgeschichte, zu begünstigen, solche der Erneuerung, wie den Jakobusbrief, abzuwehren und rebellische Schriften, wie die Apokalypse (Offenbarung) des Johannes, zu unterdrücken[2]. Es mag sein, daß für die Auswahl der kursierenden Apostelgeschichten das literarische Niveau der lukanischen ein kräftiges Wort mitsprach. Entscheidend dürfte ihre Konzilianz gewesen sein, die oberschichtiger Mentalität entsprach. Deutlicher tritt die Literaturpolitik in der Abwehr des Jakobusbriefes zutage. Zwar steht auch er auf hohem sprachlichem Niveau, widerspricht aber theologisch einer der geachtetsten Schriften des NT, dem Römerbrief. Seine Kanonisation erscheint als sozialer Ausgleich zugunsten der Unterschicht. Am mächtigsten wirkte sich die soziale Konkurrenz im Streit um die Apokalypsen aus, von denen nur eine ins NT aufgenommen wurde. Sie erregte nicht nur wegen ihrer theologischen Fragwürdigkeit, sondern mehr noch wegen ihrer inkorrekten Sprachlichkeit Anstoß bei den Kanonisatoren. So dürften auch hier soziale Motive entschieden haben.

179

Alle drei Beispiele legen nahe, daß für die Kanonisatoren der Literaturbegriff der gehobenen Schichten maßgebend war[3].

Aufnahme konformistischer Literatur

Was immer man, und je länger, um so mehr, gegen das NT einzuwenden haben mag, eines bleibt: es überrascht noch immer. Wer vermutete in einer Heiligen Schrift so weltliche Texte wie eine interessante Schiffsfahrt, wenn auch als Missionsreise getarnt, einen schaurigen Schiffbruch, wenn auch zum Erweis der Macht Gottes, oder gar den mutigen Umgang mit Giftschlangen, wie er auf Jahrmärkten zu sehen ist, wenn auch, wie Theologen zugeben, «religiös gefärbt».
Und doch sind sie im NT da. Gemessen an den kümmerlichen Wanderungen Jesu, von denen sie in den Evangelien lasen, mußte es für frühe Christen von prickelndem Reiz gewesen sein, in einem Heiligen Buch von einer abenteuerlichen Welt zu lesen. Da suchen Reisende, an der Nordküste von Kreta dahinsegelnd, nach einem günstigen Hafen zur Überwinterung. Da ein leichter Wind weht, hoffen sie dies auch zu erreichen. Aber es sollte anders kommen[4]:

Kurze Zeit darauf brach von der Insel her ein Orkan los. Das Schiff wurde mitgerissen. Wir gaben es auf und ließen uns treiben. Nur mit Mühe konnten die Matrosen das Beiboot in die Gewalt bekommen. Sie sicherten das Schiff, indem sie Taue herumspannten. Weil sie fürchteten, in die Syrte zu geraten, ließen sie den Treibanker hinab und trieben dahin. Am nächsten Tag erleichterten sie das Schiff, und am dritten Tag warfen sie eigenhändig die Schiffsausrüstung über Bord. Mehrere Tage hindurch zeigten sich weder Sonne noch Sterne, und der heftige Sturm hielt an; schließlich schwand alle Hoffnung auf Rettung.

Doch wiederum kam es anders. Die folgende Szene könnte heute in einem Jugendbuch stehen. Die Sachlichkeit, mit der Lukas sie schildert, erhöht den Reiz des Abenteuerlichen:

Als wir schon die vierzehnte Nacht auf der Adria trieben, merkten die Matrosen um Mitternacht, daß sich ihnen Land näherte. Sie warfen das Lot und maßen fünfzehn Faden. Aus Furcht, wir könnten auf Klippen laufen, warfen sie vom Heck aus vier Anker. Als es Tag wurde, entdeckten die Matrosen eine Bucht mit flachem Strand. Auf ihn wollten sie das Schiff auflaufen lassen. Sie machten die Anker los, hißten das Vorsegel und hielten mit dem Wind auf den Strand zu. Doch sie gerieten auf eine Sandbank. Der Bug bohrte sich ein, das Heck begann in der Brandung zu zerbrechen.

Nach der glücklichen Rettung aus Seenot steht ihnen auf Malta ein neues Abenteuer bevor. Es ist ein kalter Regentag. Alle frieren.

Da zündeten die Einheimischen ein Feuer an und holten uns alle zu sich. Als Paulus einen Haufen Reisig zusammenraffte und auf das Feuer legte, fuhr infolge der Hitze eine Viper heraus und biß sich an seiner Hand fest. Als die Einheimischen das Tier an seiner Hand hängen sahen, sagten sie zueinander: Dieser Mensch ist gewiß ein Mörder; die Rachegöttin läßt ihn nicht leben, obwohl er dem Meer entkommen ist. Er aber schleuderte das Tier ins Feuer und erlitt keinen Schaden. Da erwarteten sie, er werde anschwellen oder plötzlich tot umfallen. Als sie aber eine Zeitlang gewartet hatten und sahen, daß ihm nichts Schlimmes geschah, änderten sie ihre Meinung und sagten, er sei ein Gott.

Wie kommt Lukas dazu, in seine Kirchengeschichte solche Geschichten aufzunehmen, deren Motive die Reiseromane seiner Zeit bestimmten: Rettung aus Seenot, Herrschaft über die Tierwelt, Verwechslung des Helden mit der Gottheit[5]? Man braucht den Theologen nicht zu bestreiten, daß Lukas diese Geschichten nur als Aufhänger für religiöse Ansprachen benützt. Vielleicht haben sie sogar recht damit, daß er mit seinem christlichen Bestseller gegen die profanen polemisierte, wie es heute die christliche «Bildzeitung» tut; denn Geschichte in Geschichten zu verwandeln, um für die christliche Religion zu werben, bestimmt seine ganze Kirchengeschichte.
Nur macht es den Soziologen mißtrauisch, daß die Theologen ihr Augenmerk bloß auf den Inhalt dieser Werbung richten, ohne auf deren soziale Intention zu achten. Für ihn sind die Zielgruppe und die Mittel der Werbung ebenso wichtig wie ihr Inhalt. Welche Schicht ließ sich am ehesten auf lukanische

Weise für die neue Religion gewinnen? Die Unterschicht scheidet von vornherein aus. Denn wem von ihnen ließ der Herrendienst, zu dem der christliche Untertan noch strenger verpflichtet war als der «heidnische», Zeit und Muße, ein so dikkes Buch zu lesen, falls er überhaupt lesen konnte; und wenn, verschlossen sich ihm nicht die feinen Anspielungen, die nur literarisch Versierten zugänglich waren? Wohl aber liegt die Annahme nahe, Lukas habe jene Schicht im Auge gehabt, mit der in der Antike die Auflösung der Geschichte in Geschichten begann, wie sie heute der «Spiegel» fortsetzt: die leisure class. Für sie mußte eine Religion von höchstem Interesse sein, die (im Kriegsdeutsch von Theologen) den «Siegeszug zur geistigen Eroberung des Römischen Reiches antrat»[6].

Für die Oberschicht war die lukanische Kirchengeschichte wie geschaffen. Hier fand sie sich bis in die Mittel hinein bestätigt, denen sie ihre Macht verdankt. Lukas zeigt dies beispielhaft am Führer der neuen Religion. Er zeichnet Paulus wie einen der Ihren: informiert, redegewandt, gerichtsvertraut, auf Privilegien bestehend, Beziehungen nutzend, integrationswillig. Zu diesem Zweck holt Lukas die christliche Religion aus der provinziellen Enge ihrer Frühzeit, die er im Jargon seiner Schicht als «Winkelangelegenheit» abtut, in die urbane Weite der hellenistischen Kultur. Kein Wort mehr von Fischern und Hirten, kaum noch ein Wort von dem Proletarier Jesus. Viel aber ist die Rede von der Prominenz, deren Skandalgeschichten dezent übergangen werden. Während profane Autoren der Berenike Inzucht mit ihrem Bruder vorwerfen, läßt Lukas sie mit ihm in der vornehmsten Gesellschaft auftreten. Konzilianz wird zur Devise der neuen Religion[7].

Lukas leitet seine Leser konkret an, Beziehungen besonders in Rechtsangelegenheiten zu nützen, nicht ohne dies im «Plauderton» zu überspielen (Apg 23,16 ff.):

Der Neffe des Paulus jedoch erfuhr von dem Anschlag. Er ging in die Kaserne und verständigte Paulus. Paulus ließ einen der Hauptleute rufen und sagte: Bring diesen jungen Mann zum Obersten, denn er hat ihm etwas zu melden. Der nahm ihn mit sich, brachte ihn zum Obersten und sagte: Der Gefangene

Paulus hat mich gerufen und gebeten, diesen jungen Mann zu dir zu führen, da er dir etwas mitzuteilen habe. Der Oberst faßte ihn bei der Hand, nahm ihn beiseite und fragte: Was hast du mir zu melden? Er antwortete: Die Juden haben verabredet, dich zu bitten, du mögest morgen den Paulus vor den Hohen Rat hinunterführen lassen. Angeblich wollen sie Genaueres über ihn erfahren. Trau ihnen nicht! Denn mehr als vierzig Männer von ihnen lauern ihm auf. Sie haben sich geschworen, weder zu essen noch zu trinken, bis sie ihn umgebracht haben; schon stehen sie bereit und warten nur auf deine Anordnung. Der Oberst befahl dem jungen Mann: Sag niemand etwas darüber, daß du mir das angezeigt hast. Dann ließ er ihn gehen.

Man fragt sich verwundert, wie die Kanonisatoren diese jesusferne Krimi-Einlage stehenlassen konnten, wenn sie die jesusnahe Geschichte von der Ehebrecherin ohne Scheu entfernten.

Als religiöses Glied der Oberschicht setzt man sich wie der säkularisierte Römer mit «Reden» durch, die ein gutes Drittel der lukanischen Kirchengeschichte ausmachen. Der christliche Missionar formuliert seine Rede vor den Mächtigen nicht anders als der Rechtsanwalt Tertullus. Wie dieser beginnt auch er zu schmeicheln[8]:

Tertullus	Paulus
(Erlauchter Felix), tiefen Frieden genießen wir durch dich, und durch deine Umsicht hat sich für dieses Volk vieles gebessert. Das erkennen wir immer und überall mit großer Dankbarkeit an. Um dich aber nicht länger bemühen zu müssen, bitte ich dich, uns in deiner Milde kurz anzuhören.	König Agrippa, ich schätze mich glücklich, daß ich mich heute vor dir verteidigen darf wegen all der Dinge, die mir die Juden vorwerfen, besonders, da du ein Kenner aller jüdischen Satzungen und Streitfragen bist. Deshalb bitte ich dich, mich geduldig anzuhören.

Mag sein, daß «Paulus seine Bitte um das Wohlwollen des Statthalters ungleich zurückhaltender formuliert als sein Kontrahent»; wichtiger als dieses Lob erscheint die Tatsache, daß er seinen Prozeß bis zur höchsten Instanz verfolgt, während Jesus von Gerichten überhaupt nichts hielt. Lukas weitet eine einfache Rechtssache allein in der ersten Instanz auf 3000

Worte aus, während er im Evangelium die Bergpredigt, zur Feldrede gesenkt, auf 500 Worte einschränkt[9].
Theologen überstürzen sich im Lob der Prozeßdarstellung. Einer nennt die Rede des Tertullus «ein Meisterstück von ausgesuchter rhetorischer Kleinkunst», ein anderer rühmt des Lukas Fähigkeit, den Prozeßverlauf so auszuweiten, daß er «Paulus weiter zum Mittelpunkt einer neuen Szenenreihe von immer wachsender Spannung» macht, ein «unerhörtes Kunststück», was, an Jesu Gerichtsunfähigkeit gemessen, nicht zu bestreiten ist[10].

Dabei konnte Paulus nicht verborgen bleiben, daß er nicht um ein Recht, sondern um ein käuflich erworbenes Vorrecht stritt. Kein Wort aber bei Lukas über die Parteilichkeit dieses Rechts, eines Unrechts also. Kein Wort davon, daß Nichtbürger des Römischen Reichs rechtlos der Behördenwillkür ausgeliefert waren. Dafür aber «Reden», deren hierarchischer Aufbau die Klassenstruktur der Gesellschaft spiegelt: der Hauptsatz als Führer, die zahlreichen Nebensätze als Masse. Reden, mit denen der Missionar energischer als ein Rechtsanwalt um seine Vorrechte kämpft.

Man vergleiche die Antwort, die Paulus durch den Gefängniswärter an seine Richter weitergeben läßt, als diese ihn frei ziehen lassen wollen, mit den Worten Ciceros gegen Verres in der gleichen «Sache»: der Verletzung römischen Bürgerrechts[11]:

Cicero	Paulus
Da war der Gefängniswärter zur Stelle. Das Bürgerrecht machte keinen Unterschied. So legte der Büttel Hand an die Person der römischen Bürger. Kannst du bestreiten, daß du (sie) durch Rutenhiebe zu Tode schlagen ließest?	Sie haben uns ohne Urteil öffentlich auspeitschen lassen, obgleich wir römische Bürger sind, und haben uns ins Gefängnis geworfen. Und jetzt möchten sie uns heimlich fortschikken. Nein! Sie sollen selbst kommen und uns hinausführen.

Cicero fragt nach dem Grund, Paulus fordert sein Recht.
Bei solcher Mentalität konnte es nicht ausbleiben, daß die christlichen Missionare auch ihre religiösen Ansprachen auf

die gleiche Schicht abstimmten. Die Werberede, die Lukas Paulus in Athen halten läßt, einer der «schriftstellerischen Höhepunkte seines Buches», wie Theologen rühmen, erschließt nach ihrem Urteil ihre Wahrheit im höheren Sinn eben nur den höheren Schichten: «der Elite Athens». Sie haben recht. Wer anders als die gebildete Oberschicht konnte merken, daß Paulus in Athen gleich zwei Dichter in einem Atemzug zitierte: Epimenides und Aratus? Wer anders als die kluge Oberschicht konnte sich daran erfreuen, daß er dem römischen König Agrippa mit einem Zitat aus Euripides schmeichelte, es aber im gleichen Kontext vor dem jüdischen Volk ausließ[12]?

Heute freilich muß man schon Koiné-Spezialist sein, um die sprachlichen Feinheiten der Apostelgeschichte wahrzunehmen, da sie sich in den egalitären Sprachen der Gegenwart nicht wiedergeben lassen, wie den exquisiten Optativ, den im NT sonst nur noch die Pauliner kennen, den vornehmen Genitivus absolutus (90mal in der Apg und 40mal im Lk-Ev.), aber auch gleich dreimal in *einem* Satz, und den herrischen Infinitiv, auch diesen wiederum massiert: dreimal voneinander abhängig in einem einzigen Satz, so daß er sich nur zeichenhaft wiedergeben läßt[13].

Aber selbst dort, wo es möglich wäre, schichtspezifisch zu übersetzen, erwecken Theologen den Eindruck einer allgemeinen Kirchengeschichte. So vermeiden sie die das soziale Prestige negativ und damit um so wirksamer anhebende Form: die Litotes. Paulus stammt dann nur aus einer «bekannten» Stadt (und nicht wie im Original: aus einer «nicht unbedeutenden»), er gewinnt (wie in einem offiziellen Bericht) nur «eine Anzahl» vornehmer Frauen (statt «nicht wenige»), sein «nicht leicht» zu nehmender Einfluß im öffentlichen Leben wiegt bloß «schwer», und so noch ein dutzendmal mehr[14].

Wichtiger freilich als diese literarischen Spezialitäten wird es sein, daß die Theologen in Zukunft nicht mehr als «Erbauungsliteratur für die Gemeinden» ausgeben, was sie selbst als Standardwerk für die religiöse Sozialisation der Oberschicht kennzeichnen, auch wenn der Autor selbst dies durch ein

Übermaß an «gemeinschafts»-stiftendem Vokabular (siehe Statistik S. 127) verdeckt[15].
Es bleibt darum unverständlich, daß auch die jüngste Ausgabe des deutschen Standardwerkes über die Apostelgeschichte wiederholt, sie sei erst «spät» kirchlich anerkannt worden, weil sie «keinen Sitz im Leben der Kirche» hatte[16]. Sie wurde bald nach 150 kanonisiert, so daß man «spät» nur im Verhältnis zur ersten Schrift des Lukas bejahen kann. Gemessen aber an der urchristlichen Widerstandsliteratur, der Apokalypse, die erst Jahrhunderte später Aufnahme in den Kanon fand, erscheint das Urexemplar christlicher Anpassung sehr früh anerkannt.
Es grenzt aber an Sozialblindheit, wenn Theologen auch heute noch nicht den Sitz dieser Schrift im Leben der Kirche finden können, wiewohl sie ihn politisch, sozial und literarisch klar sehen wie bei keiner anderen Schrift des Neuen Testaments. Sie sehen in der Apostelgeschichte eine «Schutzschrift», die die christliche Religion als «politisch unbedenklich» erweisen sollte. Wo anders konnte sie dann zur Heiligen Schrift erklärt werden als dort, wo man unbelastet durch die römischen Spruchkammern kam? Sie sehen den Autor «mit äußerstem Raffinement» literarische «Kabinettstücke» und «Apologeten-Kunststücke» in einer Zeit vorführen, da der Rauch des Holocaust noch über den Gärten Neros lag. Wo anders hatte sie dann ihren Sitz als im christlichen Establishment? Sie sehen den Redaktor die lukanische Schrift vollends «dem Zeitgeschmack entsprechend verändern» und «von den letzten Spannungen und Widersprüchen beseitigen», ohne die Heiligkeit dieser Schrift zu verletzen. Wo anders saß dann dieser Redaktor als in jenen wendigen Kreisen der Kirche, die auch die Religion abschmecken? Klaren Auges sehen sie die damaligen Leser die Apostelgeschichte «dankbar begrüßen». Sie sind es auch selbst. Wie anders hätte sonst diese Schrift der «Lieblingsgegenstand» der neutestamentlichen Forschung werden und diese «sich stürmisch entwickeln» können? Was sie «in Atem hält», ist das gleiche Interesse[17].
Man muß aber schon getrübten Auges sein, auch in der Schrift

eines Autors, dessen «Wortschatz» sich zu gut zwei Dritteln mit dem der griechischen Komödie deckt, die Kontinuität der «Jesusgeschichte und der Kirchengeschichte ungetrübt» bewahrt zu sehen. Kann man Jesus, den Mann aus Nazaret, noch weiter entfernen, als indem man ihn auf die gleiche Weise «entrückt» wie römische Literaten ihre Kaiser[18]?

Sollten Theologen den naheliegenden Einwand erheben, hier seien nicht nur Sätze, sondern einzelne Worte aus dem Zusammenhang gerissen, so sei dieser am Wort vom «Raffinement» (s.o.) beispielhaft wieder hergestellt. Der Autor dieses Wortes beschreibt die schlichte Tatsache, daß Lukas die Apostel nicht objektiv darstellt, wie folgt: «Lukas nimmt mit größter Gelassenheit (oder soll man sagen: mit äußerstem Raffinement?) empfindliche Sprünge in der Objektivationsschicht seiner Darstellung in Kauf, solange nur seine primären Intentionen unberührt bleiben.» Wie man sieht, heiligt der Zweck auch die Sprache.

Wie immer die Dinge liegen: aus dieser überhitzten Atmosphäre der Theologie flüchtet man gerne in die Kühle der profanen Wissenschaft. Wie kühl, wie nüchtern, wie demütig berichtet A.N.Sherwin-White, Kenner des Römischen Rechts, über die Apostelgeschichte. Zwei Leben müßte man haben, um den beiden Welten, dem Neuen Testament und der Rechtssoziologie, gerecht zu werden. Aber da er nur eines hat, bleibt ihm lediglich die Demut der Profanität[19].

Abwehr von Erneuerungsliteratur

Zu den Teilen des NT, die Jesu Lehre im ursprünglichen Geist zu erneuern versuchten, gehört neben den Johanneischen Schriften in besonderer Weise der Jakobusbrief. In diesem kurzen Schreiben finden sich an die 50 Parallelen zum Kern des NT: zu den Logien, der Bergpredigt und den Gleichnissen.

Gleichwohl stößt dieser Brief seit seiner Publikation auf anhaltenden Widerstand von Theologen. Die alte Kirche ignorierte ihn, obwohl sie ihn von einem Bruder Jesu geschrieben glaubte. Sie kanonisierte ihn erst am Ende des vierten Jahrhunderts als eine der letzten Schriften des NT, und da erst nach redaktionellen «Glättungen». Aber noch tausend Jahre später griff ihn Luther mit unerwarteter Schärfe an, und noch heute verteidigen Theologen diesen Angriff als rechtens.
Die Hartnäckigkeit dieses fast zweitausendjährigen Widerstands läßt hinter dessen theologischen Argumenten, die nicht als unehrlich empfunden zu sein brauchen, soziale Motive vermuten, denen nachzuspüren der Widerstand Luthers einen Fingerzeig gibt: die Schärfe seiner Aggressivität deutet auf die Tiefe seiner Verletzung.
Um uns darüber klarzuwerden, stellen wir zunächst den Erneuerungscharakter des Briefes heraus, greifen den strittigsten Punkt auf und gehen der Situationsbedingtheit des Lutherischen Widerstands und seiner Apologeten nach.

Die Nähe des Briefes zu Jesus

Mit sichtlicher Freude vermerken Theologen, besonders Pauliner, daß Jakobus in seinem Brief Jesus nur zweimal nennt, freilich ohne diesen Mangel, falls er überhaupt von Gewicht ist, an Paulus zu messen, der in seinem weit umfangreicheren Werk Jesus nur viermal, also insgesamt weit seltener nennt. Zu ihrem Glück finden sie auch das jesusfremde Bild vom «Rad des Lebens» (3,6), das Jakobus wohl dem monotonen Leben der Ausgebeuteten entnahm, unterlassen es aber, diese Einmaligkeit an der eindringlichen Vielfalt der evangelischen Bezüge des Briefes zu messen.
Feinsinnig, wie Angehörige höherer Schichten sind, hören sie wohl den falschen Klang des Gottesnamens im Brief (Herr Sabaoth statt Zebaoth), übergehen aber den Gleichklang im absoluten Gottesglauben mit Jesus bis in den Wortlaut hinein[20]:

Jakobus	Jesus
Kann ein Feigenbaum Oliven tragen oder ein Weinstock Feigen?	Erntet man etwa von Dornen Trauben oder von Disteln Feigen?
Wer ein Freund der Welt sein will, der wird zum Feind Gottes.	Niemand kann zwei Herren dienen; er wird entweder den einen hassen und den anderen lieben...
Demütigt euch vor dem Herrn, dann wird er euch erhöhen.	Wer sich selbst erniedrigt, wird erhöht werden.

Der Brief enthält nicht nur «schöne Sprüche» in «kerniger und knorriger Sprache», die man «am besten unter freiem Himmel bei den aufgeschichteten Garben eines Getreidefelds liest», sondern auch konkrete Anweisungen für das Leben, wiederum jesusnah[21]:

Jakobus	Jesus
Schwört nicht, weder beim Himmel noch bei der Erde; euer Ja soll ein Ja sein und euer Nein ein Nein.	Schwört nicht, weder beim Himmel noch bei der Erde. Euer Ja sei ein Ja, euer Nein ein Nein.
Wer bist du, daß du über deinen Nächsten richtest?	Warum siehst du den Splitter im Auge deines Bruders, aber den Balken in deinem Auge bemerkst du nicht?
Wo Frieden herrscht, wird (von Gott) für die Menschen, die Frieden stiften, die Saat der Gerechtigkeit ausgestreut.	Wohl denen, die Frieden stiften; denn sie werden Söhne Gottes genannt werden.
Klagt nicht übereinander, damit ihr nicht gerichtet werdet!	Richtet nicht, damit ihr nicht gerichtet werdet!

Noch näher als in der «Lehre» rückt der Verfasser des Briefes in der «Praxis» an Jesus heran. Wohl dürfte er, wie sein flüssiges Griechisch andeutet, der Oberschicht entstammen, doch hindert ihn dies nicht, sich energisch für die Unterschicht einzusetzen. Er verurteilt das religiöse Leben der Grundherren,

die wochentags ihre Arbeiter ausbeuten, sonntags aber «feingekleidet» zur Kirche kommen, wirft aber auch Arbeitern Mitschuld an ihrer Ausbeutung vor, da sie sich von den Herren blenden lassen[22].
Es ist mit gutem Grund anzunehmen, daß die *Form* dieser Sozialkritik, eine rhetorische Frage, zu den redaktionellen Glättungen des Briefes gehört: «Liegt ihr da nicht miteinander in Streit?» Denn vor Gott ist es keine Frage, daß unrecht tut, wer Menschen nach dem Kleid beurteilt. Zur Frage wird dies nur dort, wo der Verlust von Privilegien droht[23]. Aber nicht genug damit. Die Übersetzer der Oberschicht glätten seit Jahrhunderten weiter. Luther fragt nur: «Ist's recht?», der «Anpassungsmeister»: «Ist das in Ordnung?» (Z). Die Einheitsübersetzung entleert die Frage vollends: «Macht ihr da nicht untereinander Unterschiede?», beeilt sich aber, auf weitere Verständnismöglichkeiten hinzuweisen: auf «eigenmächtige» Unterschiede (1972), als gäbe es auch andere; 1980 verschiebt sie die sozialen Unterschiede wieder einmal «ins Innere». Man ist daher der Weltübersetzung für ihr Realitätsbewußtsein dankbar: (Macht ihr da nicht) «Klassenunterschiede?»

Der strittigste Punkt

Jakobus (wir bleiben bei diesem Verfassernamen) begründet seine soziale Parteinahme religiös, aber keineswegs mit einer «allgemeinen Predigt», wie Theologen ihm vorhalten. Sondern mit einer gezielten Kritik an dem Paulinischen Lehrsatz: «Wir sind der Überzeugung, daß der Mensch gerecht wird durch Glauben, unabhängig von Werken des Gesetzes.»[24]
Was Jakobus reizte, war kaum der Lehrsatz selbst. Auch er war wohl überzeugt, daß Gott nicht der Werke des Sünders bedarf, um sich seiner zu erbarmen. Paulus selbst hatte das rechte Verständnis seines mißverständlichen Satzes mit seinem Leben bezeugt. Wohl aber sah sich Jakobus durch die oberschichtige Manipulation dieses Satzes zum Angriff gezwungen. Keine

Lehre konnte zur Rechtfertigung der praxisentbundenen Religiosität willkommener sein als «Glaube ohne Werke». Dabei braucht der Oberschicht das gute Gewissen nicht abgesprochen zu werden, das sich leicht von Interessen beschwichtigen läßt. Wie das staatliche Gesetz (der Sklavenwirtschaft) ihr arbeitsfreies Leben billigte, so fanden sie sich jetzt in ihrem praxisfreien Glauben kirchlich bestätigt. Wie tief diese Ideologie die Oberschicht beherrschte, kann man aus der Wirkungslosigkeit des Versuches ablesen, sie vom Mißbrauch der Paulinischen Lehre abzubringen.

In ruhigem, aber entschiedenem Ton brach Jakobus das umarmende Wir der Paulinischen Überzeugung auf und kehrte in direkter Ansprache das Dogma um: «Ihr seht, daß der Mensch auf Grund seiner Werke gerecht wird, nicht durch den Glauben allein» (2,24). Religiosität durfte sich nicht auf Innerlichkeit zurückziehen, sondern mußte sich im Alltag bewähren, was sie gar nicht anders konnte als durch soziales Engagement, oder in der Sprache von damals: durch Werke der Barmherzigkeit. Mit dieser Kritik an der praxisentbundenen Religiosität stieß Jakobus auf den heftigsten Widerstand der kirchlichen Oberschicht. Seine Wehrlosigkeit im Kampf gegen die Übermacht zwang ihn zu Drohungen, von denen sich vermutlich nur Reste erhielten, die deutlich mit den Evangelien übereinstimmen[25]:

Jakobus	Jesus
Ihr aber, ihr Reichen, weint nur und klagt über das Elend, das euch treffen wird.	Aber weh euch, die ihr reich seid; denn ihr habt keinen Trost mehr zu erwarten.
Euer Reichtum verfault, und eure Kleider werden von Motten zerfressen.	Sammelt euch nicht Schätze hier auf der Erde, wo Motte und Wurm sie zerstören.
Das Gericht ist erbarmungslos gegen den, der kein Erbarmen gezeigt hat. Barmherzigkeit aber triumphiert über das Gericht.	Selig die Barmherzigen; denn sie werden Erbarmen finden.

Gleich einem Propheten stellt er den Großgrundbesitzern mit einem drastischen Bild ihr Ende vor Augen: «Ihr habt auf Erden ein üppiges und ausschweifendes Leben geführt, und noch am Schlachttag habt ihr euer Herz gemästet» (5,5). In der Begründung dieses Endes bleibt er konkret wie ein Gewerkschaftler: «Der Lohn der Arbeiter, die eure Felder abgemäht haben, der Lohn, den ihr ihnen vorenthalten habt, schreit zum Himmel; die Klagerufe derer, die eure Ernte eingebracht haben, dringen zu den Ohren des Herrn der himmlischen Heere» (5,4).

Es überzeugt nicht, wenn die Kanonisatoren ihren Widerstand gegen den Brief nur theologisch begründen. Auf alle Fälle verhalten sie sich dabei parteiisch, denn die gleiche Schwäche des Glaubensbegriffes, die sie Jakobus anrechnen, zeigt auch die Formel des Paulus: mißverständlich und damit manipulierbar zu sein. Wenn dieser Brief dennoch, wenn auch sehr spät, kanonisiert wurde, so scheinen eher soziale als religiöse Motive den Ausschlag gegeben zu haben. Die unterschichtige Jakobusgruppe setzte ihre praxisbezogene Religiosität als gleichwertig mit der reflexiven der Oberschicht durch. Dogmatisch blieb der Widerspruch bestehen. Er läßt sich auch nicht dadurch aufheben, daß Theologen «eigentlich» keinen finden können[26]. Aber auch die Kanonisation des Briefes reichte nicht hin, seinem Verfasser den Geruch des Nestbeschmutzers zu nehmen. Noch tausend Jahre später stieg er Theologen auf der Seite der Oberschicht in die Nase.

Luthers Widerstand

Der Verdacht, daß nichttheologische Motive die Kanonisation des Jakobusbriefes verzögerten, verdichtet sich durch das Verhalten Luthers. Man hätte erwarten können, daß er aufgrund seiner sozialen Herkunft eine neutestamentliche Streitschrift für die Landarbeiter willkommen hieß, die von den christlichen Gutsherrn in schamloser Weise ausgebeutet wurden. Wer dies erwartet, sieht sich enttäuscht. Zwar blieb Luthers theologischem Scharfsinn nicht verborgen, daß der Jakobusbrief «Gottes Werk hart treibt» und damit das Grundkriterium für die Kanonwürdigkeit erfüllt. Dennoch tat er den Brief als «leeres Stroh» ab, in der Sprache des Volkes, die er liebte, als Streu für den Stall, den er genauer bestimmte, indem er den Brief einem «Jüd» zuschrieb[27].

Ein Blick auf Luthers Leben in dieser Zeit zeigt eine merkwürdige Parallele zu seinem merkwürdigen Widerstand gegen den Jakobusbrief. Zugleich mit dieser urchristlichen Streitschrift verwarf er die zeitgenössische des Thomas Müntzer für die ausgebeuteten Bauern, ja schrieb auf einmal gegen ihre Forderungen, die er vordem als gerecht verfochten hatte[28]. Man braucht Luther dabei das saubere Gewissen so wenig abzusprechen wie den Kanonisatoren. Aber reicht dieses zur Erfassung der vollen Realität hin? Wäre es sonst möglich, daß er auf einmal die vollen Ähren des Briefes nicht mehr spürte? Wie konnte er die Lehre vom Tatchristentum als Werkgerechtigkeit mißverstehen? Mußte es ihn nicht stutzig machen, daß selbst Kalvin und Zwingli seiner Diskriminierung des Briefes nicht zustimmten?

Theologen der Gegenwart rechtfertigen diesen Akt theologisch. Sie nennen seine mörderische Schrift gegen die Bauern «Ausdruck zarten und männlichen Verständnisses der Liebe»; Luther «folge auch hier nur seinem Gewissen», was auch der Massenmörder Eichmann von sich behauptete; und da sie die aufrührerischen Bauern als «Giftpflanzen» erachten, die «unnachgiebig ausgerottet werden mußten», wird in ihren Augen «die größte Unbarmherzigkeit», an der Luther nicht unschuldig war, «in Wirklichkeit zur größten Barmherzigkeit»[29].

Nun braucht man das Umdenken auch im Sozialen nicht von vornherein scheel anzusehen. Der Soziologe liebt es geradezu als Grundtendenz seiner Disziplin. Er wird aber mißtrauisch, wo man die Motive des Umdenkens zu verschleiern sucht. Luther wechselte seine Stellung im Bauernkrieg in der gleichen Woche, in der er vom Grundherrn das Augustinerkloster zum

 Geschenk erhielt. Hat das wirklich nichts miteinander zu tun, wie Theologen behaupten? Warum empfinden sie dann die Publikation dieses Ereignisses als Indiskretion und breiten sogleich den Mantel des Schweigens darüber? Es geht hier nicht darum, Luther am Zeug zu flicken. In seiner ungesicherten Existenz durfte er das Geschenk mit ruhigem Gewissen annehmen. Aber erzeugen Geschenke nicht immer Dankbarkeit und diese oft genug Unterwürfigkeit? Läßt es sich noch theologisch rechtfertigen, daß Luther den Fürsten Blutvergießen höher anrechnet als Beten und den Bauern den Ungehorsam sündiger als den Totschlag[30]? Unter den gegebenen Umständen konnte Luther die urchristliche Streitschrift für die Bauern den Grundherrn nicht empfehlen, mit denen er paktierte. Er hätte sie am liebsten aus dem NT ausgeschieden. Da sich dagegen zu starker Widerspruch erhob, verbannte er sie an den Rand.

Diese merkwürdige Parallele wirft wiederum Licht auf die merkwürdigen Widersprüche des Briefes selbst. Es genügt nicht, sie als «Glättungen» abzutun. Der Brief greift zwar die soziale Ungerechtigkeit an, führt sie aber nicht auf das Klasseninteresse zurück, sondern auf sexuelle «Wollüste, die in den Gliedern streiten» (Übers. Luther), nach der Einheitsübersetzung auf den «Kampf der Leidenschaften in eurem Innern» (4,1). Den sozialen Aufruhr erstickt der Brief schon im Keim durch seine unablässigen Mahnungen zu Geduld, Schweigen und Gehorsam.

Man sieht: Luther hatte den Brief genau gelesen, nur eben «selektiv»: in schichtgenötigter Sicht. Was aber treibt gesicherte Theologen der Gegenwart noch immer dazu, Luthers Angriff auf den Brief zu verteidigen? Darauf gibt ihre Redeweise Antwort, in der sie mit den Kanonisatoren übereinstimmen. Wie diese sich als bewährte Bankiers empfehlen, die Bücher wie wahres und falsches Geld zu scheiden wüßten, so nennen diese Theologen die redaktionellen «Glättungen» des Briefes, den «Preis, den die Jakobsgemeinde für die Kanonisation zahlen mußte». Sie verteidigen Luther und die Kanonisatoren aus schichtbedingtem Interesse[31].

Wem das zu hart klingt, der folge Luthers Rat, die Gegenwart zum besseren Verständnis der Bibel heranzuziehen. Sie bietet zur sprachlichen eine merkwürdige sachliche Parallele. Der Soziologe Schelsky, seiner Schicht durch konservatives Denken verbunden, versucht erneut «Dauerreflexion» zu begründen, die er auch «Spiritualität, Innerlichkeit (und) Subjektivität» nennt. Mangelnde Reflexion werfen dem Jakobusbrief auch Theologen wie Schnackenburg vor: es fehlten seinen Appellen «tiefere» religiöse Motive, als ob Appelle sich nicht grundsätzlich gegen Reflexion sträubten[32].

Es freut einen daher, wenigstens auf eine Stimme der Gerechtigkeit zu stoßen, nicht von ungefähr in einer Zeitschrift, der die offizielle Theologie auf anonyme Gutachten hin das Wasser abgrub: «Die ‹stroherne Epistel› – sie brennt! Sie leuchtet und wärmt!» So steht es ja auch im Brief selbst: «Wenn ein Bruder oder eine Schwester ohne Kleidung ist und ohne das tägliche Brot und einer von euch zu ihnen sagt: Geht in Frieden, wärmt und sättigt euch, ihr gebt ihnen aber nicht, was sie zum Leben brauchen – was nützt das?»[33]

Der Brief leuchtet und wärmt wie Jesus selbst. Warum sollte er dann einer finsteren und kalten Welt nicht zum Ärgernis geraten?

Unterdrückung rebellischer Literatur

Die Kirche begann ihren Kampf gegen radikale Christen nicht erst nach ihrer staatlichen Anerkennung (durch Konstantin den Großen), sondern schon im NT. Nie hätten die Waldenser, Hussiten und Wiedertäufer so grausam unterdrückt werden können, hätte die Kirche ihr Recht dazu nicht schon aus dem NT bezogen.

Die Abwehr der Radikalen geht von der Paulinischen Devise aus, «ruhig zu leben», die seine Schüler noch zuschärften: «ruhig und ungestört zu leben». Sie entstammt, so unpolitisch sie sich gibt, der politischen Sprache. Sie ermöglichte auch den Christen, sich wie die damalige Mittelschicht mit Staat und Kirche zu arrangieren. Die kleine Minderheit, die sich an Jesus orientierte, lehnte dieses Arrangement radikal ab. Mit Jesus hielt sie die Hoffnung auf das Reich Gottes und damit auf den radikalen Wandel aller Verhältnisse aufrecht. Ihr Ruf: «Komm, Herr Jesus!» und dessen Antwort: «Ja, ich komme bald», ließ sie nicht zur Ruhe kommen[34].

So bildeten sich schon in neutestamentlicher Zeit die beiden christlichen Parteien der Konservativen und der Radikalen heraus. Das Übergewicht gewannen auch hier die Konservativen. Es gelang ihnen, ihre Schriften im NT als verbindlich durchzusetzen und die Aufnahme radikaler Schriften bis auf eine, die Johanneische Apokalypse, zu verhindern. Sie gaben den Kampf gegen dieses Buch auch nach seiner Kanonisierung nicht auf.

Die «Apokalypse» (= Offenbarung des Johannes) ist daher nicht von ungefähr das am kümmerlichsten überlieferte, gottesdienstlich am allerwenigsten und theologisch am stärksten vernachlässigte Buch des NT, wiewohl die Christen kein anderes neutestamentliches Buch dringender zur Selbstkritik bedürften. «Völlig undurchsichtig» aber blieb «die soziologische Basis» des apokalyptischen Schrifttums[35].

Es besteht der dringende Verdacht, daß dieser bis heute nicht nachlassende Widerstand nicht theologisch begründet ist. Wir gehen diesem Verdacht in drei Schritten nach: fragen zunächst nach dem Recht der theologischen Abwehr, suchen die soziologische Basis der Schrift zu erhellen und analysieren die Politik der kirchlichen Abwehr.

Die Fragwürdigkeit der theologischen Abwehr

Theologen haben Grund, gegen die Apokalypse kritisch zu sein. Sie waren es schon zur Zeit der Kanonisation, wurden es erneut in der Reformation und sind es noch heute. Welchem

Leser des NT erschiene das Buch nicht auch fremd in seinen Bildern und verworren in seinem Aufbau[36]?

Nachtdunkel bleibt das Bild Gottes. Er dreht, das Siebengestirn des Großen Wagens fahrend, die Weltachse, die sieben Sterne des Kleinen Wagens wie eine Keule schwingend. Sterne sind auch seine Feinde: der feurige Drache und die vielköpfige Schlange. Wohl stürzt er sie vom Himmel, doch vermag er sie nur auf tausend Jahre im Abgrund der Erde gefesselt zu halten und nur mit Hilfe der Engel endgültig zu besiegen.

Heller als er, von der Sonne bekleidet, erscheint seine schwangere Gefährtin am Himmel, die zwölf Sterne des Tierkreises überm Haupt. Der Drache lauert auf die Stunde ihrer Niederkunft, um das göttliche Kind zu verschlingen. Doch verhilft Gott Mutter und Kind zur Flucht auf die Erde. Nach seinem Sieg über die Feinde Gottes wird das Kind als Morgenstern zum Himmel zurückkehren; nur im Kind ist Hoffnung.

Am fremdesten wirkt der Christus des Buches, wenn er überhaupt auszumachen ist. Er führt den Kampf um das Reich Gottes zu Ende. Erlittene Grausamkeit zeugt neue Grausamkeit. Wohl reitet er auf weißem Roß, aber sein Kleid ist blutig rot. Wohl blitzt sein Schwert wie das Wort Gottes, doch schlägt es die Feinde Gottes wie «Hunde» nieder und überläßt sie «den Vögeln zum Fraß». Trunken vom Zornwein zertritt er die letzten in einer Kelter zu Blut. Seine Engel gießen Schalen des Unheils über die Erde.

Wer will es den Theologen verübeln, wenn sie das Buch meiden? Sollen sie zu den Sternmythen Babylons zurückkehren, vom mühsam errungenen Gott-Glauben zur Mutter-Religion? In Visionen flüchten? Christus als Kriegsgott anerkennen?

So berechtigt diese Fragen sind, so wenig darf man die Gegenfrage unterschlagen. Muß man den Ursprung dieser Mythen im fernen Osten suchen? Können sie nicht auch dem «babylonischen Herzen» entspringen, in dem das Chaos mit dem Kosmos ringt? Strebt nicht der Mensch allerorts vom Gewissen in sich zu den Sternen über sich? Entspricht es nicht seiner eigenen Doppelgeschlechtlichkeit, diese auch in Gott zu verlegen?

Gehört es nicht zum Alltag der Unterdrückten, Gottes Ohnmacht zu erfahren?
Wenn Theologen dagegen einwenden, daß sie es mit dem «Evangelium» und nicht mit irgendeiner Religion zu tun haben, so seien sie daran zu erinnern, daß auch das Evangelium den Sternenglauben, eine himmlische Mutter und ein göttliches Kind kennt. Auch im Evangelium existiert die alte böse Schlange, die Jesus wie einen Blitz vom Himmel fallen sieht. Auch im Evangelium erscheint Christus als harter Richter. Und ruht nicht das ganze Werk des Paulus auf einer Vision? Warum der Apokalypse vorwerfen, was man anderswo unkritisch hinnimmt?
Einer Antwort auf diese Fragen führen die formalen Einwände von Theologen gegen das Buch näher. Sie sehen «Risse im Aufbau», wenn Briefe den Fluß der Visionen unterbrechen, und empfinden den Aufbau «verworren», da sich zwischen die großen Siebener-Visionen der Siegel, Posaunen und Zornschalen kleine Visionen schieben. Dies trifft zu. Doch liebt nicht auch die profane Literatur «retardierende Momente»? Sind die großen Visionen nicht so ineinander verschränkt, daß jeweils nach der sechsten die Spannung durch Einschübe erhöht wird? Ist vielleicht gerade umgekehrt statt eines Stümpers ein Dichter am Werk?
Dafür spricht die Tatsache, daß er die Apokalypse gleich einem Drama zu einem Höhepunkt führt, zum Sieg des «Königs der Könige» und zum «Sturz Babylons, der großen Hure». Hätte diese Schrift je Dichter und Maler so anregen können, wenn sie nicht selbst Dichtung und Kunstwerk wäre? Oder liegt gar die Klage von Theologen über die formalen Mängel des Buches in ihrem eigenen ästhetischen Mangel begründet? Könnte es eine neue Zukunft verheißen, wenn es nicht in die Urvergangenheit zurückgriffe[37]?
Noch näher an die verborgenen Motive der genannten Theologen führt ihre Kritik an der Sprache dieser Schrift. Schon die Kanonisatoren nannten sie «barbarisch» mit dem verächtlichen Klang, den dieses Wort im Munde der «kultivierten»

Oberschicht annimmt. Mit diesem Wort, heute als «holprig» (stumbling) wiederholt, setzen sie die Apokalypse von der «glatt» geschriebenen Literatur des NT ab. Es ist jedoch die Frage, ob sie mit diesen Kriterien der Schrift gerecht werden. Hören wir uns – dies ist wörtlich gemeint – einige Beispiele dieser Holprigkeit an, die allerdings nur im griechischen Text voll wahrgenommen werden kann. Wir geben ihre mildesten Formen nach der Weltübersetzung wieder, die sich eng an das «Wort» hält, und stellen sie der eingeebneten Einheitsübersetzung gegenüber[38]:

WÜ	EÜ
Wer siegt – den will ich zu einer Säule im Tempel machen.	Wer siegt, den werde ich zu einer Säule im Tempel machen.
Ihm, der uns liebt – und er hat uns zu einem Königtum gemacht –, ihm sei die Macht immerdar.	Er liebt uns; er hat uns zu Königen gemacht. Ihm sei die Herrlichkeit in Ewigkeit.
Ich kenne deine Armut – doch du bist reich – und die Lästerung von Seiten derer, die...	Ich kenne deine Armut und doch bist du reich. Und ich weiß, daß du geschmäht wirst.

Damit sind aber auch die Zugeständnisse der Weltübersetzung erschöpft. Härtere Verstöße gegen die geltenden Sprachnormen korrigiert auch sie. Wir vergleichen sie mit der wörtlichen Übersetzung:

wörtlich	WÜ
Das erste Wehe ist vorbei; es *kommt* noch die zwei Wehe.	Das eine Wehe ist vorbei. Zwei weitere Wehen kommen.
Sie sollen dem Tier ein Bild machen, *der* den Schwertstreich hat.	... dem Tier, das den Schwertstreich (empfangen) hatte.
Er bemächtigte sich des Drachens, *die* alte Schlange.	Er ergriff den Drachen, die Urschlange.
Beide wurden in den See des Feuers geworfen, *die* im Schwefel brennt.	Beide wurden in den Feuersee geschleudert, der mit Schwefel brennt.

Versuche, diese «Holprigkeiten» einzuebnen, finden sich schon in den ältesten Handschriften, wiewohl der Autor der Apokalypse – einmalig im NT – jede Textänderung untersagt hatte[39]. Diese Korrekturen, die einfach die Möglichkeiten durchspielen, grenzen an Willkür. Da schreibt der Autor: «Der Engel warf die Trauben in die Kelter des Zornes Gottes, *den* großen» (14,19). Einige Handschriften ziehen das Adjektiv zu Kelter (die große Kelter), andere zu Gott (der große Gott), und es wäre nicht zu verwundern, wenn sich auch eine Handschrift fände, die «groß» zu «Zorn» zöge. Es gibt auch Handschriften, die es ganz auslassen.

Manchmal gelingt es den Theologen, die Inkongruenzen theologisch zu begründen. Es mag zutreffen, daß der Autor aus Scheu den Namen Gottes auch grammatikalisch nicht anrührt: «Friede sei euch von ‹Der ist und war und kommt›» (1,4). Meist jedoch führen sie die Holprigkeiten auf die sprachliche Unzulänglichkeit des Autors zurück. Zwar geschieht es heute nur noch selten, daß sie ihm mangelnde Griechisch-Kenntnisse vorhalten. Doch entschuldigen selbst die Grammatiker des neutestamentlichen Griechisch, die wohl samt und sonders der Theologenzunft angehören, seine Inkongruenzen auch heute noch als stilistische Nachlässigkeit: er beginne korrekt, vergesse aber korrekt fortzusetzen.

In Wirklichkeit folgt er dem Gesetz der rebellischen Kommunikation. Er verzichtet nicht auf abweichende Formen, um Ärgernis (ntl. «Skandal») zu erregen, wendet sie aber nur sparsam an, um verständlich zu bleiben. So verbindet er das griechische Adjektiv für «gleich» 15mal korrekt mit dem Dativ, aber nur einmal mit dem Akkusativ, als könnte er wie deutsche Schulkinder die beiden Fälle nicht unterscheiden: «Ich sah jemand, der *einen* Menschensohn gleich war» (1,13). Es ist keine sprachliche Nachlässigkeit, die ihn inkongruent werden läßt, ja nicht einmal, wie andere vermuten, der «skizzenhafte Stil»; denn dieser ist gerade in religiösen Texten nicht durch anormale Elemente geprägt. Der Autor der Apokalypse «bricht» vielmehr, wie schon Herder erkannte, mit der Sprache. Er be-

herrscht das Griechische so weit, daß er es wenigstens einwandfrei schreiben könnte. Aber er will nicht. Die Inkongruenz der Sprache entspricht der Inkongruenz des Glaubens[40].
In der Sprache von heute gesagt: in seiner Schrift begegnet uns zum erstenmal *Dada.* Wie Kurt Schwitters in den apokalyptischen Tagen nach dem Ersten Weltkrieg mit der aalglatten Liebeslyrik bricht: «O du Geliebte meiner 27 Sinne, ich liebe *dir* – du deiner dich dir, ich dir, du mir, – Wir?... Du trägst den Hut auf deinen Füßen und wanderst auf *die* Hände... Blau ist die Farbe deines gelben Haares», so revoltiert der Autor der Apokalypse gegen die aalglatte Jesusliteratur des christlichen Establishments, die seit gut einem Jahrzehnt die rauhe der Frühzeit verdrängte: «Friede von Jesus Christus, *der* treue Zeuge!» (1,5)[41].
Was Paulus lehrte, sich nicht konform zu verhalten (Röm 12,2), setzt er, mit der Sprache beginnend, *radikal* in die Praxis um. Mit diesem Sprachverständnis stimmt die Farbwelt der Apokalypse überein. In keiner anderen neutestamentlichen Schrift werden Farben so oft, so intensiv und – einmalig im NT – der Surrealität nahe genannt. Da gibt es die Farben des Märchens, Gold und Weiß. Inmitten goldener Leuchter erscheint der Menschensohn in Weiß wie seine Freunde, mit Gold gegürtet, wie heute noch der Gott der Zigeuner. In goldenen Schalen duftet der Weihrauch, sammelt sich aber auch der Zorn Gottes. Vielfarbig erstrahlen Edelsteine. Topas und Chrysolith senden warmes Gelb, Saphir und Hyazinth kühles Blau, im Jaspis spielen Gelb und Blau ineinander, Smaragd und Beryll erfreuen durch ihr Grün, Sardeon intensiviert das Gelb zu Rot, und dazwischen funkelt verdächtiges Violett. Da gibt es die kräftigen Farben: den sattgrünen Baum des Lebens, schwarze und weiße Pferde und die große Hure Babylon in Purpur auf scharlachrotem Drachen, aber auch Roß und Reiter in feuerroten, stichblauen und schwefelgelben Panzern. Da wird der Mond blutig rot und die Sonne schwarz[42].
Wie diese surrealistischen Bilder mag feine Geister auch der ohrenbetäubende Lärm der apokalyptischen Ereignisse ab-

schrecken. In den Evangelien hört man das Schilf rauschen, den Wind wehen, den Hahn «schreien»; hier stürzen Felsen, brausen Wasser, prasselt Hagel, rollen Donner. Oder schreckt der Geruch? Dort erfüllt der Duft der Narde das Haus, hier stinken Leichen zum Himmel.
Unangenehmer noch mag der unterschichtige Geruch manchen Theologen in die Nase steigen, der von diesem Buch wie vom Kleid eines Armen ausgeht.

Die soziologische Basis der Apokalypse

Ferner als die laute Sinnlichkeit (dieses Wort sachgerecht, nicht paulinisch verstanden) rückt das soziale Engagement des Autors die feinen Herren von der Apokalypse weg, niemanden aber ferner als jene Theologen, die «werkfreie» Religiosität als die einzig legitime des Neuen Testaments verteidigen. Denn dieser Autor läßt an der Notwendigkeit der religiösen Praxis keinen Zweifel: «Ich werde – spricht Gott – jedem von euch vergelten, wie es seine Taten verdienen» (2,23).
Die Apokalypse läßt sich nicht paulinisieren. Ihr Autor ist kein akademischer Dialektiker. Er spielt Glaube und Werke nicht gegeneinander aus, sondern verbindet sie. Ausdrücklich hebt er den sozialen Charakter der religiösen Werke hervor. Er nennt sie Diakonia (2,19), Tischdienst: Hungrige speisen, Durstige tränken. «Werke» sind ihm immer Werke unterschichtiger Solidarität, die sich deutlich von der Mentalität der Herrenschicht abhebt: «Stärke, was schon im Sterben lag» (3,2). Die soziale Funktion der religiösen Werke bekräftigt der Autor durch das Sinnbild des Kleides. Dieses liturgisch umzudeuten, wie es oberschichtige Mentalität liebt, wehrt die prophetische Tendenz des Buches. Apokalyptikern vergehen Feste. Ihr Interesse gehört der Gerechtigkeit. «Kleid» ist für sie primär ein Symbol der Solidarität. Ohne Kleid ist der zivilisierte Mensch – und der ist angesprochen – bloßes Individuum. Erst Werke kleiden ihn zum Mitmenschen.

Völlig ratlos machte die Herren die politische Radikalität des Autors. Niemand mehr als jene Theologen, die das kritiklose Arrangement mit jeder «Obrigkeit» – und sei sie noch so schlecht – als die einzig legitime Politik des Neuen Testaments verteidigen. Apokalyptiker greifen jeden Unrechtsstaat an. Zwar spricht unser Autor auch vom Römerreich nur in Bildern; aber keinem Leser dieser Zeit blieb verborgen, daß das aus dem Meer aufsteigende Tier (13,1) Italien meinte, das Kernland des Reiches, und die große Hure (17,1) Babylon, nicht paulinisch dessen «Sittenverfall», sondern dessen existentielle Verkommenheit. Es lenkte daher ab, seinen Angriff nur auf den «Kaiserkult» zu beziehen, den gewisse Kreise seit jeher überbewerten. Wohl nennt der Autor die Kaiserburg zu Pergamon, von der dieser Kult in Kleinasien ausging, «Thron des Satans» (2,13), doch greift er in gleicher Stärke auch den «Kaiserfrieden» an, den er durch den rotrossigen Reiter von der Erde nehmen läßt (6,4).

Ebenso verfehlte man das universelle Denken der Apokalypse, verstünde man die geschilderte Grausamkeit des Kampfes gegen Rom nur christlich-konfessionell. Die Theologen rechnen es dem Autor als Mangel an, daß er den Kreuzestod nur in einem Nebensatz (in der EÜ als Hauptsatz wiedergegeben) erwähnt (11,8). Sie übersehen, daß Jesu Kreuzigung für Apokalyptiker eine der ungezählten Kreuzigungen war, die an Qual dieser einen nicht nachstanden. Wichtiger freilich als dieses einzelne Ereignis erscheint dem Autor der Apokalypse die Weltfunktion Jesu als «Prophetie», wie er es nennt (19,10): ein Herz für Unterdrückte zu haben.

Mit noch weniger Recht läßt sich die Grausamkeit des apokalyptischen Kampfes mit den grausamen Akten römischer Kaiser aufrechnen. Was der Autor angreift, ist nicht die Grausamkeit Neros, sondern das System, das diese Grausamkeit überhaupt erst möglich macht. Es spricht viel dafür, daß die Klage, Nero habe die Christen in Felle wickeln, von Hunden zerreißen lassen oder sie mit Pech bestrichen als nächtliche Fackeln benützt, erst von den Christen in Tacitus eingeschoben wurde.

Aber selbst wenn dieser Bericht echt wäre, ließe sich damit die Grausamkeit der Apokalypse nicht verteidigen. Er hätte den Autor, der nach einer alten Überlieferung in der Verbannung, vielleicht gar auf einer Insel schrieb, kaum erreicht. Und wenn er ihn erreicht hätte, wäre er ihm gleichgültig geblieben. Sensationen liegen Apokalyptikern fern. Für sie schreit das Blut aller Erschlagenen zum Himmel[43].

Nirgendwo tritt darum das kollektive Denken im NT stärker hervor als in der Apokalypse. Ihr geht es nicht um das Heil des einzelnen, das aristokratische Kirchenclubs aller Zeiten in den Vordergrund rücken, sondern um das Wohl der Erniedrigten, Geknechteten, Verlassenen und Verachteten, denen Gott «alle Tränen von ihren Augen abwischen wird» (Offb 21,4).

Die Apokalypse des Johannes bildet darum einen entscheidenden Ansatz zur Befreiungstheologie, den ins Bewußtsein gehoben zu haben wir bezeichnenderweise einer mutigen Theologin verdanken. Elisabeth Schüssler-Fiorenza hebt mit Nachdruck hervor, daß der Autor der Apokalypse die Erlösung nicht «spiritualisiert» (als Erlösung der Seele aus der Welt), sondern als Befreiung von «aggressiven Bedingungen und Herrschaftsverhältnissen in der Welt» bestimmt. Darum auch entnimmt der Autor die Bilder für die zu erwartende neue Gesellschaft, «die neue Erde», aus der Dichtung der Armen. Wie Mythen den apokalyptischen Kampf beherrschen, so wirft die Welt der Märchen Licht auf das apokalyptische Reich des Friedens. Aus Perlen und Edelsteinen, den Träumen der Armen, ist «das neue Jerusalem» erbaut. Dem Märchen entstammt «der Baum des Lebens», «das Wasser des Lebens» und «der weiße Stein» mit dem «neuen Namen»[44].

Mit der neuen Gesellschaft wandelt sich auch das Gottesbild. Nicht die Christus-Ikone bestimmt das religiöse Leben: «Einen Tempel sah ich nicht in der Stadt.» Den «neuen Himmel» trägt das Lamm, der wehrlos getötete Jesus. Was soll das Wort von der «ewigen Botschaft» – einmalig im Neuen Testament – anderes heißen als die Auferstehung der «Sache Jesu»[45]?

Nur ist nicht zu erwarten, daß diese soziologische Basis des

Buches sich denen erhellt, die, blind für die Visionen der Armen, selbst das Wort «apokalyptisch», das dem NT entstammt, als «unheimlich-drohend, kraus, phantastisch, unsachgemäß» erniedrigen, um ihre oberschichtige Abstraktion, die dem NT fehlt, das «Eschatologische», erhöhen zu können. Auf die soziale Motivation deutet die jahrhundertealte Diskriminierung der Apokalyptiker als «Schwarmgeister», ein Lieblingsbegriff konservativer Theologen[46].
Ein Wandel der Wertung beginnt sich erst in den letzten Jahrzehnten abzuzeichnen. Käsemann sieht in der Apokalyptik die Anfänge christlicher Theologie. Auftrieb erhielt diese Zuneigung zur Apokalyptik besonders durch die Funde in Nag Hammadi nach dem Zweiten Weltkrieg. Dennoch bleiben noch viele Fragen offen[47].

Die Politik der kirchlichen Abwehr

Wer sich durch den Versuch, die Apokalypse soziologisch zu erhellen, indoktriniert fühlt, prüfe sein Gefühl geschichtlich. Hier möge es genügen, einen Blick auf die Hauptperioden der kirchlichen Abwehr dieses Buches zu werfen: die Zeit der Kanonisation, der Reformation und der Sozialen Revolutionen.
Nicht von ungefähr ist über die Kanonisation der Apokalypse von allen neutestamentlichen Schriften die geringste Klarheit zu erreichen. Vermutlich wurde sie in letzter Stunde, und da auf einzigartige Weise, kanonisiert. Sie war liturgisch so sehr zurückgesetzt worden, daß ihre Gültigkeit eigens «dekretiert» werden mußte[48].
Man kann es auch nicht auf das Wirken des Heiligen Geistes abschieben, daß wohl ein Dutzend «Briefe», nicht alle von theologischem Gewicht, kanonisiert wurde, aber nur eine einzige prophetische Schrift, so daß die übrigen Apokalypsen verlorengingen, wahrscheinlich vernichtet wurden; nur spärliche Reste haben sich erhalten. Es zeugt von der Parteilichkeit der Kanonisatoren, wenn sie ihren sprachlichen Scharfsinn auf die

Apokalypse konzentrierten, dem bei unparteiischer Prüfung doch auch andere Schriften des NT kaum standgehalten hätten. Diese gefährdete Existenz seines Buches zwang den Autor, vermutlich aber eher den späteren Redaktor, einmalig für das NT, das kanonische Prinzip der Unversehrbarkeit des Textes in das Buch selbst aufzunehmen. Die Schroffheit, mit der Textveränderern schwere göttliche Strafen angedroht werden (22,18), entspricht der drohenden Gefahr, dieses Buch zu entradikalisieren und es den übrigen Schriften des NT anzupassen. Man muß es schon soziale Blindheit nennen, wenn Theologen von heute auch diese Einmaligkeit der Apokalypse negativ anrechnen.

Noch weniger theologisch, dafür um so mehr soziologisch läßt sich der Widerstand verstehen, den oberschichtige Kirchenfunktionäre noch jahrhundertelang nach der Kanonisation gegen das Buch fortsetzten. Es blieb das Stiefkind der Kirche, immer wieder verleugnet. Wie wäre es sonst möglich, daß in der entscheidenden Epoche der Kanonisation von mehreren tausend griechischer Handschriften des NT nur zehn die Apokalypse enthalten und davon nur zwei ganz[49]?

Daß der Widerstand nach dem Urteil konservativer Kirchenhistoriker «allmählich einschlief», kann doch kaum etwas anderes bedeuten, als daß er eingeschläfert wurde. Es stimmt mit dieser Annahme überein, daß der Widerstand sofort wieder «erwachte», sobald kirchliche Reformer sich von der apokalyptischen Radikalität inspirieren ließen. Als Beispiel diene der deutsche Bauernkrieg. Es ist persönlich formuliert, wenn Luther bekennt, daß sich «sein Geist (in die Apokalypse) nicht schicken kann», aber politisch begründet, daß er sie «aller Rottenmeister Gaukelsack» nennt. Wohl aber ist es Geist vom Geist der Apokalypse, wenn Thomas Müntzer die entrechteten Bauern zum Kampf um ihre Rechte anstachelt: «Wie lange schlaft ihr? Nur dran, dran, dran! Es ist Zeit. Die Bösewichter sind verzagt wie Hunde. Es ist über die Maßen hoch vonnöten. Laßt euch nicht erbarmen! Dran, dran, dieweil das Feuer heiß ist! Laßt euer Schwert nicht kalt werden. Es ist Zeit!»[50]

Es blieb Außenseitern vorbehalten, die Nähe der großen sozialen Revolutionen zur Apokalypse zu sehen. Die Kirche, fern der Einsicht in die Notwendigkeit eines Wandels aller Verhältnisse, nahm weder die auf die Französische Revolution bezogenen Visionen Blakes wahr noch die Stimme des dezidiert christlichen Berdjajew, der die Russische Revolution «eine kleine Apokalypse» nannte. Es ist verständlich, daß die Kirche sich von den Greueln der Revolutionen abwandte, doch vermag sie darin nicht zu überzeugen, weil sie apokalyptische Grausamkeit billigte, wo diese ihre Macht steigerte, wie nach der Eroberung von Jerusalem (1099), in dem die Kreuzfahrer «sich ihren Weg durch Blutströme suchen mußten, die ihnen bis zu den Knien reichten», oder nach der Unterwerfung der Wiedertäufer deren Versuch, ein apokalyptisches Reich zu errichten, «in einem Meer von Blut und Tränen» erstickte[51].

Die Kirche tat dies nicht ungestraft. Sie schuf wohl eine umfangreiche Kriegstheologie, die Initiativen der Apokalypse zu einem universalen Reich des Friedens aber blieben ihr verschlossen. Diese öffneten sich nur Außenseitern, deren Friedensentwürfe oft bis ins Wort hinein die Herkunft aus der Apokalypse bezeugen. Statt Kants Idee vom «ewigen Frieden» aufzunehmen, schuf sie nationale Kriegstheologien. Sie hörte weder auf den Ruf Lessings: «Sie wird kommen, sie wird gewiß gewiß kommen, die Zeit der Vollendung, sie wird gewiß kommen, die Zeit eines ‹neuen, ewigen Evangeliums›, die uns selbst in den Elementarbüchern des Neuen Bundes versprochen wird», noch achtete sie die apokalyptische Stimme des Novalis: «Sie wird, sie muß kommen, die heilige Zeit des ewigen Friedens, wo das neue Jerusalem die Hauptstadt sein wird.»[52]

Wie zu Luthers Zeiten stört die Apokalypse auch heute noch die Kirchen. Sie legen sie den Gläubigen im Gottesdienst nur selten vor, wiewohl die profane Radikalität der Gegenwart sie geradezu auf sie stößt, und wenn, dann nur, um sich selbst als das neue Jerusalem zu feiern. Sie verschließen sie mit dem Siegel «geheim» (Geheime Offenbarung), obwohl sie sich selbst

«Offenbarung» nennt (Offenbarung des Johannes). Stiefkind blieb das Buch auch bis heute den Theologen. Eine starke Abneigung haben vor allem die griechischen Theologen des «Ostens» entwickelt, was kaum anders zu erklären ist als aus ihrer politischen Abhängigkeit von «Byzanz». Auch heute noch kommt die Apokalypse in den Lehrbüchern der Theologie nur am äußersten Rand vor. Auch heute noch stehen Theologen «ratlos» vor ihr. Recht geben müssen wird man wohl den Theologen, daß die unterschichtige Apokalypse Jesus so wenig gerecht wird wie die oberschichtigen Briefe des NT. Ob sie ihm allerdings am fernsten oder geradezu entgegensteht, wie konservative Theologen meinen, bedarf einer gründlichen Prüfung, die noch aussteht. Es ist durchaus möglich, daß sich deren «angestrengtes Bemühen, Jesus vor der Apokalypse zu retten», ins Gegenteil verkehrt[53].

Als einem radikalen Buch ergeht es der Apokalypse wie Jesus, dem radikalen Denker. Wie er wird auch sie verkannt, ignoriert, diskriminiert. Aber wie er ist auch sie unsterblich. Auch sie steht immer neu auf. Immer wieder setzt sie dem Befehl des Großinquisitors «Geh hinaus und kehre nicht wieder – kehre nie wieder – nie, nie!» den Ruf der Inquirierten entgegen: «Komm, Herr Jesus, komm bald!»

Ein vorläufig abschließendes Wort

Geben die drei vorhergehenden Analysen die Realität wieder, dann ist das Neue Testament aus Kompromissen entstanden und damit ein politisches Buch: in seiner Theologie, seiner Religiosität und seiner Kirchlichkeit.
Kompromisse schließen Ursprünglichkeit aus. Auch die Theologie des NT ist nicht so ursprünglich, wie «Eingeweihte» sie halten. Sie teilt ihren Ursprung, die Apokalyptik, mit anderen Theologien. Apokalypsen hatten auch Griechen, Römer und Perser. Und selbst das ursprünglichste Ergebnis dieser Theologie, das «Evangelium», hat in der Leidensgeschichte der Pro-

pheten seine Vorfahren und in der griechischen Tragödie seine Verwandten. Nur hat die allen Religionen innewohnende Tendenz zum «Lobpreisen» des eigenen die Forschung gehemmt, so daß «die Frage nach der literarischen Gattung, der die Evangelien zuzuordnen sind, noch unbeantwortet ist»[54].
Kompromisse schließen Reinheit aus. Auch der «Glaube» der Christen hat sich sehr früh – nach Schillebeeckx bereits fünf Jahre nach Jesu Tod – zur «Religion» entwickelt und kann sich nicht länger «aus dem Kreis der Religionen wegstehlen». Es grenzt an Hybris, wenn Karl Barth die Religion im Gegensatz zum christlichen Glauben als «Angelegenheit des gottlosen Menschen» diskriminiert; es sei denn, man zählte auch die Christen zu diesen gottlosen Menschen. Auch wird man selbst das ursprünglichste Evangelium, das des Markus, das sich durch seine Parteinahme für ein Unrechtssystem kompromittiert, von der Sache her kaum «reines» Evangelium nennen dürfen[55].
Kompromisse schließen Absolutheit aus. Als Produkte ihrer Zeit können sie nur geschichtlichen Anspruch erheben. Das gilt auch für die Kirche, die sich schon in neutestamentlicher Zeit mit dem Establishment arrangierte. Wenn das NT ein «Buch der Kirche» ist – was nicht bestritten werden kann –, dann ist die Kirche die Mutter aller christlichen Kompromisse; dann bleibt es ein vergeblicher Versuch, ihre Profanität durch Spiritualität zu überspielen.
Ist das NT aber aus Kompromissen entstanden, dann enthält es, wie die Theologen zugeben, nicht nur Schriften von unauflöslichen Widersprüchen, dann bleibt auch die Frage unausweichlich, ob die Christen das NT als «Wort Gottes» nicht überschätzen. Jesus würde diese Frage wohl bejahen.

Belege

[1] Köster-Robinson: Entwicklungslinien, 1971, 252. Max Weber: Ges. Aufsätze zur Religionssoziologie I, 1963, 252

² Zur *Theorie*

Dieses Kapitel orientiert sich an Mertons Theorie der sozialen Anpassung. Wissenschaftlich überzeugt sie durch ihre Systematisierbarkeit. Es gibt nach ihr nur vier Arten der Anpassung, je nachdem einer die kulturellen Ziele seiner Gesellschaft und die institutionalisierten Wege dorthin bejaht (+) oder verneint (−), und nur eine Möglichkeit des Widerstandes: die bestehenden Ziele und Wege zu verneinen und an ihre Stelle neue zu setzen (±). Es sind:

	Ziele	Wege
I. Konformismus	+	+
II. Innovation	+	−
III. Ritualismus	−	+
IV. Desinteresse	−	−
V. Rebellion	±	±

In der Praxis spiegeln diese Möglichkeiten die politischen Machtverhältnisse wider, da jede Gesellschaft ihre Ziele zwar für allgemein zugänglich erklärt, real aber die Wege dahin nur schichtspezifisch öffnet. Dieses Schema läßt sich auch auf die Literaturpolitik übertragen, wird hier aber auf I., II. und V. eingeschränkt.

³ Im Literaturbegriff der Oberschicht spielt die «Ästhetik» (als Lehre vom «Schönen») die entscheidende Rolle. Das Schöne als das Wohlgeglückte eignet sich vorzüglich dazu, die Realität, und das heißt vor allem: die Machtverhältnisse, zu verschleiern.

⁴ a) Apg 27,14 (leicht gekürzt)
b) Apg 27,27ff. 39f. (leicht gekürzt)
c) Apg 28,2ff.

⁵ P. Pokorny: Die Romfahrt des Paulus und der antike Roman, ZNW 64 (1973) 236

⁶ «Siegeszug» (der christlichen Religion), ein Topos der Theologen; für die Apg genüge der Hinweis auf E. Haenchen: Juden und Christentum in der Apg: ZNW 54 (1963) 162

⁷ Apg 26,26 («Winkel»); 25,23. Bernike stand in allerlei ehelichen Beziehungen und lebte zeitweilig auch mit ihrem Bruder Agrippa zusammen (W. Bauer, Wb. zu Bernike; hier der Hinweis auf die Quellen: Tacitus, Sueton, Juvenal); neuere Literatur: A. Wifstrand: Apostelgeschichte 25,13, Eranos 45 (1956) 123–137

⁸ Tertullus: Apg 24,2ff.; Paulus: Apg 26,2f.

⁹ J. Roloff: Die Apostelgeschichte 1981, 337: Paulus zurückhaltender. Paulus selbst verpönte den Christen weltliche Gerichte: 1 Kor 6,1

¹⁰ St. Lösch: TQ 112, 1931, 317; E. Haenchen: in Fs. Cullmann, 1972, 199

¹¹ Apg 16,37; M. Tullius Cicero: Zweite Rede gegen Verres, 5. Buch, 12, 118, 140, deutsch nach M. Fuhrmann: Cicero. Sämtliche Reden, 7 Bände, 1970–82

[12] J. Roloff: Die Apostelgeschichte, 1981, 254 und 260. Epimenides und Aratus: Apg 17,28; Euripides: Apg 26,14, ausgelassen Apg 22,7
[13] Der Optativ: Merkmal der Literatursprache: Bl-Debr 65,2 Anm. 4. Der Gen. abs.: fast die Hälfte aller ntl. Vorkommen hat Lukas (W. Radl: Paulus und Jesus, 1975, 432); dreifacher Gen. abs.: Apg 25,23; dreifacher Infinitiv: Apg 26,18, bildlich darstellbar:

ihnen die Augen zu öffnen
→für das Umkehren
→wegen des Sündenvergehens

[14] Apg 12,39; 17,4; 17,12; 19,23 u. ö.
[15] Auf die Apg (= ein Achtel des NT) entfällt ein Drittel der mit «syn» = «gemeinsam mit» zusammengesetzten Verben.
[16] E. Haenchen: Die Apostelgeschichte, [7]1977, 23; ich finde mich in meiner Annahme bestätigt durch K.-H. Ohlig: Die theologische Begründung des ntl. Kanons, 1972, 82 (die Apg gewann schnell und früh Autorität).
[17] W. Radl: Paulus und Jesus, 1975, 206 und 327 (Schutzschrift usw.). E. Haenchen, a. a. O. 75 (Kabinettstücke); 75, Fußnote 3 (Apologeten-Kunststücke); 131 (Raffinement), zit. nach G. Klein: Die zwölf Apostel, 1961. E. Haenchen, a. a. O. 69 und 70, 92, 124 (Lieblingsgegenstand usw.)
[18] H. J. Cadbury: The Style of Luke, 1920 (1969), 5 (Statistik). E. Haenchen, a. a. O. 675 (Einheit von Jesus- und Kirchengeschichte). J. Roloff: Die Apostelgeschichte, 1981, I, 25 (Exkurs: Himmelfahrt): «Das eigentliche Bezugsfeld, in das hinein Lukas seine Himmelfahrtserzählung stellen wollte, dürfte jene Vorstellung von der Entrückung von Heroen und Herrschern gewesen sein, die in der hellenistischen Welt weit verbreitet war.»
[19] A. N. Sherwin-White: Roman Society and Roman Law in the New Testament, 1963, Preface
[20] Jak 5,4 (Sabaoth war damals bereits veraltet); es ist verglichen: Jak 4,10 mit Mt 23,12; Jak 3,12 mit Mt 7,16; Jak 4,4 mit Mt 6,24
[21] Kernige und knorrige Sprache: R. Schnackenburg: Die sittliche Botschaft des NT, 1962, 292; unter freiem Himmel lesen: Deißmann, nach P. Bruin: Beruf und Sprache der biblischen Schriftsteller; es sind verglichen: Jak 5,12 mit Mt 5,34.35.37, Jak 4,12 mit Mt 7,3; Jak 3,18 mit Mt 5,9; Jak 5,9 mit Mt 7,1
[22] Jak 2,9; 2,6; 2,3; 5,6
[23] Jak 2,4; W. Bauer, Wb. unter diakrinein
[24] Röm 3,28; Gal 2,16
[25] Es ist verglichen: Jak 5,1 mit Lk 6,24; Jak 5,2 mit Mt 6,19; Jak 2,13 mit Mt 5,7
[26] Th. W. Adorno: Jargon der Eigentlichkeit, 1964; dieser Jargon findet sich auch bei kritischen Theologen, z. B. bei E. Schillebeeckx: Christus, 1977, 152.
[27] Der Jakobusbrief treibt hart Gottes Werk: Luther, NT, 1522; Der Verf. des Jak «irgendein Jude»: Luther Tischreden, nach J. Leipoldt a. a. O. II 72

28 M. Luther: Wider die räuberischen und mörderischen Rotten der Bauern und Folge-Schriften, WA, Band 18
29 Walter Leo: Zur Kritik des Reformators: «Die Zeit» Nr. 44, 1971; hier sind genannt: P. Althaus 1952; W. v. Loewenich 1964; F. Kanzenbach 1965; H. Fausel 1966.
30 M. Luther, a.a.O. WA 18, 361
31 «den Preis zahlen»: ein in der Geschichte der Kanonisation wiederkehrender Topos, die materielle Basis kennzeichnend
32 H. Schelsky: Ist die Dauerreflexion institutionalisierbar? Zeitschrift für Evang. Ethik, H.6, 1957. Der Jak ohne tiefere religiöse Motive: R. Schnackenburg: Die sittliche Botschaft des NT ²1962, 291
33 H. Wuellner: Der Jakobusbrief im Licht der Rhetorik und Textpragmatik in: LiBi 43 (1978) 5–66 – Jak 2,25.26
34 Thess 4,11; 1 Tim 2,2; Offb 22,20
35 H. Koch: Ratlos vor der Apokalyptik, 1970, 18 (die soziologische Basis)
36 Grundlegende Einsichten in die Apokalypse (Offb) verdanke ich: H. Kraft: Die Offenbarung des Johannes. Hdb zum NT 16a. (1974).
37 Offb 19,16 (König der Könige); 14,8 (die große Hure). Die Offb in Kunst und Literatur: J. Foret: L'Apocalypse, Paris 1961 (das schwerste Buch der Welt: 21 kg). 21 Originalbilder und Pergamente, Gedichte, Betrachtungen, Meditationen. Übers. in 7 Sprachen (zugleich das kostbarste Buch der Welt)
38 Es ist verglichen (EÜ mit WÜ): a) Offb 3,12; 1,5; 2,9; b) 9,12; 13,14; 20,2; 19,20
39 Offb 22,18.19; Papyrus 47 aus dem 3. Jahrhundert
40 Beispielhaft findet sich der skizzenhafte Stil in Carl Sonnenscheins Weltstadtnotizen. Der Autor «bricht mit der Sprache»: J.G. Herder: Werke, ed. B. Suphan, Berlin 1893, Bd. IX, 274 (hier zit. nach G. Mussies: The Morphology of Koine Greek as used in the Apocalypse of St. John, Leiden 1971, 6)
41 Kurt Schwitters: Das literarische Werk, Bd. I: Lyrik, 1973 (hg. v. F. Lach), 292 (An Anna Blume). E. Schillebeeckx: Christus, 1977, 419: «Gerade in apokalyptischen Kreisen entstellt man oft mutwillig das Griechisch, sogar die alltägliche Koiné.»
42 Die Farben in der Offb: 1,14; 3,4.5.9.17; 4,4; 6,2.4.5.8.11.12; 7,9.13; 9,17; 14,14; 15,6; 17,3; 19,14
43 Zum Einschub in Tacitus jetzt: A. Estryn: L'incendie de Rome sous Néron. Cahiers du Cercle Ernest Renan, Paris 27 (108, 1979) 15–17, zitiert nach NTA (New Testaments Abstracts, Bd. 23, 1979). Beim Brand von Rom spielten Haussklaven eine besondere Rolle. Sie verhinderten die Löscharbeiten und plünderten brennende Häuser. Dafür wurden sie nach der Rückkehr von Nero grausam bestraft. Spätere christliche Hagiographen, die in einer Zeit wirklicher Verfolgung lebten, interpretierten diese gesetzlichen Strafen im Sinne einer Verfolgungstheologie.
44 E. Schüssler-Fiorenza: Religion und Politik in der Offenbarung des Johan-

nes, in: Biblische Randbemerkungen. Festschrift R. Schnackenburg, 1974, 270f. Vgl. Offb 21,21 mit dem Märchen von der «Unke»; 2,17 mit dem «Gläsernen Sarg»; 22,2 mit «Aschenputtel»; 22,1 mit «Das Wasser des Lebens».

45 Offb 21,22 und 14,6: hier euaggelion aionion: ewiges Evangelium
46 Kl. Koch: Ratlos vor der Apokalyptik, 1970, 15
47 E. Käsemann: Zum Thema der urchristlichen Apokalyptik. Exegetische Versuche II, 105f.
48 H. Braun, in: E. Käsemann: Das NT als Kanon, 1970, 220
49 K. Aland: Neutestamentliche Entwürfe, 1979, 94
50 Luther: Vorrede auf die Offb in der Sept.-Bibel (1522); «aller Rottenmeister Gaukelsack»: vgl. E. Bloch, Atheismus, 1968, 22. Th. Müntzer: Sein Leben und seine Schriften, hg. v. Brandt 1933, 74ff.
51 W. Nigg: Das ewige Reich, jetzt Siebenstern-Tb, 1967, 314: Hinweis auf Berdjajew: Christentum und Klassenkampf, 1936, 316. Zu Blake: C. G. Jung: Der Mensch und seine Symbole, ^{12}1980. Morton D. Paley: William Blake, 1978. Sein Schaffen beruht auf Visionen. Er entdeckt die revolutionäre Kraft der Bibel in der Offb. Er schuf daraus: Der Sturz der Engel. Die Rettung von Frau und Kind. Das letzte Gericht. Die vier Lebewesen voller Augen. Seine Schöpfungen wurden als Aufruhr verstanden. Er wurde vor Gericht gestellt, aber freigesprochen. St. Runciman: Geschichte der Kreuzzüge, 1968, 274 (Eroberung Jerusalems); W. Nigg: Das ewige Reich, 1967, 221 (Wiedertäufer in Münster)
52 Kant: Zum ewigen Frieden; Lessing: Die Erziehung des Menschengeschlechts, §§ 85 und 86; Novalis: Die Christenheit oder Europa, Werke, ed. Bölsche, Bd. 1, 136
53 Der Streit, ob die Offb Jesus nahe oder ferne ist, wurde 1960/62 in der ZThK zwischen Käsemann und seinen Gegnern (bes. E. Fuchs und G. Ebeling) ausgetragen (1960, 160ff.; 1961, 227ff. und 245ff.; 1962, 257ff.). Er ist in K. Koch: Ratlos vor der Apokalyptik, 1970, 69ff. referiert: «das angestrengte Bemühen, Jesus vor der Apokalyptik zu retten» (55); Koch selbst setzt das Problem Apokalyptik mit dem Problem Jesus gleich (116). Er vermutet als Motiv der Gegner Angst. «Was muß geschehen, um der Mehrheit der Theologen die geheime Angst vor einer Nähe Jesu oder des ntl. Christus zur Apokalyptik zu nehmen?» (116); vgl. G. Ebeling (bei Koch 74).
54 Semeia. Themenheft 14/1979: Apocalypse. The Morphology of a Genre. Gilbert G. Bilezikian: The Liberated Gospel. A Comparison of the Gospel of Mark and Greek Tragedy, 1977; dazu Th. Haecker: Schöpfung und Schöpfer, 1934, der das Tragische in der «Erlösung» aufgehoben sieht. H. Kraft: Die Entstehung des Christentums, 1981, 87.
55 E. Schillebeeckx: Jesus, 1975, 15; ders.: Christus, 1977, 534; K. Barth, zit. nach H. Zahrnt: Die Sache mit Gott, 1966, 114

Das Ergebnis

Das Vorurteil

Religiöse Menschen neigen in starkem Maß zu Vorurteilen, da sie es meiden, ihre Urteile an der Wirklichkeit zu prüfen; denn «Urteile werden zu Vorurteilen, wenn man sie unter dem Eindruck neuen Wissens nicht zurücknehmen kann» oder nicht zurücknehmen will, auch wenn die Erfahrung dafür spricht[1]. Am stärksten geschieht dies dort, wo die Theologie institutionelle Religiosität «affirmativ» verfestigt, statt sie kritisch zu befragen; denn Starrheit ist das entscheidende Merkmal des Vorurteils und zugleich dessen soziale Basis: Vorurteile aufgeben heißt immer auch Macht aufgeben.
Das NT macht darin keine Ausnahme. Nicht von ungefähr ist es ein Pauliner, der das jahrhundertalte Vorurteil des Epimenides über die Kreter nachbetet: sie seien «Lügner, faule Bäuche und gefährliche Tiere», ja sich nicht scheut, dies noch «Wahrheit» zu nennen, ohne daß seine Erfahrung im Umgang mit den Kretern zu einem solchen Urteil hinreichte. Man könnte dieses Vorurteil als Einzelfall entschuldigen, bündelten sich nicht auch im NT Vorurteile zu Ideologien, die «herrschende Gruppen in ihrem Denken so intensiv mit ihren Interessen an eine Situation (binden), daß sie ihre Fähigkeit verlieren, bestimmte Tatsachen zu sehen, die sie in ihrem Herrschaftsbewußtsein verstören könnten»[2].
Wir wählen hierfür drei Beispiele aus dem NT: den Antifeminismus, der sich zum Sexismus ausweitet, den Antijudaismus, der sich zum Antisemitismus verschärft, und verderblicher als beide den Kapitalismus, der zur christlichen Kultur erstarrte. Allerdings erfordert es die Sache, diesmal den Blick stärker als bisher auf die Gegenwart zu richten.

Sexismus

Die christliche «Geschlechtsfeindschaft» beginnt nicht erst, wie allgemein verbreitet ist, mit den Kirchenvätern (Chrysostomus, Hieronymus und Augustinus), sondern schon im NT. Nie hätte sie in der Kirche eine solche Macht gewinnen können, wäre sie nicht schon hier grundgelegt worden.
Nur ist dieser der philosophischen Anthropologie entstammende Begriff der Geschlechtsfeindschaft zu abstrakt. Er eignet sich wohl zur «Kulturkritik», aber nicht zu konkreten Analysen. Empirische Disziplinen haben an seine Stelle den Sexismus als strukturell-funktionale Einheit gesetzt. Es geht im Sexismus um folgende Teilfragen: Wird Geschlechtlichkeit nur für die Zeugung anerkannt oder auch als Weg zur gesamtmenschlichen Reife bejaht? Wird sie auf sexuelle Normen eingeengt, oder wird auch ihre erotische Weite freigegeben? Werden beide Geschlechter einander ebenbürtig zugeordnet, oder wird eines dem anderen untergeordnet und damit das Verhältnis neurotisiert[3]?
Sexismus ist also nicht zu verwechseln mit der Hypersexualität, die konservative Kreise der Gegenwartsgesellschaft vorwerfen, um ihre eigene Geschlechtsfeindschaft zu kompensieren. Geschichtlich läßt sich dieser Vorwurf jedenfalls nicht halten. Worin sich die Sexualität der Gegenwart von der anderer Zeiten und Kulturen unterscheidet, ist bloß das Übermaß ihrer Kommerzialisierung: eine für den Kapitalismus typische Erscheinung[4].
Das Neue Testament auf den Sexismus hin zu befragen, bleibt so lange legitim, als biblische Sexualnormen für die Christen der Gegenwart verbindlich erklärt werden. Dabei kann offenbleiben, ob der neutestamentliche Sexismus stärker von der

hellenistischen Kultur oder von der spätjüdischen Religion bestimmt ist. Wohl aber ist es ein Akt der Gerechtigkeit, daß wir den Folgen des neutestamentlichen Sexismus in der Kirche wenigstens beispielhaft nachgehen, um dieser nicht schuldhaft anzurechnen, was sie nur in Treue zum NT vollzieht. Ebenso gehört es zum vollen Verständnis dieses Buches, die Ferne aufzuzeigen, die sexistische Autoren von Jesus trennt, wo immer sich diese auch finden[5].

Die Anfänge bei Paulus

Der christliche Sexismus ist so alt wie das Neue Testament. Paulus regt ihn um das Jahr 50 in seinem ersten Brief nach Korinth an. Seine Schüler bauten seine Initiative steigernd zu verbindlichen «Haustafeln» aus. Sie schlossen sich dabei so eng an ihren Lehrer an, daß ihre Schriften bis in die Gegenwart als paulinisch verteidigt werden konnten. Diese Nähe von Lehrer und Schüler gibt uns das Recht, ihre Lehre als Einheit zu analysieren.

Es braucht Paulus nicht vorgehalten zu werden, daß er die Geschlechtlichkeit des Menschen vom Mann her sieht. Das entspricht nicht nur seinem ausgeprägt männlichen Naturell, das keinen erotischen Bezug zu einer Frau erkennen läßt, sondern steht auch im Einklang mit der vaterrechtlichen Kultur Israels.

Nicht aber kann man seine einseitige Sicht mit seiner Väterreligion begründen. Eine Religion, die eines der erotischsten Lieder der Weltliteratur kanonisiert und selbst Gott von Anfang an eine Gespielin («Die Weisheit») zugesellt, läßt Geschlechtlichkeit auch anders sehen, als Paulus mit seinem betont an die Spitze gestellten Satz lehrt: «Es ist gut für den Mann, keine Frau zu berühren.»[6].

Wenn die Einheitsübersetzung diesen Satz als «Zitat» (aus

dem Brief der Korinther) als nichtpaulinisch abtut, so verkehrt sie das bisherige Verständnis ins Gegenteil. Man vergleiche:

Luther	EÜ
Wovon ihr mir geschrieben habt, darauf antworte ich: Es ist dem Menschen gut, daß er kein Weib berühre. (ähnlich: ZÜ)	Nun zu den Anfragen eures Briefes: «Es ist gut für den Mann, keine Frau zu berühren.»

Während Theologen sonst jeden Satz in den weitesten Zusammenhang stellen, um sich jede Interpretation freizuhalten, engen sie hier den entscheidenden Satz auf ein Zitat (aus fremder Quelle) ein, als stünde er nicht in einem ausgeprägten antifeministischen Zusammenhang. Doch braucht man darüber nicht zu streiten. Es kann Paulus zugestanden werden, daß sein Rat auf eine reale Erfahrung antwortet. Schon Knaben scheuen vor dem Geschlecht des Mädchens wie vor einem «Nest in der Gabel» zurück. Männerangst, selbst «aufgeklärten Geistern» nicht unbekannt, schuf das Symbol der Vagina dentata (der Scheide als Wunde). Doch gehört es ebenso zur Reife des Mannes, dieses Angst zu überwinden[7].

Paulus wird also der Geschlechtlichkeit nicht gerecht, wenn er dem Mann abrät, eine Frau auch nur zu «berühren». Mag er anderswo die Ebenbürtigkeit von Mann und Frau (wie die von Herren und Sklaven) ideal bejahen, mit diesem Wort hebt er sie real wieder auf. Theologen vertuschen diese Realität, wenn sie das paulinische «berühren» mit «geschlechtlich verkehren» gleichsetzen. Paulus selbst tut dies nicht. Zum «Geschlechtsverkehr» (dieses grausige deutsche Wort ist hier am rechten Platz) rät er, vom «Berühren» rät er ab. Sein Rat entspringt der Angst[8].

Wovor Paulus Angst hat, läßt sich aus sexuellen Reinigungsriten für die Frau erschließen, die ihm nicht unbekannt waren. Er setzt die Geschlechtlichkeit der Frau mit Unreinheit gleich und rückt sie damit in die Nähe der Sünde. Kommt ihm nicht urplötzlich «Satan» in den Sinn, wenn er vom Geschlechtsleben spricht? Sieht er den Mann in Gegenwart der Frau nicht selbst im Gottesdienst von bösen Geistern bedroht? Wozu sonst gebietet er ihr, sich beim Beten zu verschleiern? Oder soll man mit der Einheitsübersetzung im Tschador gar «ein Zeichen ihrer Vollmacht» sehen[9]?

Wie unsicher eine Antwort auf diese Fragen auch bleiben mag: eines ist sicher: Paulus macht das Geschlecht der Frau durch die Berührungsangst zum Tabu, dessen Verletzung Unheil ankündet. Er setzt damit einen Anfang, dessen Folgen nur wie in einem Brennpunkt voll gesehen werden können. Sie einzeln aufzuführen wie hier mindert die Kraft dieser Sicht.

Grundsätzlich rückt Angst vor der Frau die Geschlechtlichkeit des Menschen ins Zwielicht. Wer wie Paulus die Unberührtheit der Frau, die auch anderswo als Ausnahme geachtet wird, zum allgemeinen Ideal erhebt: «nicht heiraten ist besser», kann selbst das eheliche Leben nur noch als «Zugeständnis» an die sexuelle Triebhaftigkeit bejahen: «heiraten ist besser als brennen».

Paulus schon, der damit das Geschlechtsleben zur «Brunst» erklärte, und nicht erst die Kirchenväter «gaben dem Eros Gift zu trinken». Paulus schon führte in die christliche Ehe «die schuldige Pflicht» ein, deren Erfüllung auch mit «Gewalt» (potestas) erzwungen werden konnte, wie die Weltübersetzung richtig wiedergibt, während die Einheitsübersetzung rechtlich ausweicht: die Ehegatten «verfügen» gegenseitig über ihren Leib, so daß Kritiker des Paulus schon im NT die geschuldete Pflicht durch die «geschuldete Gunst» ersetzten, was bis heute nur wissenschaftlichen Ausgaben, der Elite also, vorbehalten bleibt[10].

Der Lehre von der schuldigen Pflicht der Ehegatten entspricht die von der heiligen Mutterschaft. Auch sie findet sich schon im NT und wird nicht besser, wenn Theologen sie als «sehr spät» darin aufgenommen entschuldigen. In der Geschichte des christlichen Sexismus taucht sie sehr früh auf und wirkt noch spät nach, wie bei einem Vergleich unverkennbar ans Licht tritt[11]:

Neues Testament	Neuere Profanliteratur
Die Frau wird dadurch gerettet, daß sie Kinder zur Welt bringt.	Das Weib erringt den Sieg im Wochenbett. (O. Spengler)
Ich will, daß jüngere Witwen Kinder zur Welt bringen (oder ausweichend: daß sie Kinder *aufziehen*: Z).	Ihr erster und letzter Beruf soll sein, Kinder zu gebären. (Fr. Nietzsche) Das Programm unserer nationalsozialistischen Frauenbewegung enthält eigentlich nur einen einzigen Punkt: und dieser heißt: das Kind. (Adolf Hitler)

Mit der Mutterschaft sakralisieren die Schüler des Paulus zugleich das «Heim». Ihr Wort: «Wer für seine Verwandten, besonders für die eigenen Hausgenossen, nicht sorgt, der verleugnet den Glauben», richtet sich nur an die Frauen. Um ihre Öffentlichkeit zu mindern, schreiben sie der Frau wie autoritäre Politiker selbst Kleidung und Haartracht vor. Es mag noch als christlich zu rechtfertigen sein, wenn sie ihnen «teure» Mode und «kostbaren» Schmuck verbieten. Wenn Paulus ihr aber «langes Haar» vorschreibt, kann er dies nicht mehr theologisch begründen. In seiner Not greift er zu einem Wort, das ihn und seine Schüler in unlösbare Widersprüche verwickelt: dies fordere «die Natur». Was alle Welt der fraulichen Natur zuspricht, deuten sie religiös um: «Die Frau schmücke sich mit Scham und Zucht» (Luther-Übers.). Was sie aber nicht religiös begründen können, stützen sie in zweifelhafter Weise naturrechtlich ab[12].

Einmal begonnen setzt sich diese Anmaßung des Mannes ins Unmaß fort. In merkwürdiger Umkehr der Realität übertragen die Pauliner ihre eigene unbewältigte Sexualität auf die Frauen. Auch das Wort von der Frau als dem «schwächeren Geschlecht» steht wörtlich schon im NT (1 Petr 3,7). Es bleibt eine Ideologie, auch wenn ihre Urheber sie religiös begründen: «Nicht Adam wurde verführt, sondern die Frau», der sie hier nicht einmal ihren Namen gönnen. Wenn aber die Frau die erste in der Sünde und die zweite in der Schöpfung ist, dann hat der Mann sie zu «führen». Paulus erhebt diesen Anspruch nach dem Urteil von Theologen in feiner Weise, indem er den Mann zum «Haupt» der Frau erklärt, zugleich aber auch Christus zum Haupt des Mannes. Man bräuchte den vornehmen Sinn, den Paulus in das Wort Haupt legt, nicht zu bestreiten, höbe er ihn nicht gleich darauf in grober Weise wieder auf: «Der Mann wurde nicht für die Frau geschaffen, sondern die Frau für den Mann.»[13].

In ihren eigenen Schriften gehen seine Schüler weit über Paulus hinaus. Sie scheuen sich nicht, von «Weibchen (zu reden), die immer lernen und doch nie zur Erkenntnis der Wahrheit gelangen können». Dieses Urteil vom Schwachsinn des Weibes bleibt ein Vorurteil, auch wenn Theologen es als Schutz vor Irrlehren verteidigen, denen die Frau stärker ausgesetzt sei als der Mann. Ein Vorurteil läßt sich nicht durch ein zweites aufheben[14].

Wohl aber eignet sich diese Denkweise vortrefflich dazu, die «Unterwürfigkeit» der Frau zu verschärfen. Wiederum läßt sich die Parteilichkeit wie bei Herren und Sklaven nachrechnen. Schließt man unnötige Zusätze zu den Mahnworten (auf beiden Seiten) aus, so ergibt sich:

Mahnworte an die	Kol 3,18 3,19	Eph 5,22 23a 24.25 28,33	1 Tim 5,5 5,6 5,9–14	Tit 2,2 –2,6	1 Petr 3,1 3.2.3 3.5.6	total	%
Männer	10	36	0	17	27	90	25
Frauen	9	44	105	35	74	267	75

Wiederum (wie schon in der Sklavenfrage) schonen die Prediger die Starken, die der Ermahnung am bedürftigsten sind, wiederum ermahnen sie die Schwachen häufiger als die Starken, dreimal so häufig; auch hier «vergißt» einer, die Starken überhaupt zu ermahnen.

Man könnte dieses Nachrechnen als kleinlich beiseite schieben, wäre es nicht schlichtweg notwendig, um die Behauptung der Kirche zu widerlegen, die Frauen seien erst im Christentum zu ihrem vollen Recht gelangt. Das Gegenteil trifft zu. Schon in der neutestamentlichen Kirche war die Herrschaft der Männer über die Frauen institutionell verfestigt. Es gibt Autoren des NT, die sich nicht scheuen, den Frauen schon mit dem Satan zu drohen, wenn sie das Haus verlassen, auch nur zur Unterhaltung, und nach bewährter Kapo-Manier bereits unterworfene Frauen zur Weitergabe der Unterwürfigkeit einsetzen[15].

Doch scheint es den Paulinern nicht gelungen zu sein, alle Frauen zur Unterwürfigkeit zu erziehen, obwohl sie ihnen diese als Sittsamkeit, Züchtigkeit und Innerlichkeit einzureden versuchten. Man vergleiche die Übersetzung dieser zentralen Begriffe der spätneutestamentlichen Sexuallehre in verschiedenen Ausgaben des NT, um sich von der Unehrlichkeit dieses Übersetzungsversuches zu überzeugen. So mochten die Pauliner Glück bei Frauen aus der Unterschicht gehabt haben, die «nichts zu verlieren hatten als ihre Ketten». Wohl aber stießen sie auf Widerstand bei Frauen aus der Oberschicht, die ihre griechische Freiheit aufzugeben nicht bereit waren. Wie wäre es sonst erklärbar, daß die Frauen eigens ermahnt werden, «die Männer zu fürchten» und «nicht über sie herrschen zu wollen»[16]?

Wo Frauen sich aber wider ihre Überzeugung «unterwarfen», erkrankten sie wie ihre Männer schon in neutestamentlicher Zeit an der kirchlichen Sexualneurose. Auch dafür finden sich Spuren in den Schriften der Pauliner. Wohin anders soll es deuten, wenn sie die Männer ermahnen, sich im Umgang mit ihren Frauen, die sie «wie sich selbst» lieben sollten, «nicht verbittern zu lassen»? Gab es je ein sichereres Zeichen für Sexualneurosen, als wenn geschlechtliche Erfahrung sich in Bitterkeit wandelt? Es mag übertrieben sein, im Rat des Paulus an die Eheleute, sich einander nur zum Beten «zu entziehen», um nicht dem Teufel zu verfallen, eine Gebetshysterie zu sehen. Eine Neurose initiiert er damit auf jeden Fall. Seine Schüler aber produzieren diese, wenn sie jungen Frauen, noch dazu Witwen, ihre wiedererwachende «Sinnlichkeit», welches Wort sie konkret verwenden, als «gegen Christi Willen» einreden[17]. Auch hier darf man die Übersetzung dieser Stelle als Maß der

Ehrlichkeit werten. Während die Weltübersetzung deutlich wird: «Wenn sich sexuelle Erregungen zwischen (die Frauen) und den Christus drängen», weicht die Einheitsübersetzung der Realität aus: «wenn die Leidenschaft sie Christus entfremdet». Meisterhaft übersetzt der Meisterübersetzer: «wenn das Leben sie wieder lockt und Christus für sie zurücktritt». Es ist eben nicht mehr möglich, zweitausend Jahre alte Sexualnormen sprachgerecht zu verteidigen.

Mit der ekklesiogenen Neurose schließt sich der Kreis des neutestamentlichen Sexismus. Mag Paulus nach dem Urteil von Theologen nur gelegentlich auf einzelne Fragen zur Geschlechtlichkeit geantwortet haben: seine und seiner Schüler Antworten bilden eine geschlossene Einheit, wenn keine sexualtheologische, dann doch eine sexualpolitische. Auch im NT dient der Sexismus dazu, die Vorherrschaft *eines* Geschlechts zu begründen[18].

Dies zugegeben bedeutet nicht, die Sorge zu verkennen, die Paulus zu seiner Lehre bewogen haben mag. Angeregt von den Erfahrungen seiner Urväter, deren Abwehr von Frauenreligionen er in den Heiligen Schriften noch nachspüren konnte, mag er instinktiv die Gefahren geahnt haben, die Sexualität als Idol nicht nur für die Kirche birgt. Fallen die Normen, mit denen väterliche Kulturen diesen Gefahren begegnen, nicht um so strenger aus, je intensiver die Sexualität als Lebensmacht erfahren wird? Oder ist es bisher überhaupt schon einer Gesellschaft gelungen, beide Geschlechter ebenbürtig anzuerkennen? Nur zwingt diese Einsicht wiederum, auch schon die Evangelien als Tendenzliteratur anzuerkennen. Auch sie spielen die religiöse Rolle der Frau herunter. Nur das älteste Evangelium gibt zu, daß die ersten Zeugen der Auferstehung Jesu Frauen waren, und nur das jüngste, daß die erste unter diesen Frauen eine Prostituierte war: Maria von Magdala. Selbst der frauenfreundliche Lukas läßt die Kunde der Frauen von der Auferstehung als «Geschwätz» werten (24,11). Der Versuch von Theologen, diese frauenfeindliche Tendenz der ältesten Jesusüberlieferung abzustreiten, scheitert an der Tatsache, daß sie auch in der Überlieferungsgeschichte des NT noch nachweisbar ist. Wo immer eine Möglichkeit sich bot, wurde der bereits kanonisierte Text erneut zugunsten der Männer geändert. Niemand würde in einer Heiligen Schrift so kleinliche Änderungen für möglich halten, aber sie sind da[19]:

Kanonisierter Text	Lesarten
Viele von ihnen wurden gläubig und ebenso nicht wenige der vornehmen griechischen Frauen und Männer.	Viele von ihnen wurden gläubig und ebenso nicht wenige der vornehmen griechischen Männer und Frauen.
Einige Männer schlossen sich Paulus an, außerdem eine Frau namens Damaris.	Einige Männer schlossen sich Paulus an.
Priszilla und Aquila nahmen Apollos zu sich und legten ihm den Weg Gottes noch genauer dar.	Aquila und Priszilla nahmen Apollos zu sich.

Wie man sieht, störte es manche schon, wenn Frauen vor den Männern genannt wurden, noch mehr, wenn der Name der Christin (wie Damaris = junge Kuh) nach Prostitution roch; vollends unerträglich fanden sie es, daß Frauen als Lehrerin des Glaubens noch vor dem Ehemann genannt wurden, da stellten sie die Namen um und strichen das Wirken beider ganz. Solche lächerlichen Textänderungen bloß den Schreibern anzurechnen, wie es gemeinhin geschieht, wird der Sache kaum gerecht. Einzelne wagen im Verbande nur, was von der Mehrheit getragen wird.
Um die Frau zu diskriminieren, scheute man nicht davor zurück, ganze Stücke einzuschmuggeln und andere zu entfernen. So kann man das Redeverbot für Frauen kaum anders als eingeschoben verstehen (1 Kor 14,34). Daraufhin deutet der Versuch, es an einer geeigneteren Stelle unterzubringen, am Schluß des Kapitels, nach den Worten: «Doch alles soll in Anstand und Ordnung geschehen» (14,40), mehr aber noch, daß der anderswo im NT überlieferte Kirchendienst der Frauen,

wie Mission, Diakonat, vielleicht auch die Leitung von Gruppen, sich ohne Sprecherlaubnis einfach nicht denken lassen. Andererseits deuten alle Anzeichen darauf hin, daß die frauenfreundliche Geschichte von der Ehebrecherin (Joh 8) bewußt vom NT ferngehalten wurde, obwohl sie unbestreitbar den Geist Jesu atmet. Wie ließe sich sonst ihr plötzliches «Auftauchen» nach der Kanonisation erklären? Kein anderes Stück des NT wurde so viel hin und her geschoben wie diese Geschichte, an keinem anderen Stück soviel korrigiert wie an diesem, was beidemal eher auf Schuld als auf einen zufälligen Fund deutet[20].

Diese Frauenfeindlichkeit der urchristlichen Überlieferung haben die Kirchen auch heute noch nicht überwunden. Zwar können sie den Text des NT nicht mehr ändern, wohl aber übersetzen sie immer noch gleiche Wörter im gleichen Sachbereich rangverschieden je nach Geschlecht. So behält die Einheitsübersetzung den Titel «Diakon» Männern vor, erniedrigt aber Diakonissen zu «Dienerinnen». Nur Männer anerkennt sie als «Leiter» der Gemeinde, Frauen im wortgleichen Dienst macht sie zu bloßen «Gehilfinnen»[21].

Man schämt sich fast, auf solche versteckte Diskriminierungen des «anderen» Geschlechts hinzuweisen, zumal in einer Heiligen Schrift. Aber man muß; denn auch auf die christliche Religion, die sich immer als einmalig ausgibt, trifft das Urteil der Wissenschaft zu. «Die Frau ist immer die beste Freundin der Religion gewesen, aber die Religion keineswegs immer die beste Freundin der Frau.»[22]

Die kirchlichen Folgen des Sexismus

Niemand wird erwarten, daß sich die frühchristliche Kirche von der paulinischen Sexuallehre trennte, nachdem sie diese als unwandelbar kanonisiert hatte. Jedermann wird einsehen, daß die Kirche auch später noch daran festhalten mußte, solange sie die Kanonisation im strengen Wortsinn verstand. Niemand aber kann es rechtens finden, daß die spätchristliche Kirche, seitdem sie die Zeitbedingtheit und damit die Wandelbarkeit auch der neutestamentlichen Normen anerkennt, gerade die Normen am zähesten verteidigt, die am dringendsten des Wandels bedürften. Bereitwillig kassierte die Kirche das Zinsverbot des Evangeliums, das sie das ganze Mittelalter hindurch unter schwerer Sünde aufrechterhalten hatte, als es sich mit der neuzeitlichen Wirtschaft nicht mehr vereinbaren ließ. Unnachgiebig aber hält die katholische Kirche, auf die hier die Frage nach den Folgen eingeschränkt wird, an der paulinischen Sexuallehre fest. Nirgendwo anders mißachtet sie so sehr die Humanwissenschaften, die zum Verständnis des NT zu achten das Zweite Vatikanum die Theologen angewiesen hatte. Zum Aufweis hierfür mögen ihre drei Sexualrundschreiben der letzten Jahrzehnte genügen: Casti connubii 1930, Sacerdotalis caelibatus 1967 und Humanae vitae 1968.

Es mochte den Katholiken bei dem niedrigen Stand ihrer naturwissenschaftlichen Bildung 1930 noch annehmbar erscheinen, wenn das erste dieser Rundschreiben Sexualität als von «Natur» aus gegeben mit Zeugung gleichsetzte: «Jeder eheliche Akt muß von sich aus auf die Erzeugung menschlichen Lebens hingeordnet bleiben.» Wer ihn dieser «natürlichen Kraft beraube», sündige «gegen das Gesetz der Natur». Den offenen Protest der Katholiken aber mußte es hervorrufen, als Papst Paul VI. auf dem Höhepunkt der sexuellen Revolution diese naturwissenschaftlich nicht haltbare Lehre im Rundschreiben «Humanae vitae» von 1968 als verbindliches Naturgesetz (wörtlich von 1930) wiederholte[23].

Wie zur Zeit Galileo Galileis (1633) widerspricht hier der Papst gesicherter wissenschaftlicher Erkenntnis, obwohl ihm gläubige Wissenschaftler von Rang davon abrieten. Wohl gibt er auf deren Drängen indirekt zu, daß nicht jeder Sexualakt mit Zeugung zu enden braucht, aber nur, um so direkter ihre naturgesetzliche Einheit zu behaupten. Gerade diese Einheit aber besteht nicht als Naturgesetz. Sexualität und Fortpflanzung kommen nicht nur getrennt vor, sondern haben auch jede für sich eine eigene Funktion, und diese nirgendwo mehr als beim Menschen, dessen Sexualität sich schon in vorgeschichtlicher Zeit ritualisierte.

Sigmund Freud nannte diese neue Funktion realistisch «Lustgewinn», den materialistisch mißzuverstehen seine Entdeckungen verbieten. Mit Recht setzte Rainer Maria Rilke diese Erfahrung, die für den geschlechtsreifen Menschen «an *einer* Stelle mitten im Fruchtfleisch der geschlossenen Umarmung erwacht», mit «jenem unbeschreiblichen *Glück*» des Kindes gleich, «das in seinem ganzen Körper noch überall namenlos verteilt ist»[24]. So entspricht der stärkeren Eingebundenheit der Frau in die Fortpflanzung die stärkere Ritualisierung ihrer Sexualität. Sehr früh entwickelte sie – zum Unterschied vom weiblichen Tier – die Fähigkeit, stets sexuell ansprechbar, aber nicht immer empfänglich zu sein, sehr spät entdeckte sie auch die Fähigkeit zum Orgasmus. Heute verlagert sich ihre sexuelle Ansprechbarkeit immer mehr nach «oben». Ihre Brüste erfüllen eher eine soziale als biologische Funktion, und ihr Antlitz erotisiert heute mehr als ihr Schoß.

Die katholische Kirche verschließt sich diesem Wandel noch immer. Noch immer beharrt sie auf der «Natürlichkeit» der Sexualität, obwohl gerade sie Tag für Tag Speise und Trank in der Messe einer neuen, die Natur übersteigenden Funktion zuführt[25].

Da aber auch katholische Ehen nicht jeden Sexualakt für die Zeugung offen lassen können, ja dies gerade aus ethischen Gründen nicht dürfen, so blieb der Kirche nichts anderes übrig, als jenen «Eheteil» von einem Sexualakt ohne Zeugungsabsicht freizusprechen, der «das sündige Tun nur leidet, nicht vollbringt, indem er die Verkehrung der rechten Ordnung geschehen läßt, ohne sie selber zu wollen», was in der Praxis dazu führte, daß die Frau – denn sie war unter dem Eheteil gemeint – sich um Unlust zu bemühen und dem Partner seine Sünden vorzuhalten hatte[26].

Nur zögernd gab die Kirche den Weg aus diesen widernatürlichen Praktiken frei. Wie zur rechten Zeit kam ihr die nach dem Ersten Weltkrieg entdeckte Tatsache entgegen, daß die Frau nur an wenigen Tagen ihres monatlichen Zyklus empfänglich ist (Knaus-Ogino), so daß eine Empfängnis durch Zeitwahl gleichsam auf «natürliche» Weise verhütet werden konnte. Die Kirche nützt sie bis heute als willkommene Gelegenheit, die nach dem Zweiten Weltkrieg entdeckte hormonale Steuerung des Frauenzyklus als «künstlich» abwehren zu können. Ob dieser Wandel in der Methode, die Unempfänglichkeit der Frau jeweils abzuwarten oder sie hormonal zu steuern, hinreicht, die eine als «natürlich» anzuerkennen, die andere als «künstlich» zu verwerfen, wie in der Enzyklika von 1968, ist keine theologische, sondern eine sprachliche Frage vor allem für einen Papst, der wie Paul VI. die höchst künstliche Herzverpflanzung bejaht. Die Kirche hält an der «natürlichen» Zeitwahl fest, obwohl diese, wie ihr aus fundierten Gutachten bekannt ist, wegen ihres rechnerischen Charakters als «widernatürlich» erfahren wird. Die überwiegende Mehrzahl der Katholiken hat sie als unsicher längst aufgegeben, so daß die Kirche sich mit ihrer Enzyklika einen bisher unbekannten Verlust an Autorität einhandelte[27].

Die Hartnäckigkeit, mit der Rom an dieser nicht mehr praktikablen Entscheidung festhält, deutet auf eine hartnäckige Verdrängung, die durch eine Indiskretion ans Licht kam. Während die Kirche sich als um das Wohl von Ehe und Familie besorgt darstellte, gab den Ausschlag die Sorge um die Unfehlbarkeit des Papstes[28].

Wie unsicher die neutestamentliche Basis der Enzyklika ist, verrät die Sprache. 25mal beruft sie sich auf die Lehre der Kirche, gegen 30mal auf das Gesetz der Kirche, 40mal auf die Lehre der Päpste, aber nur zweimal auf das Evangelium, und da nur als «Gesetz», während sie die neutestamentliche «Freiheit der Kinder Gottes» (Röm 8,21), die hier am ehesten zu erwarten wäre, völlig übergeht[29]. Paul VI. kam über seine Entscheidung auch nicht zur Ruhe. Einmalig in der Papstgeschichte, verteidigte er sie persönlich; er rief Bischöfe und Priester in einem Geheimschreiben auf, «sich in freudiger Ergebenheit (der Enzyklika) zu unterwerfen» und in der Beichtpraxis auch «die geringsten Zweifel» in dieser Sache auszuräumen[30]. Doch die Zweifel blieben, am stärksten bei dem Urheber selbst. Angeleitet durch das seltsame Wort des Neuen Testamentes: «Aufgehoben wird das frühere Gebot, weil es schwach und nutzlos war», neigte er schon dazu, die «künstliche» Geburtenregelung in Ausnahmen zuzulassen; doch die Stimme Ottavianis, dann hätte der Heilige Geist 1930, 1951 und 1968 den Protestanten beigestanden, war stärker[31].

Johannes Paul II. mied den «erlittenen» (sofferto) Alleingang Pauls VI. Auf geschickte Weise brachte er die Weltbischofssynode von 1980 dahin, daß diese Humanae vitae als «prophetisch» erneuerte und in einem umfassenden Zusammenhang geschickt verpackte. Wiederum setzte sich die Kirche über dringliche Gutachten kirchentreuer Profanwissenschaftler hinweg. Nirgendwo anders tritt die Zwielichtigkeit Johannes Pauls II. deutlicher hervor. Geschickt erlaubt er den Eheleuten, selbst «die Zahl der Kinder» zu bestimmen, und verdammt zu gleicher Zeit die Geburtenregelung überhaupt. Eindringlich empfiehlt er den Geschlechtern «Zärtlichkeit» im Umgang, zu gleicher Zeit aber verordnet er geschiedenen Wiederverheirateten «völlige Enthaltsamkeit». Man könnte die ganze Sache als erledigt übergehen, verdammte er die Geburtenregelung nicht ausdrücklich für die Entwicklungsländer, die durch Überbevölkerung einer Weltkatastrophe entgegengehen. Just in Manila rief er 1981 emphatisch aus: «Die Kirche wird niemals aufhören, die Geburtenregelung zu verdammen.» Haben Wissenschaftler nicht recht, wenn sie diesen Papst mit einem Staatsmann vergleichen, der die Neutronenbombe zuläßt[32]?

Zu nicht mehr haltbaren Denkmodellen wie «natürlich» und «künstlich» führte auch die dritte der genannten Enzykliken: Sacerdotalis caelibatus von 1967. Auch hier bringt die Sprache die Zwiespältigkeit an den Tag. Während der interne «Leitfaden für die Erziehung zum priesterlichen Zölibat» psychoanalytisch von «affektiver Reife, integrierter Persönlichkeit (und) sublimierter Sexualität» spricht, preist die für die Öffentlichkeit bestimmte Priesterenzyklika den «Cælibat» (schon in der falschen Schreibweise [anstatt Coelibat] an himmlisches Leben erinnernd) mit falschem Zungenschlag als «strahlenden Edelstein, erhabenes Schauspiel» und schwere, aber «süße Last» und stellt die «untreuen, unglücklichen» Priester gleich Fahnenflüchtigen dar. Noch weniger überzeugt der Zölibatsbrief Johannes Pauls II. Der herzliche Ton des Briefes kann nicht über die Härte hinwegtäuschen, mit der er seit Jahren Laisierungen stoppt[33].

Unbestritten ist, daß sich der Amtszölibat nicht aus dem NT herleiten läßt. Eher könnte daraus das Gegenteil begründet werden. Aber es sind eben nicht theologische, sondern machtpolitische Gründe, die die Kirche daran festhalten lassen. Die Ehelosigkeit der Priester entspricht der von ihr erzeugten Lustlosigkeit der Ehen. Mit unerfüllbaren Normen produziert Rom Tag für Tag unnötige Schuldgefühle und hält auf diese Weise Priester wie Laien in der Infantilität fest, um sie noch fester an sich als Mutter binden zu können.

Wer den Amtszölibat hier als spezifisch katholisches Problem überbewertet sieht, übersehe nicht, daß er aufs engste mit dem gewichtigen Ausschluß der Frauen vom Priesteramt zusammenhängt, der endgültig und ohne zwingendes Argument 1976 über sie verhängt wurde. Während die «Vereinten Nationen» der Frau «die gleichen Grundrechte (wie dem Mann) in allen Bereichen» zusprachen (1979), spricht ihr die Weltkirche sie in ihrem Bereich immer ostentativer ab: in der Kirche gebühre Frauen nicht der gleiche Anteil wie den Männern. Sie rechnet wohl mit der Vergeßlichkeit ihres autoritär geführten Volkes, wenn sie sich dabei auf die «Tradition» beruft, dabei das Zweite Vatikanum aber unterschlägt, das «jede Form einer Diskriminierung wegen des Geschlechts» als «dem Plan Gottes widersprechend» verwarf und ausdrücklich die Gleichheit des Geschlechts auch «in Christus und der Kirche» anerkannte[34].

Am wenigsten überzeugt wiederum die Sprache des Ausschlusses der Frau vom Priesteramt: «Die gesamte sakrale Ökonomie basiert auf natürlichen Zeichen... Die gleiche natürliche Ähnlichkeit ist erforderlich für Personen wie für Dinge. Soll Christi Rolle in der Eucharistie sakramental zum Ausdruck gebracht werden, so bestände diese ‹natürliche Ähnlichkeit›, die zwischen Christus und seinem Diener bestehen muß, nicht, wenn die Rolle Christi nicht von einem Mann übernommen würde.» Wieder muß «Natürlichkeit» dazu herhalten, «künstliche» Zustände zu bewahren. Wieder dient diese Redeweise dazu, ein kirchliches Vorurteil zu festigen, das noch Pius XI. die Fakten ins Gegenteil verkehren ließ: «Die unnatürliche Gleichstellung mit dem Mann wird sich zum eigenen Verderben der Frau auswirken... Sie wird wie im Heidentum zu einem bloßen Werkzeug des Mannes werden.» Wird die Frau nicht schon im NT als «Werkzeug» des Mannes angesehen (1 Petr 3,7)? Mit Recht weisen kritische Frauen darum die erneuten Versuche Roms ab, die kirchliche Zweitrangigkeit durch ihre biologische Einmaligkeit zu kompensieren: sie auf ihre «Berufung, Mutter zu sein» als ihr «wesentliches» (Paul VI.) oder gar als ihr «ewiges Spezifikum» (Johannes Paul II.) einzuschränken[35].
So läuft die Katholische Kirche Gefahr, nicht nur eine gesamtchristliche, sondern eine weltgeschichtliche Stunde zu versäumen. Hier bedarf es also, um «die versteinerte Männerkirche zum Tanzen zu bringen», des radikalen Umdenkens Jesu, des Mannes aus Nazaret[36].

Jesus dachte anders

Die Frage, ob Jesus selbst der Geschlechtlichkeit gerecht wurde, läßt sich schwer beantworten, da die Texte, selbst wenn sie verläßlich wären, gerade dafür nicht viel hergeben. Eines freilich ist sicher: es findet sich im NT nicht ein einziges Wort Jesu

gegen die Sexualität als menschliche Urerfahrung, vor allem nicht gegen die Sexualität der Frau.
Man müßte schon Theologe sein, um auch hier die Kontinuität des Paulus mit Jesus feststellen zu können, bei dem sich nicht ein einziges gutes Wort über die Sexualität findet, vor allem über die Sexualität der Frau. Ihm blieb Jesu offener Blick auf das Geschlecht des Menschen verborgen. Paulus sieht darin keinen Mangel; denn Jesus interessiert ihn kaum und Christus nur «im Geiste». Wiederum verrät Paulus ein einziges Wort: «Selbst wenn wir Christus gemäß dem Fleisch gekannt haben, so kennen wie ihn doch jetzt nicht mehr so» (ZÜ). Er kann es nicht lassen, das «Fleisch» des Menschen herabzusetzen. Mag einem Nichttheologen «die tiefe Abgründigkeit», die bei Paulus unter dem Wort Fleisch liegt, nicht zugänglich sein: offen liegt auch für ihn, was Paulus offen sagt: «Im Fleisch wohnt nichts Gutes» und man müsse, was darin wohnt, wie «die sexuellen Gelüste» (WÜ), «töten»[37].
Ob Paulus die Sündhaftigkeit des «Fleisches» in die Sexualität verlegt, ist umstritten. Heute haben die Theologen ein Interesse daran, dies zu verneinen. Mehr als tausend Jahre lang haben sie es bejaht. Augustinus, Theologe von Weltrang, wußte gemäß den Ausführungen des Paulus sogar den Sitz der Sünde im Fleisch anzugeben. Er sah ihn mit dem Samen des Mannes auf das Kind übergehen. Woran sollte Paulus auch sonst gedacht haben, wenn er von der «Befleckung des Fleisches» (WÜ) sprach, was die Einheitsübersetzung als «Unreinheit des Leibes» neutralisiert (2 Kor 7,1)?
Solche Gedanken sind Jesus fremd. Er findet keinen Anstoß daran, daß Mann und Frau «ein Fleisch werden». Undenkbar, daß er dabei an die Brunst der Tiere dachte. Sieht er doch in seinem eigenen Fleisch das Symbol tiefster Kommunikation. Er kann auf einer Hochzeit wohl gegen seine Mutter barsch werden, mit Braut und Bräutigam aber, deren Freude nach dem Glauben seiner Väter von Gott stammt, zur gleichen Stunde sich freuen. Die Frau vollends scheel anzusehen, hindert ihn sein Charakter als Augenmensch (siehe S. 98f.).

Unbefangen geht Jesus mit Frauen um, denen Paulus sich nur pastoral nähert. Er verwehrt es ihnen nicht, daß sie ihn – gegen die Sitte seiner Zeit – begleiten und für seinen Unterhalt sorgen. Er läßt eine Ehebrecherin nicht steinigen und eine Prostituierte sich zu seinen Füßen ausweinen[38].
Er denkt an die Frauen auch in seiner Lehre. Ihr Alltag, das Bereiten des Brotes, die Schmerzen und Freuden der Geburt, der Fund eines verlorenen Geldstücks werden ihm zu Bildern religiöser Erfahrung. Für das Reich Gottes wählt er frauennahe Symbole: die wachsende Saat, den fruchtenden Baum, den lebenspendenden Weinstock. Er spricht ihrer Arbeit im «Haus» den gleichen Rang zu wie der des Mannes auf dem «Feld». «Nähen (und) spinnen» nennt er gleichwertig neben «säen (und) ernten». Der «Backofen» wird ihm ebenso zum religiösen Symbol wie die «Scheune», die «Nähnadel» ebenso wie der «Pflug», für das Flicken von Kleidern, eine der Proletarierfrau eigene Arbeit, gebraucht er allein drei Wörter[39].
Man kann diese Unbefangenheit Jesu ebenso wie die sexuelle Schizothymie des Paulus auf die natürliche Anlage zurückführen. Vieles deutet darauf hin, daß sich in Jesu Persönlichkeit das fräuliche Element, die Anima, glücklich mit seiner männlichen Uranlage, dem Animus, versöhnte, so daß es nicht abwegig erscheint, hier den Gedanken der Versöhnung als einen Grundzug seiner Lehre gegründet zu sehen[40].
Die Frauen seiner Zeit dankten es ihm durch ihr Vertrauen. «Wenn du hier gewesen wärst», sagt eine von ihnen, «dann wäre mein Bruder nicht gestorben.» Frauen der Gegenwart erfahren ihn als «den glücklichsten Menschen, der je gelebt hat». Daß er aber auch «seine Umgebung mit Glück ansteckte», hat seine Ursache wohl darin, daß er mit allen Frauen wie mit Schwestern umging[41].
Welch machtvolle Rolle aber Frauen trotz – oder gerade wegen – seiner Ehelosigkeit in seinem Leben spielten, kann man aus ihrem Einfluß auf seine religiösen Entscheidungen sehen. Die Ironie einer volksfremden Syrerin bewog ihn, die Einengung seiner Aufgabe auf das jüdische Volk kritisch zu bedenken

(Mk 7,26), auf die Initiative einer glaubensfremden Samariterin erweiterte er seine Mission zur universalen Gotteserkenntnis: «Glaube mir, Frau, die Stunde kommt, zu der ihr weder auf diesem Berg noch in Jerusalem den Vater anbeten werdet» (Joh 4,21). <u>Diese Macht der Frauen auf seine Existenz träte noch klarer hervor, hätten die Evangelisten sie nicht absichtlich geschmälert</u>. Sie erzählen von Jesu Umgang mit Frauen, wenn überhaupt, nur zurückhaltend. Mehrmals berichtet über ein entscheidendes Ereignis nur einer von ihnen. Nur der frauenfreundliche Lukas wagt Jesu ungewöhnliches Wort über eine Prostituierte zu überliefern: «Ihr sind viele Sünden vergeben, weil sie (mir) so viel Liebe gezeigt hat» (7,47).

<u>Auf die gleiche Tendenz deutet es, daß der Gedanke vom Reich Gottes, das Jesus eher den Sündern des Fleisches als denen des Geistes zuspricht, im gleichen Maß abnimmt, in dem das patriarchalische Gottesbild zunimmt</u>. Es lohnt sich, diesem Vorgang statistisch nachzugehen:

	NT insges.	Markus	Johannes
Gott	1314	48	83
Vater (allg.)	415	18	137
Gott-Vater	165	4	104
Reich (allg.)	162	20	5
Reich Gottes	66	14	2

Wir heben im Blick auf das gesamte NT den Grundbestand heraus. «Gottvater» ist an «Gott» nur mit 12% beteiligt, «Reich Gottes» aber am «Reich» mit 40%. «Das Neue Testament trägt noch die Spuren der Zurückhaltung und der Scham des Alten Testamentes an sich.» Dieser Befund zeichnet sich als Prozeß bei einem Vergleich des ältesten mit dem jüngsten Evangelium ab. Markus spricht nur viermal von Gottvater, aber dreimal so häufig vom Reich Gottes; Johannes gut fünfzigmal so häufig vom Vatergott als vom Reich Gottes, von diesem überhaupt nur zweimal, und dies in einem Atemzug. «Die Vaterschaft ist keine ursprüngliche Kategorie des Evange-

liums; (dessen) Grundtenor bestimmt die Verkündigung des kommenden Reiches.»[42]
Jesus selbst wendet sich von der patriarchalischen Überlieferung deutlich in der Frage der Ehescheidung ab. Er nennt das einseitige Scheidungsrecht des Mannes ausdrücklich eine Erfindung des Menschen. Es verletzt das Recht der Frau, als ebenbürtiges Geschöpf Gottes anerkannt zu werden, und verhindert damit die Erfahrung Gottes im alltäglichen Leben. Diese noch im ältesten Evangelium festgehaltene Überlieferung wird schon im nächsten Evangelium ausgehöhlt. Es stellt durch eine «Klausel» die Einseitigkeit des Scheidungsrechtes wieder her. Zur Sicherheit schmuggelt es gleich zweimal, beidemal sinngleich, ein, daß «Hurerei» der Frau das Scheidungsrecht des Mannes begründet. Das Gegenteil kommt ihm überhaupt nicht in den Sinn. Man muß es Lukas hoch anrechnen, daß er diese Manipulation mied. Seine Frauenfreundlichkeit ließ ihn die markinische Tradition bewahren[43].
Kirchliche Übersetzer freilich manipulieren weiter. Als Beispiel möge die Einheitsübersetzung genügen. 1975 bringt sie das originale Wort «außer im Fall der Hurerei» (Mt 5,32) nur als Fußnote und rückt die gegenteilige Aussage «obwohl sie die Ehe nicht gebrochen hat» in den Text, als ließe sich durch eine zweite Manipulation die erste aufheben. 1980 wird die Unzuchtsklausel wohl in den Text aufgenommen, aber gleichfalls ins Gegenteil verkehrt. Man vergleiche:

originaler Text	manipulierter Text
Wer seine Frau entläßt, ausgenommen den Fall, es liegt Unzucht vor...	Wer seine Frau entläßt, obwohl kein Fall von Unzucht vorliegt...

Die Realität wird nur in einer Fußnote zugegeben: «Die sog. Unzuchtsklausel, die vom radikalen Scheidungsverbot Jesu den Fall der Unzucht ausnimmt, findet sich in der älteren Überlieferung, wie sie in Mk 10,2–12 und Lk 16,18 vorliegt, noch nicht.»

Es kann offenbleiben, was die Kirche dazu bewegt, an ihrer Lehre von der Unauflöslichkeit der Ehe als bereits neutestamentlich festzuhalten. Treue zu Jesus kann es nicht sein. Sie hat ja auch sonst seine Weisungen sehr früh aufgegeben, wie «Selig, die keine Gewalt anwenden» oder «Fahrt fort, (ohne Zins) zu leihen». Doch braucht man darüber nicht zu streiten; denn dieser Streit lenkte nur von der entscheidenden Tatsache ab, daß es sich in dieser Klausel nur um Unzucht der Frau handelt. Der Mann kann sich – auch nach dem NT – die Unzucht herausnehmen. Nirgendwo wird klarer, daß man nicht jedes Wort des NT als «Wort des lebendigen Gottes» verkünden kann, um soziales Unrecht abzudecken[44].

Hier böte sich erneut ein konkreter Ansatz, auch die Paulinische Theologie, statt sie als reine «Konsequenz» der Lehre Jesu zu verteidigen, kritisch auf ihr Gegenteil zu prüfen. Aber selbst wenn man – Jesus als eine geglückte Einmaligkeit androgyner Integration außer acht lassend – Paulus nur an der Jesusbewegung mißt, läßt sich eine tiefe Kluft nicht übersehen. Im Markusevangelium, dem reinsten Spiegel dieser Bewegung, spielt Sexualität überhaupt keine Rolle; die Pauliner aber kommen von ihr nicht los. Man muß allerdings zur Weltübersetzung greifen, um dessen innezuwerden; denn die Einheitsübersetzung neutralisiert. Es mögen drei Beispiele genügen[45]:

WÜ	EÜ
Gott übergab sie schändlichen *sexuellen Gelüsten*.	Gott lieferte sie entehrenden *Leidenschaften* aus.
Laßt uns nicht in unerlaubtem *Geschlechtsverkehr* wandeln.	Laßt uns ehrenhaft leben *ohne Unzucht und Ausschweifung*.
Jeder wisse, wie er von seinem eigenen *Gefäß* in Ehre Besitz ergreife.	Jeder lerne, mit seiner *Frau* in achtungsvoller Weise zu verkehren.

Nicht eines dieser Wörter findet sich bei Markus und darum auch nicht ein einziges aus dem polaren Feld der «Keuschheit», das die Pauliner reichlich benutzen (insgesamt 10mal). Wer so viel von Hurerei spricht wie die Pauliner (20mal, Markus 1mal), braucht die «Jungfräulichkeit» zur Kompensation (Paulus 7mal, Markus 0mal). Sprachlich überhöhend führt Paulus seine «Gemeinden» Christus als «keusche Jungfrauen» (WÜ) zu, so daß, wenn man nicht keusch ist, Christus mithurt[46].

Es braucht einem also Jesus wirklich nicht «genau so widerwärtig» zu sein, wenn es einem Paulus ist[47]. Doch führte ein Streit darüber von der wichtigeren Frage ab, worin dieser unterschiedliche Sprachgebrauch gründet. Die zeitliche Entwicklung kann es nicht sein, dazu sind die Fristen, die die frühesten Schriften des Urchristentums voneinander trennen, zu kurz. Ebensowenig reicht die geographische Ausbreitung (in der hellenistischen Kultur) zum vollen Verständnis hin. Der Hellenismus war auch in Palästina allgegenwärtig. Wohl aber weist der sprachliche Wandel auch im NT auf den Wandel der Sozialstruktur und damit auf den Wandel der Jesusbewegung zur christlichen Religion.

Der Jesusbewegung verging als einem revolutionären Aufbruch der ausgebeuteten Landbevölkerung das Interesse an der Sexualität. Darum auch kein Wort davon in ihrer Urschrift. Dieses Interesse wurde erst wach, als die wohlhabende Oberschicht der Städte die Revolte erstickte. Nicht von ungefähr führte Paulus seine Devise, «sich (sexuell) nicht zu verweigern», in Korinth ein (1 Kor 7,5).

Diese soziale Diskontinuität, auch schon der urchristlichen Gruppen, anzuerkennen ist ehrlicher, als sie mit theologischer Kontinuität zu überspielen. Wenn Paulus dabei verlöre, Jesus aber gewänne, litte darunter auch das Reich Gottes?

Ein vorläufig abschließendes Wort

In keinem Schlußwort dieses Buches trifft die Vorläufigkeit so sehr in die Mitte wie in diesem. Aber auch anderswo ist zu diesem weiten Komplex nirgends das letzte Wort gesagt. Religionen, die sich darin direkt auf Gott berufen, steinigen schon wieder, wie im Iran.

Ein «unterscheidend Biblisches», auf das Theologen wie Kirchen so viel Wert legen, ist außerhalb Jesu, des Mannes aus Nazaret, nicht in Sicht. Auch die Bibel sieht das Geschlechtliche als Gefahr für das Heilige. Auch nach ihren Normen sind widriglebende Ehen «auszurotten» und junge Frauen zu «steinigen»[48].

Allzuleicht geben Kirchen die zeitgebundenen Normen der Bibel als «Wort Gottes» aus, so daß sie zu Manipulationen gezwungen sind. Während sie ihre Mitglieder auf die «ungeteilte» Wahrheit verpflichten, verbieten sie mit der Bibel die Homosexualität als widernatürlich, verschweigen aber, daß die gleiche Bibel die Polygamie als natürlich und erlaubt hinstellt[49].

Aber auch die «sexuelle Revolution» macht es sich mit der ungeteilten Wirklichkeit zu leicht. Gewiß: Lust will «tiefe, tiefe Ewigkeit», aber erfährt sie nicht jeder ehrliche Mensch geradezu als Symbol der Vergänglichkeit, nicht nur des Aktes, sondern des Lebens überhaupt? War es nicht eine der lebensfrohesten Kulturen, die Eros und Thanatos in eins sahen? Auch die sexuelle Revolution, das Zeichen der Überflußgesellschaft an der Stirn, ist ein Kind ihrer Zeit[50].

Zeitgebunden sind auch die sexuellen Normen des NT. Kritischen Theologen gilt es nicht «als eine Sammlung unantastbarer Normen». Sie stellen selbst die Institution der Ehe, die der Soziologe aus sozialen Gründen für unabdingbar hält, gerade ethisch als absolutes Maß für jede Geschlechtsgemeinschaft in Frage. Sprachlich haben sie auf alle Fälle recht. Wer nennt heute noch jede nicht institutionelle Geschlechtserfahrung mit dem NT «Unzucht» oder «Hurerei»? Wer reiht sie heute noch mit Paulus unter die schwersten Verbrechen ein, wie Meineid, Raub und Mord[51]?

Die sexuelle Revolution ist «abgeklungen», so widersprüchlich sich das anhört. Aber nach einem allgemeingültigen Gesetz (der Sozialpsychologie) wird heute zur Alltäglichkeit, was gestern noch Aufbruch war. Die tiefste Anregung freilich, die wir dieser Revolution verdanken, der Aufbruch zu einem neuen Gottesbild, ist in den Anfängen steckengeblieben.

Anmerkung des Verlags: Als hervorragende Ergänzung hierzu empfiehlt sich *Roger Garaudy:* Der letzte Ausweg. Feminisierung der Gesellschaft, Olten 1982.

Belege

[1] Zum *Begriff* Vorurteil:
Die im Text angeführte Definition stammt von dem Psychologen G.W. Allport: The Nature of Prejudice, 1954. Strenger ist die soziologische Definition. Vorurteile bezeichnen eine verbindliche Stellungnahme über einen Gegenstand, ohne daß dem Stellungnehmenden die empirische Sachstruktur ausreichend objektiv bekannt ist oder von ihm berücksichtigt wird (H.E. Wolf: Soziologie der Vorurteile, Hdb. der Emp. Sozialforschung, II 912ff.

[2] Tit 1,12; hier liegt außerdem ein Trugschluß vor.
Zum *Begriff* Ideologie: Die im Text genannte Definition gibt eine dem politischen Konflikt verdankte Entdeckung wieder: K. Mannheim: Ideologie und Utopie, ³1952, 34

[3] Zum *Begriff* Sexismus:
Die Merkmale des Sexismus sind am treffendsten dargestellt in Marieluise Janssen-Jurreit: Sexismus, 1976

[4] D. Savramis: Das Vorurteil von der Sexualisierung der Gegenwartsgesellschaft, in: ders., Entchristlichung und Sexualität, 1969, 40

[5] Zur *Methode*
Für die Erhellung des komplexen Sexismus reicht die übliche psychoanalytische Methode, Unbewußtes und Verdrängtes aufzudecken, nicht hin. Da sich im Sexismus starke Machtinteressen verbergen, ist die psychoanalytische durch die marxistische Methode zu ergänzen: Herrschaftsmechanismen aufzudecken.

[6] Die Weisheit als Gespielin vor Gott Spr 8,22–31, bes. 30 (ZÜ). 1 Kor 7,1: berühren = haptesthai. Die Fußnote der EÜ hierzu «Es handelt sich hier um ein Zitat aus dem Brief der Korinther an Paulus» ist in der Endfassung von 1980 durch ein ‹wohl› bereits gemildert.

[7] Die Literatur zu dieser Frage ist unübersehbar. Sie kommt nicht zur Ruhe. So erlebte die exemplarische Schrift Otto Weiningers «Geschlecht und Charakter» 1981 eine Neuauflage. Die einschlägige Literatur referiert zuletzt Hoffmann R. Hays: The Dangerous Sex, 1964, deutsch: Mythos Frau, 1969;

für die Dichtung sei hingewiesen auf Hermann Burger: Die künstliche Mutter, 1982, und Max Frisch: Blaubart, 1982.
[8] koitieren: synerchesthai 1 Kor 7,5; der Koitus: chresis Röm 1,26.27
[9] 1 Kor 11,10; die EÜ (1980) deutet in der Fußnote das Kopftuch «charismatisch»
[10] 1 Kor 7,38; 1 Kor 7,9 (pyrousthai). Nietzsche: «Das Christentum gab dem Eros Gift zu trinken: – er starb zwar nicht daran, aber entartete, zum Laster» Ges. Werke, Bd. X (Musarion-Ausgabe) 104. Die schuldige Pflicht (opheile) 1 Kor 7,3; Lesart: die geschuldete Gunst (opheilomene eunoia); Gewalt (exousia, potestas) 1 Kor 7,4
[11] 1 Tim 2,15; 1 Tim 5,14; die Nachweise für Spengler, Nietzsche, Hitler finden sich in M.Janssen-Jurreit: Sexismus, 1976, 68 (O. Spengler), 87 (F.Nietzsche), 93 (Adolf Hitler).
[12] a) Das Wort «Familie» wird gegenwärtig immer stärker in das NT eingebracht. «Hausgenossen» (oikeioi, domestici) gab die EÜ noch 1975 mit «Familie» wieder, in der Endfassung mit «Hausgenossen». Sonst aber ließ sie das Wort «Familie» stehen, in den kurzen Pastoralbriefen allein 5mal (1 Tim 3,4.12; 2 Tim 1,15; 4,19; Tit 1,11). Luther fand das Wort in der ganzen Bibel nicht. Im lat. NT taucht zwar das Wort «familia» auf, spärlich, deckt sich aber nicht mit «Familie»; am häufigsten in der stehenden Wendung paterfamilias: der Hausherr (im strengen Sinn des Wortes; einmal bedeutet dieses Wort auch «Hausbesitzer»: Mk 14,14). Der starke Anteil des Wortgebrauchs in den «bürgerlichen» Schriften des NT (Mt, Lk, Past.Br.) läßt sich nicht übersehen.

b) 1 Tim 5,8; 1 Tim 2,9; 1 Kor 11,14f. (physis)
[13] Adam wurde verführt: 1 Tim 2,14; der Mann das Haupt der Frau: 1 Kor 11,3; die Frau für den Mann erschaffen: 1 Kor 11,9
[14] Weibchen: gynaikaria; mulierculae 2 Tim 3,7; EÜ: gewisse Frauen; ZÜ: Weibsleute; WÜ: schwache Frauen; Z: törichte Frauen
[15] 1 Tim 5,13ff; Tit 2,3ff
[16] a) Beispiele für die Übers. v. 1 Tim 2,9: die Frauen sollen sich anständig, bescheiden und zurückhaltend kleiden (EÜ), in würdiger Haltung erscheinen, in Anstand und Zucht (Z), sie sollen sich in wohlgeordnetem Kleide mit Bescheidenheit und gesundem Sinn schmücken (WÜ).

b) Eph 5,33 phobeisthai, timere; 1 Tim 2,12 authentein, dominari
[17] Eph 5,33; Kol 3,19 me pikrainesthai, nolite amari esse, sich nicht verbittern lassen; 1 Kor 7,5: me aposterein, ne fraudare; 1 Tim 5,11; katastrenian tou Christou, luxuriatae esse in Christo.
[18] Der Begriff «ekklesiogene Neurose» stammt von Klaus Thomas: Handbuch der Selbstmordverhütung, 1964, 299; er bezieht sich auf Graham Greene: The Heart of the Matter: «The church knows all the rules. But it doesn't know which goes in a single human heart.»
[19] Apg 17,12; 17,34; 18,26

[20] Joh 7,53–8,11; z. St.: Bruce M. Metzger: A Textual Commentary, 1975, dazu die Monografie U. Becker: Jesus und die Ehebrecherin. Untersuchung zur Text- und Überlieferungsgeschichte von Joh 7,53 ff., ZNW Beih. 28, 1963

[21] 1 Tim 3,8.12: «Diakon»; Röm 16,1: «Phöbe, die Dienerin der Gemeinde» (diakonos); 1 Thess 5,12: «leiten» (proistanai); Röm 16,2: Phöbe hat vielen, darunter auch mir «geholfen» (prostatis); *dazu jetzt:* G. Lohfink: Weibliche Diakone im Neuen Testament, in: Diakonia 11 (6, 1980) 385–400, ferner: Concilium, Sonderheft: Die Frauen in der Kirche, H1, Jg. 1976

[22] M. Winternitz: Die Frau in den indischen Religionen, Bd. 1, 1920, 121

[23] Casti Connubii 1930; Denz 3717; deutsch: A. Rohrbasser, Heilslehre der Kirche, 1953, Nr. 1690; Sacerdotalis Caelibatus 1967, deutsch: NKD 8, Trier 1968; Humanae vitae, 1968; deutsch: NKD 14, Trier 1968; Der Satz «Jeder eheliche Akt» von 1930 wird wörtlich 1968 wiederholt (quilibet matrimonii usus ad vitam procreandam per se destinatus permaneat); deutsch wird er zitiert nach NKD, Band 14, 1968.

[24] Rainer Maria Rilke: Der Brief des jungen Arbeiters (Muzot 1922)

[25] Natürlich, naturalis: NKD Band 14, Nr. 11; künstlich (artificio), ebd. Nr. 17

[26] Casti Connubii, 1930, Nr. 50; M. Becker: Die Macht der kath. Kirche, 1967, 69

[27] W. Korff: Knaus-Ogino am Ende und was nun? TQ 156 (1976) 225–227

[28] Offener Brief von Prof. von Eiff 1980 an den Papst: contra naturam, veröffentl. in der FAZ (unvermerkten Datums)

[29] H. Küng: Unfehlbar? Eine Anfrage, 1970, 39; hier noch weitere Zahlen zum Wortgebrauch der Enzyklika

[30] OR vom 15./31. Juli 1978

[31] Hebr. 7,18, dazu die FAZ vom 1. April 1969. Das Gutachten Ottavianis ist in der Herderkorrespondenz 21 (1967) 436 angeführt; das Gutachten der Minderheit: Herderkorrespondenz 21 (1967) 438.
Hier mögen einige Sätze aus dem erstgenannten Gutachten genügen: «Wenn erklärt würde, Empfängnisverhütung sei nicht in sich schlecht, dann müßte aufrichtigerweise zugegeben werden, daß der Heilige Geist... den protestantischen Kirchen beigestanden hat und daß er (die katholische Kirche) nicht vor einem sehr schweren Irrtum geschützt hat, einem höchst verderblichen für die Seelen...»

[32] Joh. Paul II. spricht Humanae Vitae «Vis prophetica» zu: FAZ v. 26.8.80; er ordnet sie umfassend ein: Apostolisches Schreiben: Familiaris Consortio vom 15. Dez. 1981 (dt.: Über die Aufgaben der christlichen Familie in der Welt von heute). Er spricht «den Ehegatten die Freiheit, über Nachkommenschaft zu entscheiden» zu: Familiaris Consortio; er wird nicht müde, von «Zärtlichkeit» im Umgang der Geschlechter zu sprechen: in seinem philos. Hauptwerk: «Liebe und Verantwortung» (deutsch 1981), er verordnet wiederverheirateten Geschiedenen «völlige Enthaltsamkeit»: Familiaris Consortio.

Joh. Paul II. in Manila: Süddeutsche Zeitung vom 20.2.81; Prof. Blanckenburg: die drohende Weltkatastrophe, FAZ vom 3.Juli 1981. Otto Koenig: Vergleich mit der Neutronenbombe, Südd. Zeitung (unbekannten Datums)

33 Erziehung zum priesterlichen Zölibat, NKD, Band 50, Trier 1968, Nr.18; Sacerdotalis Caelibatus, NKD Band 8, Trier 1968, Nr.1 und 14; Brief Joh. Paul II. an die Priester: OR 15.Mai 1979

34 Erklärung der Glaubenskongregation zur Frage der Zulassung der Frauen zum Priesteramt, 1976; Kritik: Herderkorrespondenz 31 (3, 1977) 151–157. UNO-Vollversammlung 1979: Konvention zur Beseitigung jeglicher Art von Diskriminierung der Frau: Concilium 16 (1980) H.4. Zweites Vatikanum: Dogmatische Konstitution über die Kirche, Nr.29 und 60, deutsch: J.Chr.Hampe: Die Autorität der Freiheit, 1967, Bd.II 54

35 a) Die Natürlichkeit der Zeichen: AAS 68 (1977) 98f.; Concilium 16 (1980) 244.

b) Die natürliche Bestimmung der Frau: Paul VI.: Ansprache an die kath. Juristen, 1972; Joh. Paul II.: Ansprache bei einer Generalaudienz, L'Osservatore Romano Nr.3 (564) vom 15.Jan 1979; Nachweise: Concilium 16 (1980) 235

c) «Werkzeug» (skeuos) wird die Frau in 1 Petr 3,7 genannt; Luther und Zink gebrauchen diese Übertragung. W.Bauer, Wb., führt als Grundbedeutung von skeuos an: «Gerät, das irgendwelchen Zwecken dient.» Er verweist auf Apg 9,15, wo Paulus «Werkzeug» Gottes genannt wird. Pius XI. zur Frau als Werkzeug im Heidentum: Casti Connubii, 1930 Nr.65.

36 Die versteinerte Männerkirche: Concilium 16 (1980) 230

37 Es ist angespielt auf: W.G.Kümmel: «Wie man nicht Jesus gegen Paulus ausspielen kann, so kann man auch nicht zwischen Jesus und Paulus wählen»: Die Theologie des NT, ³1976, 227. 2 Kor 5,16; Röm 7,18; Kol 3,5 (nekroun: töten)

38 Lk 8,1–3 (Frauen im Gefolge Jesu); Joh 7,53ff. (die Ehebrecherin); Lk 7,36 (die Prostituierte)

39 Jesus gebraucht in dem Logion Mk 2,21 drei Wörter für «Flicken» (epiblema, rhakos, pleroma). Mt 9,16 behält alle drei bei; Lk (5,36) streicht zwei. Luther spricht noch unbedenklich von «Lappen» und «flicken» (Verb). Die EÜ, noch 1975 «Flicken» wählend, spricht 1980 auf dem Weg nach oben nur noch von «Stoff».

40 Hanna Wolff: Jesus der Mann. Die Gestalt Jesu in tiefenpsychologischer Sicht, 1975 (das androgyne Jesusbild); dies., Jesus als Psychotherapeut, 1978

41 Joh 11,32; D.Sölle: Phantasie und Gehorsam, ²1968, 63: «Ich halte Jesus für den glücklichsten Menschen, der je gelebt hat. Er erscheint als ein Mensch, der seine Umgebung mit Glück ansteckte.» Vgl. ebenfalls: L.Kretz: Witz, Humor und Ironie bei Jesus, 1981.

42 P.Ricœur: Die Vatergestalt – vom Phantasiebild zum Symbol, in: ders.: Hermeneutik und Psychoanalyse, 1974, 315, hier 342; dazu jetzt: Hamerton-

Kelly, R.: God the father, Theology as Patriarchy in the Teaching of Jesus, Philadelphia 1979. Mk 8,38, 11,25, 13,32; 14,36; Joh 3,3.5. P. Ricœur: Die Vatergestalt, 343

[43] Mk 10,2–12; bes. 10,10; 10,5; Mt 5,32; 19,9 (dazu Fußnote in EÜ); Lk 16,18

[44] Selig, die keine Gewalt anwenden: die umstrittene Wiedergabe der EÜ von Mt 5,5 vgl.: sanftmütig (ZÜ), mildgesinnt (WÜ), geduldig (Z)

[45] Sexuelle Gelüste: 1 Thess 4,5; Geschlechtsverkehr: Röm 13,13; Gefäß (als Frau) 1 Thess 4,3; erlaubter und unerlaubter Geschlechtsverkehr: Röm 1,26; 13,13 (WÜ)

[46] Keuschheit im Paulinum: positiv als hagneia = castitas und negativ als molysmos = pollutio, insgesamt 10mal; Hurerei (porneia-Wortfeld) 20mal (bei Mk 1mal); «Jungfräulichkeit» (parthenos): Mk 0, Pls 7mal; überhöht: keusche Jungfrau (WÜ von hagne parthenos): 2 Kor 11,2; mithuren 1 Kor 6,15; melos «membrum virile» (W. Bauer, Wb.).

[47] W. G. Kümmel: Die Theologie des Neuen Testaments, 1976, 227, zitiert R. Bultmann ohne Quellenangabe. Das Zitat lautet wörtlich: «Wem Paulus widerwärtig und unheimlich ist, dem muß Jesus genauso widerwärtig und unheimlich sein.»

[48] H. Haag, Der Teufelsglaube, 1974, 107: «Die Überzeugung, daß der ganze Bereich des Geschlechtlichen mit dem Heiligen unvereinbar sei, ist im Menschen von Urzeiten her verankert. Alle antiken und primitiven Kulturen kannten und kennen ausgeprägte Sexualtabus.» Vgl. Dtn 22,20 und Lev 20,18.

[49] Zu Homosexualität im NT: Röm 1,26.27; 1 Kor 6,9; 1 Tim 1,10; im AT: Lev 20,13. Dazu: Craddock, F.: How Does the New Testament deal with the Issue of Homosexuality?, Grand Rapids 1978

[50] Friedrich Nietzsche: «Doch alle Lust will Ewigkeit –, will tiefe, tiefe Ewigkeit»: Also sprach Zarathustra. Vierter und letzter Teil. Das trunkene Lied Nr. 12, WW (Musarion) XIII, 409

[51] Die «Lasterkataloge» reihen abnormes sexuelles Verhalten ein: 1 Kor 6,9 und 1 Tim 1,10. Nach der Lehre der Soziologie sind Normen immer mit Abweichungen verbunden, nirgendwo mehr als in der Sexualität: dem Feld der breitesten Variationen menschlichen Verhaltens, wie die Kinsey-Reporte ergaben. S. H. Pfürtner: Kirche und Sexualität, rororo sexologie 1972, S. 176: «Auch das NT ist keine Sammlung unantastbarer Normen»; «Es kann nicht verkannt werden, daß auch die ntl. Schriften von den Zeit- und Kulturbedingungen abhängen, die weder die unseren noch in sich unproblematisch sind.»

Antisemitismus

Man weicht dem Neuen Testament aus, wenn man den christlichen Antisemitismus erst mit Konstantin ansetzt. Man kann der Annahme zustimmen, daß die Autoren des NT keinen Antisemitismus gewollt haben. Aber kommt es denn in der Literatur nicht ebensosehr auf die Rezeption wie auf die Intention an? Hätte der christliche Antisemitismus je eine solche Macht entfalten können, wäre er nicht schon im NT sakralisiert worden[1]?
Ist man aufgrund der eigenen wie der geschichtlichen Erfahrung überzeugt, daß sich im geringen Anfang das dicke Ende verbirgt, so wird man den neutestamentlichen Texten, in denen jüdische Wissenschaftler den christlichen Antisemitismus begründet sehen, mehr Aufmerksamkeit zuwenden, als dies Theologen bis zum bitteren Ende getan haben[2].
Man wird diese Texte auch auf ihre zweitausendjährige Wirkung prüfen müssen. Die Weite dieser Frage zwingt zur äußersten Beschränkung: läßt sich der Umschlag des religiösen Antijudaismus, den Theologen dem NT nicht absprechen, in den politischen Antisemitismus an einem Beispiel konkret aufweisen? Zur Klärung dieser Frage scheint sich «der deutsche Fall» besonders zu eignen. Hitler bekannte sich als Vollstrecker des Fluches, den das NT dem jüdischen Volk zuschreibt, seine Gefolgsleute beriefen sich auf den Antisemitismus Luthers. Luther wiederum liebte Paulus und Johannes, die von allen neutestamentlichen Autoren am stärksten des Antisemitismus beschuldigt werden. Sollte es reiner Zufall sein, daß sich der radikalste Antisemitismus, den die Geschichte kennt, im Land des klassischen Paulinismus entwickelte[3]?
Die Einschränkung auf diese Linie schwächt gewiß die Beweis-

kraft, nimmt aber niemandem die Möglichkeit, aufkommenden Zweifeln selbst genauer nachzugehen. Wir eröffnen den Weg hierzu durch drei Überblicke: die Anfänge bei Paulus, der unaufhaltsame Aufstieg des Antisemitismus, Juden wie Jesus zu beseitigen.

Die Anfänge bei Paulus

Die älteste Schrift des NT, der um 50 von Paulus nach Saloniki, einer griechischen Handelsstadt mit starker jüdischer Minderheit, geschriebene Brief, enthält Formulierungen zur «Judenfrage», die lebhaft an die Sprache des Antisemitismus unter Hitler erinnern.

Da beschuldigt Paulus die Juden kollektiv als «Feinde aller Menschen», so wie Hitler sie als «Weltfeinde» verteufelte. Wie Streicher schreibt ihnen Paulus wachsende Schuld und steigernde Strafe zu, so daß Gottes «End-Zorn» verständlich wird. Wer «ihnen ein Ende macht», steht im Dienst Gottes, oder nach Hitler im Dienst der «Vorsehung»; denn «ihr Ende wird ihr Untergang sein». Lassen wir diese Übersetzungen von 1 Thess 2,15.17 auf sich beruhen. Sie stammen nicht von einem mißliebigen Soziologen, sondern samt und sonders von deutschen Theologen der Gegenwart. Begnügen wir uns mit dem Vermerk, daß der Originaltext kritischen Theologen vor Hitler so anstößig erschien, daß sie seine Echtheit bezweifelten[4].

Heute sind die Theologen in der Kunst der Hermeneutik so vervollkommnet, daß sich diese Anstößigkeit von selbst aufhebt. Wie sollte es auch anders sein, wenn die Kirche sie anleitet, die judenfeindlichen Texte des NT so zu interpretieren, daß sie sich nicht mehr negativ auf das heutige christlich-jüdische Leben auswirken? Es ist dann gleichgültig, *wie* sie die antisemitische Gefahr dieser Texte aus dem Bewußtsein verdrängen[5].

Am einfachsten machen es sich Theologen, die diesen Text mit

Paulus «heilsgeschichtlich» verteidigen. Abgesehen davon, daß die Heilsgeschichte sich nicht real nachprüfen läßt, erscheint dieses gängigste Argument theologischer Abwehr nur als das gleiche, das auch die Antisemiten unter Hitler ins Feld führten: denn wozu sonst könnte sich der Untergang des Weltfeindes auswirken als zum Heile der Welt? Keine Schwierigkeiten bereitet es Theologen auch, die inkriminierte Stelle im Kontext des Paulus, des widersprüchlichsten Autors des NT, zu rechtfertigen. Von seinen Volksgenossen angegriffen, setzt er sich so leidenschaftlich für sie ein, daß Theologen ihn auch schon zum ersten christlichen Semitophilen ernannten. Man muß, um ihm gerecht zu werden, seine widersprüchlichen Aussagen über die Juden gegenüberstellen[6]:

1 Thessalonicher	Römer
(Die Juden) mißfallen Gott und sind Feinde aller Menschen.	Ich möchte selber verflucht sein um meiner Brüder willen, die der Abstammung nach mit mir verbunden sind.
Sie machen unablässig das Maß ihrer Sünden voll.	Gott hat sein Volk nicht verstoßen, das er einst erwählt hat.
Aber der ganze Zorn ist schon über sie gekommen.	Wenn schon durch ihr Verschulden die Heiden reich werden, dann wird das erst recht geschehen, wenn ganz Israel zum Glauben kommt.

Aber läßt sich mit solcher Widersprüchlichkeit der Initiationstext des Antijudaismus aufheben, wenn Paulus wenige Zeilen vorher seine Anhänger in Saloniki lobt, daß sie seine Worte als «Wort Gottes» annahmen (1 Thess 1,6)?
Zur vollendeten Unreinheit wächst sich die Apologie von Theologen aus, wenn sie diesen Initiationstext psychologisch als Zornausbruch deuten, da sie ja doch sonst die Psychologie als Interpretationshilfe grundsätzlich ablehnen. Zwar ließe die Art, wie ihn sein eigenes Volk verfolgte, eine affektive Reaktion verständlich erscheinen, doch spricht im Gegensatz zu sei-

nen späteren Vorwürfen, wo er die Juden «Hunde» nennt und ihre Kultur «Dreck» – in diesem Fall der entschiedene Ton seiner Worte dagegen[7].
Alle diese Versuche von Theologen, Paulus zu rechtfertigen, lenken nur von der Sache ab. Seine persönliche Integrität anzugreifen verbietet die Härte seines Lebens. Es geht hier allein um die Frage, ob die Vorwürfe, auf die er sein Urteil über die Juden stützt, einer sachlichen Prüfung standhalten, oder ob er mit seiner Behauptung einem Vor-Urteil unterliegt: «(Die Juden) haben Jesus, den Herrn, und die Propheten getötet; auch uns haben sie verfolgt; sie hindern uns daran, den Heiden das Evangelium zu verkünden.»[8] Fragen nach so schwerwiegender Schuld (wie Mord) darf man nicht so leicht nehmen wie Paulus. Sie bedürfen doppelt kritischer Prüfung, wenn sie kollektiv erhoben werden. Waren Paulus die Fakten nicht bekannt, oder wollte er sie nicht zur Kenntnis nehmen, um sein absolutes Urteil aufrechterhalten zu können?
Am ehesten noch ließe sich die Schuld der Juden an der Unterdrückung des neuen Glaubens aufrechterhalten. Allezeit dazu erzogen, ihren Glauben absolut zu vertreten, haßten sie nichts mehr, als daß ein Mensch zum Gott erklärt wurde. So ist es verständlich, daß sie gegen Paulus handgreiflich wurden. Aber Paulus, selbst im absoluten Glauben aufgewachsen, mußte doch sehen, daß er hier Glauben gegen Glauben setzte. Die gleiche Absolutheit, mit der er seinen Glauben vertrat, mußte er auch den Juden zugestehen.
Umstritten sind die beiden übrigen Anklagepunkte: Mord an den Propheten und an Jesus. Es braucht nicht bezweifelt zu werden, daß die Juden ihre Propheten so wenig liebten wie jedes andere Volk. Aber es spricht für sie die Tatsache, daß sie die Schriften der Propheten, die sie schwer anschuldigten, durch Jahrhunderte bewahrten. Geschichtlich sind nur wenige Prophetenmorde bekannt, im NT wird ein einziger erwähnt und da noch mit einer Namensverwechslung. Aber selbst diese Fälle reichen nicht hin, die Juden kollektiv als Prophetenmörder anzuschuldigen[9].

Unentscheidbar bleibt die Schuld der Juden an der Hinrichtung Jesu. Der oberste Gerichtshof des Staates Israel hat es aus Mangel an Beweisen abgelehnt, den Prozeß Jesu neu aufzurollen; denn er hält, wie alle profanen Kritiker, den Prozeß Jesu in den Evangelien für tendenziös entstellt. Sicher hat die Führungsschicht der Juden mit den römischen Besatzern kollaboriert. Doch auch sie konnte Pilatus nicht zwingen, ein Todesurteil zu vollstrecken. Das jüdische Volk kollektiv zu beschuldigen, ist schlichtweg ungerecht[10].
Jedenfalls reichen in keinem der drei Vorwürfe die Argumente des Paulus zu seinem vernichtenden Kollektivurteil hin, abgesehen von der Frage, ob es überhaupt Kollektivschuld gibt. Er erliegt damit in klassischer Weise einem Vor-Urteil, indem er verbindlich an einem Urteil festhält, ohne die Fakten zur Kenntnis zu nehmen, obwohl er es könnte. Sein Vorurteil grenzt an Demagogie, und dies um so mehr, als es zu seinen Grundsätzen gehört, «alles kritisch zu prüfen» (1 Thess 5,21).

Der unaufhaltsame Aufstieg des Antisemitismus

Der christliche Antisemitismus blieb seit seinem Initiationstext virulent. Er begann in fast sämtliche neutestamentliche Schriften einzudringen. Die doppelte Sakralisierung dieses Textes, erst durch Paulus selbst, dann durch die Kanonisatoren, erstickte jede innerchristliche Kritik.
Deutlich läßt sich dieses Wachsen des Antisemitismus an den Evangelien ablesen. Während Markus, der älteste Evangelist, nur die jüdische Führungsschicht anklagte, beschuldigte schon Matthäus das gesamte jüdische Volk. Er schrieb ihm – nach dem Urteil jüdischer Gelehrter in verleumderischer Weise – den Eigenfluch zu, der in der Folge als Urruf zu jüdischen Pogromen ausgenützt wurde: «Sein Blut komme über uns und über unsere Kinder.» Es nützte wenig, daß der konziliante Lu-

kas im dritten Evangelium einzulenken versuchte; denn was er hier an Judenfeindschaft versäumte, holte er in der Apostelgeschichte nach, in der er sich dem Mythus von der Verwerfung der Juden anschloß. Die Evangelisten scheuen bei ihrem Versuch, diesen Mythus zu festigen, nicht vor Unwahrheit zurück. Sie machen Judas, den Paulus noch nicht kennt, immer schlechter, und Pontius Pilatus, den Historiker nur als gerissenen Politiker schildern, immer besser, was wiederum zur Folge hat, daß die Juden zur gleichen Zeit Judas idealisieren und Jesus diskriminieren[11].

Den Gipfel erreicht nach jüdischen Wissenschaftlern der neutestamentliche Antijudaismus im jüngsten Evangelium, dem des Johannes; sein Verfasser macht Judas als Dieb zum Urtyp jüdischer Geldgier, schreibt den Juden «teuflische Gelüste» zu und erweitert, indem er sie «Kinder des Teufels» nennt, einer kosmischen Macht also, die Paulinischen «Feinde der Menschheit» zu «Weltfeinden» – wie die nazistischen Antisemiten. Jüdische Theologen nennen Johannes einen ausgesprochenen Antisemiten; dies taten auch deutsche Theologen unter Hitler. Heute bestreiten sie dies aufs heftigste. Sie finden es «lächerlich», geben zu, daß man Johannes «mit vielem Recht den Vater des christlichen Antisemitismus» nennen könnte, entscheiden sich aber vor der Analyse dafür, daß sie vom Glauben her eine solche Annahme als unmöglich zurückweisen müssen. Von Wissenschaft kann hier kaum noch die Rede sein. Wieder kommt ihnen die Widersprüchlichkeit des NT als eines Sammelwerkes entgegen. Gerade in dem Evangelium, das am stärksten des Judenhasses angeklagt wird, steht als wirksamste Erwiderung der Satz: «Das Heil kommt von den Juden.» Das klingt so widersprüchlich, daß ihn kritische Theologen als Einschub erklärten. Warum aber hören sie ihn erst heute mit der gleichen Intensität wie den Selbstfluch der Juden[12]?

Unehrlich erscheinen Theologen, wenn sie den neutestamentlichen Antijudaismus kompensatorisch auf «verschmähte Liebe» zurückführen, das tiefenpsychologische Verständnis des Judas aber nicht zur Kenntnis nehmen, wiewohl das Alte Testament mit dem Sündenbock dazu einlädt. Es besteht der dringende Verdacht, daß der Antisemitismus der Christen aus ihrem latenten Haß gegen einen «Erlöser» quillt, den sie wohl «bekennen», aber nicht als solchen erfahren. So projizieren sie ihren uneingestandenen Haß auf die Juden; diese «stehen für die Erkenntnis, daß die Geschichte und die christliche Existenz unerlöst sind; (so wird ihnen) Christus zum Rachemittel, um jenes Volk zu verfolgen, das auf seine Ankunft wartet und in einem solchen Christus seine eigene Erlösung nicht erkennen kann»[13].

Darum schlagen jene Theologen ins Leere, die den nazistischen Antisemitismus als «rassistisch» vom religiösen Antijudaismus absetzen; denn jeder nachantike Antisemitismus gründet im christlichen Glauben. Haben die Hitlerischen Antisemiten die Juden je anders gesehen denn als Repräsentanten der verworfenen Welt, wie es im NT geschieht? Setzte sich vielleicht Bischof Berning von Osnabrück vom Hitlerischen Antisemitismus ab, wenn er den Häftlingen der Konzentrationslager «Gehorsam» predigte[14]? Es verschleiert die Realität, solche Vorkommnisse, wie es weithin «Sitte» geworden ist, als «Ausrutscher» zu entschuldigen. Sie ereigneten sich in einem umfassenden Kontext: die römische Kirche traf sich mit dem Hitlerstaat in der Angst vor dem Kommunismus und im Mut zur Autoritätsgläubigkeit, beide deutlich auch bei Widerstandskämpfern nachweisbar. So erhoffte Bischof Galen vom Rußlandfeldzug das Heil der Kirche: «Gott sei Dank, jetzt wird der Kommunismus zertrümmert», und Kardinal Faulhaber bekannte noch 1944, daß er sich «persönlich die Verehrung zum Führer» bewahrt habe[15].

An Verkommenheit grenzt es, wenn Theologen den neutestamentlichen Antisemitismus als «im Dienst praktischer Gemeinde-Interessen» gelegen verteidigen. Wohl war es opportun für die Christen, die Juden zu belasten, um in den Augen der Römer gut dazustehen. Doch heiligt der Zweck auch im NT nicht die Mittel. Wenn alles, was im Interesse der Gemeinde geschieht, gut ist, welcher Unterschied besteht da noch zur Devise: «Gut ist alles, was dem Volke nützt»? Rechtfertigen diese Theologen damit nicht zugleich die christlichen «Väter», die «im Interesse ihrer Familien» den Antisemitismus eines Hitlers mitmachten[16]?

Juden wie Jesus beseitigen

Mögen Theologen die judenfeindliche Intention neutestamentlicher Texte noch so sehr bestreiten: nicht bestreiten können sie deren judenfeindliche Rezeption durch die Christen.
Der christliche Antisemitismus berief sich bis in die jüngste Gegenwart zentral auf die im NT den Juden zugeschriebene Schuld am Tode Jesu und verharrte auf der religiös begründeten Endlösung: «Das Blut Jesu haftet nicht nur an jenen, die Jesu Zeitgenossen waren, sondern fürwahr an allen künftigen jüdischen Geschlechtern bis ans Ende der Zeiten» (Origenes)[17].
Wie sehr dieser Schuldzuspruch den christlichen Antisemitismus bestimmte, läßt sich bis in den Gottesdienst hinein verfolgen. So war die Karwoche für die Juden des Mittelalters die gefährlichste Zeit des Jahres. Vielerorts wurden sie während des Gottesdienstes «symbolisch» mißhandelt. Dabei scheute die Kirche vor Fälschungen nicht zurück. So schrieb sie die Kniebeuge, die sie beim Gebet für die Juden unterließ, im Widerspruch zum Evangelium statt der römischen Soldateska dem jüdischen Mob zu. Es macht nichts gut, wenn Theologen, subtil wie sie sind, den judenfeindlichen Akzent des Karfreitags heute auf ein sprachliches Mißverständnis zurückführen: «perfidi», wie die Juden im Gebet genannt wurden, hätte mit «ungläubig» und nicht mit «treulos» übersetzt werden müssen. Diskriminiert nicht auch «ungläubig» die Juden[18]?
Auf widerliche Weise suchten die Päpste die Juden Roms zu «bekehren». Sie zwangen sie schon im frühesten Mittelalter, ein «Schandabzeichen» zu tragen. Noch tief in die Neuzeit hin-

ein ließen sie sie Woche für Woche zu Bekehrungspredigten in die Kirchen peitschen und an Karnevalstagen unter ihren Augen wettrennen, wobei sie am Balkon standen und herzlich lachten, wie Gregorovius berichtet[19].

Die Reformatoren fanden sich mit den Päpsten in der Ökumene der Judenverfolgungen wieder. Indem Luther die Schriften des Paulus und Johannes als Kern und Mark des NT zur täglichen Lektüre empfahl, schaffte er seinem Judenhaß eine breite Resonanz. Er personalisierte die Johanneische Verteufelung der Juden: «Es ist ebenso leicht, einen Juden zu bekehren, wie den Teufel zu bekehren», und programmierte in sieben Punkten die Endlösung. Dieses Programm wurde so stark verdrängt, daß es hier, leicht gekürzt, im Wortlaut wiedergegeben sei. Luther fordert:

1. daß man ihre Häuser zerstöre. Dafür mag man sie unter ein Dach oder Stall tun, wie die Zigeuner;
2. daß man den Juden das Geleit und die Straße ganz und gar aufhebe. Sie sollen daheim bleiben;
3. daß man ihnen alle Barschaft und Kleinode an Silber und Gold nehme, und lege es beiseit zu verwahren;
4. daß man ihre Synagoga mit Feuer anstecke und, was nicht verbrennen will, mit Erde überhäufe und beschütte;
5. daß man ihnen alle ihre Bücher nehme, auch die ganze Bibel, und nicht ein Blatt ließe;
6. daß man den jungen, starken Juden und Jüdinnen in die Hand gebe Flegel, Axt, Karst, Spaten, Rocken, Spindel und lasse sie ihr Brot verdienen im Schweiß der Nasen;
7. so laßt uns bleiben bei gemeiner Klugheit anderer Nationen, als Frankreich, Hispanien, Böhmen, und mit ihnen rechnen, was sie uns abgewuchert, sie aber für immer zum Lande ausgetrieben. Drum immer weg mit ihnen.

Noch in den letzten Tagen seines Lebens stachelte er «die Herren» an, die Juden «wegzutreiben»[20].

Der lutherische Antisemitismus fand seinen Höhepunkt im deutschen Nationalsozialismus. Hitler beruft sich auf Luther: «(Er) war ein großer Mann, ein Rätsel. Mit einem Ruck durchbrach er die Dämmerung; sieht den Juden, wie wir ihn erst heute zu sehen beginnen.» Lutherische Theologen wiederum feierten Hitler als Erben lutherischer Frömmigkeit und Vollender lutherischen Judenhasses[21].

In treuer Kollaboration mit der lutherischen Kirche verlegten die Hitlerischen Antisemiten das Niederbrennen der Synagogen auf Luthers 450. Geburtstag. Erfüllt vom Heiligen Geist wählte der Bischof Sasse Luthers zentrales Wort zum Titel seiner hunderttausendfach verbreiteten Haßschrift gegen die Juden: «Weg mit ihnen!»: «In dieser Stunde» (am 10. November 1938, da die Synagogen brennen) «muß die Stimme des Mannes gehört werden, der der größte Antisemit seiner Zeit geworden ist.» Von Luthers Judenhaß lebte der «Stürmer». Sein Herausgeber, Julius Streicher, hämmerte fast in jeder Nummer seiner Hetzzeitung die Devise ein: «Wer den Juden kennt, der kennt den Teufel», die von Luthers Wort «Teufelsjuden» inspiriert ist. Noch im Nürnberger Prozeß berief er sich auf Luther als seinen Gewährsmann, der ebenso wie er vor das Gericht gehörte, wenn er noch lebte[22].

Die Apologeten machen es sich mit der Rechtfertigung dieser Parallelen wieder einmal zu leicht, wenn sie den Antisemitismus Luthers psychologisch erklären: er sei in der Jugend den Juden zugetan, im Alter aber über ihre Verstocktheit enttäuscht gewesen, was sein persönlicher Verfall in den letzten Jahren seines Lebens, in die seine judenfeindlichen Schriften fallen, nur verstärkt habe. Sie täten besser daran, die tiefenpsychologische Deutung des Lutherischen Antisemitismus zur Kenntnis zu nehmen. Treffen Luther und Hitler sich nicht im Vaterhaß, und eigneten sich Lutherworte nicht als Devise für die Konzentrationslager[23]?

Nicht bestritten zu werden braucht, daß die Theologen, die Luthers Aufruf zu Judenpogromen religiös oder theologisch begründen, davon selbst überzeugt sind, wie zuletzt Klaus Scholder: «Luthers Verhältnis zu den Juden ist von der Mitte seiner Theologie aus zu begreifen.» Aufs heftigste zu bestreiten ist aber, daß mit der religiösen Überzeugung auch die Sache gerechtfertigt sei. Auch die Überzeugung Luthers, daß die Wahrheit unteilbar sei und Abweichler verbannt werden müßten, hebt die Unmenschlichkeit seiner Forderungen nicht auf. Aber bei welchem Apologeten Luthers erschien dieser kritische Gedanke auch nur von ferne? Wird das Luther-Jahr 1983 ein Einlenken bringen? Und warum verurteilen wir Khomeini und sprechen Luther frei? Kommen nicht auch seine Unmenschlichkeiten aus der Mitte seines Glaubens?

Aufs Ganze gesehen gleichen die Rechtfertigungsversuche von Theologen für Luther denen für Paulus. Sie sind von der Richtigkeit ihrer Argumentation so fest überzeugt, daß sie für Andersdenkende selbst vom Rang eines Karl Jaspers: «Was Hitler getan, hat Luther geraten, mit Ausnahme der direkten Tötung durch die Gaskammern», nur tiefes Bedauern übrig haben[25].

Ein vorläufig abschließendes Wort

Der christliche Antisemitismus ist das Ergebnis einer zweitausendjährigen Erziehung. Es wird ungewöhnlicher Mühe bedürfen, ihn in kürzerer Zeit zu verlernen.

Dazu genügt nicht, daß die Christen sich zu ihrer Schuld bekennen, wie es (in Deutschland) zunächst die Protestanten und später zögernd auch die Katholiken taten. Das Zweite Vatikanum «bedauerte» nur die Judenverfolgungen. Erst zehn Jahre später wurde «jede Form von Antisemitismus als dem Geist des Christentums widersprechend» verworfen: «Was sich bei (Jesu) Leiden ereignet hat, kann man weder allen damals lebenden Juden ohne Unterschied noch den heutigen Juden zur Last legen.»[26]

Es genügt auch nicht, die «Juden», das Produkt des christlichen Antisemitismus, in neuem Lichte zu sehen. Man wird auch Abschied nehmen müssen vom paulinischen Christus. Gibt man zu, daß Jesus sich selbst nicht als Messias verstand, was sich immer stärker als Konsens unter den Theologen herausbildet, dann fallen die paulinischen Vorwürfe gegen die Juden. Dann stießen sie an «keinen Stein des Anstoßes», waren sie nicht «verstockt», erhielten sie keinen «Geist der Betäubung», erlitten sie weder den «Fall» noch die «Verwerfung». Dann lesen sie ebensowenig ihre Bibel «durch eine Hülle», sondern «mit unverhülltem Angesicht» und klaren Augen, da Gott ihnen keineswegs «den Sinn verblendet» noch sie «mit Blindheit» geschlagen hat[27].

Wenn der nachantike Antisemitismus, auch der politische, im NT gründet, dann müssen wir auch das NT in neuem Lichte sehen. Wer den Initiationstext des christlichen Antisemitismus mit Paulus und der Kirche für Gottes Wort hält, der muß die Vorurteilhaftigkeit dieses Textes auch Gott anlasten. Wem dies sein Glaube verbietet, muß aufhören, ein literarisches Produkt über Gott zu stellen. Er kann dies um so mehr, da er darin Jesus folgt, der wohl das Alte Testament anerkannte, aber dort, wo es gegen die Menschlichkeit verstieß, darüber hinwegging.

Daß dieser Durchbruch zur Wahrheit sich auch für das NT nicht ungünstig auszuwirken braucht, lehrt der Versuch der Juden, Jesus in ihr Volk heimzuholen, seitdem die Christen begonnen haben, ihnen gerecht zu werden. Wann werden auch die Christen den Mut haben, vom neutestamentlichen Antijudaismus Abschied zu nehmen? Geschieht nicht vielmehr das Gegenteil? Ist «der Schoß, aus dem das kroch» (B. Brecht), nicht noch immer fruchtbar[28]? Am fruchtbarsten in kirchlichen Kreisen, die von konservativen Theologen geführt werden, wie sich nachweisen ließe.

Anm. des Verlags: Ergänzend siehe *H.L. Goldschmidt/M Limbeck:* Heilvoller Verrat? Judas im Neuen Testament, Geleitwort von Anton Vögtle, Stuttgart 1976.

Belege

[1] *Begriffliche* Abklärung
Der profane, erst im 19. Jahrhundert geprägte Begriff des «Antisemitismus» erreicht nicht die Schärfe des theologischen «Antijudaismus». Nur ist dieser bislang im Getto der Theologen geblieben, während jener, von Anfang an auf die Juden eingeschränkt, als wären sie das einzige semitische Volk, allge-

mein durchdrang. Rein philologisch gesehen könnte er, 2000 Jahre später geschaffen, nicht auf die Zeit des NT angewandt werden. Aber «reine» sprachliche Formeln gibt es eben nur in der Mathematik, in Religion und Politik sind sie völlig ausgeschlossen.

[2] M. Heidegger: Einführung in die Metaphysik, 1953, 119: «Der Grundirrtum besteht in der Meinung, der Anfang der Geschichte sei das Primitive und noch Zurückgebliebene, Unbeholfene und Schwache. In Wahrheit ist es umgekehrt. Der Anfang ist das Unheimlichste und Gewaltigste.»

[3] Fr. Heer: Gottes erste Liebe, 1967, 387; Hitler: «Ich muß diesen Fluch vollstrecken». M. Luther nannte als die «besten» Schriften des NT das Johannesevangelium und die Paulusbriefe; J. Leipoldt: Geschichte des ntl. Kanons II, 60.

[4] Feinde aller Menschen: EÜ, End-Zorn: W. Marxsen: Der erste Brief an die Thess, 1979; den Juden ein Ende machen: O. Michel, in: W. Eckert: Antijudaismus, 1967, 58; ihr Ende wird ihr Untergang sein: Übers. Zink. Die kritischen Theologen zu 1 Thess 2,15.16 nennt E. Dobschütz in seinem kritischen Kommentar von 1909, 32

[5] Diese kirchlichen Anweisungen zur Interpretation nennt N. Lohfink in W. Eckert: Antijudaismus, 1967, 15 ff.: Über die historische Wahrheit der Evangelien (1964) und Dei Verbum (1965).

[6] Es wird verglichen: 1 Thess 2,15c, 16c mit Röm 9,3; 11,2.12.15

[7] Hunde, Dreck (EÜ: Unrat): Phil 3,2.8; der dekretorische Ton: Pls gebraucht für das schlichte «Kommen» (EÜ) das Wort ephtasen (1 Thess 2,16c)

[8] 1 Thess 2,15a.16a

[9] Prophetenmord im NT: Mt 23,35; zu diesem Topos siehe: H. Kraft: Die Entstehung des Christentums, 1981, 170 ff., bes. 173. K. H. Schelkle: Paulus. Erträge der Forschung 152. 1981, 240: «Die Anklage, Israel habe seine Propheten getötet, ist in dieser Allgemeinheit aus seiner Geschichte nicht zu begründen.»

[10] Als Beispiele profaner Autoren seien genannt: der Jurist Paul Winter: On the Trial of Jesus, 1961; der Historiker Joel Carmichael: Leben und Tod des Jesus, 1965, 32 ff.; die jüdischen Gelehrten J. Klausner: Jesus von Nazareth, 1952, 461, und Ben Chorin: Jesus im Judentum, 1970, 22 ff.

[11] Der Blutfluch: Mt 27,25; K. H. Schelkle: Die Selbstverfluchung Israels, in: W. Eckert: Antijudaismus, 1967, 148 ff.; hier der Jude Montefiore (1927): «Ein schrecklicher Vers; eine entsetzliche Erfindung... Dies ist einer jener Sätze, die schuldig sind an Meeren von Menschenblut und an einem ununterbrochenen Strom von Elend und Verzweiflung.» Zur Verwerfung der Juden in der Apg: bes. 2,23; 3,13; 3,22; 13,27; 13,46; 14,2; 18,6; «Lukas will (mit Act 28,28) eine endgültige Verwerfung Israels darstellen»: E. Haenchen: Judentum und Christentum in der Apg; ZNW 54 (1963) 155–187, hier 185. Judasmythos der Evangelisten: Goldschmidt/Limbeck, Heilvoller Ver-

rat?, 1976. Die jüdische Idealisierung des Judas: Das Evangelium des Judas Ischkariot, dazu unter dem gleichen Titel Th. Reik in: ders., Der eigene und der fremde Gott, jetzt 1972, 75 ff.

[12] Joh 12,4f.; 13,29; 8,44. Die jüdischen Wissenschaftler und die Theologen unter Hitler nennt E. Grässer: Die antijüdische Polemik im Johannesevangelium, NTS 10 (1964/65) 74f., hier auch die Auseinandersetzung über Johannes als den «Vater des Antisemitismus der Christen» (J. Jocz); Gr. Baum hindert der «Glaube», ihn so zu nennen (ders.: Die Juden und das Evangelium, 1963, 146); er hält es für «lächerlich» (164). Joh 4,22, zur Echtheit der Stelle: Gr. Baum, a. a. O.

[13] Verschmähte Liebe: J. Gnilka, in W. Eckert: Antijudaismus, 1967, 126
Zur psychoanalytischen Deutung des Judasproblems siehe: T. Reik: Der eigene und der fremde Gott, Neuauflage 1972; S. Tarachow: Judas, der geliebte Henker, in: Y. Spiegel: Psychoanalytische Interpretationen biblischer Texte, 1972. Haß gegen die Juden: Rosemary Ruether: Nächstenliebe und Brudermord, 1978, 228 f.

[14] Fr. Heer: Gottes erste Liebe, 1967, 412

[15] G. Denzler: Wie die katholischen Bischöfe im Dritten Reich mitschuldig wurden, in: «Die Zeit» vom 3. Sept. 1982

[16] Gemeinde-Interessen, so versteht es E. Grässer: Die antijüdische Polemik, NTS 10 (1964/65) 90

[17] Origenes, nach P. Winter, in: W. Eckert: Antijudaismus, 1967, 104

[18] Mk 15,19; dazu Gr. Baum: Die Juden und das Evangelium, 1963, 23 f.21

[19] Carlos Widmann: Il Ghetto. Von den Ängsten und Komplexen der römischen Juden, Südd. Zeitung Nr. 239 vom 16./17. Okt. 1982

[20] a) Luther: Schem Hamphoras, nach Fr. Heer: Gottes erste Liebe, 1967, 182
b) Luther: Von den Juden und ihren Lügen: WA Bd 35, hier 523 ff. und 535 f.
c) Letzte Predigt vom 15.2.1546: WA 51, 195

[21] Hitler über Luther: Fr. Heer: Der Glaube des Adolf Hitler, 1968, 208. Hitler als Erbe Luthers: Brosseder: Luthers Stellung zu den Juden, 1972, 194; und W. Schiffner: Luther, Hitler und die Juden, in: Tribüne 2 (1963) 1064–1071; in mehr als 20 Punkten verglich der Erlanger Theologe H. Preuß Hitler mit Luther (nachzulesen bei W. Schiffner, a. a. O.)

[22] Bischof Sasse: J. Brosseder a. a. O. 208. Luther spricht von «Teufelsjuden» nach W. Maurer: Die Zeit der Reformation, Bd II Kap. 5: Kirche und Synagoge, 1968, 421; er bezieht sich auf die WA, Bd 53, 528 ff. Devise des Stürmers: Brosseder a. a. O. 183. Streicher vor Gericht: Brosseder, a. a. O. 306

[23] Erik E. Erikson: Der junge Mann Martin Luther, 1958 (tiefenpsychologisch) 260. «Seine Worte (an die Fürsten über die Bauern) könnten die Tore heutiger Polizeizentralen und Konzentrationslager zieren» (Heer, Gottes erste Liebe, 185).

[24] K. Scholder: Kehrseite des Abendlandes: «Die Zeit» Nr. 25 vom 18. Juni

1982; Heiko A. Oberman: Wurzeln des Antisemitismus, Berlin 1981; die erste offizielle Kritik an Luthers Antisemitismus fand ich in der «Erklärung des Rates der EKD: Martin Luthers Gegenwart 1983» vom 1.1.1983, gez. von Landesbischof D.E. Lohse, abgedruckt in der FAZ vom 3.1.1983: «So wichtig Luthers frühe Schrift über die Juden auch heute noch ist, so verhängnisvoll wurden Äußerungen des alten Luther. Niemand kann sie heute gutheißen.»

[25] K. Jaspers: Philosophie und Politik, 2. Aufl. 1963, 162. Brosseder, a.a.O. (Anm. 21) 308.

[26] Die Judenerklärung des Konzils, deutsch in: J. Chr. Hampe (Hg): Die Autorität der Freiheit, Bd III, 496; einen Kurzkommentar zu dieser Erklärung (Nostra Aetate Nr. 4) gibt Franz Mußner im «Traktat über die Juden», 1979.

[27] P. Lapide – U. Lutz: Der Jude Jesus, 1979, 49, beziehen sich auf folgende Paulus-Stellen: Röm 9,32; 11,7; 11,8; 11,12.15; 2 Kor 3,14; 3,18; Röm 11,25

[28] Der volle Satz von B. Brecht (1947): «Der Schoß ist fruchtbar noch, aus dem das kroch.» – H. Brüdigam: Der Schoß ist fruchtbar noch, Frankfurt 1964

Kapitalismus

Die Theologen finden es bei der Überfülle neutestamentlicher Detailstudien mit Recht als schwerwiegenden Mangel, daß bisher keine umfassende Untersuchung des Gottesbegriffes im Neuen Testament vorliegt. Es kann hier offenbleiben, ob dies, wie der Theologe N. A. Dahl annimmt, schon im NT selbst begründet ist. Zu prüfen ist der Verdacht, dieser Mangel könnte an der nicht eingestandenen Furcht der Theologen liegen, einem Gott im NT zu begegnen, den sie darin nicht vermuten. Diesem Mangel kann der Soziologe in einem ersten Zugriff abhelfen. Gewiß trägt der Gott des NT als eines der widersprüchlichsten Bücher der Welt viele Gesichter. Eines aber, das die Theologen am wenigsten erwarten, dürfte das des kapitalistischen Gottes sein. Die Tatsache, daß der Monotheismus auch anderswo mit dem Kapitalismus Hand in Hand geht, legt den Verdacht auf dieses Bild auch im NT nahe[1].

Es mag sein, daß der christliche Kapitalismus erst im Kalvinismus blühte, seine Wurzel hat er schon im NT. Hier schon finden sich jene Merkmale, die Karl Marx berechtigen, «das Christentum (in seiner Entwicklung im Protestantismus) die entsprechendste Religionsform» des Kapitalismus zu nennen. Hier schon zeichnen sich jene religionssoziologischen Strukturen ab, die Max Weber als kapitalistisch im Kalvinismus aufwies. Träfe dies nicht zu, hätte der Kapitalismus nie zur christlichen, alles durchdringenden «Kultur» werden können. Nie sonst hätten die Christen jedes andere Gesellschaftssystem zweitausend Jahre lang als Verrat ihrer Religion abgewehrt. Nur verhinderte die Sakralisierung des NT, diese Wurzel zu sehen, was freilich deren Triebkraft nicht schwächte, sondern ihr ein volles Leben sicherte[2].

Wem der ständige Verweis auf Karl Marx verdächtig erscheint, sei auf das Urteil des Jesuiten Nell-Breuning verwiesen[3]:

> Nur mit Schmerz und Beschämung kann der Christ sich damit abfinden, daß diese im wesentlichen zutreffende Entlarvung der kapitalistischen Klassengesellschaft nicht von einem christlichen Sozialwissenschaftler geleistet worden ist. Allzulange hat die christliche Sozialehre sich dagegen gewehrt, sich von Marx den Star stechen zu lassen. Die Wahrheit gebietet anzuerkennen, daß wir doch alle in wichtigen Stücken seine Schuldner sind.

Wiederum fordert die umfangreiche Problematik äußerste Beschränkung, so daß auch hier der Subtilität, mit der das offizielle Christentum das kapitalistische System verteidigt, nicht im gleichen Maß begegnet werden kann. Wir skizzieren die Anfänge bei Paulus, fragen kritisch nach der klassischen Formulierung des Wolfsgesetzes in den Evangelien und suchen uns, intensiver als bisher, der Kritik Jesu bewußt zu werden.

Die Anfänge bei Paulus

Bestimmt man den Kapitalismus (mit Karl Marx) als die Macht, alles in käufliche Ware zu verwandeln: Gott, die Natur, den Menschen und seine Erzeugnisse, dann läßt er sich im Christentum bis auf Paulus zurückverfolgen[4]. Paulus erklärt die religiöse Schuld des Menschen zur finanziellen, wie die Geschäftssprache seiner Erlösungslehre untrüglich bezeugt. Gott – man erschrickt so zu sprechen – «verkauft» die Menschen an die Sünde, kauft sie «gegen Barzahlung» zurück, «stempelt (sie zu) Sklaven ab», «schreibt die geschuldete Summe gut», «setzt sie aufs Konto», «deponiert die Anzahlung» und besteht auf voller Erstattung[5].
Paulus ist in den Kapitalismus so verliebt, daß er selbst den Leib Jesu kapitalisiert, nicht ohne diese finanzielle Transaktion mit jenem kultischen Wort zu kaschieren, das allezeit die

Härte des Kapitalismus rechtfertigt: mit «Opfer». Der neutestamentliche Gott fordert, einem Shylock nicht unähnlich, zur Deckung der unbezahlbaren Schuld der Menschheit das Fleisch und Blut seines eigenen Sohnes. Sieht man dieser Lehre zum erstenmal unvoreingenommen ins Gesicht, so findet man es verständlich, daß die Theologen vor so viel Sadomasochismus Gottes mit Paulus schamhaft in die «Ökonomie» des Heiles ausweichen, was die Einheitsübersetzung glatt verschweigt. Es bedarf schon des detektivischen Blicks eines Marxisten, um die Sache beim rechten Namen zu nennen: «Der Christus der Opfertodlehre bezahlte mit seinem unschuldigen Blut die Schulden, sogar noch durch überschüssiges Verdienst einen Gnadenschatz zu kirchlicher Verwaltung anhäufend.»[6]

Im Anhäufen (marxistisch: in der Akkumulation) schlägt das Herz des Kapitalismus, gleichgültig, ob Schuld und Gnade oder Besitz und Schulden angehäuft werden. Paulus geht hierfür den sichersten Weg, indem er die evangelienfremde, aber kapitalismusvertraute «Erbschuld» in die christliche Religion einführt. Die Theologen verdecken diesen Charakter der Erbschuld mit ihrem ewigen Streit um die «Fleischlichkeit» des Menschen, von der Paulus sie herleitet. In ihrer Unentrinnbarkeit gleicht die Erbschuld, mit jeder neuen Geburt neue Schuld aufhäufend, nach Marx den «äußeren Zwangsgesetzen» der kapitalistischen Produktionsweise oder nach Max Weber dem «festen Gehäuse» des Kalvinismus[7].

Profanwissenschaftler gewisser Herkunft verhalten sich dem Paulinischen Kapitalismus gegenüber wohl offener, aber keineswegs kritischer als Theologen; sie freuen sich darüber, daß schon Paulus das kapitalistische Konkurrenzdenken religiös rechtfertigte, fordern aber zugleich «eine Gesellschaft ohne Neid», als ließe sich dieser von der Konkurrenz trennen. Sie übersehen, daß gerade Paulus das konkurrierende Verhalten mit jener Askese verbindet, in der nach Max Weber der moderne (kalvinistische) Kapitalismus wurzelt: mit der «innerweltlichen», oder um diesen leicht mißverständlichen Begriff zu meiden, mit der «weltzugewandten» Askese, von Paulus egkrateia genannt, die sich wohl in der Welt engagiert, sich aber des «Rühmens» enthält[8].

Paulus rechtfertigt auch schon die Einheit des Kapitalismus mit dem Sexismus, nur verschleiert er diese sich selbst, indem er die begründende Geschichte von Abraham und Hagar allegorisiert, so daß man die Realität nennen muß[9]: Hagar war für Abraham als Sexualobjekt jahrelang gut genug; als es aber an das Verteilen des Besitzes ging, setzte er sie samt ihrem Sohn dem Hungertod aus; «denn nicht der Sohn der Sklavin soll Erbe sein, sondern der Sohn der Freien». Paulus definiert damit, wie die antike Sklavenhaltergesellschaft, das Leben als Funktion des Besitzes: «bios» bedeutet in ihr seit älter Zeit auch «Besitz»[10].

Aber verfahren wir nicht zu hart mit Paulus? Übernahm er diese Geschichte nicht aus der Heiligen Schrift und benützte er sie nicht bloß als Gleichnis für die Unterscheidung von Altem und Neuem Testament? Nein. Im Gegenteil: Wenn einer das Alte Testament schlecht gelesen hat, dann Paulus. Abraham konnte sich damit trösten, daß Gott ihm seine Hilfe für Mutter und Kind zusicherte. Abraham selbst «mißfiel es sehr» (Gen 21,11), daß er sein Kind verstoßen mußte. Bei Paulus aber stoßen wir nicht auf das geringste soziale Empfinden. Und selbst wenn man Paulus die persönliche Integrität zugesteht: Wurde der gnädige Gott im Christentum nicht zum sattsam bekannten «gnädigen Herrn»? Blieb in der christlichen Welt das uneheliche Kind bis in unsere Tage nicht rechtlos, wenn es ums Erben ging? Konnte die frühkapitalistische Brutalität gegen Frauen und Kinder ein wirksameres Vorbild finden als die Härte Abrahams? Nützte der Kapitalismus nicht allezeit die Aussetzung in die Wüste: den Hunger, als das sicherste Mittel seiner Herrschaft[11]?

Theologen gehen den entscheidenden Fragen wieder einmal aus dem Weg, wenn sie den (Sklaven-)Freikauf durch Christus nur als «Bild» der Paulinischen Erlösungslehre anerkennen. Bild ist es ohne Zweifel, aber darf man Praktiken, die der Erhaltung eines Unrechtssystems dienen, kritiklos auf die Reli-

gion übertragen? Man kann dieses Bild zeitgeschichtlich bejahen. Doch bleibt es theologisch allein unverständlich, warum die Kirche auch heute noch übergeschichtlich-dogmatisch daran festhält. Wenn damals der Freikauf göttliches Verhalten widerspiegelt, warum darf es heute nicht der Freikampf sein? Kommt der Mensch im Tauschhandel Gott näher als im Widerstand gegen Unrechtsstrukturen?
Und doch versuchen selbst Theologen, die zu neuen Ufern aufgebrochen sind, erneut «Jesus Christus als Schatz und Tauschphänomen» zu begreifen, wiewohl sie zugeben, daß bereits «am Ende des Mittelalters der unendliche Schatz der Kirche durch die bürgerliche Kapitalbildung abgelöst wurde». Haben sie noch immer nicht gemerkt, daß im Kapitalismus der Glaube zum Kredit wird, Schuld zu Schulden, der Gläubige zum Gläubiger, die Vorsehung zur Vorsicht, Verbundenheit zu Verbindlichkeiten[12]?
Immerhin sind diese Linguistik-Theologen dem NT näher als die Theologen der Anpassung, die das kapitalistische Denken des Paulus sprachlich kaschieren. So umschreibt der Meister dieser Kunst die Paulinische Terminologie wie folgt[13]:

Bauer	Zink
Ich bin an die Sünde verkauft.	Ich bin meinem bösen Drang ausgeliefert.
Christus hat die erste Rate deponiert.	Er hat den ersten Anteil seiner Herrlichkeit geschenkt.
Ihr seid gegen Barzahlung erworben.	Es war schwer genug für (Christus), euch zu freien Menschen zu machen.

Er würde dem NT gerechter, wenn er seine Sprache am Kommunistischen Manifest prüfte; denn was nach diesem der Kapitalismus als einziges «Band zwischen Mensch und Mensch übriggelassen hat: die gefühllose bare Zahlung», für arme Schlucker also die «Ratenzahlung», läßt die Paulinische Erlösungslehre als einziges Band zwischen Mensch und Gott[14].

Das Wolfsgesetz in den Evangelien

Schon ein oder zwei Jahrzehnte nach Paulus formuliert der früheste Evangelist das Grundgesetz des Kapitalismus, wie es die christliche Welt noch heute praktiziert: «Wer hat, dem wird gegeben, wer aber nicht hat, dem wird auch noch weggenommen, was er hat» (Mk 4,25). Der Einwand von Theologen, Markus lasse dieses Gesetz nur für das Verständnis religiöser Wahrheiten gelten, kann zutreffen, übergeht aber, daß er dies einer Elite vorbehält und er damit einen Begriff in das Evangelium einführt, der stets dazu diente, Privilegien zu rechtfertigen. Es spricht für diese Annahme, daß er gerade die verständlichste Form religiöser Erkenntnis, das Gleichnis, dem Verständnis der «Masse» vorenthält (4,11 f.).
Aber selbst wenn Markus sein Gesetz rein verstand, konnte er es nicht verhindern, daß es auf das soziale Leben antisozial zurückwirkte, aus dem er es als gängiges Wort entnahm. Die religiöse Elite kehrt sozial in den Herren wieder, die religiöse Masse in den Knechten. Und wenn die gelehrten Herren in der passivischen Formulierung des Gesetzes («wird gegeben, wird genommen») nach hebräischem Sprachgebrauch das Wirken Gottes umschrieben sehen: wer kann es dann den tumben Knechten verübeln, wenn sie die gleiche Wirkung aktiv Gottes Widersacher zuschreiben, der «immer auf einen (den gleichen) Haufen scheißt»? Man könnte dieses kapitalistische Verständnis des markinischen Satzes als Willkür eines Soziologen abtun, der nicht hart genug am Text bleibt, stieße man nicht schon im nächsten Evangelium auf das Schlüsselwort des ausgereiften Kapitalismus: «Wer hat, dem wird gegeben, und er wird *Überfluß* haben; wer aber nicht hat, dem wird auch noch weggenommen, was er hat» (Mt 25,29). Auch Überfluß wie dessen Folgen: Mangel an Notwendigem, gehören zu den bleibenden Merkmalen des Kapitalismus. Doch bleiben wir den Theologen zuliebe näher am Text. Denn dieser gibt für das Wolfsgesetz auch den «Sitz im Leben» an, den sie oft genug

krampfhaft suchen, die Bank, wie sie es auch heute noch ist – in diesem Sinn nur in den Evangelien des urchristlichen Arrangements: Matthäus und Lukas. Nur sie allein betten das von Markus überlieferte Jesuswort in ein Gleichnis. Man kann es also den Theologen nicht verübeln, wenn sie dieses Gleichnis weiter «allegorisieren», am weitesten als Angriff Jesu auf die Pharisäer. Der irreal erscheinende Zinsfuß (gemäß dem angegebenen Gewinn) von 100% (Matthäus) und 500, ja 1000% (Lukas) spricht für ihr Verständnis, freilich nur, solange man die Zeitgeschichte außerachtläßt, auf die sie sonst so sehr dringen; denn hoher Zins erschien den Hörern damals real. 100% waren im Orient seit Hammurabi gültiges Gesetz (§99). Weniger zu fordern galt als «Veruntreuung» (§101), so daß auch höhere Zinsen glaubwürdig erscheinen[15].

Doch braucht man darüber nicht zu streiten; denn unbestreitbar verteidigt dieses Gleichnis die kapitalistische «Akkumulation», daß Reiche reicher und Arme ärmer werden. Der von Anfang an Reiche wird nicht nur am reichsten (mit zehn Städten) entlohnt, sondern erhält auch noch das dem Armen anvertraute, aber profitlos gebliebene Geld zum Geschenk. Der Arme geht damit völlig leer aus. Den Armen wegen seiner Geldungewohntheit dazu noch zu tadeln, ihm Angst, wohl auch Feigheit vorzuwerfen, wie es im Gleichnis geschieht, wird der Realität nicht gerecht. Arme hatten zum Reichwerden nicht nur einen schlechten Start, da kleine Kapitalien auch bei hohem Zinsfuß klein bleiben, sondern gingen bei einer Wirtschaftskrise auch einem schlimmen Ende entgegen. Sie hatten Verluste aus der eigenen Tasche zu ersetzen, was damals lebenslanger Schuldknechtschaft gleichkam[16].

Es war darum eine Sternstunde für den Kapitalismus, als Kalvin die matthäische Diskriminierung der Kapitalismusunfähigkeit (Mt 25,26) ins Positive wandte. Wenn die Scheu vor Bankgeschäften ein Zeichen von «Schlechtigkeit und Faulheit» war – ein Topos, der sich gut erhalten hat –, dann zeichnete Freude am Kapitalismus einen Gläubigen als «gut und fleißig» aus.  Diese durchaus legitime «Interpretation» ermöglichte es Kalvin, auch Christen Zinsnehmen zu erlauben und ihr «gutes Gewissen» zu erhalten[17].

Er konnte dies nur tun, weil er aus Freude am Bankgleichnis die antikapitalistische Tradition der Propheten überhörte. Während diese Eigentum an Arbeit banden: «Sie werden Häuser bauen und sie selbst bewohnen; sie werden pflanzen, und kein anderer wird die Ernte verzehren» (Jes 65,21), verficht das neutestamentliche Gleichnis, das die Theologen schamhaft «Von den anvertrauten Pfunden» nennen, in schamloser Weise das Recht auf arbeitsloses Einkommen: «Ich ernte, wo ich nicht gesät, und sammle, wo ich nicht ausgestreut habe» (Mt 25,26), oder banktechnisch: «Ich hebe ab, was ich nicht eingezahlt habe» (Lk 19,22). In diesem Satz kündet der grammatikalische Wandel vom «göttlichen Passiv» (wird gegeben, wird genommen) zum aktiven Ich den Übergang zum privatkapitalistischen Denken an. Schon im NT wird mit der heute noch üblichen, vom alten Buddenbrook wörtlich wiederholten Frage: «Darf ich mit dem, was mir gehört, nicht tun, was ich will?», das absolute Recht über das Eigentum behauptet. Hier schon wird mit dem Wort «Oder bist du neidisch?» jede Kritik an sozialen Privilegien als Mißgunst, nach dem Urtext als «böse» diskriminiert (Mt 20,15).

Mit dem privatkapitalistischen Denken aber wächst auch die kapitalistische Härte. Mochte Abrahams Härte noch objektiv (im Erbgesetz seiner Zeit) begründet sein: die subjektive Willkür bindungslosen Eigentums führt schon im Evangelium zu beispielloser Grausamkeit. Das Bankgleichnis endet mit einem brutalen Befehl, der im ersten Wort jeden kritischen Einwand niederschlägt: «Übrigens, meine Feinde, die nicht wollten, daß ich ihr König werde, bringt sie her und macht sie vor meinen Augen nieder!» (Lk 19,27). Man muß schon Lukanischer Herkunft sein, um auch als Profanwissenschaftler in diesem Befehl «das vorherrschende Heiligenbild von Jesus» zerstört zu sehen[18].

Vergeblich kämpften die Johanneischen Autoren gegen diesen Frühkapitalismus. Vergeblich riefen sie in einer Apokalypse

zum Boykott kapitalistischer Produktionsverhältnisse auf, vergeblich protestierten sie in einem eigenen Evangelium gegen die Erlösungslehre vom Freikauf[19].
Gleichwohl erscheint es nicht unmöglich, daß auch sie zur Geburt des christlichen Kapitalismus beitrugen. Wenn es zutrifft, daß dieser aus der «innerweltlichen Askese» des Kalvinismus hervorging, dann keimt diese Wurzel schon im Paulinischen «haben, als hätte man nicht». Sie wird dort stark, wo die Anweisung des Paulus zur Arbeitsamkeit («Wer nicht arbeiten will, soll auch nicht essen») mit der Johanneischen Enthaltsamkeit von der «Begierde des Fleisches, der Augen und vom Prahlen mit dem Besitz» zusammentrifft. Aber selbst wenn sie unbewußt die kapitalistische Ideologie gefördert hätten, muß man es als Zeichen ihres Widerstands werten, daß sie deren «Wort-Schatz» als Spiegel religiösen Lebens bewußt mieden: In ihren Schriften findet sich nicht einer der banktechnischen Begriffe eines Matthäus oder Lukas. Fremd ist ihnen Gott als Teilhaber an Bankgeschäften, ferne liegt es ihnen, Antikapitalisten als Taugenichtse und Faulenzer zu beschimpfen[20].
Doch wie immer es sich mit diesem Widerstand der Johanneer gegen den Kapitalismus verhalten mag: die christlichen Kirchen haben sich ihm längst ergeben. Es ist die Feststellung eines Theologen, daß sie im Okzident ohne seine (finanziellen) Hilfen nicht bestehen könnten[21].
Kein real denkender Mensch wird von den Kirchen die Erneuerung des Zinsverbots fordern, die zur Zeit der fundamentalistische Islam versucht; denn auch die erste zinslose Bank der Welt, die Islamische Bank in Teheran, kann in der Weltwirtschaft nicht bestehen. Sie funktioniert, wenn überhaupt, nur in der eigenen Volkswirtschaft. Aber selbst da bleibt sie an Zins gebunden, den sie den Geldgebern nur in anderer Form, als Gewinnanteile an ihren Geschäften, gewährt. Wohl aber sind die Kirchen ununterbrochen zum kritischen Bewußtsein gegen die Absolutheit des Kapitalismus aufgerufen. Wenn sie es – mit Recht – ihrer Macht zuschreiben, daß der Okzident auch nach ihrer Freigabe der Zinswirtschaft noch ein halbes

Jahrtausend auf niedrigen Zinsen bestand, dann müssen sie sich auch fragen, ob die Zunahme von Wucherzinsen ohne ihre existentielle Partnerschaft mit dem Kapitalismus möglich wäre.

Als konkretes Beispiel seien die deutschen Verhältnisse genannt. Noch 1900 überschritt das BGB den von Kalvin festgesetzten Zins nur um ein geringes, warnte aber davor, die gewährten 6% manipulativ auszunützen (§§ 247 und 138). 1981 hob der Bundesgerichtshof in Karlsruhe jede starre Grenze auf. Maßgebend bleibe nur «ein besonders grobes Mißverhältnis» zwischen Zins und Kredit[22]. Kritische Stimmen der Kirchen waren dagegen nicht zu hören. Sie scheinen vergessen zu haben, daß «die Jesusnachfolge auch sie das Leben kosten kann». Die deutschen Christen nehmen es widerspruchslos hin, daß finanzielle Transaktionen wie die «Milliardensteuergeschenke für die Flicks» mit dem NT begründet werden: «Wer hat, dem wird gegeben», und mit dem gleichen Wort die unbestreitbare Tatsache verteidigt wird, daß der größte Teil des neugeschaffenen Volksvermögens zwangsläufig den bereits Besitzenden zufällt[23].

Mit Recht bezichtigt darum der Kapitalismus die Kirche der Untreue, wenn sie sich einmal gegen ihn wendet wie Paul VI. in der Enzyklika «Populorum Progressio» (1967). Zwar sprach er zurückhaltend nur von einem «gewissen Kapitalismus», doch konnte er ihn nur als System meinen, wenn er

– «den Profit als eigentlichen Motor des wirtschaftlichen Fortschritts»
– «den Wettbewerb als das oberste Gesetz der Wirtschaft» und
– «das Eigentum an den Produktionsmitteln als absolutes Recht»

verwarf, ja – im Gegensatz zur früheren Lehre von der «Heiligkeit», das heißt von der Unverletzlichkeit des Eigentums – selbst «die Enteignung von Grundbesitz» als sittlich erlaubt erklärte[24].

Im gleichen Jahr warfen 15 Bischöfe der Dritten Welt dem «entwickelten» Kapitalismus seine Schuld an der Unterentwicklung ihrer Diözesen vor: «Die Völker der Dritten Welt bilden das Proletariat der heutigen Menschheit.» Sie forderten die Kirche auf, sich vom Kapitalismus zu trennen und mit anderen Systemen zusammenzuarbeiten, die eine gerechtere Antwort auf die Notwendigkeiten der Zeit bieten. Ein Jahr später machten sich die Bischöfe von ganz Lateinamerika zum Mund der Unterdrückten: «Es erhebt sich ein stummer Schrei von Millionen von Menschen, die von ihren Hirten Befreiung erbitten, die ihnen von keiner Seite gewährt wird.» «Befreiung» von «institutionalisierter Gewalt» und «struktureller Abhängigkeit» wurde den Bischöfen zum Schlüsselwort der sozioreligiösen Erneuerung (1968)[25].

Die Befreiungstheologen begründeten ihren Aufbruch biblisch. Sie erinnerten an den befreienden Gott Israels: «Ich habe das Elend meines Volkes gesehen, das Jammern und Klagen wegen seiner Unterdrückung gehört. Ja, ich kenne das Leiden des Volkes. Ich, Jahwe, komme herab, um mein Volk zu befreien» (Ex 3,7.8). Sie sahen die befreiende Tat Gottes neutestamentlich erneuert. «Jesus, der Befreier» bot sich ihnen als die neue christologische Formel an[26].

«Tausend Priester» nannten aus alltäglicher Erfahrung die institutionalisierte Gewalt in einem offenen Brief nach Medellin (1968) beim Namen[27]:

Seit Jahrhunderten ist Lateinamerika ein Kontinent der Gewalt. Es handelt sich um die Gewalt, die eine privilegierte Minderheit seit dem kolonialen Zeitalter gegen die immense Mehrheit eines unterdrückten Volkes ausübt. Es ist die Gewalt des Hungers, der Schutzlosigkeit und der Unterentwicklung. Die Gewalt der Verfolgung, der Unterdrückung und der Unwissenheit. Die Gewalt der organisierten Prostitution, der illegalen, aber effektiven Sklaverei, der sozialen, intellektuellen oder wirtschaftlichen Diskriminierung.

Sie verschwiegen nicht, daß «viele keine andere Lösung mehr sehen als die Anwendung von Gewalt durch das Volk». Wie stark die lateinamerikanischen Theologen und Priester auf den Papst (Paul VI.) wirkten, kann man daraus ersehen, daß er in «Populorum Progressio» – wohl einmalig in der Geschichte der Kirche – die Anwendung der Gewalt gegen «eine langandauernde und eindeutige Gewaltherrschaft» («Tyrannis») als sittlich erlaubt erklärte[28].

Wiewohl diese Enzyklika die individualistische Basis des Kapitalismus durchaus bejahte: «Jeder ist seines Glückes Schmied, seines Versagens Ursache, wie immer auch die Einflüsse sind, die auf ihn wirken», nannte die kapitalistische Presse sie «ein fast marxistisches Dokument», das nur schade; denn die unterentwickelten Völker, für die Paul VI. sich eingesetzt hatte, litten nicht an einem Zuviel, sondern an einem Zuwenig an Kapitalismus[29].

Die Kirche lenkte ein. Sie schwieg «Populorum Progressio» tot. Die neue Sozialenzyklika Johannes Pauls II. («Laborem exercens», 1981) blieb in der überholten Tradition der katholischen Soziallehre. Man muß darum die Kritik Pauls VI. an der Marktwirtschaft in Erinnerung rufen: «Die Preise, die sich frei auf dem Markt bilden, können ganz verderbliche Folgen haben. Man muß es einfach sagen: eine Verkehrswirtschaft kann nicht mehr allein auf die Gesetze des freien und ungezügelten Wettbewerbs gegründet sein, der nur zu oft zu einer Wirtschaftsdiktatur führt.»[30]

Zugleich begann die Kirche die Befreiungstheologie zu diffamieren. Deutsche und lateinamerikanische Bischöfe, die über Entwicklungsgelder verfügten, lenkten von jedem sozialen Wandel ab, indem sie die Befreiung «eine reine Gabe Gottes» nannten. Auf subtile Weise ging Johannes Paul II. gegen die Befreiungstheologie vor. Ohne sie zu nennen, tat er sie in der Nachfolgekonferenz von Medellin (1979 in Puebla) als «gewisse Neuinterpretationen des Evangeliums» aufgrund von «theoretischen Spekulationen» ab. Mit der selbst sprachlich unwandelbaren Christologie festigte er zugleich die soziale Struktur. Er brachte es geschickt dahin, daß die Bischöfe, statt auf Befreiung zu drängen, sich auf «das Geheimnis der Partnerschaft und Gemeinschaft» zurückzogen, als dienten Partnerschaft und Gemeinschaft nicht von jeher dazu, soziales Unrecht ideologisch zu verdecken und hinderten Geheimnisse nicht von jeher die rationale Erhellung der Realität. Es ist keine «theoretische Spekulation», sondern nachweisbare Tatsache, daß die heutigen lateinamerikanischen Gesellschaften «sich nicht wesentlich von der Sklavenhaltergesellschaft unterscheiden, aus der sie geschichtlich hervorgegangen sind», wie Sozialinstitute der Kirche feststellten: noch immer verfügen 20 Prozent der Reichsten über 70 Prozent des Nationaleinkommens in unbeschränkter Weise[31].

Energisch begehrten wiederum mehr als tausend lateinamerikanische Priester gegen Johannes Paul II. auf, der selbst massiv Politik betrieb, wo es gegen den «Kommunismus» ging, von ihnen aber im Bereich der kapitalistischen Ausbeutung völlige politische Enthaltsamkeit forderte, als würde nicht auch diese sich politisch auswirken, indem sie soziales Unrecht am Leben erhält. Hier mögen einige Zeilen aus ihrem offenen, vom Vatikan geheimgehaltenen Brief vom Juli 1980 genügen[32]:

> Wir glauben, daß in Lateinamerika die «Entscheidung für die Armen» eine politische Entscheidung ist. Was als brüderliche «Hilfe» (von den USA) dargestellt wird, ist in Wirklichkeit die Ausplünderung unserer natürlichen Reichtümer. Das Volk widert es an, daß seine Mörder sich auf ihr Christsein berufen und damit Massenmorde rechtfertigen. Die Armen Lateinamerikas sind nicht arm durch irgendein «Schicksal» der Natur, das sie zu ewiger Armut verurteilt hätte. Im Gegenteil! Sie sind als Produzenten, als Bauern und Arbeiter die Besitzer eines gewaltigen Potentials an materiellen Reichtümern und kulturellen Möglichkeiten; deshalb fordern sie auch kein Almosen von den Reichen, sondern Rückgabe dessen, was gestohlen ist.

Die Schärfe ihrer Worte entspricht dem Grad der Ausbeutung. Der Franziskaner Leonardo Boff stellte sich mit einer politisch verstandenen Christologie auf ihre Seite: «Wie Christus so wird das Volk gekreuzigt durch die Mächte dieser Welt, durch den großen Sünder, das kapitalistische System, das nur den Gewinn sucht.» Und wie Boff den Kapitalismus, so griff Dom Helder Camara den Antikommunismus als Vorwand an, Ungerechtigkeiten aufrechtzuerhalten, die zum Himmel schrien[33]. Doch genug damit und zurück zur Quelle. Sie sprudelt am reinsten in einem lateinamerikanischen Hörspiel, das schon mit dem neutestamentlichen Titel «Ein gewisser Jesus» den «gewissen Neuinterpretationen» antwortet, die Johannes Paul II. verwarf. Im Wort des Dichters wird die Befreiungstheologie, die selbst im Priesterbrief (s.o.) noch weithin abstrakt bleibt, konkret. In Jesus, dem Proletarier aus Nazaret, finden sich die Proletarier Lateinamerikas wieder. Wie Nazaret werden auch die Basisgemeinden verdächtigt, daß «aus ihnen nichts Gutes kommen kann». Was Jesus zu seiner Mutter sagt: «Es genügt nicht zu beten, man muß auch etwas wagen», ist den armen Müttern aus dem Herzen gesprochen. Greifen wir aus diesem «Volksstück» jene Szene heraus, die das Jesusbild dieser Arbeit entscheidend bestimmte: den Aufruhr in der Synagoge von Nazaret. Jesus beginnt wie jeder Proletarier stockend zu lesen[34]:

Der Geist des Herrn hat mich zu den Armen geschickt, um ihnen die Frohe Botschaft zu künden, auf die sie schon lange warten: ihre Befreiung! Die gebrochenen Herzen werden geheilt werden, die Gequälten werden in Freiheit entlassen, und die Gefangenen werden das Licht der Sonne sehen. Ich komme, um einen Tag der Gerechtigkeit unseres Gottes auszurufen, um die Weinenden zu trösten, um ihre Trauerkleider in Festgewänder und ihr Wehklagen in Freudengesang zu verwandeln.

Er zögert, zum Text zu sprechen, aber auf ein ermunterndes Wort eines Rabbi spricht er frei zu den Versammelten:

Wir, die Armen, haben uns unser ganzes Leben abgerackert wie Lasttiere. Die Großen, die Herrschenden, haben ein schweres Joch auf unsere Schultern gedrückt. Die Reichen haben uns der Früchte unserer Arbeit beraubt. Fremde haben sich unseres Landes bemächtigt. Und selbst die Priester haben sich auf deren Seite geschlagen und uns mit einer Religion gedroht, die aus Vorschriften und Angst besteht. Und so geht es uns heute wie unseren Vorvätern in Ägypten. Wir haben ein bitteres Brot gegessen und viele Schläge erhalten, daß wir schon dachten, Gott habe uns vergessen. Nein, Nachbarn, die Zeit ist erfüllt, und das Reich Gottes ist nahe – sehr nahe.

Das reicht für den Aufruhr, damals wie heute. Die einen drohen Jesus mit dem Tod, die anderen erfahren mit ihm die Nähe Gottes, aus den gleichen Gründen, heute wie damals. Wiewohl dieses Volksstück exemplarisch die Liebe zu Jesus weckt, wurde es bereits kirchlich verboten, aus den gleichen Gründen, mit

denen man sein «Gnadenjahr» zurückwies, das eine sozial gerechte Gesellschaft forderte[35].
Wir haben also Jesu Widerspruch ein letztesmal am NT selbst nachzugehen.

Der Widerspruch zu Jesus

Die Macht, mit der das offizielle Christentum am Kapitalismus als der einzig möglichen Form christlicher «Kultur» festhält, zwingt strenger als bisher, nach Jesus zu fragen.
Es ist möglich, daß das Wort «Wer hat, dem wird gegeben; wer aber nicht hat, dem wird auch noch weggenommen, was er hat» von ihm selbst stammt. Dafür spricht die dreifache Überlieferung. Er hat es dann aus dem Alltag genommen, wie er es auch sonst tat, dann aber ironisch, wie er es auch sonst liebte: «Wer nicht hat, von dem wird genommen, was er hat.» Jedenfalls riecht diese paradoxe Formulierung so sehr nach Unterschicht, daß Lukas, der sie bewahrt hat, sie anderswo oberschichtig auflöst: «Wer aber nicht hat, dem wird weggenommen, was er zu haben *meint*.»[36]
Dagegen ist es kaum möglich, Jesus das Bankgleichnis zuzuschreiben. Sich Gott als stillen Teilhaber an ausbeuterischen Geschäften oder, wie ein Theologe zugibt, als «raffgierigen, rücksichtslosen und gewalttätigen Geschäftsmann» vorzustellen, grenzt in meinen Augen an Blasphemie. Mit Jesus begegnet man Gott eher in den Slums als in den reichen Bankvierteln. Jedenfalls braucht man, um seinem Wort zu folgen: «Wer von dir borgen will, den weise nicht ab!» (Mt 5,42), keine Bank, deren Vokabular Übersetzer auch gerne meiden. Luther sagt ausweichend «nehmen» und «hinlegen», wo Lukas banktechnisch «abheben» und «einzahlen» formuliert[37].
Es war wohl auch die Erinnerung an Jesus, die die Christen anderthalbtausend Jahre vor ausbeutendem Zinsnehmen zurückschrecken ließ, und Jesusvergessenheit, die ihnen den Schrek-

ken nahm. Das hätte nie geschehen können, wäre der Weg dahin nicht schon im NT bereitet worden.

Ob Jesus das Zinsnehmen überhaupt verboten hat, läßt sich aus dem Text nicht sicher erheben, zumal schon im NT versucht wurde, ihn zu manipulieren. Nach der Einheitsübersetzung lautet er: «Ihr sollt leihen, auch wo ihr nichts dafür erhoffen könnt», nach der Zürcher: «Leihet, ohne etwas zurückzuerwarten»; deutlicher wird, wenn auch die Deutlichkeit sogleich in Klammern abschwächend, die Weltübersetzung: «Fahrt fort, (ohne Zins) zu leihen» (Lk 6,35). Im griechischen Text genügte ein einziges Alpha, um den Sinn des Satzes zu ändern: «meden» (nichts) in «medena» (niemand): «Ihr sollt leihen, ohne jemand zu täuschen» (so die EÜ noch 1975 in einer Fußnote). Es kann sein, daß hier nach der offiziellen Textforschung nur ein Schreibfehler vorliegt; aber warum schleichen sich solche Fehler gerade in kritischen Stellen ein[38]?

Wahrscheinlich hat Jesus mit seinem Wort der proletarischen Sitte getreu seine Freunde nur gebeten, Geld, wenn man einmal eines hat, «einfach» (ohne Bedingungen) zu leihen, so wie es sich auch im Rückgang auf den vermuteten aramäischen Urtext ergibt und heute noch in Armutskulturen Brauch ist. Auf alle Fälle spricht er sich dagegen aus, auch noch aus der Not der Armen Geld zu schlagen[39].

Doch braucht man darüber nicht zu streiten. Die Kirchen haben längst vor dem Kapitalismus kapituliert. Leichten Fußes gehen sie, die sich doch sonst durch ihren schweren Tritt auszeichnen, wenn nicht über das «evangelische», so doch über das kanonische Zinsverbot hinweg.

Rufen wir den verschwiegenen Tatbestand kurz in Erinnerung! Schon im Mittelalter, das noch stark von der Naturalwirtschaft geprägt war, verbot die Kirche auf mehreren Allgemeinen Konzilien das Zinsnehmen als «Sünde» und verweigerte den Zinsnehmern als «Irrlehrern» das kirchliche Begräbnis, für die damalige Zeit eine schwere Strafe. Je stärker sich der Kapitalismus entwickelte, um so schärfer reagierte die Kirche. Sie wiederholte das Zinsverbot noch einmal auf einem Allgemei-

nen Konzil unter Androhung der Exkommunikation (1517). Und noch mehr als zweihundert Jahre später wagte Papst Benedikt XV., der den Sturz der Kirche in den Kapitalismus fürchtete, in der Enzyklika «Vix pervenit» (1745) jedes Zinsnehmen zu verbieten: «Jeder Gewinn, der die Darlehenssumme überschreitet, ist unerlaubt und wucherisch.»[40]
Wer also aus Liebe zur Kirche ihre Zins- in Wucherverbote umdeutet, wird unehrlich. Zwar ist in den Texten immer von «Wucher» (usura) die Rede, aber was Wucher genannt wird, ist nicht übermäßiger Gewinn (lucrum immoderatum) aus dem Darlehen, sondern jeder Zugewinn überhaupt, in profaner Sprache: «Zins». Die Kirche begründete, von der Sprache gestützt, das Zinsverbot naturrechtlich. Pflanzen können Früchte tragen, Tiere Junge werfen, Menschen mit ihrer Arbeit neue Werte schaffen; aber Geld kann nicht gebären, wie das griechische Wort für Zins (tokos, in den Verbotstexten mit fetus wiedergegeben) nahelegt. Wird Geld gezwungen, Junge zu werfen, geschieht dies wider die Natur. Es wächst nicht nur, sondern «wuchert». Marxistisch wie kirchlich gesehen entfremdet schon Zins als arbeitsloses Einkommen und nicht erst Wucher das Geld und den Menschen.
Doch lohnt sich der Streit mit den Umdeutern nicht, weil sie von der Kirche selbst widerlegt werden. Denn was diese 1917 aufhob, war nicht das Wucher-, sondern das Zinsverbot. Sie erklärte im Kanon 1543 CIC den staatsüblichen Zins für erlaubt, vorausgesetzt, daß er nicht übermäßig hoch sei[41]. Man muß zugeben, daß die Kirche unter wirtschaftlichem Zwang handelte. Sie konnte das Zinsverbot schon im Mittelalter nur aufrechterhalten, indem sie die Juden als Sündenböcke benutzte. Selbst Thomas von Aquin empfahl, beispielhaft für die Zwielichtigkeit kirchlicher Ethik, Geld bei den Juden anzulegen, weil man sich dann wohl eines sündigen Menschen bediene, selbst aber nicht sündige[42]. 1917 aber öffnete die Kirche dem Kapitalismus kanonisch die Tore, die sie vordem kanonisch verschlossen hatte. Vergeblich bleiben alle Versuche, diese Öffnung theologisch zu rechtfertigen. Was bleibt, ist die

Sprache der Verschleierung: zwar dürfe man bei Darlehen «keinen Gewinn erzielen», aber es sei «in sich selbst nicht erlaubt», einen Gewinn zu vereinbaren. Deutlicher konnte sie nicht reden[43].

Will die Kirche dennoch in den Augen des Kirchenvolkes rein dastehen, so bleibt ihr nichts anderes übrig, als die gesamte Problematik zu verdrängen. So riet sie schon zur Zeit, da sie das Zinsverbot theoretisch verfocht, in der Praxis den Beichtvätern, nicht nach Zins und Wucher zu fragen. In der Gegenwart diskriminiert sie nach altbewährter Weise die Gegner der Zinsträchtigkeit des Kapitalismus als «Kommunisten». Man muß aber schon Theologe sein, um im Aufgeben des Zinsverbots «keine Preisgabe der (kirchlichen) Prinzipien» erblicken zu können. Man kann es, wenn man alle kritische Literatur verdrängt: mit keinem Wort auf den Wiener Orel-Kreis verweist, der das Bewußtsein für die Zinsproblematik wachhielt. Und wenn das Zinsverbot des NT unklar ist, warum erinnert man sich nicht an das klare Zinsverbot des Alten Testaments, auf das sich die Theologen doch sonst ständig berufen[44]?

Es kann offenbleiben, welche der beiden Großkirchen dem «modernen» Kapitalismus mehr Geburtshilfe leistete. Geschichtlich ist mit Max Weber die Priorität dem Protestantismus zuzusprechen; denn manche Reformatoren verstanden sich auch gut auf die Reform der Lehre Jesu. Sonst auf jedes Wort der Bibel erpicht, erklärte Kalvin den Reichtum einzelner als Gabe Gottes, die Armut der Masse aber notwendig für deren Gehorsam. Zeitgenössische Parallelen zu dieser Lehre Kalvins lassen die Zuordnung von Armut und Gehorsam als religiöse Ideologie erscheinen[45]. Die Reformatoren hätten nie so handeln können, wäre die Lehre Jesu von der Armut nicht schon im NT manipuliert worden. Sie lautet, beidemal wörtlich:

ursprünglich (Lk 6,20)	abgewandelt (Mt 5,3)
Glücklich, ihr Armen; denn euer ist das Reich Gottes!	Glücklich die Armen im Geiste; denn ihrer ist das Reich der Himmel.

Wie man sieht, ändert Matthäus dreifach: Jesus spricht die Armen nicht an, sondern redet gelassen «über» sie. «Himmelreich» klingt jesusferner als «Reich Gottes», ferner aber auch der Erde. Der Wandel zu den «Armen im Geiste», wie gleich darauf der Hungernden zu den «geistig Hungernden», greift Jesu Wort in seiner sozialen Substanz an. Nichts ist leichter, als diese Manipulation theologisch zu rechtfertigen. Man braucht nur, wie üblich, die matthäische Interpretation des Jesuswortes so lange fortzusetzen, bis sie sich gedanklich nicht mehr vom lukanischen Ausruf unterscheidet. «Himmelreich» wird dann zur berechtigten Vorliebe für ein bestimmtes Wort, die Formel «im Geiste» (Textum Vaticanum: spiritu) nennt, wenn man sie «richtig» versteht, die «Spiritualität» als das eigentliche Anliegen aller Religiosität, und die objektive Aussageform entspricht der allgemeinen Gültigkeit des Satzes.

Es bedürfte einer Kulturrevolution, um heute Jesu Lehre von den Armen auch nur sprachlich gerecht zu werden. Rilke kündigte sie schon zu Jahrhundertbeginn in einem seiner Lieder von den Armen an[46]:

Denn sieh:
Sie werden dauern über jedes Ende
und über Reiche, deren Sinn verrinnt,
und werden sich wie ausgeruhte Hände
erheben, wenn die Hände aller Stände
und aller Völker müde sind...

Bis dorthin bleiben alle Übersetzungen von Jesu Lehre *schizophren*. Das beginnt schon mit dem ersten Wort, in dem sich Matthäus und Lukas gleichen, mit «makarios»: glücklich. Es ist mit gutem Grund anzunehmen, daß auch Jesus sein Wort so verstand. «Glück» der Erde gehört ebenso wie «Segen» des Himmels zu den Grunderfahrungen alttestamentlicher Religiosität. Mit Recht wählt es Martin Buber als Leitwort seiner Psalmen-Übertragung: «O Glück des Mannes, der Lust hat an SEINER Weisung.»

Der Kirche freilich, daran interessiert, die Armen auf das Jenseits zu vertrösten, roch das Wort «glücklich» zu sehr nach dem Diesseits. Sie gab in der Einheitsübersetzung zunächst mit «Wohl, ihr Armen» zögernd den Tribut an die Erde zurück; ersetzte es aber in der Endfassung von 1980 wieder wie gewohnt mit «selig», obwohl die lebendige Sprache dieses Wort nicht mehr kennt. Es ist darum weniger, nicht mehr, wenn der Meister der Manipulation übersetzt: «Glücklich, mehr noch: selig die Armen» (Z). Man muß es der Weltübersetzung danken, daß sie «Glück» als Leitwort wagt (Lk 6,20f.):

Glücklich seid ihr Armen.
Glücklich seid ihr, die ihr jetzt hungert.
Glücklich seid ihr, die ihr jetzt weint.

In der Matthäusparallele wiederholt sie es neunmal. Doch kann natürlich auch sie ebensowenig wie die Einheitsübersetzung die matthäische Spiritualisierung des Jesuswortes aufheben. Diese gibt «arm im Geiste» mit «arm vor Gott» wieder, beeilt sich aber, dies in einer Fußnote rein-religiös abzusichern: «Gemeint sind Menschen, die wissen, daß sie vor Gott nichts vorweisen können, und die daher alles von Gott erwarten»[47]; jene spiritualisiert schon im Text: «Glücklich sind die, die sich ihrer geistigen Bedürfnisse bewußt sind.» Von dem Proletarier Jesu ist da nichts mehr zu spüren.

Klarer als durch «Sagen» zeichnet sich die matthäische Manipulation durch «Verschweigen» aus. Die gleiche Quelle wie Lukas benützend läßt Matthäus Jesu Gegenwort zum Glück der Armen einfach aus: «Wehe euch, die ihr reich seid; denn ihr habt keinen Trost zu erwarten» (Lk 6,24). Treu folgt ihm darin die Überlieferung. Während der matthäische Zusatz «arm im Geiste» in eine Reihe von Lukashandschriften eingeschmuggelt wurde, findet sich Jesu Wehruf gegen die Reichen nicht in einer einzigen Handschrift des Matthäusevangeliums, wohin sie dann ebenso gehörte. Wer anders als «die Reichen im Geiste» konnte an einer kapitalistischen Überlieferung interessiert sein? Ebenso verschleiern Theologen die sozialen Fakten, wenn sie den ursprünglichen Namen für Jesu Anhän-

ger «die Armen» sich allmählich verlieren sehen. Er verlor sich nicht, sondern wurde verdrängt. Ist es Zufall, daß der neue Name «die Christen» in einer wohlhabenden Gemeinde aufkam[48]?
In der Gegenwart verschärft sich die sprachliche Schizophrenie zwischen der von Jesus gelehrten Kultur der Armut und der von den Christen praktizierten Kultur des Reichtums zur sachlichen. Im Gottesdienst «verkünden» die Christen feierlich das Wort vom «Glück der Armen», im profanen Alltag aber nehmen sie teil am «Kampf gegen die Armut». Das klingt so unglaublich, daß es an Beispielen kurz aufgewiesen sei.
Da kündete der Präsident einer christlichen Nation «der Armut den totalen Krieg» an, den «totalen Sieg» erhoffend (Johnson). Das gleiche Ziel steuerten aber auch die religiösen Führer dieser Nation an, Martin Luther King und Ralph Abernathy. James Balwin rühmte seines Vaters (eines Pastors) «Kampf gegen die Armut» als eine christliche Tat. Noch widersprüchlicher melden sich die «Katholischen Intellektuellen Frankreichs» zu Wort: «Auch die Christen werden den Weg zum Glück wiederfinden. Viele gehen ihn jetzt schon, besonders jene, die durch den Kampf gegen die Armut das Glück für alle suchen.» Merken auch die, zu deren Funktion es gehört, Widersprüche aufzudecken, einen Grundwiderspruch nicht[49]?
Am stärksten enttäuschen die Kirchen. Nie werden sie aggressiver, als wenn ein Christ das Wort vom Glück der Armut ernst nimmt. So hat Rom den Priester Don Mazzi seines Dienstes enthoben, als er die Armen von Florenz anleitete, die Geburt Jesu im Stall nicht länger weihnachtlich zu romantisieren, sondern in der Armut der Familie Jesu die Armut aller Familien des Volkes zu sehen.
Am wenigsten enttäuschen die Marxisten. Sie nehmen, was es zu bekämpfen gibt, beim Wort: das *Elend,* den Entzug des Lebensnotwendigen. So nennt schon Eugène Buret seine Anklageschrift: «De la misère des classes labourieuses», und Karl Marx gebraucht das Wort gleich dreimal im kurzen Satz seiner Religionskritik: «Das religiöse Elend ist in einem der Aus-

druck des wirklichen Elends und in einem die Protestation gegen das wirkliche Elend.»⁵⁰

Mit Recht verbinden die Marxisten der Gegenwart ihren Haß gegen das Elend mit der Liebe zur Armut, Mao-tse-tung mit seiner Devise «Armut drängt zur Revolution», Ignazio Silone mit seinem «Abenteuer eines armen Christen» und Pier Pasolini mit seinen «Freibeuterschriften». Mao stimmt darin, ohne es zu ahnen, mit dem inkriminierten Holländischen Katechismus überein. Auch dieser definiert Armut als die Fähigkeit, «weltliche Maßstäbe umzustoßen», und nennt als Motiv des Kampfes gegen die Armut die Furcht vor ihrem revolutionären Potential. Näher an Jesus rückt nur Ernst Bloch heran: «Ein Zeichen unserer guten Sache hieß und heißt Jesus, als das sanfteste Zeichen, gewiß, darin zugleich aber als das brennendste, uns umbrechendste, aufbrechendste.» Pier Pasolini deckt im kapitalistischen «Zwang zum Konsum» unbewußt den christlichen «Zwang zum Gehorsam» auf. Er spricht den Kapitalismus dafür schuldig, daß auch die Religion zu einem «altgewohnten Massenkonsumgut» wird, und nähert sich Jesus, dem Proletarier aus Nazaret, wenn er gegen den alles durchdringenden Konsum eine «Kultur der Armut» fordert, in der das «Brot», des Lebens Notdurft, erhöht wird durch den «Wein», die Fröhlichkeit proletarischen Lebens⁵¹.

Wer sich durch diese Hinweise einseitig indoktriniert fühlt, prüfe sein Gefühl zweiseitig. Dazu eignet sich am besten die «Soziologie der Armut». Die Soziologen sehen in der Armut eine Subkultur, die das Überleben in einer unlebbar gewordenen Welt durch Solidarität nach innen und Protestation nach außen ermöglicht. In dieser Kultur leiht man einander informell Geld, nimmt von der herrschenden Kultur Ausgestoßene auf, ist aber nicht bereit, sich dieser um jeden Preis anzupassen. Die Nähe dieser subkulturellen zur jesuanischen Armut ist sachlich begründet. Auch diese bildet mit Sanftmut, Friedfertigkeit und Barmherzigkeit eine Konfiguration, so daß Soziologen zu neutestamentlichen Kategorien greifen, um ihre Lehre zuzuschärfen. Sie nennen die Armut ein Paradox und den vom

Kapitalismus gesteuerten Kampf gegen die Armut einen Skandal. Statt sie zu bekämpfen, raten sie den Kulturen des Reichtums, die Kultur der Armut als notwendiges Korrektiv zu bejahen. Sie sehen die Zeit kommen, in der die «unterentwickelten» Völker die hochentwickelten Völker «zivilisieren» werden[52].

Es wird Zeit, daß auch die Christen, die «unfähig zur Armut» geworden sind, den «großen Sprung» wagen, daß die Theologie «ihre hermeneutischen Prinzipien aufgibt und die daraus entstehende Armut bejaht» und daß die Praxis von der Konsum-Kirchlichkeit zur Arbeit am «Reich Gottes» und seiner Gerechtigkeit umkehrt. In sprachlicher Schizophrenie wird das nicht gelingen. Wenn die Christen das Elend bekämpfen wollen, sollen sie die Armut nicht diskriminieren, sondern mit Pier Pasolini deutlich reden: «Laßt uns umkehren. Es lebe die Armut. Ich sage: Armut, und nicht Elend.» Denn wie wollen sie von der Sache betroffen sein, wenn das Wort nicht mehr zutrifft[53]?

Die Sache selbst nennt Jesus überdeutlich. Ist es Zufall, daß das entschiedenste Wort, das wir dazu von ihm kennen, dem Kapitalismus ins Gesicht schlägt? Gott und Geld schließen einander aus: «Niemand kann zwei Herren dienen. Er wird entweder den einen hassen und den anderen lieben, oder er wird zu dem einen halten und den anderen verachten. Ihr könnt nicht beiden dienen, Gott und dem Mammon!»[54]

Ein vorläufig abschließendes Wort

Am Kapitalismus, den Friedrich Engels nicht zu Unrecht «die größte Revolution der Menschheit» nannte, wird am klarsten, daß nur noch eine Revolution der Denkart die drei Vorurteile überwinden kann; denn «es ist leichter, ein Atom zu zertrümmern als ein Vorurteil» (Albert Einstein)[55].

Wo anzusetzen wäre, kann offenbleiben. Entscheidend ist die Dreifaltigkeit des Ansatzes; denn Sexismus, Antisemitismus

und Kapitalismus bilden eine Einheit, deren Unzertrennlichkeit hier nur angedeutet werden kann.
Als ihr Kern ist der Sexismus anzusehen. Aus ihm kam am frühesten die Herrschaft des Menschen über den Menschen. Ethnologische Befunde stützen die marxistische These, daß die Klassengesellschaft mit dem «Urputsch» des Mannes begann. Als christliches Produkt trägt der Sexismus unverkennbar patriarchalische Züge, so daß Christen, je höher sie stehen, der Frau um so energischer ihre Urrechte vorenthalten[56]. – Der christliche Sexismus greift tief in den Antisemitismus hinein. Als «fleischlich» beschimpfte die Juden schon das NT, was Christen nie anders als sexuell verstanden. Kirchenführer nannten sie «geile Hengste, von denen ein jeder nach dem Weib des Nächsten wiehert», so daß Antisemiten, je christlicher sie sich gaben, um so tiefer die Juden als Verführer ihrer Frauen haßten[57]. – Der christliche Antisemitismus hängt wieder mit dem Kapitalismus zusammen. Erst die Christen verwehrten den Juden Bodenbesitz und Ackerbau und drängten sie in das Bankwesen ab, so daß dezidierte Christen, je antisemitischer sie sich gaben, die Juden um so radikaler als internationale «Verschwörer» verfolgten[58]. – Vom Kapitalismus führt der Weg, den Kreis schließend, zum Sexismus zurück. Zwar verwerfen Christen die Käuflichkeit der Frau, die Statistiken jedoch weisen gerade sogenannte christliche Länder als in hohem Maße der Prostitution unterworfen aus. Es gibt keinen Kapitalismus ohne Prostitution.
Diesen Kreis aufzubrechen, helfen keine Reformen, «solange die Grundlage der Maximen unlauter bleibt». Es gelingt den christlichen Kirchen wie dem einzelnen nur, wenn sie sich «durch eine Revolution in der Gesinnung» erneuern (Kant)[59]. Nur eine Revolution des Denkens kann den christlichen Sexismus überwinden. Sie beendete die Produktion überflüssiger Schuldgefühle und legte beiden Geschlechtern den Weg frei zur Erfahrung ursprünglichen Glücks. Wenn Christen nicht mehr das Geschlecht vergiften, werden sie nicht mehr an Gottesvergiftung leiden[60].

Nur eine Revolution des Denkens kann den christlichen Antisemitismus überwinden. Sie beendete die Produktion überflüssiger Christologie und legte Juden wie Christen den Weg frei für die Erfahrung des authentischen Jesus. Wenn Christen mit ihm «als Reich Gottes» schaffen, brauchen sie die Juden nicht länger als Sündenbock für ihre Kirchen.

Nur eine Revolution des Denkens kann den christlichen Kapitalismus überwinden. Sie beendete den missionarischen Export des Elends und gäbe Christen wie Nichtchristen den Weg frei für die vorkapitalistische Gotteserfahrung. Wenn Christen den Kapitalismus nicht mehr vergötzen, brauchen sie nicht mehr vor Gott zu fliehen.

Diese dreifache Revolution verletzte wohl die Unverletzlichkeit des Neuen Testaments. Wie aber, wenn Gott auch in diesem Buch wie in allen Heiligen Schriften begraben läge und auf den Dritten Tag wartete? Und wenn nicht, was ehrte Gott mehr: manipulierte Texte oder kritisches Denken?

Belege

[1] Zur Gottesfrage im NT: N.A. Dahl: The New Testament Writers pay remarkable little attention to the problem of theodicy, in: ders.: The Neglected Factor in New Testament Theology, Zs.: Reflection (New Haven) 73, 1975, hier zitiert nach NTA 1976, 609. G. Lohfink: Gott in der Verkündigung Jesu; in: M. Hengel (Hg.), Heute von Gott reden, 1977, 50–65. B.D. Chilton: God in Strength. Jesus' Announcement of the Kingdom. Studien zum NT und seiner Umwelt, Bd. 1, 1979

Die Frage nach der Einheit von Kapitalismus und Montheismus wird hier nur hypothetisch gestellt. Für das AT sei beispielhaft hingewiesen auf 5 Mos 28 (Ankündigung von Segen und Fluch); für die mohammedanische Religion auf: Maxime Rodinson: Islam und Kapitalismus, dt. 1971 (auf marxistischer Basis); hier das Zitat von Torrey: Die praktische Theologie des Koran (um 1890): «Die Beziehungen zwischen Gott und Mensch sind von einer strengen handelsmäßigen Natur.»

[2] Das Zitat aus Karl Marx: Das Kapital (MEW 23, 93) lautet vollständig: «Für eine Gesellschaft von Warenproduzenten, deren allgemein gesell-

schaftliches Produktionsverhältnis darin besteht, sich zu ihren Produkten als Waren, also als Werten zu verhalten, und in dieser sachlichen Form ihre Privatarbeiten aufeinander zu beziehen als gleiche menschliche Arbeit, ist das Christentum, mit seinem Kultus des abstrakten Menschen, nämlich in seiner bürgerlichen Entwicklung im Protestantismus, Deismus usw., die entsprechendste Religionsform.»
Der Soziologe D. Claessens: Kapitalismus als Kultur, 1973

[3] Zur *Methode*
Angewandt wird die historisch-materialistische Methode. Gegen deren Diskriminierung der Verweis auf O. v. Nell-Breuning: Wb. der Politik, Freiburg 1951, V, 240.

[4] *Begriffliche* Abklärung
Die klassische Definition des Kapitalismus durch Karl Marx hat an Gültigkeit nichts eingebüßt. Auch der «entwickelte» Kapitalismus, «die freie Marktwirtschaft», macht alles zur Ware, deutlich ablesbar am Warencharakter der Frau. Geblieben ist auch die Entfremdung des Menschen, sie hat sich nur verfeinert; geblieben ist auch die Ausbeutung, sie hat sich nur (in ferne Länder) verlagert; geblieben ist die Zweiklassengesellschaft, sie weiß sich nur geschickter zu tarnen, wie in der Psychiatrie.
Kritische Theologen sehen den Klassenkampf auch in der Kirche wirksam (F.-M. Balzer: Klassengegensätze in der Kirche, 1973; N. Greinacher: «Stern», 4.2.1982

[5] pipraskein (Röm 7,14); agorazein (1 Kor 6,20;7,23); sphragizein (2 Kor 1,22); opheilema logizesthai (Röm 4,4); allogein (Röm 5,13); arrabona didonai (2 Kor 1,22)

[6] a) oikonomia: Eph 1,10 (u. ö.): EÜ: «Er hat beschlossen, die Fülle der Zeiten heraufzuführen»; wer vermutet in diesem Satz die «Ökonomie» (WÜ: «Verwaltung»)?
b) E. Bloch: Atheismus im Christentum 1968, 221

[7] Zur Erbsünde: profan:
P. Ricœur: Die Erbsünde – eine Bedeutungsstudie, in: ders., Hermeneutik und Psychoanalyse, 1974, 140ff., und Kolakowski: Zs. Merkur 12, 1974
Karl Marx: «Die permanenten Gesetze der kapitalistischen Produktionsweise (als) äußere Zwangsgesetze»: Das Kapital, MEW 23.618
Max Weber, Die protestantische Ethik I 45

[8] 1 Kor 9,24; Phil 3,14;2 Tim 2,5 (Konkurrenzdenken). Der Soziologe Helmut Schoeck: Der Neid. Eine Theorie der Gesellschaft, 1966. M. Weber: Die protestantische Ethik I, 179, 325 («innerweltliche Askese»). Paulus: egkrateia: Gal 5,23; 1 Kor 9,25

[9] Gen 16; Röm 4; Gal 4,21–31

[10] Gal 4,30; bios als Vermögen, W. Bauer, Wb

[11] Als Beispiel: der Erbanspruch nichtehelicher Kinder wurde im BGB erst 1970 festgelegt (BGB § 1934a), und da erst auf Drängen der Gerichte.

[12] Christus als Tauschgegenstand: W. Magaß: Der Schatz im Acker, LiBi, Febr. 1973, 16
[13] Es ist verglichen: Röm 7,14; 2 Kor 1,22b; 1 Kor 7,23: urtextlich nach W. Bauer: Wb, und Zink-Übers.
[14] K. Marx/Fr. Engels: Das kommunistische Manifest, Punkt 14: «Die Bourgeoisie, wo sie zur Herrschaft gekommen, hat kein anderes Band zwischen Mensch und Mensch übrig gelassen, als das nackte Interesse, als die gefühllose ‹bare Zahlung›.»
[15] trapeza als Bank (Geldinstitut) nur Mt 25,27 und Lk 19,23, trapezites nur Mt 25,27. Der Theologe C. H. Dodd: Parables of the Kingdom, 1961, 108 ff. Der Orientalist J. D. M. Derrett: Law in the NT, ZNW 56 (1965), 184–195, hier 190
[16] Derrett, a.a.O. 192
[17] M. Weber: Die protestantische Ethik I, 1973, Anm. 44; II 1972, 82
[18] Dolf Sternberger: Die Rechtmäßigkeit Jesu, FAZ vom 10. April 1971
[19] Offb 12,10; 18,3.4; Joh 15,15
[20] 1 Kor 7,29; 2 Thess 3,10; 1 Joh 2,16; pragmasteuesthai (Geldgeschäfte treiben), argyrion tithenai (Geld einlegen), hairein (abheben), tokos kerdainein (Zins herausholen) – achreioi, okneroi, poneroi (Taugenichtse und Faulenzer)
[21] E. Schillebeeckx, Christus, 1977, 771
[22] BGB § 247 und 138; FAZ vom 2. April 1981
[23] E. Schillebeeckx: Christus 1977, 771; ARD Panorama, Programm v. 3. Febr. 1975 (Steuergeschenke), R. Flöhl (Volksvermögen), FAZ (undatierter Ausschnitt)
[24] Populorum Progressio Nr. 24 und 36 (quaedam forma capitalismi); NKD, Bd. 4, Trier 1967
[25] a) Zit. nach Trutz Rendtorff: Theologie der Revolution 1968, 157
b) OR vom 15. Febr. 1979
[26] Als Modell ausgeführt in O'Grady, Das menschliche Antlitz Gottes. Geleitwort von Heinz Zahrnt, Olten 1983
[27] «Die Zeit», 1968 (undatierter Ausschnitt)
[28] Populorum Progressio Nr. 30 und 31
[29] Populorum Progressio Nr. 15. *New York Times* und *Wall Street Journal*: zit. in «Die Zeit» (nicht vermerkte Ausgabe) 1967
[30] Populorum Progressio Nr. 58
[31] Die Bischöfe Hengsbach und Trujillo, OR vom 15. Febr. 1974. Joh. Paul II.: «Neuinterpretationen»: OR vom 15. Febr. 1979 und 15. Okt. 1979, FAZ vom 2. Febr. 1979. Brasilianisches Institut für Soziale Entwicklung (IBRADES, der Bischofskonferenz angeschlossen): Bericht zur Wirtschaftspolitik (1979)
[32] Zitiert nach E. Schillebeeckx: Das kirchliche Amt, 1981, 190 f.
[33] Leonardo Boff, Süddeutsche Zeitung vom 11. 8. 81

[34] Ein gewisser Jesus (Apg 25,19), unter diesem Titel die Hörspielreihe von José Ignacio Vigil, dt. bei SERPAL, Am Kiefernwald 21, München 45
[35] OR vom 30. Sept. 1981
[36] a) D. Claessens: Kapitalismus als Kultur, 1973
b) Mt 25,29; Mk 4,25; Lk 19,26; 8,18; vgl. Lk 19,26 mit Lk 8,18
[37] S. Schulz. Q, Die Spruchquelle, 1971, 288; Lk 19,21
[38] Bruce M. Metzger: A Commentary, z. St.: a result of dittography. M. Weber: Die protestantische Ethik II, 341, Anm. 20, erklärt im Gegensatz zu den Textforschern und der Vulgata «meden» statt «medena» als falsche Lesart.
[39] G. Schwarz: Meden apelpizontes, ZNW 71 (1980), 133–135. Der Soziologe G. Albrecht: Die Subkultur der Armut, Sonderheft KZSS 1969, 430 ff.; 437
[40] Die Konzilien im Lateran (1139), in Vienne (1311), dazu Orel: Oeconomia perennis II, 1930, 48. Denz 739 (Zinsverbot des 5. Laterankonzils 1517). Enzyklika: Vix pervenit: Orel., a.a.O. 110; AAS 29, 251
[41] Kanon 1543 CJC 1917; Orel II, 216: Wenn eine vertretbare Sache jemandem so gegeben wird, daß sie zur seinigen werde und später ebensoviel von der gleichen Art zurückerstattet werde, so kann auf Grund dieses Vertrags nichts an Gewinn empfangen werden; es ist aber bei der Gewährung einer vertretbaren Sache <u>nicht in sich selbst unerlaubt</u>, eine Vereinbarung über den gesetzlichen Gewinn zu treffen, außer wenn feststeht, daß dieser maßlos sei, oder auch über einen größeren Gewinn, wo ein gerechter und verhältnismäßiger Titel es unterstützt.
[42] M. Weber: Die protestantische Ethik II, 1968, 107
[43] Kanon 1543: nihil lucri percipi potest; non est per se illicitum de lucro legali pacisci
[44] M. Weber: Die protestantische Ethik II, 324. Keine Preisgabe: LThK 1965, Art. Zins; Orelkreis: K. v. Vogelsang: Zins und Wucher, 1894; A. Orel: Oeconomia perennis II: Das kanonische Zinsverbot, 1930; Zinsverbote des AT: z. B. Ex 22,25, allerdings auf Volksgenossen beschränkt
[45] M. Weber: Die protestantische Ethik II, 112, auch I, 184, in der Anm. Parallelen
[46] R. M. Rilke: Das Buch von der Armut und vom Tod, 1903
[47] EÜ: Fußnote zu Mt 5,3
[48] Der Sinaiticus (4. Jh.) enthält den matth. Zusatz bei Lukas. Antiochia: Apg 11,26.28
[49] Hier seien die Nachweise auf die letzte Zeit beschränkt: «Wir müssen alle gemeinsam die Armut vertreiben» (Erzbischof Glemp, Warschau, FAZ 28. August 1981) und «Das Ziel der Weltbank besteht nach wie vor darin, die Armut in den Entwicklungsländern zu beseitigen» (der Präsident der Weltbank Clausen; FAZ 20. April 1982).
[50] Karl Marx: Zur Kritik der Hegelschen Rechtsphilosophie. Einleitung
[51] Mao: Worte des Vorsitzenden, Peking 1967, 44. Holländischer Katechismus 1968, 112. E. Bloch: Atheismus im Christentum, 1968, 169. Pier Pasolini:

Freibeuterschriften, 1978, 37: «Der Zwang zum Konsum ist ein Zwang zum Gehorsam...»; 46: «das Zeitalter des Brotes», 30: «die Ideologie des Konsums»

[52] G. Albrecht, Die Subkultur der Armut, in: Sonderheft 13 der Kölner Zs. für Soziologie und Sozialpsychologie 1969, 430–471, hier 453 ff. (die Armut als Paradox); Darcy Ribeiro: Der zivilisatorische Prozeß, 1971, 191

[53] R. Shaull: Befreiung durch Veränderung, 1970, 21. Pasolini zit. in P. Hamm, Plädoyer für eine «Kultur der Armut»: «Die Zeit» (nicht vermerkte Ausgabe) 1978. Der Soziologe Lars Clausen: «Mit toten Worten verkünden sie tote Werte; denn wenn das Wort nicht mehr richtig zutrifft, fühlt sich niemand mehr betroffen», Intern. Jahrbuch f. Religionssoziologie 5 (1969) 150

[54] Das Logion vom Mammon ist doppelt überliefert, Mt 6,24: «Niemand kann zwei Herren dienen», und konkret Lk 16,13: «Kein Sklave kann zwei Herren dienen» (EÜ). Lukas mildert das Logion 16,9 ab zum «rechten Gebrauch des Reichtums» (EÜ); dazu findet sich keine Parallele. – Der Sinn von «Mammon» ist nach der EÜ (Fußnote zu 16,9) «umstritten». Sie selbst sagte noch 1975 «Geld», wie die Parallelen zu ihr «l'argent», «money». Die WÜ gibt das Wort mit «Reichtum» wieder, die ZÜ läßt es unübersetzt. Zink nähert sich mit «Geist des Geldes» (Mt 6,24) dem «Geist des Kapitalismus» (M. Weber). Lk 16,9 umschreibt er den «ungerechten Mammon» als «Geld, an dem Unrecht klebt» (Marx sagt «Blut»).

[55] Fr. Engels, MEW 22, 459; A. Einstein, FAZ vom 9. März 1979

[56] E. Bornemann: Das Patriarchat, 1975, 47 ff.

[57] 1 Kor 10,8: Israel kata sarka, ZÜ: Israel nach dem Fleisch, EÜ: irdisches Israel; Die Kirchengeschichte spricht für «fleischlich» als «sinnlich», eingeengt auf «lüstern», so Chrysosthomus, contra Jud 1,17; nach Rosemary Ruether: Nächstenliebe und Brudermord, 1978, 122.

[58] Der Vorwurf der Verschwörung traf die Juden als internationale «Börsenjobber», so nennt sie selbst Marx.

[59] Auch der «ruhige» Kant sieht den existentiellen Wandel revolutionär: Dieser «kann nicht durch allmähliche Reform, solange die Grundlage der Maxime unlauter bleibt, sondern muß durch eine Revolution in der Gesinnung des Menschen (einen Übergang zur Maxime der Heiligkeit derselben) bewirkt werden; und er kann ein neuer Mensch nur durch eine Art von Wiedergeburt gleich als durch eine neue Schöpfung und Änderung des Herzens werden» (Akademie-Ausgabe VI, 47, in der Schrift: Religion innerhalb der Grenzen der bloßen Vernunft.

[60] Tilmann Moser: Gottesvergiftung, 2. Aufl. 1976

Schlußwort
Jesus außer Sicht?

Am Ende der Arbeit angekommen, erschrecke ich, wie Jesus, der Mann aus Nazaret, der am Anfang dieser Studie stand, immer mehr zurücktrat – wie im NT selbst. Ich hatte Mühe, ihn nicht ganz aus dem Auge zu verlieren. So wird es Zeit, daß ich zu ihm zurückkehre; denn selbst für Theologen bleibt Jesus der «Gegenpol der Christus bekennenden Kirchen»[1].

Zum Glück hat sich ein unscheinbares Wort von ihm erhalten, durch das Jesus der Unscheinbare, den die Historiker seiner Zeit kaum wahrnahmen, in helles Licht tritt. Es erschien schon den Evangelisten so bedeutungslos, daß es nur der konziliante Lukas aufnahm. Zum Glück fiel es auch der Redaktion nicht zum Opfer. Es blieb für den Soziologen stehen. Wenn ihm je ein Wort Jesu als eigenes gesichert erscheint, dann dieses, auch wenn es Bultmann nicht in seine Logiensammlung aufnahm: «Doch heute und morgen und übermorgen muß ich wandern» (Lk 13,33).

Dieses Wort widerlegt die These Bultmanns, daß wir vom Leben Jesu so gut wie nichts mehr wissen können; denn eines wissen wir sicher von ihm, das Gleiche, was Christa Wolf von ihrer «Christa» (die nicht nur so heißt) gegen die vermeintliche Undurchsichtigkeit ihres Lebens feststellt: «Die Wahrheit war: sie kam und ging. Mehr ließ sich über sie nicht sagen.»[2]

Gerade dieses Wenige aber sagt, auf Jesus bezogen, sehr viel. ER KAM UND GING. Das ist die Wahrheit, unwiderlegbar durch seine Sprache bezeugt. Jesus war kein Grieche, wiewohl er Griechisch verstand. Nicht SEIN ODER NICHTSEIN war für ihn die Frage, sondern wie für den Gott Israels: GEHEN UND KOMMEN. Das waren seine Herzwörter. Nirgendwo hört man sein Herz heller schlagen als in seinem Ruf: DEIN REICH KOMME.

Hören wir direkt auf Jesus, und dies um so mehr, als auch Bultmann, der zugibt, mit Lk 13,31–33 nichts anfangen zu können, «in jedem Fall aber nicht eine ideale Szene (darin sieht), sondern ein im eigentlichen Sinn biographisches Stück»[3]. Lassen wir auch die Dichter beiseite. Es genügt, ihr Wort mitzunehmen, daß «die Wahrheit konkret» sei. Gehen wir dorthin, wo unser Wort fiel: zum Gespräch Jesu mit den Pharisäern.
Es spricht für die Menschlichkeit der Stunde, daß diese, die oft harte Worte von Jesus hatten einstecken müssen, ihn jetzt in Lebensgefahr vor dem brutalen Zugriff der Regierung zu bewahren suchen: «Geh weg! Verlaß dieses Gebiet; denn Herodes will dich töten.» Sie spüren instinktiv, welcher Verlust auch ihnen mit seinem Tod droht. Jesus öffnet sich ihrer Offenheit und verschließt sich der Verschlagenheit seines Landesherrn. Es steht diesem kein Recht zu, ihn zu verfolgen, da er seine soziale Funktion noch erfüllt: «Geht hin und sagt diesem Fuchs: ich treibe Dämonen aus und heile Kranke, heute und morgen, und am dritten Tag werde ich mein Werk vollenden.»
Und nun geschieht das Merkwürdige. Im gleichen Atemzug nimmt Jesus dieses Heute und Morgen, mit dem er seinem Landesherrn die Erfüllung seiner «Pflicht» mitteilen läßt, noch einmal auf, bezieht es aber auf eine neue Situation und hebt damit die alte auf: «Doch heute, morgen und übermorgen muß ich wandern.»
Da kein triftiger Grund für die Annahme der Theologen vorliegt, hier seien zwei zu verschiedener Zeit gesprochene Worte Jesu in eines zusammengestückelt, ihr paradoxer Charakter vielmehr gerade für ihre Einheit spricht, bleibt nur die situative Erklärung übrig, daß Jesus hier ironisch wird. Er resigniert nicht, sondern entspricht mit seiner Antwort der Verschlagenheit seines Landesherrn[4]. Es ist gleichgültig, ob die Pharisäer oder Herodes die Ironie der Antwort merkten. Weder der Rat der einen noch das Verständnis des anderen hätte den beschlossenen Tod Jesu verhindert. Er wird auch zurückkehren und ihn annehmen. Vorerst aber sucht er dem Fuchs zu entweichen.

Die schlichte Diktion unseres Wortes – an die Volkspoesie erinnernd: «wohl heute noch und morgen, wenn aber kommt der dritte Tag» – im Urtext noch volkssprachlich verstärkt, kann nicht darüber hinwegtäuschen, daß es in diesem leichten Wort um eine schwere Entscheidung geht. Jesus löst sich von seiner Funktion und bricht zu seiner Existenz durch. Er wird noch heilen, aber gleichsam nur im Vorbeigehen[5]. Für dieses Verständnis spricht der griechische Text deutlicher als der deutsche. «Ich muß wandern» läßt sich subjektiv verstehen, der griechische Ausdruck aber verweist auf das «Wandern» (das schlichte Wort für Existenz) als auf eine unausweichliche «Not-wendigkeit», was durch den Gegensatz des präsentischen «ich muß» zum vagen Futur «ich werde (mit dem nur noch lässig ausgeübten Heilen) fertig sein» (WÜ) verstärkt wird. Ich kann daher der Ansicht nicht zustimmen, daß in unserem Wort «das Moment des Gehens jedenfalls unbetont» sei. Es liegt im Gegenteil das ganze Gewicht darauf. Wer sich «Weg» nennt (Joh 14,6), kann sich nur unter-wegs verwirklichen, oder in der Sprache des neuaufgefundenen Thomas-Evangeliums, im «Vorübergehen»[6].

Aber wohin? Dorthin, wo man die Zensur leidenschaftlich haßt: zu den Dichtern. Gehen wir also auch an der Soziologie vorüber, so sehr wir ihres Salzes bedürfen. War Markus, der Jesus von seiner ersten Zensur befreite, nicht Dichter? Riefe das Urevangelium sonst die griechische Tragödie auf den Plan? Gehören beide nicht zur «Urpoesie der Menschheit»[7]? Brechen wir also auf vom harten Zugriff der Soziologie zur zarten Annäherung der Dichter an Jesus. Gewiß: ein neues Evangelium ist nicht mehr möglich, ja nicht einmal eine neue Lebensgeschichte Jesu, die nach dem Ersten Weltkrieg in Papini wie ein Frühling aufbrach. Was heute möglich ist, scheint nur noch die «Figur» Jesu zu sein, als Zeichen des Anstößigen und Provokativen. «Sein Platz wird ausgespart. Er wird beobachtet in den Wirkungen, die er auslöst, in den Menschen, die von ihm betroffen sind» (Hans Küng). Er leuchtet wie ein Signal in Kontrastfiguren auf, im «Zöllner Matthäus» (Marie Luise

293

Kaschnitz), im «Pilatus» (Dürrenmatt), in Judas («Andorra», Max Frisch). Er begegnet uns im Widerschein von Golgotha («Das siebte Kreuz», Anna Seghers) und von Stalingrad («Dezember 1942», Peter Huchel)[8].

Der Jesus der Literaten ist ein Jesus fern aller Zensur, «der Bruder, nicht der Herr, der Befreier, nicht der Erlöser, der Menschensohn, nicht der Gottessohn». Er gilt nicht nur als Norm und Kriterium des christlichen Glaubens, sondern wird zur Norm und zum Kriterium des «authentischen» Menschseins selbst und bietet sich damit als Weg an zu «Gott mit dem menschlichen Antlitz»[9].

Anm. des Verlags: Siehe ergänzend dazu: *John F. O'Grady,* Das menschliche Antlitz Gottes. Modelle zum Verständnis des Jesus von Nazaret, Vorwort von Heinz Zahrnt, Olten 1983, besonders das Kapitel «Jesus als Befreier».

Nachwort

Wie ich mit einem Vorwort begann, muß ich mit einem Nachwort enden. Es wird, wiederum persönlich gehalten, kurz sein. Es kann dies auch, da ich in der Arbeit oft genug bis an die Grenze des Lesbaren gehen mußte, um die Manipulationen am Neuen Testament im Interesse der herrschenden Schicht ins Bewußtsein zu heben.

Die Arbeit wird Anstoß erregen. Sie tat dies auch bei mir, am stärksten mit dem letzten Kapitel über den kapitalistischen Gott; denn wie ich im ersten Kapitel über Jesus auf meine Liebe zum NT stieß, so im letzten auf die Basis meines Hasses.

Soweit das Gedächtnis unseres Geschlechts zurückreicht, vertrauten wir dem vorkapitalistischen Gott Jesu, wie die Lilie auf dem Felde und der Vogel unter dem Himmel. Nicht daß wir die Hände in den Schoß legten. Im Gegenteil: wir arbeiteten alle so hart, daß wir nicht einmal die Sanktionen merkten, die das Kapital über uns verhängte. Aber wir erfuhren auch immer wieder, was Jesu Lebensgeschichte Wunder nennt. Wir hätten sonst nicht überstehen können.

Doch mußte ich schon als Junge die Kluft gespürt haben zwischen dem jeden Morgen aufs neue am Fließband produzierten Christus, der einem mit dem Verlust der Ewigkeit drohte, wenn man ihn nicht in rechter Weise verspeiste, und dem freilebenden Jesus, dem ich in meinen Tagträumen in seinen Gefahren beistand. Später sah ich, wie man mit Jesus, dem Armen und Ohnmächtigen, arm und ohnmächtig blieb, aber reich und mächtig wurde mit Christus. Mit Jesus verteidigte man sich nicht vor Gericht, auch wenn einem Unrecht geschah. Mit Jesus, dem Hilflosen, blieb man der Spott der Menschen. Mit Jesus mußte man sich dem Abgott des Tausendjährigen Reiches widersetzen, «in Christus» konnte man, auch als sein «Stellvertreter», mit ihm paktieren.

Zwar würde ich gerne Heinrich Böll zustimmen, daß man Jesus und Christus nicht trennen kann, aber ich kann sie in traditioneller Weise auch nicht in eins sehen, so wenig wie das Reich Gottes und die Kirche. Theologisch läßt sich die Problematik dieser Einheit durch ein Dogma lösen, ungelöst bleibt sie soziologisch[10].

Es ist – wer wollte dies bestreiten – heilsam, mit Christus zu leben, es ist gefährlich, sich an Jesus zu erinnern. Es wird doch kein Zufall sein, daß die Schar der Christen sich lichtete, als es galt, die Leidensgemeinschaft mit Jesus zu wahren, die gleiche Schar aber heute in der Konsumgesellschaft sich zur Tischgemeinschaft mit Christus drängt. Auch will der Verdacht nicht von mir weichen, daß die Christologisierung Jesu und die Kapitalisierung Gottes ein und derselbe Prozeß sind, von ein und derselben Klasse ins Werk gesetzt. Es gelingt mir nicht, diesen Verdacht als persönlich abzutun; denn da ist auch die «christliche» Geschichte, die kein ehrlicher Mensch jesuanisch zu nennen wagte. Was «Christen» alles taten, ist bekannt. Es genügt, an die nicht allzuferne Zeit der Versklavung der Neger, der Ausrottung der Indianer und der Ausbeutung der Kinder im Frühkapitalismus zu erinnern.

Aber was noch mehr als einzelne Untaten daran hindert, Jesus und Christus traditionell in eins zu sehen, ist die Tatsache, daß alle widerchristlichen Praktiken offiziell abgedeckt werden, während doch «Offenheit» (Parrhesia) zu Jesu Herzwörtern gehört. Es hieße ihn verraten, wollte man sein Wort vergessen: «Es gibt nichts Verborgenes, das nicht offenbar wird, und nichts Geheimes, das nicht ans Licht kommt» (Mk 4,22)[11]. Zudem beginnt sich gegenwärtig die Decke des Verdrängten, die Johannes XXIII. angehoben hatte, wieder zu senken. Mit Recht fordert Johannes Paul II. die Wahrung der Menschenrechte, nur eben auf eine Weise, die an Demagogie grenzt. Er tut so, als hätte die Kirche sie in die Welt gesetzt, während doch seine Vorgänger sie systematisch mit Füßen traten, ehe die Französische Revolution sie – nicht ohne Blick auf das Evangelium – auch von der Kirche unabdingbar einforderte. In dieser Lage bleibt nur eine Hoffnung: zu erkennen, daß «die Zeit für das traditionelle Christentum vorbei ist», wie nicht von ungefähr auf einem Eucharistischen Weltkongreß Kardinal Suenens zu sagen wagte, und neu anzusetzen; wie, lehren die lateinamerikanischen Basisgemeinden, die Christus aus seiner geschichtslosen Transzendenz zurückholen und Jesu Geschichte vorwärtstreiben, indem sie gegen alle Unterdrückung angehen, sei sie wirtschaftlich-sozial, kulturell-politisch oder auch religiös-kirchlich. Es können also wohl nur noch Ärgernisse oder, in der Sprache Jesu, «Skandale» dazu führen, «die imaginären Blumen an der Kette zu zerpflücken, nicht damit der Mensch die phantasielose, trostlose Kette trage, sondern damit er die Kette abwerfe und die lebendige Blume breche» (Karl Marx)[12].

Wer Marx mißtraut, achte das Vertrauen, das ihm Erzbischof Dom Helder Camara entgegenbringt. In einem Vortrag in Chicago führte er aus[13]:

Was würde der heilige Thomas von Aquin... machen, wenn er mit Karl Marx konfrontiert würde?... Wir haben das Recht zu vermuten, daß wir heute dem Autor der großen Summa theologica... keine größere Ehre erweisen können als die, Marx genauso zu behandeln, wie Thomas es damals mit Aristoteles getan hat.

So bleibt das Buch, bleibt als ein Torso. So bleibt meine Liebe zu Jesus und dem Reich Gottes, das keine «erniedrigten», keine «verlassenen» und keine «verächtlichen» Menschen duldet[14]. So bleibt mein Haß gegen alle, die den Gott dieses Jesus kapitalisieren.

Belege

[1] E. Schillebeeckx: Jesus, 1975, 66
[2] Christa Wolf: Nachdenken über Christa T., 1969, 12
[3] R. Bultmann. Geschichte der synoptischen Tradition, 7. Aufl. 1967, 35
[4] Ironie als Echtheitskriterium bei Jesusworten vertritt L. Kretz, Witz, Humor und Ironie bei Jesus, 1981
[5] W. Bauer, Wb. unter «plen» Lk 13,33
[6] W. Bauer, Wb. zu poreuo. – Thomas-Evangelium 42: «Werdet Vorübergehende!»
[7] Gilbert G. Bilezikian: The Liberated Gospel. A Comparison of the Gospel of Mark and Greek Tragedy, 1977 – «Urpoesie der Menschheit»: eine von Herder geschaffene Formel
[8] a) G. Papini: Storia di Cristo, 1921, dt.: Lebensgeschichte Christi, 1924, Neuauflage 1951
b) K. J. Kuschel: Jesus in der deutschsprachigen Gegenwartsliteratur, 1978, 310 zitiert H. Küng
[9] Kuschel: a. a. O. 311, 313
[10] H. Böll: «Mir erscheint die Trennung des Jesus vom Christus wie ein unerlaubter Trick», nach K. J. Kuschel. Jesus in der Gegenwartsliteratur 1978, 152
[11] Parrhesia: «die Offenheit im Reden» (W. Bauer, Wb.), merkwürdigerweise nicht bei Mt und Lk
[12] Kardinal Suenens in Lourdes 1981, Südd. Zeitung vom 1. Febr. 1981. N. Greinacher: Die Kirche der Armen. Zur Theologie der Befreiung, 1980. K. Marx: Kritik der Hegelschen Rechtsphilosophie, MEW 1, 385
[13] Rede vom 29. Okt. 1974, siehe Casalis: Die richtigen Ideen fallen nicht vom Himmel, 1980, 123f.
[14] K. Marx, MEW 1, 385

Anhang

Lageberichte

Um die Kosten des Buches, das für breitere Leserschichten bestimmt ist, so niedrig wie möglich zu halten, entschloß sich der Verlag im Einvernehmen mit dem Autor, auf die Wiedergabe der umfangreichen, sorgfältig ausgewählten und vielfach untergliederten Literaturlisten zu verzichten und über den Stand der derzeitigen Forschung für die einzelnen Kapitel nur überblicksweise zu berichten.
In diesen «Lageberichten» tritt die Theologie etwas zurück; denn der Zugang zur theologischen Produktion über das NT ist auch für Nichttheologen leichter zugänglich als die profanwissenschaftliche Literatur. Eine brauchbare Einführung in die Wissenschaft vom NT bieten die «Arbeitsbücher», wie das von Conzelmann – Lindemann (1975, ⁵1980) und von J. Roloff (1977). Über die laufende Produktion informieren die drei wichtigsten Fachzeitschriften: Zeitschrift für neutestamentliche Wissenschaft (seit 1900), New Testament Studies (seit 1954) und Novum Testamentum (seit 1956). Beiträge zum NT mit einer weiten profanen Sicht bringen auch folgende Zeitschriften: Semeia, an experimental journal for biblical criticism (seit 1974); Kairos, Zs für Religionswissenschaft und Theologie (seit 1959); Linguistica Biblica, Interdisziplinäre Zs für Theologie und Linguistik (seit 1970). Systematisch orientiert man sich über Neuerscheinungen in den drei wichtigsten Nachschlagewerken: Internationale Zeitschriftenschau für Bibelwissenschaft (seit 1953); New Testament Abstracts (seit 1956); Elenchus Bibliograficus Biblicus (kurz: Biblica), allerdings nur lateinisch (seit 1920).
Der Hauptakzent in den Lageberichten liegt auf der profanwissenschaftlichen Literatur, weil diese nicht leicht zugänglich ist. Es sei jedoch ausdrücklich erwähnt, daß im Zurücktreten der theologischen Produktion keine Mißachtung der Theologie intendiert ist; im Gegenteil: ich achte sie mit anderen Profanwissenschaftlern als «die Sehnsucht nach dem ganz Anderen» (Th. W. Adorno) und als «ein Wissen, das tiefer reicht als die Rationalität der Neuzeit» (C. Fr. von Weizsäcker), sehe sie aber auch am tiefsten in den «charakteristischen Mißbrauch unserer Sprache (verstrickt), der *alle* unsere religiösen Ausdrücke durchzieht» (Ludwig Wittgenstein).

Jesus kommt von unten

Es gibt kein Problem des NT, dem sich Nichttheologen mit mehr Eifer zugewandt hätten als der Jesusfrage, was ohne Zweifel stärker als auf ihr persönliches Interesse auf das Gewicht hinweist, das sie Jesus über das NT hinaus für das Menschengeschlecht zumessen. So fand ich unter diesen Autoren Vertreter aller geisteswissenschaftlichen Grunddisziplinen: Religionswissenschaftler wie

G. Mensching, Sozialwissenschaftler wie D. Savramis, Psychoanalytiker wie Th. Reik, Rechtswissenschaftler wie P. Noll, Geschichtswissenschaftler wie E. Meyer, Sprachwissenschaftler wie S. Reimarus und Kulturwissenschaftler wie J. Carmichael.

Auffallend gering sind Schriften aus der Feder von *Soziologen*. Auf der Suche nach Gesetzen der Gesellschaft widmen sie sich eher dem «Christentum» als der Person Jesu. Hervorgehoben zu werden verdienen in der Gegenwart der Marxist M. Machovec: «Jesus für Atheisten», und der Theo-Soziologe D. Savramis: «Jesus überlebt seine Mörder». 1982 erschien der «Dialog um Jesus mit Ernst Bloch und Milan Machovec» (von Ansgar Koschel). Früh setzte sich Baron Salo Wittmayer auf historisch-materialistischer Basis mit Jesus auseinander («A Social and Religious History of the Jews, 1937, Reprint 1952).

Ein weitaus stärkeres Interesse an der Person Jesu zeigen die *Psychologen*, besonders die Tiefenpsychologen, allerdings in unterschiedlicher Richtung. Während die Freudianer dem «Unbehagen an Jesus» nachgehen (Kodalle), gegenbildlich an Judas, stellen die Jungianer Jesus als Urbild mannweiblicher Ganzheit dar (Hanna Wolff: «Jesus der Mann», 1975; sie unterscheidet «das Gottesbild Jesu» vom krankmachenden Gottesbild, in: «Neuer Wein – Alte Schläuche», 1981).

Am stärksten interessieren sich unter den Profanwissenschaftlern für Jesus seit einem halben Jahrhundert *jüdische* Religionsforscher. Vom Staat Israel durch ein eigenes Institut für neutestamentliche Forschung (an der Universität von Jerusalem) unterstützt, suchen sie nach fast zweitausendjähriger Abwehr Jesus in sein Volk «heimzuholen». Die Wende begann mit Leo Baeck, Joseph Klausner und Robert Eisler. Sie wird gegenwärtig intensiviert von Ben Chorin, David Flusser, Samuel Sandmel und Pinchas Lapide. Besonderes Interesse erweckte im letzten Jahrzehnt die Gestalt des Judas; sie erscheint profan klarer als theologisch (W. Jens).

Erfreulich ist die Zunahme von Schriften, die Jesus als Menschen (auch noch jenseits des theologisch-vereinnahmten «Menschensohnes») im Auge haben: «Das Glück Jesu» (Ziegler), «Der Narr Jesus» (Smitmans), «Jesus der Spielverderber» (Joye), «Frauen um Jesus» (Moltmann-Wendel), «Das Publikum Jesu» (Derret), «Witz, Humor und Ironie bei Jesus» (Kretz). Eine liebevolle Nähe zu Jesus verrät die Frage: «Wer hat bei der Hochzeit von Kana geheiratet?» (vermutlich eine Schwester Jesu) (A. Zechner). Kuschel: «Jesus in der Literatur», zeigt sich in beiden Gebieten gut informiert; Noll dagegen bleibt mit seiner schmalen Schrift über «Jesu Normenkritik» in der theologischen Dialektik von «Gesetz und Evangelium» stecken.

Scharf arbeiten das Profil Jesu die von Theologie und Kirche mißtrauisch behandelten *Außenseiter* heraus (wie Augstein, Carmichael, Craveri). Am schärfsten tritt uns gegenwärtig Jesus in der Befreiungstheologie und in den revolutionären Produkten der «Basisgemeinden» entgegen, wie im Hörspiel: «Ein gewisser Jesus».

Die *Theologen* sind zu rühmen, weil sie in den letzten Jahren intensiv nach dem Gottesbild Jesu fragen. Recht haben freilich mag Heinrich Böll, daß eines Tages der Jesus der Dichter die Menschen am stärksten bewegen könnte.

Christus kommt von oben

Es gibt kein Problem des NT, dem sich Nichttheologen mehr entziehen als der Christologie, was eher auf ein sachliches als auf ein persönliches Desinteresse deutet. Während die Jesusliteratur zahlreiche Werke der Profanwissenschaft aufweist, ist die Christusliteratur bis in die Gegenwart eine Domäne der Theologen geblieben.

Die einzige ernstzunehmende Ausnahme bildet, wie nicht anders zu erwarten, die *Tiefenpsychologie*. Auch in der Christologie unterscheiden sich die beiden Hauptschulen thematisch wie in der Frage nach Jesus. Während die Freudianer, wie Jones und Fromm, sich besonders dem Gott-Mensch-Komplex widmen, stellt C.G.Jung Christus als Urbild des ichumgreifenden «Selbst» dar und damit als konstitutiv für die Menschwerdung. W.Reich, an beiden Schulen teilhabend, meint wohl den Mord an Jesus, wenn er die Christologie als «Christusmord» verwirft.

Beiträge aus den übrigen profanen Disziplinen bleiben, weil apologetisch, wissenschaftlich fragwürdig. Mit Recht setzt der Historiker K.Buchheim dem historischen Jesus den historischen Christus gegenüber, aber auf eine Weise, die wissenschaftlichen Ansprüchen an die Geschichte kaum gerecht wird. Außerhalb strengwissenschaftlicher Argumentation bleibt der Versuch des Paläontologen (und Jesuiten) Teilhard de Chardin, die Christologie evolutionstheoretisch zu erneuern.

Als wissenschaftsfremd erweist sich die Christologie auch durch ihre Unterscheidung von *Heils-* und Weltgeschichte. Profanwissenschaftler anerkennen nur die *eine* Geschichte. Umstritten bleibt, ob Gott sich in dieser als wirksam erkennen läßt (die «Bostoner Erklärung» von 1976 gegen die «Hartforder Erklärung» von 1975). Der Versuch, dieses Verhältnis philosophisch zu klären (K.Löwith), bleibt als zu nahe der Theologie unbefriedigend.

Das zunehmende Bedürfnis nach religiöser Ehrlichkeit (John A.T.Robinson: Honest to God) stellt die vielberufene *Kontinuität* zwischen Jesus, dem Mann aus Nazaret, und dem Christus der Kirche in Frage (Schillebeeckx). Bibliografisch tritt der Unterschied deutlich zutage. So sind Forschungsberichte zu Jesus häufig und reich, selten und schmal die zur Christologie. Dicke Bücher über «Titel» in der Christologie (F.Hahn) wirkten in der Jesulogie lächerlich. Es gibt Schriften zur Systematik der Christologie (allerdings vermutlich nur deutsche: Rahner/Thüsing; Wiederkehr), während sich eine Systematik der Wirklichkeit Jesu kaum denken läßt.

Unvoreingenommenem Denken kann nicht verborgen bleiben, daß sich die von Anfang an bestehende *Diskontinuität* zwischen Jesus und Christus immer wieder zu «Krisen» der Christologie zuspitzt. Dieses Wort taucht bereits als Titel auf (Schnackenburg). Sobrino sieht die Christologie gegenwärtig «am Scheideweg» (at the Crossroads). Gewiß bleibt auch Jesus in seine Zeit eingebunden, aber welcher Theologe wagte es, und wenn, bliebe er Jesus gerecht, wenn er von ihm als «Köder» (the lure) spräche, wie es S.J.Case von der Christologie Barths tut?

Was man dringend erwartet, findet man nicht: einen Autor, der nach dem Recht fragt, mit dem Theologen und Kirchen von so vagen und widersprüchlichen Aussagen des NT so eindeutige und feste Dogmen ableiten. Gleichwohl ist man für jeden neuen Ansatz in dieser so schwierigen Glaubenssache dankbar (Boff: «Jesus Christ Liberator», 1978; O'Grady: «Das menschliche Antlitz Gottes»). Er wirkt wie eine Oase in der Wüste.

Paulus verstrickt sich

Kaum ein anderer Autor des NT bedürfte so sehr der profanen Erhellung wie der zwielichtige Paulus. Indes geschieht dies nicht besonders häufig.

Wie Jesus zieht auch Paulus besonders *jüdische* Religionswissenschaftler an, übrigens die gleichen mit der gleichen Intention. Nur stehen sie ihm zwiespältiger gegenüber. Während die einen ihn als den größten Theologen ihres Volkes rühmen, sehen die anderen in seiner Lehre ein Mißverständnis der jüdischen Theologie oder gar einen Verrat an ihr.

Ebenso wenden sich ihm die gleichen *Tiefenpsychologen* zu wie Jesus, aber auch sie gespalten. Nach den Freudianern durchdringt Desintegration seine Person wie seine Lehre; C.G.Jung dagegen findet das Gottesbild des Paulus im Einklang mit der Natur und Geschichte des Menschen. Am schärfsten zeichnen Paulus Theologen, die zugleich Tiefenpsychologen sind, wie R.Kaufmann («Die Krise des Tüchtigen», 1983) oder der Rabbi Rubenstein («My brother Paul», 1972, ²1975). Er nennt Paulus seinen Bruder, aber im alttestamentlichen Sinn: ambivalent (nach Kain und Abel).

Nicht missen möchte man die Paulus-Analysen der *Althistoriker*. Wohl sind auch sie nicht einig, ob Paulus eher jüdisch oder griechisch (hellenistisch) bestimmt ist, doch ergänzen sie in fruchtbarer Weise die Theorie der Theologen durch den Aufweis der profanen Praxis des Paulus (E. Meyer).

Von den *Philosophen* durchleuchtet H.Leisegang das Denken des Paulus. Ungewollt bekräftigt er durch Formanalysen dessen psychoanalytische Erhellung. Er bekommt Paulus systematisch besser in den Griff, als detaillierte Vergleiche Paulinischen Denkens mit der Stoa es zu leisten vermögen.

Leider haben sich nur wenige *Gräzisten* der Sprache des Paulus zugewandt, wiewohl sie seine Briefe zu den lebendigsten Zeugnissen antiker Literatur rechnen (Norden; Willamowitz-Moellendorf). Zum Glück analysieren die

Theologen heute seine Sprache auch schon unter «modernen» Aspekten, wie «Narrenrede» (Zmijewski), «Sprechakte» (McNulty) und «Korinthische Slogans» (Murphy).
Ebenso haben sich nur wenige *Sozialwissenschaftler* mit Paulus auseinandergesetzt, was um so mehr überrascht, als seine theologisch verteidigte Gleichgültigkeit gegen das antike Unrechtssystem sie geradezu auf den Plan rufen mußte. Von profaner Seite fand ich bisher nur rechtswissenschaftliche Untersuchungen (wie die von Mommsen). Die soziologischen Analysen verdanken wir dem Theologen Gerd Theissen.
Die vielen Schriften über den *politischen Paulus* dürfen nicht darüber hinwegtäuschen, daß sie fast alle den Gehorsam gegen die «Obrigkeit» verteidigen. Nicht in einer einzigen fand ich einen Hinweis auf «Die Pflicht zum Ungehorsam gegen den Staat» (Henry David Thoreau). Dafür belieben Theologen, Paulus als «Eroberer» hinzustellen.
Zu einem realen *Dialog* zwischen profanem und theologischem Paulusverständnis ist es bisher nicht gekommen. Während profane Autoren kaum ohne Kenntnis der theologischen Standardliteratur zu Paulus zu schreiben wagen, scheinen Theologen profane Schriften über ihn schlicht zu ignorieren oder einfach nicht ernstzunehmen. So «erschwert» der Rabbi Rubinstein «das Gespräch», weil er Paulus psychoanalytisch angeht (G. Schneider: Paulus und sein Werk, TPQ 122 [4, 1974] 379).
Bibliografisch läßt sich nicht leugnen, daß die *Theologen* «Sexschriften» zu Paulus in einem Übermaß produzieren, während sie die wichtige Gottesfrage in seinem Werk hintansetzen. Zu Paulus in marxistischer Sicht fand ich nur zwei Schriften (Refoulé; Zademach).

Lukas bereitet die Konstantinische Wende vor

Da über das Lukasevangelium, die konkrete Basis dieses Kapitels, nur wenig soziologische Literatur vorliegt und die «Wende» selbst sich nur im Vergleich erfassen läßt, wird der Lagebericht auf die soziologische Erhellung des NT und fallweise des Urchristentums ausgedehnt.
Lukas wurde von den Theologen frühzeitig auch als Historiker und Literat «gewürdigt», doch mieden sie seine soziale Problematik selbst dort, wo sie am ehesten zugänglich gewesen wäre, in seiner Sprache, die selbst in Monografien auf deren «Originalität» eingeschränkt wurde (Joachim Jeremias, 1980). Die Sozialanalysen seines Evangeliums, bürgerlich-idealistisch konzipiert (zentrale Frage: Besitz und Besitzverzicht), nehmen erst in der Gegenwart an Schärfe zu (sozialgeschichtlich bei Schottroff und politisch bei Girardet, beide 1978). Die materialistische Analyse, wie sie für das Vergleichsevangelium (Markus) doppelt vorliegt (Clévenot, 1978; Belo, 1980), steht für Lukas noch aus. An der Psychoanalyse seines Evangliums versuchten sich bisher nur zwei Autoren,

beide allerdings an dem wichtigen Gleichnis vom verlorenen Sohn (Dan Otto Via jun. und M.A.Tolbert, beide 1977 in Semeia).
Die gleiche Sozialferne kennzeichnet die «Zugänge» zum NT. So trat zu der ausführlichen Grammatik von Moulton erst 1967 ein vierter schmaler Band «Stilistik» (Style), aus dem noch am ehesten soziale Daten zu erheben gewesen wären. Am sozialfernsten erweisen sich, wie der erste Forschungsbericht zur Soziologie des NT (Scroggs 1980) zeigt, die deutschen Theologen. In der psychoanalytischen Lektüre tritt, nach den Sammelwerken von Yorik Spiegel (1972) und Gerhard Wehr (1974) zu urteilen, das Neue gegenüber dem Alten Testament zurück. Ist es weniger lebendig? Das gleiche gilt von Studien zur marxistischen Lektüre der Bibel. Dagegen gewinnt die jahrzehntelang vernachlässigte Religionsgeschichte des NT wieder an Kraft, seitdem der christliche Glaube als Religion nicht mehr geleugnet wird (Neuauflage von Clemen, 1973; Neukonzeption von Köster, 1980). Reale Einsichten in die sozialen Verhältnisse des NT bieten die Rechtswissenschaftler Sherwin White (1963) und besonders Derrett, dessen Aufsätze jetzt in zwei Bänden geschlossen vorliegen (1977).
Dankbar wäre man für eine staatswissenschaftliche Kritik am Versuch von Theologen, die politische Mentalität neutestamentlicher Autoren als «akzidentiell» herunterzuspielen. So kann das Arbeitsbuch von Conzelmann noch 1975 Studenten anleiten, die Politik des Römerbriefes «für die Zeit Neros» (konkret für ein Unrechtssystem) als «vernünftig und sachgerecht» zu verstehen.
Intensiver als das NT ist das *Urchristentum* sozial analysiert, am rührigsten von amerikanischen Theo-Soziologen, so daß sie bereits Forschungsberichte vorlegen konnten (Harrington und Kee, beide 1980). Meeks gab die wichtigsten Aufsätze der Chicagoer sozial intendierten Schule heraus (ins Deutsche übersetzt 1979). «Methoden und Anstöße» zur «soziologischen Sicht des frühen Christentums» zeigt Howard C.Kee (1982) auf. Demgegenüber hinkt die deutsche Soziologie nach. Sie muß sich die «Soziologie der Jesusbewegung» (1977) wie die gesammelten «Studien zur Soziologie des Urchristentums» (1979, von einem Theologen (Gerd Theissen) geben lassen. Die historisch-materialistische Erforschung des Urchristentums, von Deutschen frühzeitig begonnen: Friedrich Engels (Ende des 19.Jahrh.) und Karl Kautsky (Beginn des 20.Jahrh.), wird in der Gegenwart von Alfaric, Clévenot, Robbe und Kreissig fortgesetzt.

Die unbewältigte Kanonisation

Zur Kanonisation fehlten seit Jahrhundertbeginn bis in die jüngste Zeit Forschungsberichte: ein in der neutestamentlichen Wissenschaft wohl *einmaliger* Vorgang. Den vorletzten Bericht fand ich aus dem Jahre 1900, noch dazu von einem Theologen (dem «Erlanger» Theodor Zahn), dessen Wissenschaftlich-

keit heute mit Fug und Recht angezweifelt wird, den jüngsten aus dem Jahre 1975 (von Dungan).
Hier wirkt die kirchliche Gebundenheit der *Theologen* am stärksten nach. Denn auch ein Kanon, ja selbst ein für unkorrigierbar geltender Kanon, bleibt Gegenstand der Wissenschaft, sofern auch die Unkorrigierbarkeit der Forschung freisteht. Vielleicht aber wiegt noch schwerer die persönliche Scheu. Denn Theologen, die danach forschen, stellen das NT nicht nur als «Buch der Kirche» (Marxsen) in Frage, sondern zugleich die Basis ihres eigenen Glaubens.
Es spricht für diese Annahme, daß auch christlich-engagierte Profanwissenschaftler die Kanonisationsproblematik meiden. Wohl finden sich bei *Althistorikern* Hinweise auf die Kanonisation des NT, aber keine geschlossenen Abhandlungen.
Doch beginnt sich ein *Wandel* abzuzeichnen, wie die Nachdrucke wichtiger Schriften andeuten (Lietzmann 1958, Harnack 1960, Leipoldt 1974). Die Problematik selbst nahm erstmals Käsemann mit einem kritischen Überblick wieder auf (1970). Köster/Robinson setzten der orthodoxen Kanonisationslehre neutestamentliche «Entwicklungslinien» gegenüber (1971). Löning erneuerte die These vom «Kanon im Kanon» (1972).
Wichtiger als diese Überblicke ist die Zuwendung der Theologen zu konkreten Kanonisationsproblemen. So sehen sie gegenwärtig den neutestamentlichen *Pseudepigraphen* scharf auf die Finger. Will die Theologie ihren Anspruch auf Wissenschaftlichkeit behaupten, kann sie nicht länger als «Pseudonyme» führen, was die allgemeine Literaturwissenschaft «Fälschungen» nennt (Norbert Brox).
Auf die *soziale*, vor allem literatursoziologische Erhellung wartet die umfangreiche Sammlung der Apokryphen (von Hennecke/Schneemelcher, 3.Aufl. 1954 und 1964), aus der freilich vorläufig die neugefundenen Apostelgeschichten und Apokalypsen draußen blieben. Einen neuen Ansatz bietet Grassi mit dem Begriff «Untergrundchristen» (1975), der für die früheste Kirche mehr sagt als das theologische «apokryph».
Zur *politischen* Funktion des Kanons fand ich keine Schriften. Noch immer scheinen Theologen den autoritären Charakter der Inspiration zu übergehen. Sie überschätzen «die Chancen des Neubeginns» durch das Zweite Vatikanum (Loretz 1974, 1976). Man ist schon froh, auf einen kritischen Titel zu stoßen: «Inerrancy and the Human Aspect of Scripture» (Wickinson 1974). Am meisten erfreut ist man darüber, daß der Begriff «Wort Gottes», in dem sich die Inspiration konkretisiert, mit Methoden der strengen Sprachwissenschaft angegangen wird («Wort Gottes zwischen Semantik und Pragmatik»: Schenk 1975); denn gerade damit erfüllt die Wissenschaft eine religiöse Aufgabe: dem Mißbrauch des Namens Gottes einen Riegel vorzuschieben.
Überrascht nimmt man bei der Überfülle dogmatischer Schriften zur Kanonisation den Mangel an *religionswissenschaftlicher* Literatur zur Kenntnis. Mir

selbst begegneten nur zwei Schriften (Leipoldt/Morenz 1953, Lanczkowski 1956). Gehören Inspiration und Kanonisation nicht zu allen großen Weltreligionen?

Oberschichtige Literaturpolitik

Die Neutestamentler folgten bis in die jüngste Gegenwart der mit der Kanonisation begonnenen Literaturpolitik. Sie begünstigten die Apostelgeschichte und vernachlässigten den Jakobusbrief und die Apokalypse des Johannes.
Die reichste Bibliografie ließ sich darum für die *Apostelgeschichte* finden. Dabei wenden sich die Autoren mit Vorliebe den Interessen der gehobenen Schicht zu: Reisen, Reden, Prozessen und als einer Spezialität der Verwandtschaft der Apostelgeschichte mit der zeitgenössischen Romanliteratur, gegenwärtig auch der «Spiritualität» (Bernadicou 1979). Dagegen tritt ihre Kanonisation auffallend zurück. Die soziale Frage rücken seit den zwanziger Jahren die amerikanischen Theologen in den Vordergrund (Lake; Mealand, 1977). Die deutschen Theologen legen das Hauptgewicht auf die «Heilsgeschichte»; dankbar nimmt man daher aus ihrer Hand anthropologische Schriften entgegen: «Der Heilige und die Schlange» (Barb 1953) und «Das erste Pfingstfest in außerbiblischer Sicht» (Görg 1976). Die politische Problematik der Apg fand ich nur in einer Schrift angegangen: «Notes on Book-Burning» (Pease 1946). Wolfgang Speyer nimmt sie umfassend wieder auf: «Büchervernichtung und Zensuren des Geistes bei Heiden, Juden und Christen» (1981).
Klar zeigt sich der Vorzug der Apostelgeschichte im bibliografischen Vergleich mit dem *Jakobusbrief.* Für jene gibt es umfangreiche Forschungsberichte, von denen der letzte deutsche über anderthalb Jahrzehnte allein 150 Seiten der Theol. Rundschau umfaßt (Grässer 1976). Für diesen stieß ich auf keinen einzigen, auch noch so schmalen. Haenchens «Apostelgeschichte-Kommentar» stieg innerhalb von zwei Jahrzehnten von der 10. zur 17. Auflage, Neuauflagen von Schriften über den Jakobusbrief sind kaum zu erwarten. Selbst sprachlich blieb er trotz seines guten Griechisch bis in die jüngste Zeit «A Wallflower» (Jurkowitz 1978). Es sind vor allem nichtdeutsche Theologen, die ihm mit Methoden der modernen Sprachwissenschaft gerecht zu werden versuchen (Amphoux; Wifstrand). Ebenso haben Theologen begonnen, die soziale Blockade gegen den Brief zu durchbrechen (Geyser 1975, Maier 1980). Die politische Funktion des Briefes fand ich nur in der amerikanischen Literatur erörtert (Ropper 1977). Es erscheint mir als ein Akt der Gerechtigkeit, daß die nichtdeutsche Theologie mit «Peter, Stephan, James and John» dem deutschen Paulus-Primat «das frühe nichtpaulinische Christentum» entgegensetzt (F. F. Bruce, 1980).
Der *Apokalypse* des NT setzten, mit Luther beginnend, am übelsten deutsche Theologen aus leicht einsichtigen Gründen zu («jüdisches Machwerk»). Selbst die heftige «Streitschrift» von Koch (1970) scheint keinen Wandel bewirkt zu

haben. Eine Ausnahme bildet der vorzügliche Kommentar von Kraft (1974) und der Aufweis der politischen Funktion der Apk nicht zufällig durch eine Frau: Schüssler-Fiorenza (1974). Wiederum sind es vor allem Outsider, die dem Buch gerecht zu werden versuchen, wie Tiefenpsychologen, die sich dessen reicher Bildersprache zuwenden, vor allem aber die Marxisten, die es geradezu als «ihr» Buch erfahren (Bloch 1968). Als eine einmalige Besonderheit sei Foret erwähnt, der aus Bildern, Gedichten und Meditationen der Apk das schwerste Buch der Welt zusammenstellte (1961, 210 kg schwer). Die soziale und politische Problematik der Apk leuchten am hellsten amerikanische Theologen aus (Collins 1981, Hanson 1979, A.H.Lewis 1980). Ein reiches Feld der Forschung bietet sie der Religionswissenschaft (zuletzt: Zs. «Semeia», Themenheft 14/1979: Apocalypse. The Morphology of a Genre).

Sexismus

Es liegt im Zug der Zeit, daß gegenwärtig das NT kritischer als früher auf sein Verständnis der Sexualität als anthropologischer Grundbefindlichkeit befragt wird.

Wie der Literaturbestand zeigt, bleiben weite Theologiekreise noch immer auf die *Frau* fixiert (wie gewisse Autoren des NT selbst). Den vielen Schriften über sie stehen nur wenige über die Familie und das Kind und keine einzige über den Mann gegenüber.

Doch brechen amerikanische und französische Theologen zu einer neuen Theologie der *Geschlechter* auf. Das «Paar» (Couple, Dumais 1977) rückt in den Vordergrund. Da taucht auch die «Scheidung» als Titel auf (Divorce, Wainsbrough 1978); da wird kritisch nach der «Homosexualität» (im NT und in der Bibel) gefragt (Craddock 1978). Meeks ist auf den neutestamentlichen Spuren der «Bisexualität» (1973/74). Klaiber wirft gegen die institutionelle Lehre die kritische Frage auf, wann denn die Ehe überhaupt beginnt (1981).

Ebenso sind es besonders amerikanische und französische Theologen, welche die sexuelle Enge weiter Teile des NT mit dem Blick auf das AT zu überwinden suchen. Kennzeichnend hierfür sind Titel wie «Die Bibel und die Rolle der Frau» (Stendhal 1966) und «Der Sieg der Frau» (in Gen 3,15 und Offb 12; Feuillet 1978). Fr. Heiler weitet den Blick über die Bibel hinaus: «Die Frau in den Religionen der Menschheit» (1977). Cole verbindet Theologie und Psychoanalyse: «Liebe und Sexus in der Bibel» (1961), Clark Theologie mit der Soziologie (1980).

Die neuen Erkenntnisse schlagen sich bereits in *Programmen* einer neuen christlichen Sexualethik nieder: «Die Auferstehung des Eros» (Ledergerber 1971) und «Le désir et la tendresse» (Fuchs 1979). Sie werden weltweit durch die Emanzipation der Frau unterstützt. Neue Forschungsaufträge sind vergeben: die Frau im Islam (Münster i. Westf.) und im Christentum (Küng, Tübingen).

Die Frauen selbst sind mit dem Versuch einer *feministischen Theologie* am Werk (Elisabeth Moltmann-Wendel 1979; Catharina Halkes, Universität Nijmegen). Sie werden unterstützt von der Internationalen Zeitschrift Concilium mit bisher zwei Themenheften (Die Frauen in der Kirche, 12/1976, und Frauen in der Männerkirche?, 16/1980) und von einem Themenheft der EvTh (1, 1982) kritisch in Frage gestellt.

Als wichtigstes Ergebnis wird man die entstehende *Volltheologie* (Nelle Morton 1975) bezeichnen dürfen, welche die maskulin-bestimmte Theologie der Vergangenheit ablöst. Mit dem neuen Bild der Frau und dem neuen Menschenbild (Luethi 1978, Ruether 1975) ist zugleich ein neues Gottesbild gegeben, das Mann und Frau, Vater und Mutter vereint (Engelsmann 1979, Pagels 1976, Röper, «Ist Gott ein Mann?» Ein Gespräch mit Karl Rahner, 1979). Mary Daly verlor um dieser Sache willen bereits ihren Lehrstuhl («Beyond God the Father», 1973). – Der vor allem von den Amerikanern betriebene Durchbruch ist erst zu erwarten, wenn auch der *Vatikan* bereit ist, der Frau im Gottesdienst die gleichen Rechte wie dem Mann zuzuerkennen (Raming, «Der Ausschluß der Frau vom priesterlichen Amt», 1973).

Kirchen wie Theologen werden guttun, statt auf alten Vorurteilen zu beharren, die neuen Erkenntnisse der profanen *Sexualanthropologie* anzuerkennen: Bornemann (1975), Marieluise Janssen-Jurreit (1976), die beiden Leibbrandt (1972) und Ussel (1970). Sie laufen sonst Gefahr, den «letzten Ausweg» (Roger Garaudy, 1982) zu versäumen: «die Feminisierung der Gesellschaft».

Antisemitismus

Die Diskussion über den christlichen Antisemitismus hält seit Kriegsende die amerikanische und französische Theologie in Atem.

Nur ein vorübergehendes Interesse fand er dagegen in der *deutschen* Theologie. Sie «spiegelt getreu die Einstellung zum Judentum wider, die sich auch sonst in der Gesellschaft der Bundesrepublik beobachten läßt» (nach dem Theologen von der Osten-Sacken, 1977). Charlotte Klein weist dies konkret auf (1975). Die deutsche Theologie bietet daher exemplarisch die Gelegenheit, den Wandel des theologischen Antijudaismus zum politischen Antisemitismus zu bibliografieren. Dabei treffen sich die sonst zerstrittenen Brüder, evangelische wie katholische, einmütig in der antijüdischen *Ökumene*. Wie die einen Luthers Antisemitismus verschweigen, so die anderen die Ausschreitungen der «Päpstlichen Judenpolizei» zu Luthers Zeiten. Die «Wurzel des Antisemitismus» im Zeitalter von Humanismus und Reformation zeigt H.A. Oberman auf (1981).

Über diese gemeinsame Abwehr des gemeinsamen jüdischen Erbes kann auch der christlich-jüdische *Dialog* nicht hinwegtäuschen. Leicht ließe sich dies an der schleppenden Rezeption des «Freiburger Rundbriefes» aufweisen, der seit 1948 objektiv um das gegenseitige Verständnis wirbt.

Kaum irgendwo dürften Theologen *profanwissenschaftliche* Analysen des Antisemitismus, an denen die deutsche Wissenschaft in hohem Maß beteiligt ist, stärker ignorieren als in Deutschland. Während amerikanische Theologen offen von Antisemitismus auch im NT sprechen (Baum 1965, Burkill 1959), von «bias» und «prejustice» (Rice 1980, Fischer 1977), wählen deutsche grundsätzlich «Antijudaismus» als Titel. Kein deutscher Theologe wagte wie die amerikanische Theologin Rosemary Ruether (1978) die Christologie «die linke Hand des Antisemitismus» zu nennen. – Im Gegenteil: Günter Klein z. B. wertet schon den «christlichen Antijudaismus», den kein Historiker bestreitet, als «semantischen Einschüchterungsversuch» (ZThK 1982), während doch umgekehrt das sprachliche Verhalten des Paulus im Umgang mit den Juden «in erschreckender Weise den Prozessen ähnelt, in denen politische Regimes über ihre Vorgänger Gericht halten» (von der Osten-Sacken 1977).

Schärfer als bisher ist der Antisemitismus der Kirchen unter die Lupe zu nehmen, nicht nur der protestantischen. So wäre z. B. das hohe Lob, das zur Zeit die katholische Kirche in Polen genießt, durch ihren Antisemitismus unter Hitler zu begrenzen. Eine Schrift von Seltenheitswert für den mittelalterlichen Antisemitismus der Kirche schrieb Schacher: «Die Judensau» (1974).

Seltsam fand ich es, daß ich auf eine Reihe von Schriften über den Antisemitismus des Johannesevangeliums stieß, jedoch auf keine zur Johannesapokalypse. Das spricht nicht nur gegen die Kontinuität der beiden Schriften, sondern verweist zugleich auf die soziale Schichtung schon des neutestamentlichen Antisemitismus.

Schließlich gibt es Schriften, die das *Umdenken* anregen. Die entscheidenden stammen von Profanwissenschaftlern. Unter den theologischen verdienen hervorgehoben zu werden: die Themenhefte: Concilium 10/1974 und EvTh 2/1982, und als Autoren: Clemens Thoma (1978) und Franz Mußner (1979).

Kapitalismus

Das geringste Interesse zeigen Theologen am lebenswichtigsten der drei gewählten Beispiele: am christlichen Kapitalismus.

Das ließe sich bei den Katholiken leicht mit ihrer Erziehung zur Wirtschaftsferne entschuldigen, die kirchenrechtlich festgelegt ist: «Ein Kaufmann kann kaum oder nie Gott gefallen» (Homo mercator vix aut numquam potest Deo placere: CIC Decr. Gratiani, Pars I C 11, Dist LXXXIII). Jedoch findet sich diese Distanz auch bei Protestanten, denen die Soziologen eine reale Nähe zur Geldwirtschaft zuschreiben.

So wurden die Schriften *Max Webers,* in denen er den modernen Kapitalismus vom Protestantismus herleitet, erst 1970 durch zwei Siebenstern-Taschenbücher einer breiteren Öffentlichkeit vorgelegt. So brauchte Rom ein halbes Jahrhundert, bis es die scharfe Kritik am christlichen Kapitalismus durch *Karl*

Marx überhaupt wahrnahm und ihn dann in der ersten Sozialenzyklika verschwieg.

Auf schwerste Abwehr der Theologen wie der Kirchen wird der Versuch stoßen, den christlichen Kapitalismus bis auf das NT zurückzuführen und konkret im <u>*Gleichnis* vom anvertrauten Geld</u> begründet zu sehen. So fiel der Orientalist J.D.M. Derrett, der als einer der ersten darauf hinwies, dem Verdikt von Theologen anheim. Sie bescheinigen ihm «profunde Kenntnis des NT, der frühjüdischen Literatur und der modernen Forschung zu beiden» (G.W. Kümmel, ThR 1975), können aber ihre Verletztheit durch den Einbruch eines Fremden in ihr Erbe nicht verbergen.

Totgeschwiegen wird von Theologen wie von Kirchen aber auch das genau eruierbare kanonische (wenn nicht neutestamentliche) <u>Zinsverbot</u> als die stärkste Kritik am Kapitalismus. Man hat Mühe, die Werke des Wiener Kreises um den Freiherrn Karl von *Vogelsang* und später um Anton *Orel* aufzutreiben, die das Zinsverbot wieder ins Bewußtsein riefen («Das kanonische Zinsverbot» als Band 2 der «Oeconomia perennis» von Orel, 1932). Eine Geschichte dieses Verbots ist seit Funk (1876) nicht mehr erschienen. Wohl aber beeilte sich ein Theologe 1933, als Hitler gegen die «Zinsknechtschaft» wetterte, die kirchliche Zustimmung zu erteilen (Austen). Dagegen scheint «Zins und Gnade», eine unleugbare Parallele (Knoll, 1967), kaum zur Kenntnis genommen worden zu sein.

Die wenigen Theologen, die die prästabilisierte Harmonie zwischen christlicher Religion und kapitalistischem Wirtschaftssystem bezweifeln, werden unchristlich ignoriert. Das gilt nicht nur von den Schriften einzelner *Außenseiter* (wie Camara, Cardenal, Farner, Gollwitzer, Illich), sondern auch von der einzigen Enzyklika, die harte Worte gegen den Kapitalismus fand: von <u>Populorum Progressio</u> Pauls VI., die als «rot» verschrien sofort in Vergessenheit versank.

Die theologische wie kirchliche Schizophrenie, das «Glück der Armut» mit dem «Kampf gegen die Armut» zu verbinden, bedarf der profanen Erhellung, wie sie die *«Soziologie der Armut»* leistet. Die Hartnäckigkeit allerdings, mit der der ganze Komplex verdunkelt wird, ist nur *psychoanalytisch* zu erhellen: <u>Ernest Bornemann: Psychoanalyse des Geldes,</u> 1973, Th. Wisemann: Der Midas-Komplex, 1976, P. Brückner: Zur Sozialpsychologie des Kapitalismus.

Zum grundlegenden *Umdenken* sei nachdrücklich auf die «Christen für den Sozialismus» (CfS) und die von ihnen propagierte Literatur verwiesen.

NB: Literaturlisten sind beim Verlag erhältlich.

Register

Die erste Zahl nennt die Seite des Haupttextes, die zweite die dort vermerkte Ziffer des Belegs (B). Zahlen in Klammern beziehen sich auf den Belegteil. Die Lageberichte wurden nicht registriert.

Abernaty Ralf 281
Adorno 192 B 26
Äschylos (89 B 11)
Aland (54 B 11); (56 B 33); 88 B 48; 113 B 47; 150 B 55; (175 B 7); (178 B 33); 206 B 49
Albrecht G. (Soziologe) 276 B 39; 283 B 52
Allport G. W. (Psychologe) 217 B 1
Angelus Silesius 71 B 17
Aragon 56 B 43
Aratus (antiker Dichter) 104 B 28; 185 B 12
Argyle (154 B 53)
Aristoteles 105 B 32
Athanasius (Bischof) 159; 160
Augstein (92 B 41)
Augustus 87

Baldwin James 281
Balzer (286 B 4)
Barth K. 209 B 55
Baudelaire 42
Bauer W. (Wb) (54 B 14); (87 B 6); (89 B 11); (90 B 25); (91 B 26 + 27 + 36); (117 B 8); 131; 154 B 56; (176 B 15 + 16); (211 B 23); (244 B 35); (245 B 46); 264 B 10; (287 B 13); 293 B 5; (298 B 11)
Baum Gr. 251 B 12; 253 B 18
Becker M. (243 B 26)
Becker U. (243 B 20)
Begriffe
  Ideologie 217 B 2; (241 B 2)
  Vorurteil 217 B 1; (241 B 1)
  Politiker 93 B 3; (117 B 3)

Religion (soziol.) (57 B 49)
  Antisemitismus (257 B 1)
  Kapitalismus 262 B 4; (286 B 4)
  Sexismus 218 B 3; (241 B 3)
Ben Chorin 23 B 4; 26 B 14; (57 B 52); 132 B 20; 258 B 10
Benedict Ruth (Anthropologin) (175 B 8)
Berdjajew 207 B 51
Berelson (Mediensoziologe) 150 B 1
Berning (Bischof) 252 B 14
Bernstein (Sprachsoziologe) 28 B 18; (55 B 28); (56 B 45)
BGB (270 B 23); (286 B 11)
BILD (Zeitung) 30; 181
Bilezikian (213 B 54); (298 B 7)
Blake 207 B 51
Blanckenburg (243 B 32)
Blass-Debrunner (Grammatiker) (56 B 37); 139 B 35; (152 B 26); (154 B 51)
Bloch Ernst 22 B 1; 64 B 3; 206 B 50; 263 B 6; 282 B 51
Blüher Hans 26 B 14; (120 B 54)
Blumenberg H. 116 B 55
Böll 296 B 10
Boff 273 B 33
Boman 171 B 29
Bornemann E. (Psychologe) 284 B 56
Bostoner Erklärung 84 B 43
Bousset 63 B 3
Brandt (Kirchenpräses) (176 B 13)
Braumann G. (151 B 2); (152 B 19)
Braun H. 205 B 48
Brecht B. 257 B 28
Breton (56 B 43); (176 B 14)

Brosseder (Kirchengeschichtler)
(257 B 21); (259 B 22)
Brown R. E. (53 B 4)
Brox N. 176 B 18; 177 B 19
Bruin (153 B 44)
Buber M. 39 B 34; (151 B 16)
Buchheim K. (Historiker) 51 B 56
Buddenbrook 268
Bultmann 27 B 16; 52 B 57; (55 B 27);
(57 B 52); 112 B 43; 239 B 47;
292 B 3
Bundy (Psychopathologe) (54 B 12)
Burckhardt (Historiker) 88 B 48
Buret (Historiker) 281
Burger Hermann (Schriftsteller)
(242 B 7)

Cadbury 148 B 53; (152 B 22);
187 B 18
Carmichael (Orientalist) (258 B 10)
Casalis (298 B 13)
Chilton (285 B 1)
Cicero 79 B 30; 184 B 11
Claessens (Soziologe) 275 B 36;
(286 B 2)
Clausen Lars (Soziologe) 283 B 55
Clausen (Weltbankpräsident)
(288 B 49)
Codex Juris Canonici 277 B 41;
278 B 43
Colpe (89 B 3)
Craddock (245 B 49)
Cullmann 64 B 4

Dada 201 B 41
Dahl N. A. (285 B 1)
Dali (56 B 43)
Deer (89 B 10)
Degenhardt (152 B 19)
Deißmann 189 B 21
Denzinger (54 B 13); (89 B 29);
228 B 23; (288 B 40)
Denzler (Kirchenhist.) (259 B 15)

Dibelius Martin 112 B 44
Dibelius Otto 113 B 45
Diokletian 131
Dionysos 104 B 28
Dobschütz (258 B 4)
Dodd 267 B 15
Dom Helder Camara 273; 297 B 13
Domitian 50 B 54
Don Mazzi 281
Dostojewski 64 B 5; 208
Dritte Welt 271 B 25/26 + 27
Dürrenmatt 99 B 16; 294 B 8

Ebeling 208 B 53
Ebner Ferd. (Kulturkritik) (56 B 42)
Eckert W. (258 B 5 + 11)
Eichmann 193
Eiff v. (Innere Medizin) (243 B 28)
Einstein 283 B 55
Eluard (56 B 43)
Engels Fr. 265 B 14; 283 B 55
Epimenides 185 B 12; 217 B 2
Erasmus 163 B 11
Erikson (Psychoanalytiker) 255 B 23
Euripides 104 B 28; 185 B 12
Eusebius (57 B 54); (92 B 48)

Faulhaber (Kardinal) 252 B 15
FAZ 30; 91; (92 B 41); (176 B 13);
(287 B 22)
Foret 198 B 37
Friedrich G. (118 B 24)
Frisch M. (242 B 7); 294 B 8
Fromm E. (Psychoanalytiker)
(91 B 33)
Fuchs E. 208 B 53
Fuchs H. (Historiker) 110 B 40
Fuhrmann (Latinist) 184 B 11

Galen (Arzt) 167 B 19
Galen (Bischof) 252 B 15
Galilei 168
Garaudy 241

George 149
Glemp (Kardinal) (288 B 49)
Gnilka (257 B 13)
Goethe 43 B 43; 98 B 12 + 15; 123 B 4
Goldschmidt H. L. (Rel.-Philosoph) (57 B 51); 257
Gollwitzer 159 B 4
Grässer (259 B 12 + 16)
Greene Graham 225 B 18
Greinacher (286 B 4); 297 B 12
Guardini 85 B 43 a
Gülzow (119 B 33)
Günther R. (Historiker) 80 B 31 + 32

Haag H. 240 B 48
Habermas 157 B 1
Haecker Th. (Kulturphilosoph) 209 B 54
Haenchen E. 182 B 6; 184 B 10; 186 B 16 + 17; 187 B 18; (210 B 6 + 10); (258 B 11)
Hamerton-Kelly (244 B 42)
Hammer (91 B 40)
Hammurabi 267 B 15
Hampe (244 B 34)
Harnack 83 B 39
Heer Fr. (Kulturhistoriker) (91 B 41); (258 B 3); (259 B 14 + 23)
Heidegger 171 B 28; (258 B 2)
Heiler Fr. (Rel.-Historiker) 171 B 29
Heine H. 97 B 11
Hengel (57 B 56); (285 B 1)
Hengsbach (Bischof) (287 B 31)
Hennecke-Schneemelcher 75 B 22; (177 B 27 + 29 + 31)
Herakles 50 B 53
Herder 116 B 55; 159 B 6; 160 B 7; 201 B 40
Hitler 47 B 50; (117 B 3); 222 B 11; 246 B 3; 247; 248; 251; 255 B 21
Hoffmann H. Hays (241 B 7)
Holl 22 B 1
Holländischer Katechismus 282 B 51

Horaz (91 B 31); 110 B 40
Huchel Peter 294 B 8

Illich (152 B 21)

Jaeger (Bischof) 84 B 41
Janssen-Jurreit Marieluise (242 B 11)
Jaspers 256 B 25
Jens W. (57 B 51); 131 B 18
Jeremias J. (154 B 53)
Jocz (jüd. Wissenschaftler) (259 B 12)
Johnson (Präs. der USA) 281
Jones (Psychoanalytiker) (91 B 33); 94 B 5
Josephus 129
Jung C. G. (91 B 33); 207 B 51
Juvenal (210 B 7)

Kähler 46 B 48
Käsemann 111 B 42; 113 B 46; 122 B 3; 159 B 5 + 6; 205 B 47; 208 B 53
Kalvin(ismus) 116 B 55; 261; 269; 278
Kant 207 B 52; 284 B 59
Kaschnitz Marie Luise 294 B 8
Kasper W. 83 B 39
Kaufmann Rolf 116
Kehnscherper (119 B 33)
Kerényi (178 B 35)
Kessler (91 B 33)
Khomeini 256
King M. L. 281
Kinsey Report (245 B 51)
Kippenberg (Rel.-Wissenschaftler) (89 B 9)
Kirchenlehrer
  Augustinus 218
  Chrysosthomus 218; 284 B 57
  Hieronymus 162; 170; 218
  Irenäus (177 B 27)
  Klemens von Alexandrien 149; 170

Origines 170; 173; 253 B 17
Klausner (jüd. Wissenschaftler) 258 B 10
Klein G. 165 B 17; (176 B 17); (211 B 17)
Klein R. (Historiker) 112 B 44
Knaus-Ogino 230
Knoch (90 B 25)
Koch H. 196 B 35; 205 B 46; 208 B 53
Kodalle (91 B 33)
Koenig O. (Biologe) (244 B 32)
König René (Soziologe) 150 B 1
Köster – Robinson (176 B 12); 179 B 1
Konstantin d. Gr. 88 B 48; 121; 150; 195

Konzilien
Chalkedon 78 B 29
Lateran (54 B 13); (288 B 40)
Nikaia 86 B 46
Tridentinum 160; 169 B 23
Vatikanum II 168 B 23; 228; 232 B 34; 256 B 26
Vienne (288 B 14)

Konzilsbeschlüsse
Dei Verbum (258 B 5)
Historische Wahrheit der Evangelien (258 B 5)
Judenerklärung (Nostra aetate) 256 B 26
Konstitution über die Kirche 17 B 4 + 5; 232 B 34

Koran 74
Korff W. 230 B 27
Kraft (Kirchenhistoriker) 197 B 36; 209 B 54; 249 B 9
Kretz (Philologe) 52; (118 B 16); (244 B 41); (298 B 4)
Kümmel W. G. 234 B 37; 239 B 47
Küng H. (55 B 26); 69 B 14; 230 B 29; 294 B 8
Kuschel (118 B 16); 298 B 8 + 9 + 10

Lachmann (Philologe) 158 B 3
Lapide (jüd. Wissenschaftler) 257 B 27
Lasswell (Mediensoziologe) 150 B 1
Légaut 114 B 48
Leipoldt (Kirchenhistoriker) (175 B 6); (177 B 25); (178 B 31 + 33); 193 B 27; 246 B 3
Léon-Dufour (91 B 33)
Leonardo da Vinci 26
Lessing 207 B 52
Lietzmann 84 B 41
Lilje (Bischof) 84 B 41
Limbeck 49 B 51; 251 B 11; 257
Löning (175 B 7)
Löwith (Philosoph) 150 B 54
Lohfink G. 24 B 6; (243 B 21); (285 B 1)
Lohfink N. 247 B 5
Lohse (Bischof) 256 B 24
Loisy 123
Lopez Vigil José Ignazio 274 B 34
Loretz 169 B 23 + 24
Luther 38; 39 B 34; 105; 109 B 39; 112; 116 B 55; 160; 188; 190; 192; 193 B 27 + 28 + 29; 194 B 30; 206 B 50; 222 B 12; 233 B 35; 254 B 20; 260 B 24; 275
Lutherischer Weltbund (Helsinki) 115 B 51

Machovec (Rel.-Philosoph) 84 B 42
Märchen 204 B 44
Magaß (151 B 4); 128 B 15; 264 B 12
Mannheim K. (Soziologe) 217 B 2
Mao 282 B 51
Marcion 159; 160; 167
Marktwirtschaft 272 B 30
Marx (53 B 5); 69 B 16; 85; 261 B 2; 262 B 4; 263 B 7; 265 B 14; 282 B 50; 284 B 58; 289 B 54; 297 B 12 + 14
Marxsen 247 B 4

Matthes (Soziologe) (57 B 49)
Maurer W. (Kirchenhistoriker) 255 B 22
Medellin 272
Meeks Wane A. (150 B 21)
Meinertz (55 B 31)
Menander 104 B 28 + 30 + 31
Menenius Agrippa 114 B 49
Merker Emil (Dichter) (47 B 54)
Merton R. K. (Soziologe) 179 B 2
Methoden
  Content Analysis (150 B 1)
  Historisch-materialistische Analyse (88 B 1); (175 B 4); (286 B 3)
  Interreligiöser Vergleich (90 B 23)
  Materialaufbereitung (54 B 16); (90 B 23); (152 B 22)
  Psychoanalytisch-marxistische Analyse (241 B 45)
  Strukturell-funktionale Analyse (54 B 17)
Metzger Bruce M. 39 B 33; 68 B 13; (153 B 45); 163 B 11; 167 B 20 + 21; 172 B 31; (173 B 3); (176 B 11); (177 B 20 + 21); (178 B 31); 276 B 38
Michaelis W. 101 B 23
Michel O. 247 B 4
Missala (92 B 41)
Montefiore (jüd. Wissenschaftler) 251 B 11
Morgenthaler (Statistik) (55 B 19); (117 B 8); 138 B 34; (151 B 14); (153 B 39); (177 B 30)
Moser T. (Psychoanalytiker) (284 B 60)
Müntzer Th. 193; 206 B 50
Mussies (Sprachwissenschaftler) (212 B 40)
Mußner Fr. (260 B 26)

Nag Hammadi 205
Nell-Breuning 16 B 3; 262 B 3
Nero 131; 186; 203 B 43
Nestle (120 B 49)
Neuner-Roos (54 B 13); (91 B 29)
Neurose, ekklesiogene (242 B 18)
Nietzsche 15 B 1; 221 B 10; 222 B 11; 240 B 50
Nigg 207 B 51
Noll P. (Rechtswissenschaftler) (54 B 7); 137 B 32
Novalis 207 B 52

Oberman Heiko A. 256 B 24
Oeing-Hanhoff (90 B 25)
O'Grady (89 B 4); (287 B 26); 294
Ohlig K. H. 63 B 2a; (175 B 26); 186 B 16
Oralität (120 B 48)
Orel A. 277 B 40 + 41; 278 B 44
Ottaviani 231 B 31
Overbeck 159 B 5

Papini 293 B 8
Päpste
  Benedict XV. 277
  Johannes XXIII. 296
  Johannes Paul II. 231 B 32; 232 B 33; 233 B 35; 273; 274
  Paul VI. 228; 230; 231; 233 B 35; 271
  Pius XI. 233 B 35
  Pius XII. 26 B 15; 52
Päpstliche Rundschreiben
  Casti connubii 228 B 23; 229 B 26
  Humanae vitae 228 B 23; 230 B 29; 231 B 32
  Laborem exercens 272
  Populorum progressio 270 B 24; 272 B 28 + 29 + 30
  Sacerdotalis caelibatus 228 B 23; 232 B 33
Päpstliche Schreiben
  Erziehung zum Zölibat 232 B 33
  Familaris consortio (243 B 32)

Zölibatsbrief Johannes Pauls II. 232 B 33
Zulassung der Frauen zum Priesteramt 232 B 34
Pasolini 282 B 51; (283 B 53)
Pesch R. 23 B 4; 25 B 11
Pfürtner 240 B 51
Plutarch 77 B 27; (89 B 11)
Pokorny 181 B 5
Popper R. K. (Soziologe) (120 B 49)
Preuß (259 B 21)
Puebla 272

Rabbinen 43 B 46
Radl W. (117 B 1); 125 B 8; (153 B 43); 185 B 13; 186 B 17
Reik Th. (Psychoanalytiker) (57 B 51); 91 B 33; 252 B 13; (259 B 11)
Reimarus (Orientalist) 160 B 7
Rendtorff 271 B 25
Ribeiro (Anthropologe) 283 B 52
Ricœur 237 B 42; (286 B 7)
Rilke 229 B 24; 279 B 46
Rimbaud 42
Robbe (Historiker) (92 B 45)
Robinson James, siehe Köster
Robinson J. A. T. (157 B 1); 158
Rodinson M. (Historiker) 261 B 1
Rösch (177 B 19)
Rolfes 22 B 1
Roloff (149 B 17); (210 B 9); (210 B 12); 211 B 18
Rosenberg A. (120 B 54)
Rostovtzeff (Althistoriker) 152 B 21
Rudolph (Rel.-Wissenschaftler) 89 B 9
Ruether Rosemary 252 B 13; 284 B 57
Runciman (Historiker) 207 B 51
Rydbek 172 B 30; (177 B 30)

Sallust 111 B 41
Sasse (Bischof) 255 B 22

Savramis (Soziologe) 218 B 4
Seghers Anna 294 B 8
Semler 160 B 7
Seneca 111 B 41
Shaull 283 B 53
Sherwin-White (Antikes Recht) 187 B 19
Sibyllen 73 B 22; 173
Sölle Dorothee 235 B 41
Sonnenschein Carl (212 B 40)
Sophokles (89 B 11)
Soziale Marktwirtschaft 272 B 30
Spiegel Y. 252 B 13
Spiritualität 114 B 48; (120 B 48)
Stadelmann (89 B 12)
Stasiewski (175 B 1)
Stelzenberger (55 B 31); (118 B 27)
Stern J. P. (Literaturwissenschaftler) (117 B 3)
Sternberger D. 268 B 18
Streicher Julius 255 B 22
Strubbe (54 B 12)
Stuhlmacher 108 B 37 + 38
Süddeutsche Zeitung (287 B 33); (298 B 12)
Suenens (Kardinal) 197 B 12
Sueton (210 B 7)
Surrealismus 43 B 43; 164

Schelkle 249 B 9; 251 B 11
Schell (151 B 7)
Schelsky (Soziologe) 195 B 32
Schierse 38 B 32; 147 B 52
Schillebeeckx 43 B 44; (57 B 53); 62 B 2; 66 B 8; 69 B 14; 74 B 20; 82 B 34 + 35; 83 B 39; 85 B 44; 109 B 38; 116 B 54; (118 B 18); (131 B 16); (176 B 12); 192 B 26; 201 B 41; 209 B 55; 269 B 55; 270 B 23; 273 B 32; 291 B 1
Schiller Fr. 94 B 6
Schmoller (151 B 17); (176 B 16)
Schnackenburg 189 B 21; 195 B 32

Schneider Carl (Althistoriker)
 (57 B 53); 88 B 49
Schneider G. (151 B 17)
Schoeck H. (Soziologe) (286 B 8)
Scholder K. (119 B 45); 256 B 24
Schottroff Luise (152 B 19)
Schürmann 46 B 48
Schüssler-Fiorenza Elisabeth
 204 B 44
Schütt P. (Sprachwissenschaftler)
 40 B 36
Schulz S. 115 B 50; 275 B 37
Schwarz G. 276 B 39
Schweitzer A. 51 B 55
Schweizer E. (176 B 19)
Schwitters (Dadaist) 201 B 41

Tacitus 111 B 41; 167; 204 B 43;
 (210 B 7)
Tarachow (Psychoanalytiker)
 57 B 51; 100 B 19; 252 B 13
Teilhard de Chardin 69 B 15
Theissen 103 B 26
Theorien
 Konflikt-Theorie (151 B 9)
 Theorie der Sinneserfahrung
 (117 B 5)
 Theorie der sozialen Anpassung
 (210 B 1)
Thomas von Aquin 277
Thomas-Evangelium 40 B 38;
 (176 B 9 + 10); 293 B 6
Thomas Klaus (Psychotherapeut)
 (242 B 18)
Tim Rice (Musical) (57 B 51)
Treu (119 B 28)
Trujillo (Erzbischof) (287 B 31)
Turner N. (Grammatiker) 172 B 30

Unnik W. C. 161 B 9
UNO 232 B 34

Valéry 35
VELKD (120 B 52)
Vergil (91 B 31); (119 B 40)
Vögeli (119 B 29)
Voeltzel (56 B 35)
Vogelsang (288 B 44)

Walther Elisabeth (Sprachwissen-
 schaftlerin) (55 B 23)
Webber siehe Tim Rice
Weber M. 16 B 2; 46 B 49; 116 B 55;
 (178 B 34); 179 B 1; 261; 263 B 7;
 264 B 8; 268 B 17; 277 B 42;
 (278 B 44 + 45); 283 B 54;
 (288 B 38)
Weininger O. (241 B 7)
Weiser (151 B 17)
Weizsäcker Fr. 15
Wernle (117 B 1)
Westcott-Hort (178 B 31)
Widman C. (259 B 19)
Wiedertäufer 207
Wifstrand (210 B 7)
Wilson S. G. (154 B 56)
Winter P. (Jurist) (258 B 10)
Winternitz (Rel.-Wissenschaftler)
 227 B 22
Wittgenstein 10
Wolf Christa (Schriftstellerin)
 291 B 2
Wolf H. E. (Soziologe) 217 B 1
Wolff Hanna (Psychotherapeutin)
 235 B 40
Wuellner H. 195 B 33
Wyszinski (Kardinal) (176 B 13)

Zahrnt (92 B 41); 209 B 55; (287 B 26)
Zechner 25 B 10
Zeilinger (151 B 2)
Zeit, Die (Hamburg) (57 B 50);
 (259 B 15); (287 B 27)

Abkürzungen

Neues Testament

Benutzte Ausgaben

Aland	The Greek New Testament, edited by Kurt Aland in cooperation with the Institute for New Testament Textual Research, 1968
Nestle	Novum Testamentum Graece cum apparatu critico curavit Eberhard Nestle, Editio XXV 1975

Benutzte Übersetzungen

EÜ	Einheitsübersetzung, 2. revidierte Auflage der Endfassung von 1980
WÜ	Weltübersetzung der Heiligen Schrift (Watch Tower Bible) 1971
ZÜ	Zürcher Bibelübersetzung. Aufl. von 1978
Z	Das Neue Testament. Übertr. v. Jörg Zink, 6. Aufl. 1971

Wo nicht besonders vermerkt, liegt der Arbeit die EÜ zugrunde.

Häufig benutzte Hilfsmittel

Bauer, Wb	Wörterbuch zum Neuen Testament, 5. Auflage 1976 (Nachdruck)
Bl-Debr	Blass-Debrunner-Rehkopf: Grammatik des ntl. Griechisch, 14. Auflage 1976
Denz	Enchiridion Symbolorum, ed. Henricus Denzinger, Adolfus Schönmetzer, Editio XXXIV, Herder MCMLXVII
Metzger	Metzger, Bruce M.: A Textual Commentary on the Greek New Testament, London – New York 1971, Corrected Edition 1975
MEW	Marx-Engels-Werke, Berlin 1968
Morgenthaler	Statistik des neutestamentlichen Wortschatzes, Zürich – Stuttgart, Neudruck 1973
Neuner-Roos	J. Neuner/A. Roos: Der Glaube der Kirche in den Urkunden der Lehrverkündigung, Regensburg, 8. Aufl., neu bearbeitet von K. Rahner 1971
NKD	Nachkonziliare Dokumentation (vatikanischer Verkündigungen), einzelne Hefte, Trier, laufend
OR	Orientierung. Hg. v. Institut für weltanschauliche Fragen, Zürich, 1982 im 46. Jahrgang
Schm	Alfred Schmoller: Handkonkordanz zum Griechischen Neuen Testament, Stuttgart, 15. Auflage 1973

(Vgl. das Internationale Abkürzungsverzeichnis für Theologie und Grenzgebiete = IATG von S. Schwertner, Berlin 1974)